인지행동치료

원리와 기법

| 권정혜 저 |

학지사

　서문을 쓰려니까 1993년에 서울인지치료상담센터를 개원했던 때가 생각난다. 그 당시 우리나라에서의 치료 경험이 일천했음에도 불구하고 저자가 빈손으로 상담센터를 시작했던 것은 인지치료를 믿었기 때문이었다. 그때 같이 시작한 마음사랑인지행동치료센터 민병배 소장님이 한길을 계속 달려온 것에 비하면, 저자는 그동안 학생들을 가르치고 연구도 하느라 치료에 전념하지 못한 때가 많았다. 그나마 다행스러운 일은 캠퍼스를 현장 삼아 인지행동치료를 계속 해 오며 제자들을 키운 일이라고 할 수 있다.

　정년퇴임을 앞두고 저자는 그동안 치료해 왔던 경험을 정리할 겸 우리나라 내담자에게 맞는 인지행동치료 안내서를 써야겠다는 생각을 하게 되었다. 공교롭게도, 때마침 퍼진 코로나바이러스로 인해 집에 있는 시간이 많아져 의욕적으로 글을 써 내려갔지만, 시간이 지날수록 부족함을 느끼지 않을 수 없었다. 개인적으로 아쉬움이 많이 남지만, 후배들과 제자들이 이 책을 밑바탕으로 삼아 더 좋은 책을 쓸 수 있을 것이라 위안을 삼고자 한다.

　지난 30년간 인지행동치료는 계속 발전해 오며 적용 대상이나 기법의 측면에서 지평선을 넓혀 왔고, 근거기반치료로서도 독보적인 위치를 차지하게 되었다. 우리나라에서도 그 사이 한국인지행동치료학회가 창립되어 올해로 20주년을 맞이하게 되었고, 교육과 연구와 인력 양성에 힘을 써 많은 전문가들을 배출했다. 30년 전에 비한다면 인지행동치료에 대한 인식이 많이 좋아졌고, 인지행동치료를 배우려는 사람들도 빠르게 늘어났다고 볼 수 있다.

그렇지만 우리 사회에 존재하는 심각한 정신건강 문제를 생각해 보면 인지행동치료가 아직 제 역할을 충분히 하지 못하고 있다는 마음을 떨칠 수가 없다. 이는 임상현장에서 정신과 의사가 아닌 정신건강 전문가가 인지행동치료를 하는 데 법적인 제약이 놓여 있을 뿐만 아니라, 또 인지행동치료 전문가의 수도 절대적으로 부족하기 때문이다. 필요가 있는 곳에 길이 생기기 마련이니 멀지 않은 장래에 창의적 해법이 나오지 않을까 기대해 본다.

이 책이 나오기까지 많은 분들의 도움을 받았다. 무엇보다도 저자에게 상담을 받았던 내담자분들께 감사한다. 지난 30년간 다양한 내담자들을 만나 그분들과 같이 씨름하면서 인지행동치료가 우리나라 내담자들의 문제를 치료하는 데 매우 효과적인 치료라는 확신을 가지게 되었다. 내담자들이 보여준 신뢰와 도전과 격려야말로 인지행동치료자로서 계속 성장할 수 있게 해준 원동력이 되었다. 다음으로는 저자에게 슈퍼비전을 받은 상담자들에게 감사의 마음을 전하고 싶다. 사례에 대한 논의와 슈퍼비전을 하면서 많은 것을 새로 깨닫는 기회가 되었다.

또한 저자에게 인지행동치료를 배웠던 고려대학교 심리학과 임상 및 상담심리 대학원생들에게 감사하는 마음을 전하고 싶다. 그들의 깊은 관심과 배우려는 열정은 이 책을 쓰는 데 큰 자극제가 되었다. 이제 막 치료자의 길에 들어선 대학원생들을 통해 내담자들이 좋아지고, 사회불안장애 상담센터가 발전하는 것을 보면서 많은 보람을 느꼈다. 그중에서도 제자 이슬아와 이채린은 내담자의 동의를 받고 상담 축어록을 이 책에 사용할 수 있도록 허락해주어 고맙기 이를 데 없다. 더불어 박사 과정을 거쳐 각자의 위치에서 열심히 활동하고 있는 제자들의 응원과 격려가 없었다면 이 책을 끝마치지 못했을 것 같다. 특히 충북대학교 안정광 교수는 마지막까지 고려대 사회불안장애 상담센터를 같이 운영하며 인지행동치료가 우리나라 임상현장에 뿌리내리는 데 큰 도움을 주었다. 더욱이 이 책을 쓰는 과정에서도 내담자 동의를 얻어 이미지 재구성법의 사례 축어록을 제공해 주었고, 이 책의 초고를 읽고 피드백을 해 주어 제자 덕을 톡톡히 보게 해 주었다.

아울러 바쁜 일정 가운데서도 이 책의 초고를 읽고 귀중한 의견을 주신 한국인지행동치료학회 학회장이신 한림대학교 조용래 교수님께도 감사를 드린다. 교수님의 꼼꼼한 지적과 피드백으로 용어 선정에 큰 도움을 받았고, 책의 여러 곳에서 내용을 다시 다듬을 수 있었다.

이 책의 출판을 허락해 주신 학지사 김진환 사장님과 빠듯한 시간 내에 책을 꼼꼼하게 편집해 주신 김준범 부장님께도 감사의 뜻을 전한다.

이 책을 쓰는 과정 내내 묵묵히 기다려 주며 도와준 남편에게 고마운 마음을 전한다. 날이 갈수록 서로 의지하고 신뢰할 수 있는 좋은 친구 같은 남편이 있다는 것이 너무도 감사하다.

마지막으로, 임상심리학자이자 인지행동치료자의 길을 가도록 인도해 주시고, 또 힘든 여정에 함께해 주시며 지칠 때마다 새 힘과 지혜를 주신 하나님께 깊은 감사를 드린다.

2020년 여름
권정혜

차
례

제2부 • 인지행동치료의 기법

COGNITIVE BEHAVIORAL
THERAPY:
PRINCIPLES AND TECHNIQUES

/

제1부

인지행동치료의 기초

/

제1장

인지행동치료의
원리

인지행동치료는 꾸준히 변천하며 발전해 왔다. 1960년대 초반 Ellis와 Beck은 거의 비슷한 시기에 인지에 초점을 맞추는 새로운 형태의 심리치료를 개발하였다. 물론 Ellis와 Beck 이전에도 Kelly, Wolpe, Mahoney, Meichenbaum 등 인지행동치료의 기반을 닦은 훌륭한 치료자가 많이 있었지만, 인지행동치료를 지금의 인지행동치료가 되게 만든 데에는 이 두 치료자의 공이 크다. Ellis의 RET(Rational-Emotive Therapy, 이후 행동이 들어간 REBT로 바꿈)와 Beck의 인지치료는 구조화된 단기치료로 개발되었다. 초창기에 우울증이나 불안장애를 주로 치료했지만, 이후 강박장애, 섭식장애, 외상 후 스트레스장애, 알코올 중독, 정신병, 성격장애 등 다양한 정신장애로 그 적용 범위를 넓혀 갔다. 이에 따라 치료기간이나 구조화의 정도도 내담자의 문제에 따라 융통성 있게 달라지고 있다. 뿐만 아니라 오늘날에는 변증법적 행동치료, 스키마치료, 마음챙김 기반 인지치료, 수용전념치료, 자비중심치료 등 새로운 형태의 인지행동치료가 계속 개발되어 나오면서 전통적인 인지행동치료의 틀을 넘어 발전을 거듭하고 있다.

인지행동치료는 수많은 경험적인 연구를 통해 그 치료효과가 검증됨에 따라 다양한 정신장애에 대한 근거기반치료로 인정받게 되었다. 우리나라에서도 최근 많은 정신건강 전문가들이 인지행동치료에 대해 관심을 가지고 임상 현장과 지역사회에서 인지행동치료를 하고 있다. 이들 치료자[1]들 중에는 인지행동치료를 단지 기법들의 혼합체라고 생각하고, 매뉴얼을 기계적으로 적용하거나 자기가 선호하는 기법만 뽑아서 사용하더라도 효과가 있다고 오해하는 사람이 적지 않다.

근거기반치료로서 인지행동치료가 최대의 효과를 발휘하기 위해서는 과학과 예술의 절묘한 통합이 필요하다. 오랫동안 인지행동치료를 교육하고 감독한 Newman(2013)은 인지행동치료를 하는 과정을 피겨스케이팅 경기에서 선수들이 스케이팅을 하는 것에 비유하였다. 선수들은 쇼트 프로그램에서 단독 트리플 점프, 플라잉 스핀, 콤비네이션 스핀, 스텝 시퀀스 등 규정된 필수 기술을 반드시 선보여야 하지만, 이 기술들을 사용해서 얼마나 아름답고 독창적으로 경기를 펼쳐 나가는가는 선수의 기량에 따라서 상당히 달라진다는 것이다. 참으로 공감이 가는 말이다. 인지행동치료를 능숙하게 해서 최대의 치료효과를 얻어 내기 위해서는 먼저 기본기가 탄탄해야 한다. 인지행동치료의 기본기는 인지행동치료에서 사용하는 다양한 기법이라고 볼 수 있다. 기본 기술을 확실하게 익힌 다음, 인지행동치료의 원리에 기초해서 내담자와의 협력적인 관계 안에서 내담자의 특성과 상태에 맞춰 올바른 타이밍에 기법을 적용하게 될 때 한 사람의 삶을 바꾸는 인지행동치료를 해 줄 수 있게 된다. 이런 의미에서 인지행동치료의 원리를 정확하게 파악하는 것은 매우 중요하다. 제1장에서는 먼저 인지행동치료의 기본 원리를 소개하고자 한다.

---

1) 치료자란 인지행동치료를 하는 전문가를 뜻하는데, 우리나라에서는 치료자라는 용어보다는 상담자라는 용어가 더 널리 사용되기 때문에 이 책에서는 상담자와 혼용해서 사용하고자 한다.

1. 인지행동치료의 원리

1) 인지매개가설

인지매개가설에서는 내담자의 감정이나 행동이 어떤 사건의 직접적인 결과라고 보는 대신, 그 사건을 바라보는 내담자의 인지적 평가(해석이나 의미 부여)가 작용한 결과라고 가정한다. 즉, 인지매개가설은 일어난 사건 그 자체가 중요한 것이 아니라 그 사건을 어떤 틀로 어떻게 바라보는가가 중요하다는 점을 강조한다. 인지행동치료자는 내담자와 함께 내담자의 반응을 자세히 살펴보면서 내담자에게 일어난 사고와 감정 및 행동의 상호작용 과정을 파악하려고 노력한다. 다시 말해, 어떤 사건이 생겼을 때 왜 그렇게 반응하게 되었는지를 내담자의 관점에서 이해하고자 한다.

인지행동치료의 가장 중요한 원리는 개인의 사고가 그 사람의 감정과 행동에 영향을 미치는 핵심기제라는 가정이다. 사고가 사람의 감정과 행동에 영향을 주는 통로는 두 가지라고 볼 수 있다. 첫째는 사고의 내용이다. 사고 내용은 우리가 자신이나 주위 사람들, 그리고 사건들을 어떻게 평가하고 해석하는가로 이루어진다. 예컨대, 승진을 자신의 능력을 펼칠 수 있는 기회로 생각하는 사람은 흥분되고 기쁘겠지만, 승진을 맡아야 할 책임이 많아지는 것

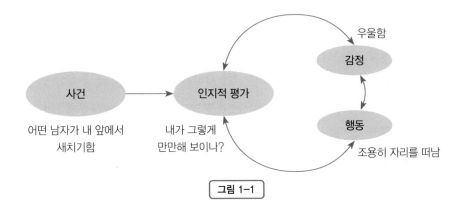

그림 1-1

으로 생각하는 사람은 마음이 무겁고 불안할 것이다. 전통적 인지행동치료에서는 사고의 내용을 강조한 데 비해, 마음챙김 인지치료나 수용전념치료에서는 자신의 사고를 객관화해서 볼 수 있는 상위 인지적 자각을 강조하고 있다.

둘째는 사고의 과정이다. 사람들은 주위에서 일어나는 수많은 사건과 정보를 자기 나름대로 소화하고 처리할 수 있도록 선별하고 분류하고 조직한다. 이 과정을 통해 세상과 자기를 이해하고 해석하고 경험한다. 이런 정보처리과정은 사람들로 하여금 빠른 판단과 효과적인 일 처리를 가능하게 해 주지만, 때로는 새로운 상황을 보다 정확하게 파악하지 못하게 할 수도 있다. 인지행동치료에서는 사고의 내용뿐만 아니라 내담자가 반복해서 저지르는 정보처리의 왜곡이나 문제점도 다룬다. 내담자의 자동적 사고에 나타나는 인지적 오류를 살펴보면, 내담자가 상황을 파악할 때 어떤 방식으로 처리하는지 살펴볼 수 있다. 예컨대, 지레짐작(독심술)의 오류를 자주 범한다면 상대방의 생각이나 감정을 시간을 두고 제대로 관찰해서 판단하기보다는 넘겨짚거나 짐작해서 재빨리 대처하는 경향이 있음을 알 수 있다. 이러한 처리 방식은 상대방을 잘 알고 익숙한 상황에서는 효과적인 처리 방식이 되지만, 새로운 상황에서는 부정확한 판단으로 인해 상황에 잘못 대처하게 만들 수 있다.

또한 내담자가 특정 사고의 형태에서 다른 사고 형태로 얼마나 융통성 있게 옮겨 가는가도 일종의 사고 과정이라고 볼 수 있다. 예컨대, 우리의 주의가 위협에 집중되어 있을 때 거기서부터 주의를 다른 대상으로 얼마나 쉽게 옮길 수 있는가는 효과적인 일 처리에 매우 중요한 측면이다. 또한 특정사건이 일어난 후 되풀이하여 그 사건을 생각하는 데 머물러 있는 반추적 사고도 사고의 과정이라고 말할 수 있다. 이와 같이 강조하는 측면은 조금씩 다를지라도 개인의 사고 내용이나 사고 과정은 그 사람의 감정과 행동에 중요한 영향을 미친다. 따라서 인지행동치료에서는 개인의 사고 내용이나 과정에 있어서의 역기능적인 측면을 찾아내고 이를 수정하는 작업을 통해 지속적인 변화가 올 수 있다고 본다.

2) '현재-여기'에 대한 강조

인지행동치료에서는 개인의 문제를 해결하는 열쇠가 과거에 있지 않고 '현재-여기'에 있다고 본다. 따라서 내담자의 과거를 파고들어 가기보다는 그(녀)가 처해 있는 상황에서 현재 일어나고 있는 일을 주로 다룬다. 내담자들이 과거 경험을 통해 얻게 된 역기능적인 신념이나 가정을 현재에도 계속 붙들고 있는 이유는 이 생각들이 과거에 그들에게 일어났던 일들이나 그들의 삶을 헤쳐 나오는 데 도움이 되었기 때문이다. 그래서 그들이 달라졌고 환경이 변했음에도 불구하고 계속 옛 틀을 고수하고 이 틀에 맞추어 사건들을 해석한다. 인지행동치료의 핵심은 내담자들로 하여금 자기 자신이나 주위에서 일어나는 일을 어떤 틀을 통해 바라보고 이해하는지 파악하도록 돕고, 이것들의 영향력에서 벗어나게 해 주는 것이다. 이러한 작업은 내담자의 현재 삶에 초점을 맞추고, 현재 일어나고 있는 현상을 면밀하게 관찰하는 것을 통해서 가능하다.

이와 같이 인지행동치료에서는 내담자의 '현재-여기'에서 작용하고 있는 과거의 경직된 틀을 발견하고 검토하는 과정을 거친다. 이 과정에서 필요하다면 내담자의 어린 시절 경험이나 부모와의 관계 또는 그 밖의 과거 경험을 다룰 수도 있다. 그렇지만 어디까지나 관심의 초점은 내담자의 과거 경험이 그것을 통해 형성된 스키마나 해석의 틀을 매개로 내담자의 현재-여기에 어떤 영향을 미치는가를 이해하는 데 있다. 즉, 그것이 과거에는 타당한 틀이었지만 현재 상황에서는 타당하지 않을 가능성을 검토하는 데 있다. 인지행동치료의 궁극적인 관심은 내담자가 현재-여기에서 융통성 있고 타당한 해석 체계를 가지도록 돕는 것이다.

3) 치료적 동맹과 협력적 경험주의

인지행동치료에서 치료자가 내담자와 좋은 치료적 동맹을 맺는 것은 그 자

체로 치료적인 효과를 가질 뿐 아니라 인지행동치료의 기법들이 효과를 내도
록 작용한다. 아무리 효과가 있다고 밝혀진 기법을 사용해도 치료적 동맹이
굳건하게 이루어져 있지 않으면 치료 기법이 잘 먹혀들지 않고 내담자를 움
직이지 않게 된다. Beck(1976)은 처음부터 인지행동치료에 긍정적인 치료관
계가 핵심적인 요소임을 강조했다. 다른 치료와의 차별점은 인지행동치료에
서 확고한 치료적 동맹은 치료를 성공적으로 이끄는 데 필요조건이긴 하지만
필요충분조건이라고는 보지 않는다는 데 있다. 치료자는 내담자를 비판단적
인 태도로 따뜻하게 이해하고 진술하게 대해야 하며, 한 사람의 인간으로 존
중하면서 깊은 유대감을 형성해야 한다. 내담자가 치료를 하고 나오면서 치
료자와 마음이 통했다고 느낄 때에 비로소 한 팀을 이루면서 치료적 작업을
해 나갈 수 있게 된다.

　인지행동치료를 할 때 치료적 동맹이 잘 확립되어 있으면 치료과정에서 협
력적 경험주의가 쉽게 이루어진다. 협력적 경험주의는 내담자와 치료자가
협력적으로 작업을 하는 것을 강조하며, 특히 경험적 접근을 하는 데 협력하
는 것을 말한다. 경험적 접근은 자료를 내담자의 해석 체계나 반응이 적응적
인지를 검토하는 주요 근거로 삼는 것을 말한다. 치료자가 내담자와 함께 어
떤 자료를 모아서 검토할 것인가를 정하고, 내담자가 직접 자료를 모아 온 후
자료를 통해 같이 검토해 나가는 협력적 경험주의는 인지행동치료를 이끌어
가는 중심적인 원리다. 치료자는 내담자야말로 자신의 경험에 대한 '전문가'
라는 점을 강조하면서, 내담자 스스로 치료과정에서 자기경험의 원자료를 최
대한 제공할 수 있도록 이끌어 가야 한다. 내담자의 문제를 파악하거나 변화
시켜 나가기 위해 치료자와 내담자가 얼마나 잘 협력하는가는 바로 성공적
인 치료의 관건이 된다. 모든 종류의 심리치료는 치료자와 내담자가 협력적
으로 작업하는 만큼 치료가 앞으로 나아간다고 볼 수 있다. 그렇지만 인지행
동치료는 다른 심리치료보다 진행 속도가 빠르며 내담자의 적극적인 참여가
치료에 필수적이기 때문에, 다른 어떤 심리치료에서보다 치료자와 내담자의
협력적 관계가 요구된다. 초기 인지행동치료에서 성격장애가 있는 내담자를

제외시켰던 이유도 바로 이 때문이다. 내담자의 적극적인 참여가 인지치료에서 핵심적인 이유는 무엇보다 인지행동치료가 경험적 접근이기 때문이다.

4) 새로운 경험에 대한 강조

인지행동치료에서는 내담자가 자신이 어떤 기울어진 틀로 세상을 바라보고 해석하는가를 파악하는 것만으로는 변화가 일어나지 않는다고 본다. 그것이 첫 번째 과정이라면 두 번째 중요한 과정은 그 틀을 수정하고, 이것에 기초해 다르게 행동하고, 그 결과 새로운 경험을 하는 것이다. 사회불안장애가 있을 때 내담자들은 자기 몸에서 느끼는 긴장감, 떨리는 목소리, 뛰는 심장, 불규칙한 호흡이 다른 사람에게 그대로 드러날 것이라고 생각하고, 그 결과 사람들이 자기를 아주 이상한 사람으로 볼 것이라고 굳게 믿는다. 이들은 또한 자신의 말과 행동이 아주 자연스럽고 유창해야 한다고 높은 기대수준을 가지고 있다. 치료가 진행되면서 자신이 가지고 있던 잘못된 자기상을 바꾸어 갈 때 다른 사람들이 자기를 가혹하게 비판적으로 평가하지 않으며, 조금 불안한 모습을 보인다고 해서 자기가 생각하는 만큼 이상하게 자기를 보지 않는다는 것을 깨닫게 된다.

만일 치료과정 중에 얻은 이러한 깨달음이 이제까지 회피해 왔던 상황들에 접근하는 행동으로 연결되지 않는다면 진정한 변화가 일어나기 힘들 것이다. 즉, 깨달음이 깨달음으로만 남고 이 깨달음이 내담자가 다르게 행동하도록 만들어 주지 못하면, 내담자는 이제까지 예측해 왔던 방식으로 상황이 전개되지 않는다는 것을 체험하지 못하게 된다. 인지행동치료가 실제 삶에서 변화를 일으키기 위해서는 치료자가 내담자에게 바로 이 두 번째 과정을 체험하도록 도와야 한다.

『기분 다스리기』의 저자이자 세계적으로 저명한 인지행동치료자인 Padesky 박사는 2019년 베를린에서 열린 세계인지행동치료학회에서 인지행동치료의 세 가지 핵심요소로 행동(action), 대화(dialogue), 발견(discovery)을 들었다(Padesky, 2019). 여기서 행동(action)[2]을 첫 번째 요소로 꼽고 있다는 점은 주목해 볼 만하다. Padesky 박사는 인지행동치료의 시연에서 내담자와 대화만 하는 데 그치지 않고, 대화에서 나온 내용에 기초해 실제로 내담자가 어떻게 행동할지 역할연기를 해 보도록 이끌어 내었다. 그녀는 역할 연기 외에도 글쓰기, 심상, 행동실험 등 행동(action)을 치료에서 많이 사용한다고 밝혔는데, 이는 행동(action)을 통해 내담자의 참여를 촉진하고 현재−지금의 데이터를 이끌어 내며 변화를 시작하게 만들기 때문이라고 설명했다. 아마도 인지행동치료에서 변화를 만들어 내는 원동력이 새로운 경험이라고 가정하지 않는 인지행동치료자는 없겠지만, 어떠한 종류의 새로운 경험을 강조하는가와 어떻게 새로운 경험을 이끌어 내는지에 있어서는 차이가 있을 것이다.

5) 단기치료

인지행동치료는 원래 단기치료로서 발달되었다. 최근에 와서 인지행동치료를 통해 성격장애나 심각한 대인관계 문제를 가지고 있는 내담자를 치료하게 되면서 장기간에 걸쳐 치료하는 경우도 늘어나고 있다. 내담자에 따라 치료기간을 융통성 있게 정하지만, 여전히 인지행동치료는 단기의 치료를 지향한다고 볼 수 있다. 다시 말해, 내담자가 치료 후에도 변화를 계속 이룰 수 있는 잠재력을 가지고 있다는 가정하에 단기의 치료 동안 내담자를 스스로의 치료자로 훈련시키고자 한다. 어떻게 보면 단기의 치료기간 동안에 자신의 문제에 대한 새로운 관점을 획득하고, 또 과거와 다른 방식으로 느끼고 행동하는 것을 실행해 보고, 그 결과 새로운 경험을 실제로 해 본다는 일은 쉬운 일이 아니다.

그렇기 때문에 인지행동치료를 단기로 하는 것은 인지행동치료의 장점이

---

2) action은 어떤 목적이나 문제해결을 위한 행동 혹은 조치를 뜻하는데, 일반적인 의미의 행동(behavior)과 구별하기 위해 행동(action)이라고 표기하였다.

기도 하면서 치료자의 편에서는 큰 부담이 되기도 한다. 단기로 성공적인 치료를 하기 위해서는 치료자가 내담자 문제에 대한 개념화를 명확하게 하고, 변화되어야 할 부분에 초점을 맞추어 치료 전반에 걸쳐 계속 이 부분에 집중하는 것이 요구된다. 따라서 치료자는 매 회기에 치료적 초점을 맞추고 시간을 잘 관리하는 것이 필요하다. 인지행동치료자를 비롯해 모든 치료자는 회기 내에서 끊임없이 선택하고 결정한다고 볼 수 있다. Messer(1986)는 치료의 여러 선택 지점에서 인지행동치료자와 정신역동치료자가 어떻게 다른지를 다음과 같이 설명하였다. Messer에 의하면, 정신역동치료는 치료목표를 설정하지 않고 내담자의 정신 내용을 탐색하는 데 주력하는 데 비해, 인지행동치료는 치료목표를 명확하게 설정하고 내담자의 사고 내용을 검토하는 데 주력한다고 보았다. 나아가 정신역동치료에서는 내담자의 정서에 귀를 기울이며 내담자의 과거 경험이 현재의 치료자-내담자 관계에 미치는 영향에 초점을 맞춘다고 보았다.

　반면, 인지행동치료에서는 행동(action)을 강조하며, 정서는 조절되고 관리되어야 할 현상으로 보며, 치료자-내담자 관계의 실제적 측면을 더 중시한다고 보았다. 이러한 특성은 인지행동치료가 단기에 내담자의 증상이나 문제를 해결하기 위해 취하는 선택일 것이다. 인지행동치료자는 치료과정의 다양한 선택 지점에서 치료의 목표에 따라 어떤 근거에서 어떤 선택을 할지 결정하되, 필요에 따라 내담자의 정서에 귀를 기울이거나 복잡하고 미묘한 치료자-내담자 관계를 치료적으로 다룰 수 있어야 할 것이다.

　인지행동치료가 명확한 목표를 세우고 단기에 변화를 이루는 것은 중요한 장점이라고 볼 수 있다. 재정적인 부담이나 시간적 요구가 적은 단기치료는 비단 우리나라뿐 아니라 전 세계적으로 널리 받아들여지고 활용되고 있다. 그렇지만 단기치료에는 늘 함정이 따른다. 만일 치료자가 단기에 변화하기 힘든 내담자의 문제를 단기에 변화시키겠다는 욕심을 가지고 치료에 임한다면, 치료가 순조롭게 이루어지지 않을 뿐 아니라 내담자를 지나치게 강요하거나 밀어붙이기 쉽다. 우리나라 내담자들은, 특히 증상이나 문제가 '빨리빨

리' 좋아지기를 기대하기 때문에 내담자와 치료에 대한 기대나 현실적인 목
표를 설정하는 것이 매우 중요하다.

　앞에서 언급한 바와 같이, 인지행동치료자는 내담자가 단기치료에 적합한
지를 종합적으로 평가하고 치료에 임해야 할 것이다. 이를 위해서는 무엇보
다 변화에 대한 내담자의 동기가 얼마나 높은지와 내담자가 호소하는 문제가
얼마나 특정 문제에 집중되어 있는지, 아니면 생활 전반에 문제가 확산되어
있는지를 평가해야 한다. Sifneos(1972)는 단기치료에 맞는 내담자는 치료자
와 빠르게 치료관계를 형성하고, 자신의 방어를 탐색하는 데서 오는 불안을
감내할 능력이 있어야 하며, 적극적인 자세를 가지고 있어야 된다고 주장했
다. 이와 함께 일반적으로, 첫째, 적어도 중상 이상의 지능을 가지고 있으며,
둘째, 적어도 누군가와 의미 있는 관계를 맺은 역사가 있으며, 셋째, 치료자
와 잘 대화할 수 있어야 하며, 넷째, 주요 호소문제가 특정 영역에 국한된 문
제이어야 하며, 다섯째, 변화에 대한 동기가 큰 내담자가 단기치료에 적합하
다고 제안하였다.

　아마도 단기의 인지행동치료에 적합한 내담자의 특성도 이와 유사하다고
볼 수 있을 것이다. 특히 인지행동치료에서는 내담자가 자신의 감정이나 사
고에 대한 모니터링을 하면서 치료에 협력적이고 적극적으로 참여할 것이 요
구된다. 내담자가 이런 치료적 작업에 참여할 수 있는 역량과 동기와 태도를
갖추고 있을 때 치료가 더 순조롭게 진행될 것이다. 만일 내담자가 이러한 조
건을 충족시키지 않거나 알코올 중독이나 다른 약물 중독의 문제를 가지고
있을 때, 또는 경계선 성격장애 등의 성격장애가 있는 경우 인지행동치료를
할 때 1~2년 때로는 2년 이상의 기간이 필요하다고 볼 수 있다.

　인지행동치료에서는 단기로 치료하면서 치료가 끝난 후에도 변화가 계속
일어나도록 내담자를 스스로의 치료자가 되도록 훈련시키는 것을 목표로 한
다. 어떤 문제가 발생했을 때 그것을 파악하고, 그것을 어떻게 바꿀지 찾아내
고, 다른 생각과 행동을 시도해 보고, 그 결과를 확인하고 계속적으로 자신을
모니터링할 수 있게 되면 스스로 자신의 치료자가 될 수 있을 것이다. 따라서

치료에서는 내담자로 하여금 이전에 자신이 하던 고정된 행동 레퍼토리를 넓혀 다른 행동을 해 볼 수 있도록 도와주고, 그 결과 기분이 더 좋아지고 더 잘 적응하게 되는 작은 성공 경험을 계속 체험해 볼 수 있도록 해야 한다. 이것이 기초가 되어 자기효능감을 얻게 되고 계속적인 변화를 시도할 힘을 얻을 수 있다.

6) 근거기반 실무와 계속적인 평가 지향

인지행동치료는 초기부터 근거기반 실무(evidence-based practice)를 지향해 왔으며, 그 효능을 경험적으로 검증하는 연구를 활발하게 수행해 왔다. 1990년대 초 심리학 분야에서 경험적으로 지지된 치료(empirically supported treatments: ESTs) 운동을 일으킨 사람들은 바로 Barlow를 중심으로 한 인지행동치료자들이었다. 많은 논쟁을 거쳐 ESTs는 근거기반 실무로 그 개념이 확장되었다. 미국심리학회에 따르면, 근거기반 실무는 "임상적으로 숙련된 치료자가 연구를 통해 근거가 확보된 심리치료를 환자의 필요, 가치와 선호 등의 맥락을 고려하여 내담자에게 적용하는 의사결정 과정"이다(APA, 2006)라고 정의하고 있다. ESTs 운동에서 연구 근거에만 초점을 맞추던 것과 달리 근거기반 실무에서는 내담자의 특성과 치료자의 전문성을 강조하고 있다.

그렇지만 근거기반 실무를 적용할 때 출발점은 무엇보다 특정 문제를 치료하는 데 현존하는 최선의 근거를 가진 치료가 어떤 것들이 있는지를 확인하는 작업이다. 그 다음 단계로 치료자는 근거기반을 가진 치료를 개인의 특성을 고려하여 전문성을 가지고 융통성 있게 적용해야 할 것이다. 인지행동치료자는 특정 내담자에게 어떤 치료를 할지 선택할 때 자신의 개인적 경험이나 의견에만 의존하지 않고, 현존하는 최선의 경험적 연구결과들을 고려함으로써 올바른 결정을 내리려고 노력해야 한다. 다만, 근거기반 실무로서 인지행동치료를 할 때 주의할 점은 근거기반치료의 매뉴얼을 기계적으로 적용하지 않고 내담자의 특성과 필요에 맞춰 융통성 있게 적용해야 한다는 것이다. 예를 들어, 근거기반치료 매뉴얼을 적용하여 사회불안장애를 치료할 때, 노출훈련에도 불구하고 치료의 진전이 나타나지 않는 내담자에게는 노출훈련의 효과가 나타나지 않는 이유가 무엇인지를 내담자와 협력해서 찾아내고, 노출치료의 용량을 조절하면서 치료절차를 융통성 있게 적용해야 할 것이다.

인지행동치료는 근거기반 실무를 지향하기 때문에 다른 심리치료에 비해 내담자의 상태나 경과를 치료 전반에 걸쳐 객관적으로 평가하는 것을 대단히 중요하게 여긴다. 즉, 치료 전과 후를 비교하는 데 그치지 않고 치료가 제대로 진행되고 있는지 객관적인 평가도구를 정기적으로 실시하여 성과를 모니터한다. 이와 같이 정기적으로 측정한 성과지표는 내담자의 변화를 보다 정확하게 알려 줌으로써 치료의 방향을 알려 주고 조정하게 해 준다. 치료자는 흔히 치료의 성과를 과대평가하는 경향이 있어서 내담자의 증상이 개선되지 않아도 금방 파악하지 못하고, 때로는 내담자의 상태가 악화되어도 놓치기 쉽다. 따라서 객관적인 평가를 정기적으로 하면 치료자가 받은 인상에만 의지할 때 생기는 주관적인 편파를 피할 수 있다. 실제로 치료자가 내담자의 경과를 모니터한 자료를 얻을 때 치료가 더 효과적이고 좋은 성과를 가진다는 연구결과도 나와 있다(Lambert, Harmon, Slade, Whipple, & Hawkins, 2005).

2. 인지행동치료의 진행 단계

Barlow와 그의 동료들은 인지행동치료의 주요 변화기제로 다음의 세 가지를 들고 있다(Barlow, Allen, & Choate, 2004). 첫째는 인지적 해석 체계를 바꾸는 것이며, 둘째는 부정적인 정서경험을 하지 않기 위해 정서를 회피하는 것을 차단하는 것이며, 셋째는 역기능적 정서로 이끌지 않는 행동(action)을 권장하는 것이라고 하였다. 이와 같이 인지를 바꾸는 것 못지않게 회피행동을 차단하고 적응적인 행동(action)을 취하는 것을 중요하게 보았다. Arkowitz와

Hannah(1989) 역시 모든 심리치료에서 변화를 일으키는 공통적인 통로는 내담자로 하여금 심리치료에서 자기 문제와 관련하여 새로운 경험을 하게 만드는 것이라고 가정하였다. 이들은 새로운 경험이라는 일반적인 용어 대신에 행동적 발현(behavioral enactment)이라는 용어로 그 과정을 설명하였다. 이들이 주장한 대로 인지행동치료에서 인지적 해석 체계를 바꾸는 작업을 하는 것은, 결국 치료자와 내담자가 적극적으로 협력하여 치료회기 내에서와 밖에서 새로운 경험을 해 보도록 이끌기 위한 것이라고 볼 수 있다. 그것이 새로운 경험이든 행동적 발현이든 간에 치료자가 인지행동치료의 치료기제를 설명하는 메타 개념을 가지고 있게 되면 치료과정을 좀 더 거시적 관점에서 이해하고 방향을 잡아 가는 데 매우 유용하다.

　필자 역시 인지행동치료를 할 때 거시적 관점에서 내담자에게 어떤 새로운 경험이 필요할지 또 이 새로운 경험을 어떻게 촉진할지에 대해 늘 생각해 보는 편이다. 어떻게 보면 새로운 경험이라는 용어가 너무 광범위하게 들릴 수도 있다. 구체적으로 설명해 본다면 내담자의 문제 패턴을 찾아내고 이 문제 패턴이 현재 일상생활에서 어떻게 구체적으로 나타나는지 확인하고, 그것이 어떻게 바뀌어야 하는지 살펴보면 내담자에게 어떤 새로운 경험을 이끌어 낼지 대략의 윤곽이 떠오를 것이다. 다음에는 인지행동치료의 각 단계가 어떻게 진행되는가를 초반부, 중반부, 종반부로 나누어 간략하게 설명함으로써 치료자가 큰 그림을 가지고 치료를 이끌어 갈 수 있도록 하였다.

1) 치료 초반부

　인지행동치료가 진행되는 전반적인 순서는 내담자마다 다르다. 그렇지만 치료자가 인지행동치료를 어떻게 진행해 나갈지 큰 그림을 잡을 수 있도록 초반부와 중반부와 후반부로 나누어 살펴보고자 한다. 초반부에서 이루어져야 할 주요 치료적 작업은 다음과 같다.

　첫째, 내담자와 치료적 관계를 잘 조성하는 것이다. 이때 형성된 치료적 관계는 치료가 진행되면서 수차례 도전을 받고 변하겠지만 여전히 치료의 가장 중요한 기초라고 볼 수 있다. 둘째, 내담자에 대한 평가가 이루어져야 한다. 평가는 치료 초기에만 하는 것이 아니라 치료 전반에 걸쳐 반복적이고도 지속적으로 이루어져야 한다는 것을 잊지 말아야 한다. 셋째, 치료목표를 설정하고, 치료에 대한 내담자의 동기를 확실하게 다지는 작업이 이루어져야 한다. 내담자가 호소문제 때문에 힘들어서 치료를 받으러 왔다고 해서 이것이 변화를 이루기 위한 모든 노력을 기울일 만큼 치료에 대한 동기를 가지고 있다고 볼 수는 없다. 따라서 치료자는 변화에 대한 내담자의 동기가 어느 정도인지를 잘 파악하고, 이에 따라 치료계획을 잡아야 할 것이다. 넷째, 인지행동치료에 대한 오리엔테이션을 제공하고 이에 대한 피드백을 주고받음으로써 내담자와 팀워크를 조성해야 한다. 다섯째, 내담자에 대한 사례 개념화를 작성해야 한다. 여섯째, 이런 기초 작업을 하면서 치료 초반에 해야 하는 중요한 치료 과제는 내담자가 자신의 생각이나 감정이나 행동에 대한 관찰과 모니터링을 시작하게 하는 것이다.

단기로 인지행동치료를 할 때 초반부의 가장 주요한 치료 과제는 내담자가 치료과정에 적극적으로 참여하도록 돕는 것이다. 이를 위해 좋은 치료적 관계를 조성하는 것이 필수적이라고 볼 수 있다. 내담자 입장에서는 치료자가 믿을 만한 사람인가를 살펴보면서 자기 문제를 이야기하고, 이 치료자가 자기 문제를 제대로 이해하고 해결해 줄 것인가를 저울질하게 된다. 이때 치료자가 중점을 두어야 할 부분은 내담자의 말을 공감적으로 경청하여 내담자에게 말이 통한다는 느낌을 주면서 동시에 자기 문제를 해결해 줄 수 있는 사람이라는 신뢰감을 주는 것이다.

인지행동치료는 내담자가 치료과정에 중요한 파트너로 참여하지 않고는 순조롭게 진행되기가 어렵기 때문에, 치료자는 내담자가 치료를 통해 진심으로 변화할 마음이 있는지 살펴보고, 만일 그렇지 않다면 변화를 망설이게 만드는 요인이 무엇인지 찾아서 이를 다루어 주어야 한다. 치료자가 내담자를 판단하지 않으면서 따뜻하게 대하고 존중하며, 내담자 말에 공감하고 진솔하게 대하는 기본적인 치료적 자세를 취하는 것은 내담자의 신뢰를 얻는 데 매우 중요하다. 이와 함께 인지행동치료의 관점에서 내담자의 문제를 어떻게 이해하는지, 치료자가 이를 해결하기 위해 어떤 접근 방법을 사용할 것인지 설명해 주면서 서서히 내담자와 치료동맹을 맺어 나가야 한다. 내담자에게 치료 초반부의 치료 작업은 앞으로 하게 될 치료의 맛보기로 작용할 것이다. 치료 초반부에 경험한 치료가 자신에게 도움이 될 것이라고 생각하면 치료를 계속할 것이고, 도움이 되는지 확신하지 못하거나, 혹은 도움이 될 수 있을지 모르지만 그 과정에 참여할 마음이 없다면 치료를 중단하게 될 것이다.

따라서 치료 초반부에 치료자는 내담자와 좋은 치료적 관계를 형성하여 앞으로 협력해서 치료 작업을 같이 해 나갈 초석을 다짐과 동시에 내담자의 문제를 어떻게 다루어 나갈지에 대한 방향을 잡아야 한다. 이를 위해 치료자는 내담자 문제에 대한 정확한 평가와 함께 사례 개념화를 해 나가야 한다. 사례 개념화를 내담자에게 어느 정도 전달할 것인가는 내담자의 특성에 따라 달라지겠지만, 내담자 문제에 대한 개념화 없이는 치료가 나아가야 할 방향과 치료초점을 잡기가 매우 어렵기 때문에, 그 결과 치료가 제자리에서 맴돌거나 엉뚱한 방향으로 나갈 수 있다. 이 책의 제1부에서는 치료 초반부의 주요 작업인 초기평가(제2장), 치료적 관계(제3장), 사례의 개념화(제4장)를 다룰 것이다.

앞에서 언급했듯이, 인지행동치료에서 내담자가 새로운 경험을 하는 것은 변화를 일으키는 데 매우 중요한 요소다. 치료 초반부에서는 내담자가 변화를 일으키는 데 어떤 새로운 경험이 필요한지, 그런 새로운 경험을 막고 있는 해석 체계와 감정과 보상전략이 어떤 것인지 파악하는 것이 필요하다. 이를 위해 인지행동치료자는 내담자와 함께 문제가 나타나는 상황을 자세하게 들여다보면서, 내담자가 그 상황에서 어떤 생각을 하고 어떤 기분을 느끼며 그것들이 어떤 행동을 이끌어 내는지 거리를 두고 살펴볼 수 있도록 도와야 한다.

2) 치료 중반부

치료의 중반부라고 하면 초반부 작업이 이루어진 후 본격적으로 치료적 개입이 시작되는 지점이라고 볼 수 있다. 치료 중반부에서는 다양한 인지행동치료의 기법을 활용하여 변화를 모색하게 된다. 계속 강조하지만 내담자가 어떤 고통과 어려움을 겪고 있는지에 대한 공감적인 이해 없이 인지행동치료를 테크닉의 합으로 생각하고 테크닉적으로만 접근해서는 치료에 성공하기가 힘들다. Newman(2013)은 인지행동치료의 기법을 효과적으로 적용하기 위해서는, 첫째, 치료의 초점을 어디에 둘 것인지 찾고 치료의 초점을 유지해야 하며, 둘째, 내담자의 문제에 맞는 기법을 적용해야 하고, 셋째, 치료를 방해하는 요소가 무엇인지를 잘 파악하고 해결해야 한다고 말했다.

치료의 초점을 잘 유지하기 위해 단기적으로는 한 회기 내에서 치료의 초점을 잘 유지해야 하며(제2장), 장기적으로는 사례 개념화(제3장)에 따라 치료계획을 세우고 이를 잘 따라가며 치료해야 한다. 또한 치료자는 인지행동치료에서 활용하는 인지 기법(제6장, 제7장), 행동 기법(제9장, 제10장), 체험 기법(제8장) 중에 어떤 기법이 내담자의 문제를 해결해 줄 수 있을지 생각해 보고 적절한 타이밍에 적합한 용량을 적용해야 한다. 때로는 수용 기법(제11장)이 내담자에게 가장 적합한 접근이 되기도 한다.

내담자의 문제를 집중적으로 다루는 중반부는 내담자의 특성이나 증상에 따라 진행 속도나 접근 방법이 상당히 달라지기 때문에, 중반부의 작업을 일률적으로 기술한다는 것은 매우 어려운 일이다. 집단인지행동치료를 해 보면, 비슷한 문제를 가진 내담자들인데도 치료의 중반부 작업을 큰 기복 없이 순조롭게 따라오는 내담자가 있는가 하면 전진과 후퇴를 거듭하며 변화를 이루는 내담자도 있다. 인지행동치료를 처음 배우는 치료자가 특정 내담자에게 어떤 기법을 어떤 타이밍에 적용할 것인가 고민할 때 가장 도움이 되는 것은 슈퍼비전과 동료들의 피드백일 것이다.

Newman 박사도 지적했듯이, 치료 중반부 작업에서는 때때로 치료의 방해요소가 나타나게 되므로 이를 잘 파악하여 다루는 것이 필요하다. 첫 번째 방해요소로는 내담자 내부에서 생겨난 변화에 대한 저항을 들 수 있다. 치료자 편에서는 내담자가 빨리 좋아지기만을 바라지만, 내담자에게는 현재의 고통이나 어려움에서 벗어나고 싶은 마음과 함께 새로운 변화가 가져올지 모르는 도전에 대한 두려움이 있을 수 있다. 치료 중반부에서 치료가 앞으로 잘 나가다가 주춤하거나 후퇴하는 듯 보일 때, 치료자는 초조한 마음에 치료에 소극적이거나 불성실해 보이는 내담자를 일방적으로 압박할 수 있다. 이러한 치료자의 태도는 내담자를 더 위축되게 만들거나 저항하게 만들 수 있어 역효과를 가져오기 쉽다. 치료자는 치료의 속도를 다소 늦추더라도 내담자의 양가적인 마음을 차분하게 탐색해 보고 쌍방적인 대화를 통해 돌파구를 찾아내는 것이 필요하다.

두 번째 방해요소로는 내담자가 변화하는 것을 반기지 않는 주위 사람들의 반대와 거부가 있을 수 있다. 주위 사람들 역시 내담자가 좋아지기를 바란다고 하지만, 동시에 내담자가 나아지면서 보이는 여러 가지 행동 변화—좀 더 자신의 의견을 표현한다든지, 평소만큼 의지하지 않는다든지, 혹은 새로운 직업을 찾는다든지—에 협조하지 않을 뿐 아니라, 나아가 이러한 변화를 은근히 막을 수 있다. 치료자는 내담자의 어려움에 공감하고 내담자와 한편이 되어 주위 사람들의 저항과 반대를 협력적으로 해결해 나가야 한다.

세 번째 방해요소로는 치료자-내담자 관계에 긴장과 보이지 않는 균열이 생기기도 한다. 치료자-내담자 관계가 흔들릴 때 치료가 앞으로 나아가지 않고 치료자에게 큰 부담을 안겨 주지만, 위기가 기회가 될 수 있다는 생각으로 잘 헤쳐 가면 내담자를 더 깊이 있게 이해하며 변화를 이끌어 낼 수 있기도 하다. 치료자-내담자 관계의 균열에 대해서는 제3장에서 좀 더 다룰 예정이다.

마지막으로, 잘못된 사례 개념화, 기법에 대한 부족한 이해 등 치료자의 미숙한 역량이 치료에 방해요소로 작용하기도 한다. 어떤 오리엔테이션의 심리치료에서든지 초심자들이 가장 많이 저지르는 실수는 내담자보다 너무 앞서가는 것이다. 인지행동치료에서도 내담자의 사고를 변화시키겠다는 욕심

이 앞설 때 치료자가 내담자의 말을 경청하고 충분히 공감하지 못한 채 내
담자의 사고를 성급하게 다루게 된다. 치료자는 더 많은 경험을 쌓고, 워크
숍, 사례 회의, 슈퍼비전 등의 기회를 통해 치료자로서의 역량을 키우도록
해야 할 것이다. 이외에도 다양한 방해요소를 효과적으로 다루기 위해서는
Leahy(2001)를 참고하는 것이 도움이 될 것이다.

3) 치료 종반부

치료의 중반부 작업이 효과적으로 이루어지면 내담자의 사고와 감정과 행
동의 변화가 일어날 것이다. 이때 내담자의 증상들이 점진적으로 개선되면
치료는 종반부 작업으로 들어가게 된다. 내담자의 증상이 개선되는 과정은
대부분 좋아지는 과정과 다시 조금 나빠지고 다시 좋아지는 과정을 거치는
경우가 많다. 내담자 상태가 비교적 안정되고 내담자도 종결을 희망하는 시
점에서 종반부 작업에 들어가야 할 것이다. 이런 상태에 이르는 데 어느 정도
의 치료기간이 필요할까? 치료기간을 미리 정확하게 예상하기는 쉽지 않지
만, 우울, 불안이나 부적응 문제의 경우 15~25회기를 예상하고 치료를 계획
하는 것이 적절할 것이다. 그렇지만 치료를 하다 보면 처음에 생각했던 것과
는 달리 더 복합적이고 성격적인 문제가 저변에 깔려 있어 치료의 진도가 잘
나가지 않는 경우도 적지 않다. 때로는 종반부 작업으로 나아갈 시점에 내담
자의 문제가 다시 나빠져 내담자의 스키마를 좀 더 집중적으로 다루느라 시
간이 훨씬 더 많이 소요되기도 한다. 필자는 이런 여러 가지 상황을 고려하여
치료 초기에 내담자에게 바뀔 가능성을 열어 두며 대략의 예상 치료기간을
말해 주면서, 매 10회마다 치료가 어떻게 진행되고 있는지, 다음 10회에 어떤
목표를 향해 치료를 진행할지에 대해 이야기하는 시간을 가질 것이라고 알려
준다.

치료의 종반부 과정에서는, 첫째, 내담자로 하여금 치료에서 얻은 것을 공
고히 하고, 둘째, 치료종결 후 생길 수 있는 후퇴와 재발에 잘 대처할 수 있도

록 돕는다. 셋째, 치료종결에 따른 내담자의 감정을 다루어 준다. 제12장에서는 치료의 종결과 재발 방지를 다룰 것이다.

3. 인지행동치료에 대한 오리엔테이션

어떤 치료건 치료 초기에 내담자에게 이 치료를 받으면 나아질 것이라는 희망과 확신을 주지 못한다면 좋은 치료성과를 얻기 힘들 것이다. Fennell과 Teasdale(1987)은 우울증에 대한 인지행동치료 연구에서 치료효과가 빨리 나타난 환자군과 느리게 나타난 환자군을 비교했는데, 치료효과가 빨리 나타난 환자들은 장기적으로도 더 나은 성과를 보였다고 밝혔다. 치료효과를 빠르게 보인 집단은 치료를 시작한 지 2주 후부터 벌써 두드러진 호전 양상을 보였는데, 이들의 반응을 살펴본 결과 우울증에 대한 인지적 개념화를 쉽게 받아들이고, 1회기 후 내 준 과제도 적극적으로 해 온 것으로 나타났다. 즉, 첫 회기나 둘째 회기에 앞으로 어떤 치료를 할 것인지, 치료 후 어떻게 좋아질 수 있는지, 어떤 근거에서 내담자가 좋아질 것이라고 예상하는지를 설명해 줄 때 이를 잘 받아들이고, 변화될 수 있을 것이라는 확신을 얻기 때문에 치료효과가 빨리 나타난다는 것이다.

내담자들은 치료자의 말이 입에서 건성으로 나오는 말인지 마음에서 진정 우러나오는 말인지 즉각적으로 파악하기 때문에, 치료자 스스로가 인지행동치료를 통해 이 내담자를 성공적으로 치료해 줄 수 있다는 확신이 있어야 함은 물론이다. 그런 확신을 가지려면 인지행동치료를 통해 내담자들을 성공적으로 치료해 준 직접 혹은 간접 경험과 함께 인지행동치료의 효과에 대한 근거를 가지고 있어야 할 것이다. 만일 경험이 충분하지 않다면 슈퍼비전의 도움을 받는 것도 필요하다.

인지행동치료에 대한 오리엔테이션은 치료 초반부에 하는 것이 좋다. 초기평가를 한 후 내담자에게 평가결과를 요약해서 설명할 때, 인지행동치료에 대한 오리엔테이션도 함께 제공한다면 내담자에게 더 잘 받아들여질 것이다. 인지행동치료에 대한 오리엔테이션을 할 때 일방적으로 강의하듯 설명하는 것보다는 내담자의 질문이나 피드백을 구하며 쌍방향으로 해 나가는 것이 효과적이다. 내담자는 치료를 받으러 올 때 일반적으로 치료가 어떻게 진행되는 것인지, 얼마나 오래 해야 되는지 등 여러 가지 질문을 가지고 치료에 온다. 다만, 어떤 내담자는 입 밖에 내서 질문하고, 어떤 내담자는 마음속에 담아 두고 있을 뿐이다.

따라서 내담자의 마음속에 있는 궁금한 점들을 말하도록 격려하고 피드백을 구하는 것은 내담자의 치료에 대한 기대수준이나 잘못된 편견을 이해하는 데 도움이 될 뿐 아니라, 허심탄회한 의사소통을 통해서 치료적 관계도 강화할 수 있게 된다. 특히 과거에 심리치료를 받았던 내담자가 온다면 언제 어떤 심리치료를 받았는지, 그때 어떤 점이 좋았는지, 어떤 점은 힘들었는지, 만일 중간에 그만두었다면 왜 그만두게 되었는지 등에 대해 이야기하다 보면 내담자의 상담 경험을 보다 잘 이해하게 될 것이다. 이를 통해 내담자가 심리치료에 대해 가지는 기대나 선입견을 파악할 수 있게 될 뿐 아니라, 이 내담자와 심리치료를 할 때 어떤 점을 고려해서 진행할지에 대해 정보를 얻을 수 있게 된다.

인지행동치료에 대해 오리엔테이션을 할 때 치료자는 인지행동치료에 대한 설명을 잘 하면 내담자가 금방 이해하고 기억할 것이라고 생각하기 쉽다. 그렇지만 내담자가 치료에 올 때는 힘들고 고통스런 상태에 있을 때가 많아 집중력도 떨어지고, 내용을 들어도 머리에 잘 들어오지 않는 경우가 많다. 필자의 경험에 의하면, 내담자들에게 인지행동치료라고 말하면 그 용어 자체가 생소하고 길어 잘 이해하지 못할 뿐 아니라 기억하는 것도 힘들어한다. 따라서 치료 초기에는 기회 있을 때마다 인지행동치료에 대해 반복적으로 설명해 주고, 필요하다면 정식 이름은 인지행동치료이지만 부르기 쉽게 인지치료라고 말해도 괜찮다고 알려 준다. 인지행동치료에 대한 오리엔테이션뿐 아니라 치료를 통해 내담자가 깨닫고 적용해야 하는 내용은 여러 번의 반복 과정을 거쳐야 비로소 내담자의 마음에 입력될 수 있다는 점을 잊지 말아야 한다.

인지행동치료에 대한 오리엔테이션을 할 때 포함되어야 할 내용은 다음 과 같다.

첫째, 내담자에게 인지행동치료가 어떤 종류의 치료인지 소개한다. 인지 행동치료는 "내담자의 사고와 감정과 행동이 어떻게 서로 영향을 미쳐 문제 를 일으키는지 살펴보고, 문제를 해결하는 구체적인 방법을 찾아보고, 그 방 법을 실제로 적용해 보는 치료"라고 말해 준다. 만일 치료효과에 대한 경험적 인 자료가 있다면 인지행동치료가 내담자 문제에 어느 정도 효과가 있는지도 구체적으로 설명해 준다. 이 외에도 치료에 대해 어떤 기대를 하고 있는지 탐 색하고, 치료에 대해 잘못된 생각을 하거나 잘못된 정보를 들은 것은 없는지 확인한다. 치료 전에 책자를 주는 경우 읽어 본 소감이 어떠했는지 나눈다. 우리나라 내담자들의 경우, 치료에 대한 의심이나 회의 등을 입 밖에 내서 말 하는 것을 매우 조심스러워하므로 치료자가 직접 물어봐 주는 것이 좋다. 필 자는 이 맥락에서 내담자들에게 다음과 같은 말을 미리 해 둔다. 즉, 치료를 받다 보면 한 달 혹은 두 달 정도가 지날 때쯤 치료받는 것에 대해 회의가 드 는 시점이 오는데, 이때 회의가 드는 부분에 대해 솔직하게 이야기하는 것이 치료가 잘되도록 만드는 데 매우 중요하다고 이야기해 놓는다.

둘째, 인지모델을 소개한다. 문제는 사건 그 자체가 아니라 우리가 사건을 어떻게 생각하는가에 달려 있다는 점을 부각시킨다. 내담자가 자기 문제를 호소할 때 잘 듣고, 내담자가 말한 내용 중에 어떤 사건에 대한 그(녀)의 생각 이 감정과 행동을 좌우한 예가 없는지 살펴본다. 만일 있다면 그 예를 들어 우 리의 생각이 우리의 기분과 행동에 영향을 미친다는 것을 설명한다. 예컨대, 내담자가 최근 회사에서 내년도 사업 계획을 발표했을 때 목소리가 떨려 너 무나 당황한 나머지 준비한 자료를 겨우 읽고 내려왔다고 했다면, 이 예를 사 용할 수 있을 것이다. 내담자에게 그때 어떤 생각들이 들었는지 물어보아 '조 금이라도 실수하면 안 된다.'라는 생각과 함께 '사람들이 날 무능하게 볼 거 야.'라는 생각이 들었다고 한다면, 누구라도 그 상황에서 이런 생각이 들었다면 불안이 심해지고 발표를 잘 하지 못했을 것이라고 설명하면서 인지매개가설을 소개할 수 있을 것이다.

내담자가 하는 말에서 이런 예를 잘 찾지 못한다면 우리가 일상생활에서 흔히 접하게 되는 예를 하나 들어 설명해도 좋다. 예컨대, 아는 사람을 길에서 우연히 봤는데 그 사람이 모른 척하고 지나갔다면 어떤 생각이 들었겠는지 물어본다. '바빠서 그냥 지나갔을 거야.' 혹은 '날 무시해서 모른 척하고 지나갔을 거야.' 등 어떤 생각을 하는가에 따라 그 사람의 기분도 달라지고 다음에 그 사람을 만날 때 어떻게 대할지도 달라질 것임을 설명하면서 인지매개가설을 설명해 줄 수 있을 것이다. 어떤 예를 들어 설명하든지 내담자가 인지매개가설을 잘 이해하도록 쉽고 단순한 말로 설명해 주는 것이 중요하다. 경우에 따라서 기록지나 화이트보드에 관련 내용을 시각적으로 제시하는 것도 인지매개가설을 쉽게 이해하는 데 도움이 된다. 또 오리엔테이션을 해 준 후 궁금하거나 잘 이해가 되지 않는 점이 있는지 물어보고, 내담자의 피드백을 들어 보는 것이 필요하다.

다음은 30대 초반 직장여성인 민지 씨[3]와의 상담 축어록의 일부로서, 인지행동치료에 대해 오리엔테이션을 한 부분이다.

치료자: 제가 상담을 할 때 사용하는 치료법이 인지치료인데요. 들어 보신 적 있으세요?

내담자: 아니요.

치료자: 처음 들어 보셨죠? 익숙하지 않은 말이실 텐데요. 인지치료에서는 사람들이 살아가면서 여러 상황에 부딪힐 때 어떤 생각이 드는가에 따라 기분과 행동이 달라진다고 봐요. 예를 들어, 길을 가다가 아는 친구가 지나가는 걸 봤는데 민지 씨를 보고 아는 척을 안했어요. 그럼 어떤 기분이 드실 것 같으세요?

내담자: 화가 날 것 같은데요. 왜 날 무시하지? 그런 생각도 들고….

---

3) 이 책에 소개되는 사례들은 내담자의 인적 사항과 상담 내용을 일부 변형하여 내담자의 정보가 드러나지 않도록 재구성하였다. 대부분의 상담 축어록은 원래의 내용을 있는 그대로 실었으나, 내담자의 정보가 드러날 수 있는 내용은 일부 변경하였다.

치료자: 그렇죠. '아, 쟤가 날 보고도 아는 체를 안 하네.'라고 생각이 들면 당연히 기분이 나쁘겠죠. 화도 나고요. 만약에 그 순간에 '쟤가 많이 바쁜가?'라는 생각이 들었다면 어떤 기분이 들 것 같으세요?

내담자: 음... 별 기분이 안 들 것 같은데요.

치료자: 그렇죠. 제가 예를 들어 드린 것처럼 우리가 어떤 상황에서 생각을 어떻게 하는가에 따라 우리의 기분과 행동이 달라지거든요. 그래서 민지 씨가 기분이 우울하고 불안한 마음이 많이 들 때 어떤 생각을 하는지 찾아보고, 그 생각을 바꾸면 기분이 달라질 수 있을 거예요. 앞으로 상담하면서 민지 씨의 생각을 잘 살펴보고 어떤 생각을 할 때 우울하고 불안한 마음이 많이 드는지 찾아보고, 그 생각들을 검토해서 바꾸는 작업을 많이 하게 될 거예요. 어떤 건지 이해가 되셨어요?

내담자: 네, 네. 그런데 생각에 막 빠져들어 가면 어떻게 하질 못하겠던데요.

치료자: 맞아요! 민지 씨뿐 아니라 모든 사람이 어떤 생각에 한번 빠져들면 쉽게 빠져나오기가 쉽지 않아요. 앞으로 상담하면서 민지 씨가 어떤 생각을 주로 하는지, 어떻게 그 생각에서 빠져나올지 그 방법을 같이 찾아볼 거예요.

치료자가 마지막 부분에 "인지치료는 바로 그런 걸 도와주는 전문적인 치료예요. 민지 씨가 어떤 생각에 빠져들어 있을 때도 그걸 바꾸는 효과적인 방법을 찾을 수 있을 거예요."라고 말해 주었다면 치료에 대한 긍정적인 기대가 더 생길 수 있었을 것이다. 한편, 내담자 중에는 치료자가 해 주는 설명에 대해 반론을 펴는 경우도 있다. 다음 축어록에 나오는 내담자는 폭식 문제로 상담을 하게 된 20대 초반 여대생인데, 어떤 반응을 보였는지 한번 살펴보자(연두색 글자는 필자의 코멘트임).

치료자: 인지치료에서는 사람이 어떤 상황에서 생각을 어떻게 하는가에 따라 기분이나 행동이 달라진다고 봐요. 그래서 그 사람의 기분이나 행동에 문제가 있을 때 어떤 생각을 하는지 잘 살펴보고 잘못된 부분을 바꾸는 치료라고 볼 수 있어요. 한 가지 예를 들어, 친구가 제 전화를 연달아 받지 않았다고 해요. 만일 이 상황에서

친구가 날 무시해서 전화를 계속 받지 않는다고 생각하면 기분이 나쁘겠죠. 그런데 바쁜 일이 있어 전화를 못 받는구나라고 생각하면 기분이 나빠지지 않을 거예요. (치료자가 일방적으로 길게 설명을 해 주는 것보다는 앞의 민지 씨의 치료자처럼 내담자와 질문과 답을 주고받으면서 설명해 주는 것이 더 효과적임.)

내담자: 그런데 생각이 바뀌나요? 저는 부모님이나 친구들과 내 얘기를 터놓고 하면 많은 도움을 받지만 생각은 안 바뀌거든요.

치료자: 맞아요. 생각은 쉽게 바뀌지 않아요. 그렇기 때문에 인지치료에서는 사람들의 생각을 바꾸는 여러 가지 전문적인 기법을 사용하고 있어요. 그렇지만 아무리 좋은 방법이라도 혜선 씨와 제가 생각을 바꾸도록 열심히 같이 노력해야 가능하겠죠. (내담자의 말을 일단 수긍해 주는 것은 내담자가 인지치료에 마음을 열게 하는 데 중요함.)

내담자: 네. 잘 해 봐야죠.

이 사례에서 치료자는 내담자의 의심과 회의를 일단 받아들여 주고, 그렇기 때문에 인지치료에서 여러 가지 전문적인 기법을 사용한다고 설명하였다. 아마도 첫 번째 회기였기 때문에 내담자도 더 이상 반론을 펴지 않았겠지만, 치료자는 내담자에게 반신반의하는 마음이 남아 있을 수 있다는 점을 잊지 말고 상담 중에 이런 마음이 다시 나타난다면 이를 좀 더 구체적으로 다루어야 할 것이다. 보통 첫 회기나 둘째 회기에 인지행동치료에 대한 오리엔테이션을 하게 되는데, 이때 오리엔테이션을 자세하게 해 주어도 내담자에게 잘 들리지 않을 수 있기 때문에 그 후에도 기회가 생길 때 반복해서 알려 주는 것이 도움이 된다.

제 2 장

초기평가와 치료회기 진행하기

1. 초기평가

　인지행동치료의 초기평가에서 해야 할 중요한 과제는 내담자가 호소하는 문제를 자세하게 파악하고 부가적인 정보를 얻는 것이다. 또한 대인관계를 포함한 내담자의 전반적인 기능, 발달사 및·가족 배경 정보와 내담자의 강점 등을 평가하고, 필요하다면 잠정적인 진단을 내린다. 초기평가에서 가장 많이 사용하는 도구는 초기면접이지만, 객관적인 평가를 위한 구조적 진단면접과 설문지와 척도를 함께 사용할 수 있다. 내담자에 대한 신뢰롭고 타당한 평가를 위해서는 한 가지 평가도구만 사용하기보다 여러 도구를 사용하여 내담자의 문제를 다각도로 평가하는 것이 바람직하다.

　초기면접은 치료현장에 따라 접수면접자가 따로 있어 초기면접을 진행한 후에 상담자가 배정될 수 있으며, 또는 상담자가 초기면접부터 진행할 수 있다. 초기면접을 누가 진행하든 내담자에 대한 정확한 평가는 앞으로의 치료 계획을 짜는 데 매우 중요한 선행 작업이다. 상담자가 초기면접을 하는 경우, 내담자와의 라포 형성이 이때부터 시작된다고 볼 수 있어 평가와 함께 라포 형성에도 관심을 두면서 초기면접을 진행해야 한다. 대개 초기면접을 한 후 내담자에게 평가의 결과를 알려 주고, 치료가 필요하다면 대략 어느 정도 오래 치료를 해야 하며 어떤 방식으로 치료를 진행할지에 대해서 말해 주게 된다. 이때 인지행동치료에 대한 오리엔테이션을 제공하고, 내담자가 가지고 있는 치료에 대한 기대나 요구 사항도 다루어 주는 것이 좋다.

1) 초기면접

내담자에 대한 초기평가에서는 대부분 비구조적 초기면접을 실시한다. 물론 정확한 진단적 평가를 위해 구조적 임상면담(Structured Clinical Interview for Diagnostic and Statistical Manual-5)이나 다양한 진단 면담도구들(Mini International Neuropsychiatric Interview 5.0., Anxiety Disorders Interview Schedule for DSM-5 등)을 사용하기도 하지만, 대부분의 임상현장에서는 시간과 인력의 제약으로 초기면접만 실시한다. 초기면접에서 무엇을 평가해야 하는가의 질문은 치료에서 무엇을 변화시킬 것인가에 대한 질문과 밀접한 관련성이 있다. 인지행동치료의 초기평가에서는 내담자의 문제나 배경 정보뿐 아니라 내담자의 사고 패턴이나 행동 패턴을 파악하려는 노력을 해야 한다(제5장 참조). 인지행동치료에서는 치료 전반에 걸쳐 내담자에 대해 지속적인 평가를 하기 때문에, 초기평가는 이후 평가와 연결되어 내담자의 변화에 중요한 정보를 제공하게 된다. 인지행동치료를 시작하기 전 초기면접에서 얻어야 할 정보들은 다음과 같다.

(1) 주요 호소문제들의 빈도 및 심각도 파악하기

초기면접자는 먼저 내담자로 하여금 치료를 받으러 오게 만든 문제가 무엇인지 자유롭게 이야기하도록 한다. 이때 상담자는 내담자가 자신의 문제를 어떻게 말하는지를 말한 그대로 따옴표를 해서 적어 놓는 것이 좋다. 상담자는 특히 내담자가 왜 '지금 이 시점'에 치료를 받으러 오게 되었는지 귀 기울여 듣고, 내담자가 이에 대해 이야기하지 않으면 직접 물어보도록 한다. 바로 다음에 소개되는 축어록에서 볼 수 있는 바와 같이, 지금 이 시점에 치료를 받으러 오게 만든 이유는 내담자가 중요하게 생각하는 것이 무엇인지와 치료를 통해 무엇을 얻고자 하는지를 파악하는 데 도움을 준다. 내담자의 주요 호소문제와 함께 어떤 다른 문제들이 있는지도 물어보고 문제목록을 만들어 놓으면 내담자 사례를 개념화하는 데 기초자료가 되기도 한다. 이때 상담자는 내담자가 말하지 않은 숨은 문제는 없는지 귀 기울여 듣고 관찰할 필요가 있다. 상담자가 내담자의 문제를 종합적으로 파악하고자 귀 기울여 경청하고 질문하고 요약할 때, 내담자는 상담자가 자기에게 진정한 관심이 있다는 것을 느껴 신뢰감을 가지게 되기도 한다. 상담자는 내담자의 주요 호소문제를 듣고 난 다음, 이 문제가 처음 생겼던 시점에서부터 그 후 어떻게 변화해 갔는지 타임라인을 그려 놓고 정리해 놓으면 중요한 생활사건에 대한 정보도 같이 얻을 수 있다.

다음은 발표불안으로 상담에 온 20대 남성 명수 씨의 1회기 상담 축어록의 일부로서, 주요 호소문제를 어떻게 평가하였는지가 잘 나타난다(연두색 글자는 필자의 코멘트임).

상담자: 저희 상담소에 어떻게 오시게 되었어요?

내담자: 대학에 들어와서 발표를 하게 되니까 고등학교 때나 이전에는 그런 적이 없었는데, 사람들 사이에서 제 의견을 묻거나 할 때 많이 당황해서… 제 머릿속으론 생각이 막 돌아도 그 말을 조리 있게 못 해요. 당황해서 못 해요. 그게 가장 큰 문제예요. 그런 것들이 좀 좋아졌으면 좋겠어요.

상담자: 사람들 있는 데서 발표하려면 머릿속에 생각이 많아도 정리해서 조리 있게 말씀하시기 힘드시다는 거죠. 저희 상담소에 오시는 분들 중에 그런 분들이 꽤 있어요.

내담자: 고등학교 때는 다 앉아서 교사 선생님들께 일방 강의식으로 들으면 되고 열심히만 들으면 되는데, 대학교 와서는 발표가 많잖아요.

상담자: 명수 씨는 발표할 때 어떤 점이 특히 힘드세요? 구체적으로…. (내담자의 문제를 구체화시키는 좋은 질문임.)

내담자: 대본을 써 가면 그 스크립트만 계속 보고, 사람들의 눈을 보면 당황하거나….

상담자: 청중들 눈을 마주치기가 힘든가요?

내담자: 네, 그러면 당황하고 말도 더듬더듬거리고… 네… 음… 압도당하는 것 같아요.

상담자: 압도당한다?

내담자: 네, 저에게 다 귀 기울이지 않는다는 걸 알면서도… 다 내 토씨 하나하나에 귀 기울이고 있는 거 같아서.

상담자: 압도당해서 말도 더듬거리고 당황하면서 스크립트만 읽게 된다는 거죠?

내담자: 네, 마이크 앞으로 오는 순간 바로 긴장하고….

상담자: 목소리는 어떤가요?

내담자: 양 소리처럼 떨려요. 목소리가 경직되고 떨려요.

상담자: 손에 땀이 나거나 손발이 떨린다든가 그런 것도 있으세요? (부가적인 질문으로 내담자의 문제를 더 자세하게 알아보는 좋은 질문임.)

내담자: 네, 손발에 땀이 나고 흔들리고 그래요.

상담자: 이런 게 있으면 발표하는 데 많이 힘드실 거 같아요. 지금 학부 3학년이라고 하셨죠. 발표할 때 이런 일을 얼마나 자주 경험하셨어요? 그동안 발표는 얼마나 하셨어요?

내담자: 발표를 정말 얼마 안 했어요. 세 번 정도?

상담자: 3년 동안 세 번? 어떻게 보면 발표를 최대한 피하신 거네요.

내담자: 네, 부담이 되니까요.

상담자: 그러니까 팀플에서도 발표는 맡지 않고 자료를 준비한다든가 그런 식으로 많이 피해 오신 거네요.

내담자: 네.

상담자: 얼마나 자주 그렇게 피하시는지 대략 알 수 있을까요.

내담자: 글쎄요. 팀플이나 그런 거에서도 거의 발표는 안 맡았으니까….

상담자: 그러니까 발표하는 상황을 거의 안 만드신 거네요. 아까 발표하는 상황에서 압도

당하는 느낌이 드신다고 하셨고, 머릿속에 많은 생각이 들어도 조리 있게 말을 못 한다고 했는데, 그밖에 다른 힘든 점은 뭐가 있을까요. (발표하는 상황에서 내담자의 겪는 과정과 경험을 좀 더 알아보려는 좋은 질문임.)

내담자: 사람들이 제가 말하는 것을 다... 그러니까 뭐 이런 생각이 들어요. 이거 말하는 것이 틀리면 어떡하지? 저 사람이 나를 나쁘게 생각하면 어떡하지? 이런 생각도 많이 들고....

상담자: 저 사람이 나를 나쁘게 보면? (인지매개가설을 설명할 수 있는 좋은 예이므로 자세하게 물어보는 것이 필요함.)

내담자: 네... 날 나쁘게 생각한다거나 우습게 본다거나....

상담자: 이런 거랑 관련해서 생각나는 기억이 있으세요? (이런 생각을 하게 된 배경을 알아보는 질문을 함. 이때 '다른 사람들이 명수 씨를 나쁘게 생각한다거나 우습게 생각할지 모른다고 생각하면 더 떨리고 불안했을 것 같네요.'라고 해서 내담자의 생각이 중요한 매개변인으로 작용할 수 있다는 것을 짚고 넘어가는 기회로 삼을 수 있었음.)

내담자: 기억이요?

상담자: 예전에 그 비슷한 일이 있으셨나 해서요. 사람들과 구체적으로....

내담자: 아 상황이요? (네) 특히 시사적인 주제로 이야기할 때.

상담자: 네....

내담자: 시사적인 토론할 때... 명수야, 네 생각은 어때? 그러면 생각은 많은데, 맞을까 안 맞을까 이런 거 때문에 말을 못하고 계속 망설이고... 내가 말한 게 틀리면 어떡하지? 이런 생각을 많이 했던 거 같아요.

상담자: 내가 이런 말을 하면 날 어떻게 생각할까. 이런 때도 아까 말한 것처럼 눈을 마주치기 힘들다거나 말을 더듬는다거나 손에 땀이 난다거나 그러세요?

내담자: 네, 땀도 나고, 눈 못 마주치고, 눈을 아래로 내리깔고....

상담자: 토론 때는 스크립트도 없었을 텐데, 어떻게 말하셨어요?

내담자: 계속 더듬더듬하면서 패스하거나 잘 모른다고 회피하거나....

상담자: 그러니까 발표 상황 아니고 친구들하고 토론하거나 그럴 때도 비슷하게 힘드신

거네요.

내담자: 그렇죠.

상담자: 이런 일이 얼마나 자주 일어나는 것 같으세요?

내담자: 거의 언제나 그러죠.

상담자: 발표하거나 사람들 사이에서 자기의견 말하는 그런 상황에서 목소리가 떨리고 불안해질 때 머릿속에 문득 떠오르는 이미지라든가 그런 게 있으세요?

내담자: 제가 계속 고개를 수그리고 있으니까 앞에 공간이 크게 느껴지는 거 같아요.

상담자: 앞의 공간이 매우 크게 느껴지고, 명수 씨는 고개를 숙이고 있고?

내담자: 네. 저는 작은 느낌....

상담자: 지금 말씀하신 것처럼 명수 씨가 발표하는 앞에 공간이 매우 크게 느껴지고, 자기 혼자 작은 모습으로 고개를 숙이고 있는 그런 느낌이 드신다고 했는데... 그 이미지는 어떤 의미가 있을까요.

내담자: (1분 정도 침묵 후) 초라하다?

상담자: 아... 초라하다? 초라하다고 느낀 건가요?

내담자: 네....

상담자: 그러니까 세상은 거대하고 나는 초라하다 이런 생각을 좀 하시는 거네요.

내담자: 네....

상담자: 발표 상황이나 친구들하고 토론할 때 본인이 초라하다는 생각이 계속 드시는 거네요. 또 다른 생각은 어떤 게 있을까요.

내담자: 뭔가 부족하다 그런 생각도 하는 거 같아요.

상담자: 지금 말씀하신 것들을 요약해 보면 발표 상황이나 친구들하고 토론하는 상황에서 압도당하는 느낌을 받고 당황해서 조리 있게 말을 못하고 더듬거리는 때가 많고 손에 땀이 나고 목소리도 떨리신다는 거지요. 이런 때 명수 씨 앞에 있는 공간이 거대하게 느껴지고 본인은 초라하고 부족하다는 생각을 계속하시구요. (내담자의 말을 잘 요약함.)

내담자: 네, 그런 거 같아요.

상담자: 아까 말씀하신 걸 들어 보면 이런 상황을 엄청 회피해 오신 것 같은데... 이 문제

로 지금 상담을 받아야겠다고 생각하신 계기가 있으신지 궁금하네요.

내담자: 내년이면 4학년이고, 졸업하고 취직도 해야 하는데 이렇게 계속 피하고만 살아
서는 안 되겠다는 마음이....

상담자: 졸업하고 사회에 나가기 전에 이 문제를 극복하고 싶다는 마음이 드셨다는 거죠.

내담자: 네....

상담자: 발표불안과 관련해서 많은 이야기를 들었는데요. 발표불안 외에 또 고민하는 문
제가 있으세요?

내담자: 제가 자존감이 낮은 것도 문제예요. (중략)

이와 같이 내담자를 상담으로 이끌게 만든 주요 호소문제를 들어 본 다음
다른 힘든 문제들은 어떤 것들이 있는지 물어본다. 우울, 불안, 불면증, 대인
관계 문제, 학업 문제나 직장 문제 등 광범위하게 물어보는 것이 좋다. 앞에
서 언급한 바와 같이, 이 문제의 목록은 제4장에서 다루게 될 사례 개념화를
하는 데 중요한 정보를 제공한다. 이때 내담자가 스스로 이야기하지 않더라
도 술을 얼마나 자주, 어느 정도 마시는지, 또는 인터넷 게임이나 음란물에
빠져 있지는 않는지도 파악해 보는 것이 필요하다.

(2) 문제가 일어나는 상황 자세히 파악하기

명수 씨의 사례에서 본 것처럼, 문제가 일어나는 상황을 자세하게 파악하
면 문제를 이해하는 열쇠를 얻을 수 있다. 내담자에게 호소하는 문제가 일어
난 최근 상황을 한 가지 정하고, 문제가 구체적으로 어떻게 전개되는지 이해
할 수 있도록 자세하게 물어보는 것이 좋다. 이를 통해 문제 상황에서 내담자
의 생각과 기분과 행동이 어떻게 서로 영향을 주고받으며 전개되는지, 또 주
위 사람들은 어떤 역할을 하는지도 파악할 수 있게 되며, 문제행동(behavior:
B)을 촉발하는 선행요인(antecedents: A)과 결과(consequences: C)도 알 수 있
게 된다. 특히 이 상황에서 내담자에게 어떤 생각이나 이미지가 떠올랐는지
물어보면 내담자의 생각이 기분이나 행동에 어떤 영향을 미쳤는지도 탐색해

볼 수 있다. 이때 얻게 되는 정보는 초기면접 후반부나 치료회기에 인지치료에 대한 오리엔테이션을 할 때 매우 유용하게 사용할 수 있다. 필자는 내담자에게 가장 최근에 문제가 일어났던 상황을 슬로비디오로 보는 것같이 자세하게 말해 보라고 하여 문제가 일어난 상황과 ABC를 파악하려고 노력한다. 문제가 개선되면 바로 이런 상황에서의 내담자의 생각과 감정과 행동이 달라지게 되고, 다른 사람의 반응도 달라지게 된다.

(3) 내담자의 기능 파악하기

내담자의 문제와 함께 내담자가 일상생활에서 어느 정도 기능하는지 파악해야 한다. 이를 위해 내담자에게 바로 전날이나 그 전날 하루를 어떻게 지냈는지 자세하게 이야기해 보게 하여 식사나 잠 등의 기본적인 생활 습관, 활동량, 대인관계가 어느 정도 이루어지는지 파악하고, 가사나 직장 혹은 학업 수행 정도를 평가해 본다. 이를 통해 면접자는 내담자의 하루에 대해서, 보통 일상생활에서의 삶이 어떤 수준으로 유지되는지에 대한 평가를 할 수 있게 되고, 이렇게 평가된 내담자의 기능 수준은 내담자에게 어떤 개입을 먼저 할지 정하는 데 중요한 정보를 제공한다.

글상자 2-1 정신상태검사(Mental Status Exam: MSE)

- -

정신상태검사는 면담 당시에 나타난 내담자의 정신상태를 체계적으로 기술하는 것으로, 면담 중에 관찰한 결과와 필요한 몇 가지 질문으로 짧은 시간 안에 시행할 수 있다. 정신상태검사에서 평가하는 항목들을 간단히 소개하고자 한다.

1. 일반적 외양, 행동 및 태도: 내담자의 외모, 위생과 건강 상태 및 옷차림 등에서 나타나는 전반적인 외양과 인상을 기술함. 또한 정신 운동 초조나 지연, 틱이나 그 외 반복적 행동 등 내담자의 정신 운동 활동의 질적·양적 양상을 관찰하여 기술함. 이와 함께 면접자에 대한 태도가 협조적·우호적·회피적·경계적 혹은

적대적인지 등을 기술함.

2. 의식상태: 의식이 명료한지, 혼미한지 등 의식의 각성상태를 기술함.

3. 지남력: 사람, 장소, 시간에 대한 지남력이 유지되고 있는지 기술함.

4. 주의력과 집중력: 주의력이 유지되고 있는지 관찰하고, 100에서 7을 연속해서 빼는 문제를 통해 집중력을 평가하여 기술함.

5. 언어: 언어의 명확성, 목표 지향성, 속도 등 질적 양적 양상을 기술함. 이와 함께 말더듬이나 발음장애, 억양장애 등이 있는지 기술함.

6. 기분과 정동: 내담자가 주관적으로 보고하는 전반적인 기분상태와 면담자가 관찰한 정동의 범위, 양과 질을 기술함.

7. 사고 내용과 형태: 사고 내용에 편견, 강박관념, 망상 등이 있는지 기술함. 사고 형태상에 사고 단절, 목표 지향적 사고의 결여, 사고 이탈, 연상의 이완 등이 있는지 기술함.

8. 추상적 사고 능력: 간단한 속담 풀이나 사과와 배의 유사성을 물어보아 추상적이고 개념적인 사고를 할 수 있는지 기술함.

9. 지각: 환각 여부를 기술함.

10. 기억: 즉시기억(3~5개의 숫자를 불러 주고 따라 하게 하거나 거꾸로 말하게 하여 평가함), 최근기억(당일 혹은 전날 식사에 대해 물어보아 평가함), 장기기억(수년 내에 일어난 일에 대해 물어보아 평가함)이 적절한지 여부를 기술함.

11. 지적 기능: 어휘력을 관찰하거나 상식에 대해 물어보아 대략적인 지적 기능을 평가하고 기술함.

12. 병식과 판단력: 자기 병에 대한 인식과 이해 정도 및 사회적 판단 능력을 기술함.

(4) 자살 사고 파악하기

내담자가 자발적으로 이야기하지 않더라도 자살할 생각을 최근 또는 과거에 한 적이 있는지, 어떤 상황에서 하는지, 어떤 방법으로 목숨을 끊을지 생각해 본 적이 있는지 물어본다. 예를 들어, 자살에 대해서 친구들과 이야기한 적이 있다고 지나가는 말로 이야기했을 때 다음과 같이 자세하게 물어보아야

한다. "과거에 자살을 시도하신 적이 있으세요?" "죽고 싶다는 생각을 지금
도 하세요?" "얼마나 자주 하세요?" "이번 주에도 죽고 싶다는 생각을 하셨어
요?" 등으로 물어본다. 내담자가 진지하게는 생각하지 않았다고 하면서 그냥
넘어가려고 할 때도 "몇 가지만 더 여쭤 보고 넘어가면 좋을 것 같아요. 괜찮
으세요?"라고 하면서, 자살 위험을 평가하고 그 결과를 차트나 보고서에 기
록으로 남겨야 한다. 내담자의 주요 사회적 지지원("정말 죽고 싶다는 생각이
드셨다고 할 때 누구한테 그 말을 하실 것 같으세요?")이나 죽지 않아야 할 이유가
무엇인지에 대해서도 알아보는 것이 좋다.

글상자 2-2   자살 사고를 평가하는 좋은 질문들

1. 얼마나 자주 자살에 대한 생각을 하세요?(죽고 싶다는 생각을 해 보셨어요?)
2. 어떻게 죽을지, 어떤 무슨 수단을 사용할지 구체적인 방법을 생각해 보셨어요?
   그 방법을 현재도 사용할 수 있나요?
3. 죽지 않아야 할 이유가 있습니까? 죽는다고 할 때 마음에 걸리는 일은 어떤
   것이지요?
4. 주위 사람에게 이야기한 적이 있습니까? 아니면 혼자만 생각하고 계세요? 다
   른 사람에게 알리지 않는 이유는 무엇인가요?
5. 유언을 작성했다든지, 가지고 있는 물건을 나눠 주었다든지 등 죽을 것을 예상
   하고 한 일들이 있나요?
6. 과거에 자살 시도를 한 적이 있습니까? 그때는 어떤 방법을 사용하셨나요?
7. 만일 이번에 자살을 하지 않는다면 다음에 다시 할 마음이 있으신가요?

---

(5) 약물치료나 치료받은 경험

내담자가 이전에 심리치료나 약물치료를 받았다면 어떤 약을 처방받아 얼
마나 오래 먹었는지, 심리치료나 상담은 누구에게서 얼마나 오래 받았고 어
떻게 종결 혹은 중단했는지 알아봐야 한다. 이 외에도 상담 경험이 도움이 되

었는지, 어떤 점이 좋았고 어떤 점이 힘들었는지 구체적으로 물어봄으로써 이번 상담에 미칠 수 있는 영향을 평가해 보는 것이 좋다.

(6) 발달사와 가족 및 대인관계 배경 정보에 대한 평가

내담자의 발달사와 가족 배경을 간략하게라도 알아보는 것은 내담자의 성격 특성이나 대인관계 및 중요한 지지기반을 파악하는 데 큰 도움이 된다. 가족의 전반적인 분위기, 가족 구성원들의 특성과 내담자와 가까운 정도, 접촉하는 정도를 알아보고, 내담자의 호소문제와 비슷한 문제나 정신장애를 가진 사람이 있는지 평가해 보도록 한다. 또한 어렸을 때 방임되었거나 신체적 혹은 심리적 학대를 당했는지, 성폭행을 당한 경험은 없는지를 주의 깊게 들어 보아야 한다. 내담자에 따라서는 라포가 충분히 형성되기 전에 이런 경험에 대해 말하는 것을 불편하게 여길 수 있으므로, 이후 회기에서 적절한 기회를 잡아 확인해 보는 것도 한 방법이다. 이와 함께 내담자의 학창 시절이 어땠는지, 친구 관계는 어땠는지, 친하게 지내는 친구들이 있었는지, 졸업 후에도 계속 만났는지, 왕따 경험은 없었는지를 알아보는 것이 좋다. 현재 내담자의 주요 지지원이 누구인지, 이들과 얼마나 자주 연락하고 만나는지, 관계는 어떤지에 대해서도 물어보아야 한다.

(7) 내담자의 강점

흔히 치료에서 내담자의 문제에 초점을 맞추다 보면 내담자가 가진 강점과 역량을 놓치는 경우가 많다. 내담자가 가지고 있는 강점은 내담자의 문제를 해결하는 데

글상자 2-3　초기평가 리포트에 포함되어야 할 내용

1. 내담자 인적 사항에 대한 정보
2. 내담자 주요 호소문제와 증상
3. 내담자 문제에 대한 과거 이력
4. 과거 치료받은 경험
5. 발달사(학교, 직업, 대인관계 등) 및 가족 배경
6. 의학적 배경
7. 약물 복용 배경
8. 정신상태검사
9. 진단적 평가
10. 사례 개념화와 치료에 대한 제언

중요한 자원으로 활용될 수 있다. 다음 축어록에는 앞에서 주요 호소문제를 알아본 명수 씨의 강점을 찾아보는 부분이 나와 있다(연두색 글자는 필자의 코멘트임).

상담자: 이번에는 명수 씨의 장점에 대해서 좀 알아볼게요. 명수 씨는 다른 사람과의 관계에서 득이 될 수 있는 장점으로 어떤 걸 가지고 계세요?

내담자: 음....

상담자: 친구들이 얘기를 하다가 이런 부분은 좋은 것 같다든지 그런 걸 얘기해 준 부분은 없나요?

내담자: 좀 친해지면 웃기는 말을 잘 하거든요. 좀 친해지면 그거.... (웃음)

상담자: 아, 친해지면요.

내담자: 근데 막 그렇게 잘하는 건 아니에요. (웃음)

상담자: 또 한 걸음 물러나시네요. (웃음)

내담자: 잘 모르겠어요. 진짜 없는 거 같아요. 특히 처음 본 사람한테는 없을 것 같아요.

상담자: 친해지면 웃기는 말을 잘 한다는 게 전부일까요?

내담자: 휴우.... (한숨)

상담자: 깊은 한숨을 내쉬셨어요.

내담자: 정말 모르겠어요.

상담자: 제가 여쭤 보는 건 명수 씨가 가지고 계시면서도 별로 주의를 기울이지 않았던 그런 부분을 한번 찾아보자는 거예요. 다른 사람과의 관계에서 괜찮아 보이는 것 같다. 그런 게 어떤 게 있을까요. (잘 모르겠다는 내담자의 말에도 불구하고 적극적으로 강점을 찾으려고 시도함.)

내담자: 음.... (침묵)

상담자: 아까 친구들이 도와 달라고 많이 이야기 한다고 했는데 어느 정도로 도와주세요?

내담자: 그냥 최대한 열심히요.

상담자: 최대한 열심히요?

내담자: 네.

상담자: 그건 아껴 두고 계셨네요.

내담자: (웃음)

상담자: 누군가가 어떤 부탁을 하면 최대한 열심히 도와준다.

내담자: 근데 그게 그 사람을 위해서만 최선을 다하는 건 아니에요.

상담자: 아, 네! 그러면요?

내담자: 그러니까 그 사람한테 봉사하는 의미에서만 열심히 하는 건 아니고 제 이미지와
도 관계가 있으니까 열심히 하는 거죠.

상담자: 아, 그럼 일단 상대방은 명수 씨를 어떻게 볼까요?

내담자: 글쎄요.

상담자: 부탁하는 걸 잘 해 줬어요. 누가 명수 씨가 뭘 해 달라고 했을 때 잘 해 주면 어
때요?

내담자: (웃음) 좋지요.

상담자: 그럼 이 부분도 대인관계에서 다른 사람이 좋아할 수 있는 부분이네요. 이것도
다른 사람이 좋아할 수 있는 부분인데 명수 씨는 그렇게까지는 생각을 안 하신
것 같아요. 어떻게 생각하세요?

내담자: 네. (중요한 질문에 대한 내담자의 반응이 이렇게 짧게 나온 경우 내담자가 스스
로 탐색하도록 좀 더 기다려 주는 것이 필요함.)

상담자: 생각을 좀 더 해 보자면 사소한 거라도 어떤 게 또 있을까요?

내담자: 음... 좀 이렇게 잘 챙겨 주는 거, 물어봐 주는 거 그런 거 같아요.

상담자: 보는 사람 입장에서는 명수 씨가 어떤 걸 잘 챙겨 주는 모습을 보겠네요. 그럼 반
대로 어떤 사람이 있다고 합시다. 그 사람이 뭘 할 때 명수 씨를 잘 챙겨 줘요. 그
럼 명수 씨가 그 사람을 어떻게 볼까요.

내담자: 고맙죠! (웃음)

상담자: 네, 고맙죠. 마찬가지예요. 다른 사람이 명수 씨를 볼 때 좋게 볼 수도 있고 관계
가 더 좋아질 수도 있고.

내담자: 네.

상담자: 한 가지 더 얘기하고 싶은 게… 지금 저와 같이 찾아보며 이야기해 보니 조심스럽게 말씀하시지만 하나둘씩 얘기를 해 주시잖아요. 다른 사람들은 이 부분을 보고 있을까요, 안 보고 있을까요?

내담자: 보는 사람도 있겠죠.

상담자: 네, 남들이 명수 씨를 보는 모습과 명수 씨가 자신을 보는 모습이 차이가 있을 것 같아요. 명수 씨는 불편해하는 성격을 더 많이 보는데 다른 사람들은 명수 씨를 그렇게 보지 않을 수도 있다는 얘기를 드리고 싶어요. 명수 씨가 없는 부분을 억지로 만들어 내는 게 아니라, 다른 사람들이 충분히 보고 있는데 명수 씨 자신만 못 보고 있는 부분들이 있다는 거죠.

내담자: 네. (앞에서와 마찬가지로 상담자의 긴 설명 후에 내담자의 대답이 이렇게 짧게 나왔을 때 이것이 어떤 의미인지 살펴보고 머물러 있을 필요가 있음.)

상담자: 그런데 다른 사람은 보고 있어요. 눈앞에 있는 제가 그렇고요. 주변 친구들이 자주 요청하고 도와 달라고 하는 건 명수 씨가 그렇다는 걸 알고 있다는 거 같아요.

내담자: 네.

상담자: 그럼 스스로 어떻게 하셔야 할까요? 자신을 볼 때 나는 이런 부분이 만족스럽지 않아, 이번 부분은 별로야, 이런 부분이 다른 사람 만날 때 도움이 안 돼, 계속 이런 부분만 생각하셔야 될까요? (상담자가 내담자의 장점을 부각시키는 것은 좋지만, 내담자의 입에 말을 넣어 주는 방식으로 주도하는 것은 조심해야 함.)

내담자: 아니요.

상담자: 지금까지는 어떤 거 같으세요?

내담자: 거의 그런 생각만 한 거 같아요. 거의.

상담자: 거의라는 말을 두 번이나 말씀하시네요. (내담자의 말을 주의 깊게 듣고 나온 좋은 코멘트임.)

내담자: (웃음)

상담자: 내가 가지고 있는 부분을 좀 더 균형 있게 본다면 어떠실 것 같아요? 관점을 살짝 바꿔 보면 어떠실 것 같아요?

내담자: 좀 자신감이 생길 것 같아요. 좀 편하고….

이 축어록에서 볼 수 있는 바와 같이 내담자들이 자기 장점을 금방 말하는 경우는 많지 않다. 상담자가 내담자의 강점이나 장점에 대해 관심을 가지고 질문하며 주의 깊게 관찰함으로써 찾아낼 수 있다.

2) 설문지를 사용한 초기평가

상담자는 내담자를 평가하기 위해 다양한 설문지나 척도를 초기평가에 활용할 수 있다. 초기평가에서 자기보고척도를 사용하는 것은 다음과 같은 여러 가지 장점을 가진다. 첫째, 내담자 호소문제에 대해 객관적인 평가를 할 수 있다. 둘째, 내담자의 주관적인 호소를 뒷받침할 수 있는 객관적인 자료를 제시할 수 있다. 셋째, 자기보고척도를 사용하여 내담자의 변화 과정을 모니터함으로써 치료효과를 보다 객관적으로 평가할 수 있다.

내담자 문제나 증상을 객관적으로 측정하는 데 활용할 수 있는 자기보고식 설문지나 척도에는 다음과 같은 것들이 있다. 이 척도들은 한글로 번역되어 있으며, 대부분 우리나라 사람들을 대상으로 신뢰도와 타당도가 검증되어 있다. 대표적인 척도로는 환자건강설문지(Patient Health Questionnaire: PHQ-9), Beck 우울척도-II(Beck Depression Inventory-II), Beck 불안척도(Beck Anxiety Inventory), 상태-특질 분노척도-2(STAXI-2), 사회적 수행불안척도(Social Phobia Scale), 예일-브라운 강박사고-강박행동척도(Yale-Brown Obsessive-Compulsive Scale), 펜실베이니아 걱정척도(Pennsylvania Worry Scale), 한국판 우울불안스트레스척도-21(K-DASS-21), 개정판 간이증상체크리스트-90(Symptom Checklist-90-Revised), 알코올 중독 자가진단척도(AUDIT-K) 등이 있다.

이 외에도 MMPI-2, 대인관계 문제척도(K-IIP), 스키마척도 등 다양한 척도들이 지필검사로 또 온라인검사로 활용되고 있으며, 『심리척도 핸드북』(고려대학교부설행동과학연구소, 1999, 2000)을 참고하여 내담자의 좀 더 특정한 문제를 객관적으로 평가할 수 있는 척도를 활용할 수 있다. 예컨대, 내담자가 완벽주의 성향으로 일을 계속 미루는 행동을 보인다면 지연행동척도, 완벽주의척도 등을 찾아서 내담자의 문제를 좀 더 객관적으로 평가해 볼 수 있을 것이다.

상담자나 접수면접자가 초기평가를 마친 후, 긴 시간 동안 초기평가에 응해 준 것에 대한 감사와 함께 내담자에게 간략하게 평가결과를 알려 주는 것이 좋다. 내담자가 보인 문제들에 대한 요약과 전반적 기능 수준, 강점들을 명확하고 쉬운 언어로 제시하고, 고려해야 할 진단들이 있다면 잠정적으로 알려 줄 수도 있다. 내담자에게 궁금한 점이 있는지 물어보고 이에 대한 답변을 가능한 범위에서 성의 있게 해 주면 내담자가 이후 치료에 대해 긍정적인 기대를 가질 수 있다.

3) 치료성과 모니터하기

대부분의 인지행동치료자는 초기평가를 실시하고 그 결과를 치료계획에 반영하고 있다. 이에 비해 내담자의 경과를 꾸준하게 측정하고 이를 치료에 반영하는 경우는 많지 않다. 내담자의 경과를 지속적으로 모니터하는 것은 인지행동치료뿐 아니라 모든 근거기반 실무의 핵심적인 요소(Ionita & Fitzpatrick, 2014)임에도 불구하고 임상실무에 잘 반영되지 않는 데에는 그만한 이유가 있을 것이다. 아마도 상담자가 내담자의 경과를 정확하게 반영할 수 있는 적절한 도구를 찾지 못해서 그럴 수도 있으며, 객관적인 도구를 사용해서 평가를 하지 않더라도 내담자 경과를 잘 모니터할 수 있다고 생각해서 그럴 수도 있다. 때로는 내담자가 척도를 매주 혹은 두 주일에 한 번 실시하는 것을 귀찮아할 것이라고 지레짐작할 수도 있다. 그러나 필자의 경험으로는 상담자가 객관적인 척도를 사용해서 자신의 경과를 평가하고 이에 대해 정기적으로 피드백을 해 주는 것에 대해 많은 내담자는 대체로 고마워한다("저의 심리상태를 체크하는 설문지가 많으니까 더 정확하게 알고 상담해 주실 것 같아 믿음이 갔어요.").

치료성과를 모니터하는 과정은 다음과 같다. 첫째, 내담자의 치료성과를 적절하게 반영해 줄 수 있는 자기보고척도를 선택한다. 표준화된 척도 중에 너무 길지 않고 사용료를 내지 않아도 되는 PHQ-9, GAD-7, DASS-21 등을 사용하는 것이 편리하지만, 내담자의 문제에 맞추어 얼마든지 다른 척도들을 사용할 수 있다. 둘째, 회기를 시작하기 전에 척도를 지필검사로 혹은 온라인으로 실시한다. 셋째, 상담 전에 채점하고 가능하면 그래프상에 그린다. 넷째, 회기에서 결과를 다루고 치료의 가이드로 삼는다.

상담자가 내담자의 경과에 대해 객관적인 도구를 사용해 정기적으로 피드백을 받을 때 훨씬 더 치료성과가 좋다는 연구결과들이 나와 있다. Lambert와 그의 동료들(2005)은 4편의 연구를 종합한 결과, 치료에서 내담자가 진전을 보이지 않거나 상태가 악화되고 있을 때 상담자가 이에 대한 피드백을 받은 경우 치료성과가 더 나아졌고, 이들 내담자들이 치료에 더 오래 남아 있는 것으로 밝혀졌다. 현장에서 보면 상담자가 내담자의 경과에 대해 부정확한 판단을 하거나 당연히 기울여야 할 관심을 충분히 주지 못하는 때가 있다. 이것은 최악의 경우 내담자가 조기에 탈락하는 것을 예방하지 못하고, 치료목표를 달성하는 데도 장애물로 작용한다. 인지행동치료자가 내담자의 경과를 정확하고도 체계적으로 측정하는 것은 효과적인 인지행동치료를 하는 데 없어서는 안 될 요소이다. 한 가지 더 강조하자면, 내담자의 경과를 측정한 다음 그래프로 그려서 내담자에게 보여 주면 더 효과가 좋다는 점이다. [그림 2-1]은 사회불안장애 집단인지행동치료에 참여한 내담자의 사회적 상호작용불안척도(Social Interaction Anxiety Scale: SIAS)와 사회적 수행불안척도(Social Performance Scale: SPS)에서의 점수 변화를 그래프로 그린 것이다. 두 척도에서의 점수를 숫자로만 볼 때보다 그래프로 그려서 볼 때 그 추이를 훨씬 더 명확하게 알 수 있다. 상담자나 내담자 모두 그래프를 통해 내담자의 호전 정도를 쉽게 평가할 수 있고, 치료에서 예상된 호전이 나타나지 않을 때 어떤 요인이 방해요소로 작용했는지 살펴볼 수 있게도 해 준다.

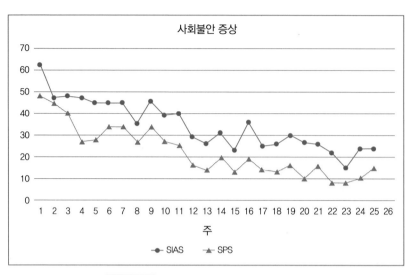

그림 2-1 내담자의 SIAS, SPS 점수 변화

4) 목표를 설정하기

치료에서 목표를 잘 설정하는 것이 치료를 성공적으로 이끄는 데 중요한 요인이라는 연구결과가 일관되게 나오고 있다. 인지행동치료의 효과가 우수한 이유 중에 하나도 치료목표를 명확하게 설정하고 치료해 나가기 때문이다. 그렇다면 좋은 치료목표란 어떤 것일까? 좋은 치료목표는 특정적(specific)이고, 측정 가능해야 하며, 현실적이어야 한다. 예컨대, 자존감을 높이는 것을 목표로 하는 것보다는 자기비하적 생각을 줄인다고 정하는 것이 더 특정적이라고 볼 수 있다. 대부분의 내담자는 우울하지 않게 되는 것, 자존감이 높아지는 것, 친구를 더 많이 사귀는 것 등 일반적인 수준의 치료목표를 마음에 두고 상담에 온다. 상담자는 이런 목표를 생각해 보는 것 자체가 좋은 출발점이라고 인정해 주면서, 내담자에게 자신의 목표가 달성된다면 구체적으로 어떤 점이 달라질지 물어봐서 치료목표를 더 구체화해 나가야 한다. 예컨대, 우울하지 않은 것을 치료목표로 생각하는 내담자의 경우, 우울하지 않으면 아침에 늦게까지 누워있지 않는다든지, 설거지 등 집안일을 미루지 않는다든지, 친구가 전화할 때 받게 될 것 같다고 말하면, 이 내담자에게는 이런 구체적인 행동치료들이 세부 목표가 될 수 있다. 마찬가지로, 우울감을 줄인다는 목표보다는 벡 우울척도 점수를 10점 이하로 낮추는 것으로 정하는 것이 훨씬 더 측정 가능한 목표이다.

　마지막으로, 목표를 잡을 때 현실적이고도 도달 가능한 쉬운 목표를 잡는 것이 내담자의 자신감을 높이고 치료동맹도 강화할 수 있다. 실제 내담자와 치료목표를 잡다 보면 내담자가 쉽게 성취할 수 없는 목표를 말하는 경우가 적지 않다. 예컨대, 사회불안으로 치료에 온 내담자가 프레젠테이션을 잘하고 싶은 것이 치료목표라고 말한다면, 구체적으로 어느 정도 잘하는 것을 생각하고 있는지 물어보아야 한다. 내담자에게 프레젠테이션을 잘하는 것에 대해 구체적으로 묘사해 보라고 하면, 말은 그렇게 하지 않지만 거의 전문적인 강사 수준으로 프레젠테이션을 하는 것을 생각하고 있는 때가 있다. 또 다른 사람들 앞에서 자연스럽게 말하고 싶은 것이 목표라고 하면서 떠올리는 이미지가 거의 TV 앵커 수준으로 말을 유창하게 하는 것을 생각하기도 한다. 이때 상담자는 유능하게 프레젠테이션을 잘하거나 말을 유창하게 하는 것을 장기목표로 잡고, 어떤 단계들을 거쳐 장기목표를 이룰 수 있겠는지 구체화한 후 현실적인 목표를 잡도록 도와주어야 한다. 이 외에도 좋은 치료목표는 내담자가 가치 있게 생각하는 삶을 사는 것과 연관된 목표를 정하는 것이 치료에 대한 동기를 높이고 치료에 열심히 참여하게 만들게 될 것이다.

　치료현장에서 보면 내담자가 치료목표를 잘 세우지 못하는 경우가 적지 않다. 내담자가 특정적인 목표를 세우지 못한다면(혹은 세우는 것에 대해 소극적이면), 치료 초반에는 내담자가 제안한 광범위한 목표 중 한 가지에 대해서만 구체화·명료화하는 것도 한 방법이다. 보통 내담자들은 치료목표로 문제 혹은 부정적인 감정(우울, 불안 등)의 감소를 주로 언급하는데, 이때 상담자가 문제가 해결되면(부정적인 감정이 줄어들면) 어떤 변화가 내담자의 삶에 나타나는지 물어봄으로써 치료목표를 좀 더 구체적으로 잡을 수 있을 것이다. 또한 내담자가 제시하는 목표가 단기간에 이룰 수 있는 목표가 아니거나 (내담자가 컨트롤할 수 없는) 비현실적인 경우, 상담자는 이에 대해 솔직하게 지적하고 대안적인 목표가 무엇이 될 수 있을지 내담자와 같이 탐색해 나가야 한다. 치료를 진행하다 보면 때때로 치료 초반에 세운 목표가 더 이상 중요하지 않을 수도 있으며, 새로운 목표가 생기기도 한다. 따라서 상담자는 치료과정 중에 치료목표를 정기적으로 검토하고 조정해야 한다.

상담자가 치료목표를 설정할 때 도움이 되는 가이드라인을 Dobson과 Dobson(2017)은 다음과 같이 제안하였다.

첫째, 내담자와 협력적으로 정한다. 내담자가 어떤 변화를 원하는지 귀 기울여 듣고 내담자의 마음이 반영된 치료목표를 정한다.

둘째, 가능하다면 치료에서 빨리 도달할 수 있는 쉬운 목표를 하나 잡아 놓는 것이 도움이 된다. 내담자가 명확한 목표를 정하고 이것을 향해서 열심히 노력하게 되면 내담자가 치료에서 손에 잡히는 구체적인 성과를 얻기가 쉽다. 이것이 치료에 대한 동기를 강화하고 자기효능감을 높일 뿐 아니라 치료동맹을 강화하는 데 큰 도움이 된다.

셋째, 치료목표를 정할 때 목표에 도달했는지 여부를 어떻게 측정할 수 있는지 명확하게 정하고 가는 것이 좋다. 내담자뿐 아니라 상담자도 내담자의 치료경과를 평가하는 일에 소홀할 수 있기 때문에, 자기보고척도를 활용하거나 아니면 특정한 행동지표를 정하는 등 구체적인 방법을 미리 정하는 것이 필요하다. 또한 목표를 설정할 때 성과를 얼마 만에 한 번씩 평가할지, 어떤 방법으로 평가할지도 정해 놓고 가는 것이 좋다.

넷째, 내담자의 목표를 도달 가능한 구체적인 목표로 전환시켜야 한다. 내담자들이 말하는 치료목표는 막연하고 비현실적인 경우가 적지 않다. 예컨대, 내담자가 "더 행복하게 살고 싶어요." "더 외향적인 사람이 되고 싶어요." 등과 같은 목표를 말할 때, 먼저 행복하게 산다는 것이나 외향적인 사람이 되는 것의 구체적인 지표가 무엇인지 찾아내는 것이 필요하다. 그런 다음, 이를 단기목표와 중장기목표를 나누어 정하게 되면 목표를 정하는 것 자체가 내담자에게 자기효능감을 불어넣을 수 있다.

다섯째, 치료목표를 부정적인 증상을 감소시키는 것(예: 우울감 낮추기, 술 줄이기 등)과 긍정적인 행동을 늘리는 것(예: 친구와 더 자주 만나기, 신체 활동 늘리기 등)으로 나누어 볼 수 있다. 치료목표를 정할 때 가능한 한 긍정적인 행동을 늘리는 것을 포함하는 것이 좋지만, 치료 초반에는 부정적인 증상이 두드러지기 때문에 이를 감소하는 목표를 우선적으로 설정하고, 회기가 더 진행되면서 긍정적인 행동을 늘리는 목표를 부가적으로 넣는 것도 효과적인 방법이다.

여섯째, 치료목표는 내담자의 가치와 부합하는 목표일수록 좋다. 내담자가 삶에서 중요하게 여기는 가치가 무엇인지, 그것을 얻기 위해서 구체적으로 어떤 목표를 잡을 것인지를 정할 때 치료에 대한 동기가 더 높아질 수 있다. 예컨대, 도박 중독으로 치료에 온 내담자에게 삶에서 가장 중요하게 여기는 것이 무엇인지 물어보았을 때 화목한 가정을 이루는 것이라고 말했다. 이 내담자는 화목한 가정을 이루기 위해 구체적으로 무엇이 바뀌어야 할지 생각해 보고 아내와 자주 톡을 주고받기로 했다. 이 목표는 도박을 줄이는 것과 직접적인 관계는 없었지만 아내와 자주 톡을 하면서 종적을 알리지 않고 숨는 일이 줄어들었고, 결국은 도박하는 횟수도 줄어들게 되었다.

2. 치료회기 진행하기

1) 회기의 구성

인지행동치료에서 표준적인 회기의 구성은 다음과 같다. 회기의 첫 부분에서는 지난 회기 후 어떻게 지냈는지를 살펴보고, 지난 주 회기나 과제에 대해 점검을 한다. 그다음 부분은 회기의 주요 부분을 차지하는 중간 부분으로서 현재 회기에서 다룰 주요 의제를 정하고 그 의제를 다루는 시간을 가진다. 마지막 부분에서는 다음 주의 과제를 정하고 회기에 대한 피드백을 듣고 마무리하는 시간을 가지게 된다.

인지행동치료 회기를 시작할 때 내담자가 자유롭게 이야기하는 시간을 가지는 것은 다른 심리치료에서와 비슷하다고 볼 수 있다. 이때 지난 회기 이후 어떻게 지냈는지 현재의 기분이나 상태가 어떤지 체크하며, 내담자가 회기에서 다루고 싶은 주제가 있는지 알아본다. 필자의 경험에 의하면, 회기 초반에 내담자에게 지난주에 있었던 일에 대해 자유롭게 이야기하는 시간을 준 후 이것을 어떻게 다루는가에 따라 회기의 구조화가 달라지는 듯하다. 만일 상담자가 회기를 비구조적으로 운영할 계획이면 여기서 멈추지 않고 이야기가 계속 이어져 나갈 수 있게 할 것이다.

반면, 어느 정도의 구조를 가지고 회기를 운영하기를 원한다면 내담자에게 지난주에 있었던 일에 대해 이야기할 기회를 준 다음, 일단 짧게라도 정리하고, 본격적으로 어떤 주제로 이야기할지 정해야 할 것이다. 만일 지난주에 일어난 일에 대해 이야기가 길게 이어진다면 상담자는 적당한 시점에서 이야기를 끊고, 오늘 회기에서 그 이야기를 중점적으로 다룰지 아니면 시급하게 다뤄야 할 다른 주제가 있는지 확인한 다음, 그 이야기를 계속해 보자고 제안해야 할 것이다. 이런 제안을 부드럽게, 그렇지만 명확하게 하는 것은 어느 상담자에게도 쉬운 일이 아니다. 또한 상담에서 구조를 가지고 회기가 진행된다는 것에 내담자가 익숙해지지 전까지는 이런 구조화가 받아들여지기 쉽지 않다. 따라서 상담자가 구조를 가지고 상담회기를 진행하기 위해서는 상담 초반에 회기가 어떻게 구조화되는지, 또 구조화를 하면 어떤 점이 좋은지, 동시에 내담자의 필요에 따라 얼마나 융통성 있게 진행할지에 대해 내담자에게 친절하게 설명해 주는 것이 필요하다. 앞에서도 잠깐 언급했듯이, 내담자와 치료동맹이 견고하게 이루어지기 전에 상담자 주도로 너무 회기를 빡빡하게 운영하거나 내담자가 하고 싶은 말을 충분히 할 수 없거나 공감받지 못했다고 느끼게 하는 것은 내담자 조기탈락의 주요 원인이 될 수도 있다.

두 번째 단계에서는 이전 회기와 연결짓는 작업을 하게 된다. 이때 이전 회기에서 충분히 다루지 못한 이야기가 있는지 또는 지난 시간에 나눈 이야기 중 마음에 남아 있어 더 이야기하고 싶은 부분이 있는지 물어볼 수도 있다. "지난 시간에 이야기했던 내용에 대해 좀 더 생각해 보신 게 있어요? 지난 시간에 충분히 이야기하지 못했던 부분이 있다면 오늘 좀 더 이야기할까요?"와 같이 이전 회기에서 충분히 다루지 못한 것은 없는지, 혹시 마음에 남아 있어 좀 더 이야기하고 싶은 것은 없는지 확인하는 것이 필요하다. 이때 이전 회기에서 내 준 과제 점검도 같이 하는 것이 좋다. 과제는 인지행동치료를 굴러가게 만드는 윤활유 역할을 한다. 따라서 언제나 과제를 점검하고, 과제를 하는데 문제가 생겼다면 문제가 무엇이었는지, 다음에 문제를 어떻게 다룰지를 논의해야 한다.

셋째, 어젠다를 정하는 단계를 가진다. 그 회기에서 무엇을 주로 다룰 것인지를 내담자와 같이 정하는 것이 무엇보다 중요한데, 진정으로 내담자의 의견을 고려해서 어젠다를 잘 정하면 내담자로 하여금 치료에 좀 더 적극적으로 참여하게 만든다. 이렇게 어젠다를 정하지만, 어젠다를 따르는 데는 융통성을 발휘해야 한다. 어젠다를 정하는 것의 목적은 어디까지나 정해진 시간에 최대한의 성과를 얻어 내기 위한 것이지 그것 자체가 목적이 되어서는 안 된다. 정해진 어젠다를 지나치게 경직되게 따르거나 지나치게 구조화하는 것은 오히려 도움이 안 될 수 있다.

넷째, 어젠다에서 다루기로 한 내용을 다룬다. 이 부분에 회기의 60~70%의 시간을 할애하게 될 것이다. 그리고 관련된 과제를 내고 논의한 내용을 요약한다. 마지막으로, 과제가 무엇인지를 다시 한번 반복하고, 내담자로 하여금 그 회기에서 다룬 내용을 요약해 보게 하거나 회기에 대해 피드백을 할 기회를 준다.

처음 인지행동치료를 할 때 어느 정도의 속도로 가야 할지, 시간 사용을 어떻게 해야 할지를 정하는 것이 어렵게 느껴지는 경우가 많다. 구조화를 잘해야 한다는 부담감 때문에 내담자의 말을 잘 듣지 못하고, 언제 이 이야기를 끊고 다음 어젠다로 넘어가야 할까를 고민하는 때도 적지 않다. 반대로, 내담자의 호소를 길게 들어 주다가 치료가 끝나 버려 내담자도 상담자도 씁쓸한 마음으로 회기를 마무리하기도 한다. 경험이 쌓이게 되면 점점 그날 치료에서 다뤄야 할 의제를 내담자와 같이 정하고 이를 유연하게 지켜 나가게 될 것이다.

> **글상자 2-4** **표준적인 구조화**
> -
>
> • 지난 회기 후 삶에 대한 간단한 점검
>
> 　(내담자의 상태나 필요에 따라 자유롭게 이야기하는 시간을 포함함.)
>
> • 지난 주 회기나 과제에 대한 점검
>
> • 현재 회기에서 다룰 주요 의제 정하기(우선순위 정하기)
>
> 　−지난 회기에 하던 치료 작업을 계속할 것인가.
>
> 　−당면한 문제해결을 할 것인가.
>
> 　−관련된 인지를 찾고 검토할 것인가.
>
> 　−기술훈련을 할 것인가.
>
> • 다음 회기까지 해 올 과제 정하기
>
> • 회기에 대한 피드백 & 마무리

2) 회기의 구조화

　회기를 어떻게 운영할 것인가, 즉 회기를 어느 정도 구조화할 것인가는 내담자의 특성과 요구 또는 상담자의 스타일에 따라 달라진다. 인지행동치료에서 회기를 어떻게 운영하는가는 내담자의 문제가 특정 문제 혹은 영역에 집중되어 있는가 아닌가에 따라 달라진다. 예컨대, 내담자가 사회불안장애를 치료받으러 왔는데 뚜렷한 성격 문제나 복잡한 대인관계 문제가 없다면 사회불안장애치료에 좀 더 집중해서 구조화하여 운영할 수 있다. 한편, 사회불안장애를 치료받으러 왔지만 우울증과 함께 의존적인 성격 문제도 같이 가지고 있다면, 회기를 운영할 때 좀 더 융통성 있게 운영하는 것이 좋다.

　회기를 어느 정도 구조적으로 운영하는가의 문제는 정도의 차이이며 연속선상에 놓고 볼 수 있다. 회기를 반(牛)구조적으로 운영하면 치료회기의 시간관리를 효과적으로 할 수 있으며, 각각의 계획된 이슈를 최대한 잘 다루고 갈 수 있다는 장점이 있는 반면, 내담자나 상담자가 미리 계획하지 않은 이슈를 다루는 데 사용할 수 있는 시간이 부족하다는 단점이 있다.

특히 초심자의 경우, 회기를 진행할 때에 구조를 부과하는 것에 불편함을 느끼는 때가 많다. 필자는 상담자가 내담자의 특성에 따라 치료회기를 반구조적으로 운영할 수도 있고 비구조적으로도 운영할 수도 있도록 두 가지 형태에 모두 익숙해질 것을 권한다. 만일 치료를 반구조적으로 운영해서 더 큰 효과를 얻을 수 있다면 반구조적으로 운영해야 한다. 치료를 반구조적으로 운영하는 데 방해가 되는 주요한 요인은 구조화에 대한 부정적 신념('치료를 반구조적으로 운영하면 고통받고 있는 내담자의 마음을 충분히 다뤄줄 수 없을 것이다.')과 반구조적인 회기에서 내담자를 이끌어 가는 기술의 부족일 것이다. 상담자는 반구조적 치료를 통해서도 내담자의 고통을 충분히 공감해 주고 다뤄 줄 수 있다는 것을 직접 경험해 보는 것이 필요하다. 또한 내담자에게 치료회기를 반구조적으로 운영하는 것의 장점을 충분히 설명하고, 어떻게 회기를 운영할 것인지 미리 이야기해서, 내담자가 주제를 벗어나서 길게 이야기할 때 부드럽게 개입해서 다시 원래의 주제로 돌아오게 할 수 있어야 한다.

한편, 상담자가 회기를 지나치게 구조화해서 운영하게 되면 자발성과 창의성이 떨어지는 기계적인 치료가 되기 쉽다. 인지행동치료에서 구조화를 하는 것은 어디까지나 문제에 초점을 유지하여 치료의 효율성을 높이기 위한 것이지 그 자체가 목적이 아니다. 따라서 상담자는 구조화를 통해 회기에서 다루고 있는 문제에 초점을 맞추되, 한 문제에 대해 얼마나 많은 시간과 노력을 할애할 것인가, 언제 다른 문제로 넘어갈 것인가 등에 대해 내담자와 협력해서 융통성 있게 정할 여지를 남겨 두어야 한다.

3) 회기 진행의 일반적인 가이드라인

(1) 협력적으로 회기 진행하기

인지행동치료는 다른 어떤 치료보다도 내담자와의 협력을 강조한다. 말은 쉽지만 실제 치료를 하면서 내담자의 협력을 얻는 것은 쉽지 않다. 특히 우리나라 임상현장에서 협력적으로 치료를 해 간다는 말은 내담자들에게 오히려 부담스럽게 들릴 수 있다. 흔히 내담자들은 치료 초기에 상담자를 전문가로서 그 말을 무조건 따라야 하는 권위적인 대상으로 지각하기 쉬워 협력한다는 말 자체를 잘 이해하지 못할 수도 있다. 따라서 협력적으로 치료를 해 간다는 말을 굳이 처음부터 강조하기보다는 실제 치료에서 협력을 조금씩 해 나가는 것이 더 효과적이다. 예컨대, 그날의 치료를 마무리하는 시간에 피드백을 구한다거나, 치료목표를 설정할 때 내담자의 입장에서는 어떤 목표를 이루고 싶은지를 물어보고 그것을 치료목표에 반영한다든지 하는 등의 작업을 통해, 협력하는 것이 만족스럽게 느껴지도록 하는 것이 중요하다.

협력적 회기 진행의 양극단은 상담자가 전적으로 리드해 가거나 내담자가 하는 대로 따라가는 것이라고 볼 수 있다. 상담자는 치료회기를 운영할 때 본인이 혼자 리드하기보다 내담자의 협력을 얻어 같이 진행해 나가도록 노력해야 한다. 협력적으로 회기를 진행할 때 내담자의 참여와 협력을 더 많이 얻을 수 있고, 진정한 팀워크를 이룰 수 있기도 하다. 때로 상담자가 치료 중에 다뤄야 할 문제가 많다고 느끼거나 시간적인 압박감을 느낄 때 더 지시적으로 될 수 있다. 이때야말로 어떤 주제에 더 초점을 맞춰야 하는지 내담자와 의논해서 정하는 것이 더 효과적이다. 예를 들어, 내담자가 너무 많은 주제를 얘기하는 경우 상담자는 "○○ 씨, 오늘 ~~과 ~~에 대해서 얘기를 하고 싶으신 것 같아요. 두 가지 다 중요한 주제지만 시간 관계상 모두 다 다루기 어려울 수도 있겠네요. 이 중 어떤 것을 먼저 다루면 좋을까요?" 라는 식으로 내담자와 같이 정하면 좋을 것이다.

한편, 상담자가 주도권을 가지고 내담자가 수동적으로 따라가는 것 못지않게 큰 문제는 내담자가 이야기하는 것을 상담자가 그냥 따라가는 것이다. 또는 내담자가 상담자로 하여금 개입할 여지를 주지 않고 끊임없이 이야기함으로써 회기를 통제하는 경우이다. 이런 일이 반복되면 처음에는 내담자가 자기 이야기를 충분히 할 수 있다는 점에서 만족할지 모르지만, 치료가 효과적으로 진행되지 못해 나중에는 치료에서 얻어 가는 것이 없다는 불만을 토로

할 것이다. 이런 현상은 내담자의 성격적 특성에서 비롯되었을 수도 있으며 혹은 과거에 비구조적인 치료를 받을 때 자유롭게 이야기하던 경험 때문에 그렇게 할 수도 있다. 또는 상담자가 내담자의 말을 끊는 것을 불편하게 생각해 그냥 내버려 두어서 생길 수도 있다. 어떤 경우든 상담자는 내담자와의 협력적인 회기 운영에서 균형이 깨진 것을 빨리 바로잡는 것이 필요하다. 이를 위해 내담자의 말을 부드럽게 끊어 회기의 흐름을 조정해 보고, 만일 이런 방법으로 잘 되지 않는다면 내담자와 이 문제를 직접 논의해 보아야 한다. 또한 내담자에게 "인지행동치료에서는 상담자와 내담자가 협력적으로 상담시간을 이끌어 갈 때 가장 좋은 치료효과를 얻을 수 있어요. 앞으로 필요하다면 ○○ 씨가 말하는 것을 중간에 끊을 수도 있을 텐데 그래도 괜찮을까요?"라고 내담자의 양해를 미리 얻을 수 있다.

상담자는 인지행동치료를 시작하는 초기부터 협력적으로 치료해 간다는 것을 내담자가 몸으로 느끼도록 다양한 방법을 사용하여 협력적으로 회기를 운영하는 것이 좋다. 내담자와 같이 그날 치료의 어젠다를 같이 정하는 것이나 치료시간을 마무리하며 내담자의 피드백을 구하는 것, 또 과제를 내 줄 때 내담자의 의견을 구해서 실제적으로 반영하는 것 등이 모두 상담자가 내담자의 협력을 무난하게 구할 수 있는 예이다.

(2) 어젠다를 유연하게 따라가기

앞에서 언급했듯이, 상담자가 회기를 운영하는 데 있어서 어느 정도의 구조를 가지고 어젠다를 따라가는 것은 인지행동치료를 효과 있게 만드는 중요한 요소다. 다른 모든 기법에서와 같이 어젠다를 정하고 따라가는 것도 이를 어떻게 제시하는가에 따라 치료관계를 돈독하게 할 수도 있고 해칠 수도 있다. "치료시간을 최대한 잘 활용해서 ○○ 씨가 빨리 회복하고 좋아질 수 있도록 매 회기 치료를 시작할 때 ○○ 씨와 같이 그날 치료에서 다룰 주제를 정하려고 해요. 어떠세요?"와 같이 어젠다 정하기를 통해 내담자가 빨리 회복되어 좋아지게 될 것을 희망적으로 제시할 수 있다.

상담자는 어젠다를 정하고 따라갈 때 내담자의 상태에 따라 유연하게 적용하는 것이 필요하다. 특히 다음과 같은 상황에서는 상담자가 어젠다를 미뤄 놓고 내담자의 필요에 귀를 기울일 필요가 있다. 첫째는 내담자가 위기에 처한 상황이다. 예컨대, 내담자가 갑자기 죽고 싶다고 이야기한다든지 학교를 그만두겠다고 말할 때는 이 시급한 상황을 먼저 다루는 것이 필요하다. 둘째, 치료받는 것 자체에 대해 이야기한다든지 상담자에 대한 불만이나 유감을 표명하는 경우다. 내담자가 치료나 상담자에 대한 언급, 특히 불만스럽거나 부정적인 언급을 할 때는 상담자가 이를 무시하거나 외면하지 않고 즉시적으로 다루는 것이 필요하다. 많은 상담자가 당황해서 그냥 "그러시군요." 하고 넘어가거나 방어적으로 다루는 경우가 많은데, 내담자가 치료에 대한 불만을 좀 더 구체적으로 이야기하도록 이끌어야 한다. 다음 장인 제3장에서 좀 더 다루겠지만, "○○ 씨, 방금 말씀하신 것에 대해 조금 더 자세하게 이야기해 주세요."라고 요청하든지, 그 이유에 대해 좀 더 직접적으로 물어볼 수도 있다(99페이지 축어록 참조). 셋째, 특정 문제를 먼저 다루고 싶다는 내담자의 요구가 있을 때 이를 어젠다에 반영하고 다뤄 주는 것이 필요하다. 이와 마찬가지로, 보통 한 회기를 50분 단위로 운영해서 5분 정도의 시간을 남겨 놓고 마무리 작업을 하지만, 내담자의 감정이 북받치거나 이야기를 중간에서 끊기 어려울 때 5~10분 정도는 유연하게 변경할 수 있다.

또한 상담자는 내담자가 회기의 초점에서 벗어난다면 부드럽게 치료초점으로 이야기를 다시 끌어올 수 있다. "이야기가 조금 벗어난 것 같은데, 다시 ○○ 씨가 직장에서 겪고 있는 어려움으로 돌아가서 계속 이야기해 볼까요?" 혹은 "○○ 씨가 이야기한 것도 직장에서 윗사람과 잘 소통하지 못하는 것과 조금은 관련이 있는 것 같은데, 다시 그 문제로 돌아가서 이야기해 볼까요?" 등으로 내담자를 부드럽게 원래 이야기하던 주제로 이끌어도 내담자가 자기가 하던 이야기를 계속한다면 이를 귀담아 듣고 다뤄야 할 것이다.

(3) 명료화와 구체화를 더하기

인지행동치료를 하는 치료자의 중요한 역량 중의 하나는 내담자의 일반적인 이야기에서 구체적인 사건이나 순간을 이야기하는 것으로 초점을 옮겨 가는 것이다. 인지행동치료자는 내담자에게 진지하게 탐색하게 하는 질문을 얼마든지 해도 좋지만, "그때 기분이 어떠셨어요?"나 "그때 어떤 생각이 드셨어요?"를 남발해서도 안 된다. 내담자가 그 상황에서 가졌던 기분이나 생각에 대해 궁금하다면 그 상황에 대해 자세하게 물어보는 것도 한 방법이다. 필자가 슈퍼비전을 하면서 가장 많이 하는 말 중 하나가 '내담자가 구체적으로 이야기해 보도록' 치료를 진행해야 한다는 지적이다. 예컨대, 내담자가 "만사가 귀찮고 아무것도 하기 싫어요."라고 한다면 그런 마음이 구체적으로 일어난 최근의 상황을 찾아 문제를 구체화해야 한다. 즉, "최근에 그런 마음이 언제 드셨는지 자세히 한번 이야기해 보시겠어요?"라고 말해서 내담자가 좀 더 특정한 상황, 특정한 예화를 이야기하도록 해야 한다. 치료회기 중 대부분의 대화는 일반적인 이야기로부터 좀 더 특정한 예화로 옮겨 가야 한다. 만일 일반적인 수준에만 머물러 있다면 치료가 앞으로 나아가지 않을 것이다.

모든 내담자의 고통은 바로 그 특정한 예화나 순간에 다 포함되어 있기 때문에 내담자가 그 짧은 순간을 잘 다룰 수 있게 되면 문제해결의 실마리가 풀린다고 볼 수 있다. 모든 부분을 자세히 다룰 수는 없지만, 내담자가 중요한 문제라고 생각하는 특정 부분에 대해 세밀하게 들어가서 전혀 주의를 기울이지 않았던 측면을 발견하고 그 순간의 생각이나 감정이나 행동이 서로 어떻게 영향을 주고받았는지 파악하게 되면, 내담자가 깊이 공감받았다고 느낄 뿐만 아니라 거기서 해결의 열쇠를 찾을 수도 있다. 이때 내담자가 "잘 모르겠어요...."라고 이야기한다면, 상담자가 답을 짐작해서 말해 주거나 주제를 바꾸기보다는 그 순간에 잠깐 멈추어서 탐색해 보게 하는 것이 좋다. 만일 그것이 내담자의 사례 개념화나 그동안에 회기에서 말한 것에 비추어 중요한 순간이라면 더욱 그렇다.

다음은 제1장에서 나온 민지 씨의 초기면접의 일부분이다. 상담자가 내담자의 말을 어떻게 구체화시켰는지 주목해 보자(연두색 글자는 필자의 코멘트임).

상담자: 다른 문제는 또 어떤 게 있으세요?

내담자: 다른 건 없구요. 그냥 답답한 게 계속 남아 있어서....

상담자: 주로 언제 그런 느낌이 나죠? (내담자가 말한 '답답한 게' 어떤 것인지, "답답하게 느끼실 때 몸의 어떤 부분에서 어떻게 느끼세요?"라고 좀 더 구체화한 후 이 질문으로 넘어간다면 내담자의 경험을 훨씬 자세하게 이해할 수 있을 것임.)

내담자: 옛날에는 화날 때만 그랬는데, 요즈음은 조금만 신경 써도 답답하고 그래요.

상담자: 전보다 요즈음 더 심해지신 거네요.

내담자: 제가 다른 사람에게 화를 잘 못 내는 성격이거든요.

상담자: 다른 사람들한테 화를 낼 상황인데, 화를 못 내는 적이 많으세요?

내담자: 그런 게 많죠.

상담자: 최근에 그런 일이 있으셨어요? (구체적인 상황으로 이끄는 좋은 질문임.)

내담자: 아, 저희 유치원에서 같이 일하는 선생님이 저보다 두 살이 많거든요. 언니라고 부르는데, 짜증을 자주 내요. 그러면 되게 화가 나거든요. 근데 언니가 나한테 화낼 상황이 아닌데 왜 화를 내지? 왜 나한테 짜증 내고 화를 내지? 그러면서도 순간 좀... 걱정이 되거든요.

상담자: 그런 순간 어떤 생각이 드세요?

내담자: 이 사람이 날 떠나지 않을까... 날 싫어하는 거 아닌가....

상담자: 그러면 어떻게 하세요? (이 생각이 어떤 행동으로 이어지는지 물어보는 좋은 질문임.)

내담자: 그래서 화를 더 못 내는 거 같아요.

상담자: 화는 나지만, 화를 내면 그 사람이 싫어하고 멀어질 것 같아서 표현을 못 하신다는 거죠. (내담자의 말을 잘 요약함으로써 내담자의 패턴을 명확하게 함.)

내담자: 그런 거 같아요.

상담자: 그럼 나중에 물어는 보세요? 왜 그때 화냈었냐고? ("그렇게 화가 나면서도 말을

안 하고 나면, 그 사람을 대하는 것이 어떻게 달라지나요?"라는 질문이 더 풍부한 탐색을 가능하게 할 것임.)

내담자: 왜 화냈었냐고 물어보기도 하고... 물어보기도 전에 언니가 왜 화냈었는지 말을 하기도 하고... 근데 이 언니랑은요. 언니라서 더 그런지 몰라도 언니랑은 한 번씩 얘기를 해요. 네가 이러저러해서 화났다고. 그것 때문에 저도 언니한테 얘기를 해요. 그러면서 조금은 풀리는 거 같아요.

상담자: 근데 다른 사람하고는 그게 안 되구요?

내담자: 네, 다른 사람들한테는요. 화를 못 내는 거 같아요.

상담자: 이런 일이 얼마나 자주 일어나는 것 같으세요?

내담자: 알고 보면 꽤 자주 일어나는 것 같아요.

(4) 피드백 요청하고 제공하기

내담자에게 피드백을 적절히 요청하고 제공하는 것은 협력적 회기 운영을 하는 데 매우 중요한 역할을 한다. 상담자는 매 회기마다 내담자에게 적극적으로 피드백을 요청하고 내담자의 협력을 이끌어 내야 한다. 앞에서 언급한 바와 같이 회기의 어젠다를 정할 때, 과제를 내 줄 때, 회기를 마무리할 때 내담자의 피드백을 자연스럽게 요청할 수 있다. 이 외에도 상담자가 내담자의 피드백을 얻어 회기를 운영하는 것을 중요하게 생각하면 한 회기 중에도 여러 번 "○○ 씨는 어떠신 것 같아요?" "○○ 씨 생각은 어떠세요?" 등의 질문을 통해서 피드백을 구할 수 있다. 상담자가 내담자의 피드백을 구할 때는 진정성 있게 구하고, 내담자의 피드백에 따라 회기의 방향이나 과제의 내용을 바꿀 의향을 가지고 있어야 한다. 만일 그렇지 않다면 피드백을 구하는 질문이 피상적이고 형식적으로 흐를 것이며, 의미 있는 협력으로 이끌어 갈 수 없을 것이다.

상담자는 회기 중에 내담자에게 피드백을 제공할 수 있는 기회가 많다. 상담자가 피드백을 해 줄 때 어떤 내용의 피드백을 어떤 타이밍에 하는가도 중요하지만, 무엇보다도 구체적이고 명확하면서도 간결하게 해 주어야 한다.

상담자가 피드백을 해 준다고 혼자 길게 이야기하게 되면 그 내용이 효과적으로 전달되기 어려우며, 회기의 흐름이 상담자가 주도하는 양상으로 바뀌기 쉽다. 상담자가 해 줄 수 있는 좋은 피드백으로는, 먼저 치료의 중요한 내용을 요약해서 말해 주는 것을 들 수 있다. 치료 중간에도 필요하다면 할 수 있지만, 회기가 끝날 때쯤 상담자가 치료의 내용을 요약해서 들려주는 것은 치료를 마무리하는 아주 효과적인 방법이기도 하다. 그날 회기에서 다루어진 내용 중에 중요한 부분을 상담자의 입으로 다시 요약해서 듣게 되면, 내담자가 그 내용을 다시 생각해 볼 수 있을 뿐 아니라 쉽게 기억할 수 있게 된다. 이때 내담자의 피드백("오늘 이야기한 내용 중에 새롭게 다가온 부분이 있으셨어요? 어떤 부분이 특히 마음에 와닿으셨어요?" "충분히 이야기하지 못해서 다음 시간에 좀 더 이야기했으면 하는 것이 있으세요?")도 요청해서 듣는다면 다음 상담회기를 운영하는 데 유익한 정보를 얻을 수 있다.

또한 상담자는 회기의 흐름이나 방향을 조정하는 피드백을 제공할 수 있다. 내담자가 주제에 벗어난 이야기를 오래 할 때나 또는 중요한 주제를 회피할 때, 이에 대해 부드럽게 피드백을 주면서 다루고 있는 문제에 집중하게 할 수 있다. 또한 내담자가 회기의 마지막 부분에 중요한 이야기를 꺼내는 경우가 있는데, 이때 상담자가 "이 사안은 중요한 내용인 것 같은데, 다음 시간에 이 이야기부터 시작하면 좋겠네요. 그래도 괜찮으시겠어요?"라고 하면서 시간을 연장해서 다루지 않는 것이 좋다. 시간이 얼마 남지 않았을 때 이런 사안을 다루게 되면, 시간의 제약으로 인해 충분히 다루지 못할 뿐 아니라 아무리 간단하게 다룬다고 해도 시간을 넘기기가 쉽다.

상담자의 피드백이 중요한 또 다른 부분은 내담자가 해 온 과제에 대한 피드백을 들 수 있다. 상담자는 매 회기 내담자가 해 온 과제를 검토해서 건설적이고도 구체적인 피드백을 해 주어야 한다. 이 부분에 대해서는 다음 절에서 좀 더 자세히 다루겠지만, 내담자가 잘해 온 부분에 대해 구체적으로 언급하고 긍정적인 피드백을 해 주는 것은 과제의 성공적인 이행에 매우 중요하다. 과제 이외의 부분에서도 내담자가 잘한 부분에 대해 긍정적인 피드백을 해 주는 것은 치료의 활력을 높이는 좋은 방법이다. 상담자들은 보통 내담자가 잘하지 못한 부분에만 주의를 기울이기 쉬운데, 내담자가 잘한 부분을 알아채고 적절한 격려와 과하지 않은 긍정적인 피드백을 해 줌으로써 내담자와의 협력적 관계를 강화할 수 있다.

4) 숙제 / 과제의 활용

숙제 혹은 과제는 인지행동치료에서 없어서는 안 될 치료의 윤활유라고 볼 수 있다. 과제는 치료회기 중에서 배운 것을 실제 상황에 적용시키는 데 중요한 역할을 하며, 치료효과를 이끌어 내는 데 실제적인 영향을 미친다는 것이 여러 연구를 통해 밝혀졌다(Burns & Spangler, 2000; Kazantzis, Whittington, & Dattilio, 2010). 인지행동치료에서 내 줄 수 있는 과제는 무궁무진하다. 가장 흔히 사용되는 과제로는 사고기록지나 활동기록지를 작성해 오는 것이며, 치료에 도움이 되는 자료 읽기, 치료회기 녹음 듣고 오기 등이 있고, 행동실험이나 목표행동 실행해 오기, 노출 과제, 감사하기 과제 해 오기 등이 있다. 때로 숙제 혹은 과제라는 용어가 주는 부담감을 줄이기 위해 '숙제'라는 말 대신에 사용하고 싶은 용어(예: 실습 과제, 미션, 테이크홈 과제 등)가 있는지 내담자에게 물어보고 이를 사용하는 것도 좋은 방법이다.

(1) 과제를 잘 내 주기

인지행동치료에서 과제를 효과적으로 활용하기 위해서는 무엇보다도 과제를 잘 내 주어야 한다. 다른 모든 치료적 작업이 협력적으로 이루어져야 하지만, 과제를 내 줄 때 무엇보다도 내담자와의 긴밀한 소통과 협력적 동의를 거쳐야 한다. 좋은 과제란 내담자를 치료하는 데 꼭 필요한 과제로서, 내담자가 해 올 수 있는 과제라고 볼 수 있다. 따라서 좋은 과제를 내 주기 위해 상담자는 치료에 대한 대략적인 계획과 함께 내담자의 특성과 상태를 잘 파악하고 있어야 한다. 또한 과제를 내 줄 때 내담자가 과제를 하든 못하든 얻을 것이 있는 원-원 상황이 되도록 만들어야 한다. 예컨대, 하루에 30분씩 동네를 산책하는 과제를 내 주었을 때 내담자가 이 과제를 잘 수행하고 왔다면 산책 후 기분이 어떻게 변화하는지 확인해 볼 수 있고, 활동과 기분 사이에 밀접한 관련이 있다는 것도 깨달을 수 있을 것이다. 한편, 과제를 수행하지 못하고 왔다면 과제를 수행하는 데 방해가 되는 요인들이 무엇인지를 찾아서 그것들을 해결할 수 있는 방법을 찾을 수 있을 것이다.

과제를 잘 내 주는 데 도움이 되는 가이드라인은 다음과 같다. 첫째, 과제를 하는 것이 왜 필요한지 회기에서 다룬 내용과 관련해서 충분히 설명한다. 필요하다면 내담자가 잘 이해했는지 본인이 한번 설명해 보도록 요청하는 것도 좋은 방법이다. 둘째, 구체적으로 어떤 과제를 내 줄지에 대해 내담자와 협력적으로 정한다. 셋째, 회기 마지막 부분에 적어도 5분~10분 정도의 시간을 여유 있게 두고 과제에 대해 논의한다. 넷째, 과제는 일반적인 과업보다는 구체적이고 명확해야 한다(예: '운동하기'보다는 '매일 30분 걷기'). 다섯 째, 만일 가능하다면 치료 중에 과제를 시작해 보고 집에 가서 마저 해 오도록 한다. 여섯 째, 과제를 하는 것에 대한 내담자의 걱정을 표현하게 하고(시작하는 것의 어려움, 자신감의 결여, 과제의 효용성에 대한 회의 등) 이를 다뤄 주어야 한다. 일곱 째, 과제를 하는 데 방해가 되는 생각이나 그 밖의 문제들을 미리 예상해 보고 어떻게 대처할지 생각해 보게 한다.

내담자에게 처음 과제를 내 줄 때 치료과정에서 과제를 받아 가는 것에 대해 어떻게 느끼는지 직접 물어보는 게 좋다. 대학생이나 중고등학생 내담자의 경우, 학교에서도 과제를 내 주니까 치료에서 과제를 내 주는 것을 더 자연스럽게 받아들일 것이라고 짐작해서는 안 된다. 내담자에 따라서는 학교생활이 힘든데 치료를 받으러 와서까지 과제를 해야 한다는 것이 부담으로 작용할 수 있다. 성인 내담자들도 치료에서 과제를 해야 한다는 것을 전혀 예상하지 않고 오는 사람이 많아 치료에서 과제를 하는 것이 왜 필요한지 충분히 납득할 수 있도록 설명해 주는 것이 필요하다. 필자는 수영을 배울 때 교습만 받는 것보다 자유수영시간에 혼자 연습하게 되면 더 빨리 수영이 는다

고 설명하기도 하며, 때로는 과제를 해 오면 치료가 더 빨리 진행되기 때문에
결국은 치료비를 굉장히 아낄 수 있다고 말해 주기도 한다.

과제를 잘 내 주기가 특히 어려운 시점이 치료 초기라고 볼 수 있다. 상담
자나 내담자 모두 치료에 대한 동기나 의욕이 높고 뭔가 변화를 빨리 이루어
내고자 하는 마음에서, 내담자의 특성을 제대로 파악하지 못한 상태에서 상
담자가 일방적으로 정해서 과제를 내 주기 쉽다. 그런데 치료 초기에는 치료
동맹이 확고하게 생겨나기 전이기도 하며, 특히 우리나라 내담자들은 상담자
에게 본인의 의견을 자유롭게 말하는 것을 꺼리기 때문에 과제에 따라 치료
동맹이 강화되기도 하고 반대로 약화되기도 한다. 치료 초기에 과제를 내 주
는 것이 꼭 필요하다고 생각되면, 쉬운 과제부터 시작해서 점차적으로 과제
의 분량이나 난이도를 높여 가는 것이 좋다. 특히 우울이나 불안 등의 문제가
있는 내담자들은 과제에 대한 부정적인 생각이 과제 수행을 방해할 수가 있
어 이를 검토하는 것이 필요하다.

필자는 집단치료가 아닌 개인치료에서는 내담자에게 과제를 신중하게 내
주는 편인데, 이때 과제를 엄선하기 위해 필자가 스스로에게 해 보는 질문은
다음과 같다.

첫째, 이 과제는 내담자가 회기 사이에만 할 수 있는 과제인가?

둘째, 이 과제를 내 주어야 다음 치료회기를 진행할 수 있는가?

셋째, 내담자가 이 과제를 해 올 수 있는가?

상담자들이 과제를 내 줄 때, 첫 번째 질문을 해 보지 않고 과제를 내 주는
경우가 적지 않다. 예컨대, 내담자의 장점을 찾아보고 오라는 과제는 회기에
서 얼마든지 다룰 수 있는 작업이다. 이와 같이 회기에서 다룰 수 있는 것은
반드시 회기 내에서 하고, 회기에서 할 수 없는 것은 과제로 내 줌으로써 내
담자의 부담도 덜어 주고 과제의 필요성도 더 부각시킬 수 있다. 또한 두 번
째 질문을 해 봄으로써 상담자는 과제의 타이밍을 적절하게 맞출 수 있다. 앞
에서도 여러 번 강조했듯이, 과제를 내 준 후에는 그다음 시간에 과제해 온
것을 반드시 다루어 주어야 한다. 상담자가 미리 생각해서 다음 회기에 꼭 필

요한 과제를 내 주게 되면 과제를 다루는 것이 치료를 효율적으로 진행하도록 돕지만, 그렇지 않다면 과제를 다루는 것이 오히려 치료초점을 분산시키는 결과를 가져올 수 있다.

다음 축어록은 부부갈등으로 상담을 받으러 온 40대 주부의 상담 축어록이다. 세 번째 질문을 해 보는 것이 얼마나 중요한지 다음 축어록을 보면서 생각해 보고, 상담자가 과제를 내 주는 과정을 살펴보자(연두색 글자는 필자의 코멘트임).

상담자: 다음 주 일주일 사이에 친구들을 만나실 일이 있어요?

내담자: 아직 잘 모르겠는데... 예, 만나죠.

상담자: 만나서 무슨 일을 할 생각이세요?

내담자: 글쎄요. 아직 정해진 건 없어요.

상담자: 다음 일주일 중에 한 번 정도는 자기주장을 해 보세요. 자기의견을 강하게 한번 어필해 보시라는 거죠.

내담자: 저는 주로 따라가는 스타일이라서....

상담자: 단체에서도 보면 누군가 주장하는 사람이 있지 않아요?

내담자: 예, 있어요.

상담자: 그 역할을 한번 해 보시라는 거예요. 가슴이 뛰는 것도 그렇고, 답답한 것도 자기주장을 하고 싶은 때 못 하니까 자꾸 쌓여서 그렇거든요.

내담자: 예.... (내담자가 이렇게 소극적으로 나올 때는 주의를 기울일 필요가 있음. 자기주장을 해 보라는 것에 대해 어떻게 생각하는지, 어떤 부분이 어렵게 느껴지는지에 대해 좀 더 물어보고 진행할 필요가 있음.)

상담자: 그런 걸 좀 연습을 하자고요. 다음에 올 때 한 번 이상 해 보면 더 좋은데, 최소한 한 번은 해 보고 오시면 좋겠어요. 어떤 일에 어떤 주장을 했고, 그때 어떤 기분이 들었는지, 생각은 어떤 생각이 들었는지 적어 오시면 돼요. (상담자가 일방적으로 밀어붙임.)

내담자: 근데 모이는 게 친구들만이 아니고 선배 언니들도 있어요. 선배 언니들이 있는데

제가 주장하기는 좀.... (내담자가 그 모임에서 자기주장을 하기 힘들다는 말을 하는 것도 일종의 자기주장이므로, 이 말을 긍정적으로 강화해 주고 자기주장을 할 수 있는 다양한 상황에 대해 탐색해 보았다면 더 효과적인 개입이 될 수 있음.)

상담자: 그래도 뭔가 하고 싶은 말이 있을 거 아니에요? 뭘 결정할 때.

내담자: 예.

상담자: 한 번 정도는 해 봐요. 자기주장을 조금씩 해 봐야지, 자꾸 안 해 버릇하면 까먹거든요. 속에서만 생각하고 밖으로 말을 못 해요. 다른 사람이 싫어하지 않을까 하고 말을 안 하게 되거든요.

이 사례에서 친구들을 만나 자기주장을 해 보는 과제는 회기 사이에서만 할 수 있는 과제임에 틀림없으며, 상담자가 충분하지는 않지만 왜 자기주장을 해 봐야 하는지도 설명하고 있다. 아마도 상담자는 내담자의 자기주장 행동과 신체적인 증상 혹은 기분 간의 관계를 다음 회기에서 다루고 싶었는지 모른다. 그런데 여기서 상담자가 던져 보았어야 할 세 번째 질문은 내담자가 이 과제를 할 수 있는가이다. 상담자에게는 이 과제가 쉽게 여겨졌을 수 있지만, 내담자에게는 결코 쉬운 과제라고 할 수 없다. 내담자에게 있어 자기주장을 하는 것은 쉽지 않은 행동이고, 더욱이 선배들과 있는 자리에서 자기주장을 해 본다는 것은 더 어려운 일이다. 상담자는 내담자가 자기주장을 좀 더 쉽게 할 수 있는 다른 상황이 있는지 살펴보고, 또 그 상황에서 약한 정도로 자기주장을 할 수 있는 여러 반응을 검토해 볼 수도 있다. 또한 자기주장을 하기 힘들게 만드는 요인이 무엇인지 좀 더 명료화하여 이를 다루어 줌으로써 자기주장을 하기 쉽게 도와줄 수 있었을 것이다.

회기 끝 무렵에 가서 상담자가 과제를 내 주다 보면, 내담자에게 충분한 설명을 해 주지 못하거나 내담자가 과제를 하는 데 생길 수 있는 장애물을 다루지 않은 채 과제를 내 주기 쉽다. 다음 회기에 내담자가 과제를 이행하지 않고 왔다면 어떤 점이 힘들었는지 잘 물어보고 이를 다루어 주어야 한다. 만일 상담자가 준비 작업을 충분히 시켜 주지 못했다면 상담자가 자기 잘못도 있었다고 솔직하게 인정하는 것도 나쁘지 않다. 또한 상담자는 과제가 내담자에 맞게 치료단계나 이슈에 맞게 내 주었는지 검토해야 한다. 특히 과제가 현재 치료에서 다루는 것과 관련성이 있었는지, 또 관련성에 대한 설명이 충분히 이루어졌는지 살펴봐야 한다. 과제를 내담자와 협력해서 내담자 수준에 맞게 잘 내 주지 않는다면 치료적 관계를 삐걱거리게도 만든다. 만일 내담자가 과제를 계속 이행하지 않고 치료에 온다면 치료적 관계에 틈이 벌어져 있을 가능성을 살펴보고 이를 다루어 줘야 한다.

(2) 해 온 과제를 효과적으로 다루기

인지행동치료에서 과제를 효과적으로 활용하기 위해서는 과제를 잘 내 주는 것 못지않게 내담자가 해 온 과제를 제대로 다루는 것이 필요하다. 우선, 상담자는 매 회기에 이전 회기에서 내 준 과제를 검토하는 것을 우선적으로 다루면서 과제가 중요하다는 메시지를 전달해야 한다. 때로 상담자가 그 회기에서 다룰 이슈가 많아 전 회기에서 내 준 과제를 검토하지 않거나 건성으로 다루고 지나가는 경우가 있다. 만일 과제를 검토하지 않는다면 과제는 치료시간을 할애할 만큼 그리 중요한 것이 아니므로 열심히 하지 않아도 된다는 메시지를 보내고 있는 것과 같다. 따라서 상담자는 과제를 검토하는 일을 매 회기 어젠다에 넣고 이를 성의 있게 다뤄야 한다.

다음으로, 내담자가 과제를 해 온 것을 평가할 때 과제를 얼마나 잘해 왔는지보다는 과제를 하는 데 얼마나 많은 노력과 성의를 다했는지를 보고 이에 대해 긍정적인 피드백을 주어야 한다. 상담자가 흔히 하는 실수 중 한 가지는 내담자가 잘해 온 것은 그냥 넘어가고 잘못해 온 것은 길게 다루는 것이다. 내담자가 과제를 잘해 왔으면 충분히 칭찬해 주고 격려해 주면서, 과제를 해 온 것이 긍정적인 변화로 이어지도록 해야 한다.

내담자가 과제를 이행해 오지 못했을 때 왜곡된 사고, 낮은 에너지, 자신감의 부족, 일을 미루는 성향 등 내담자의 현재 상태나 문제를 반영할 가능성이 높다. 따라서 어떤 요인이 과제 이행을 어렵게 만들었는지 살펴봄으로써 내담자의 일상생활에서의 문제도 다루는 기회로 삼을 수 있다. 또한 내담자가 과제를 하는 데 방해가 되는 습관이나 주위 사람들의 반응을 다룸으로써 또 다른 학습의 기회로 활용할 수도 있다.

제 3 장

치료적
관계

모든 심리치료는 새로운 경험을 제공한다. 그중에서도 상담자와 맺게 되는 인간관계는 치료를 통해 얻게 되는 매우 중요하고도 새로운 경험이다. 치료적 관계는 상담자와 내담자가 서로에게 가지는 감정과 태도이며, 여기에는 감정과 태도가 어떻게 표현되는가도 포함된다(Gelso & Carter, 1985). 다른 심리치료에서와 마찬가지로 인지행동치료에서도 좋은 치료적 관계가 좋은 치료성과를 얻는 데 중요한 역할을 한다고 가정한다(Beck, 1976; Keijsers et al., 2000). Aron Beck 박사는 처음 인지치료를 개발할 때부터 상담자의 따뜻함, 공감, 진솔성과 협력적 치료관계가 인지행동치료의 기초라고 주장하였다.

필자가 Beck 박사를 처음 만났을 때, 유창하지 않은 영어로 말하는데도 너무나 소탈하고도 친근하게 대해 주어 놀랐고, 대화를 이어 나갈수록 필자가 하는 말을 귀담아 들으며 이해해 주고, 그러면서도 도와주려는 마음이 느껴져서 놀랐다. Beck 박사가 치료하는 동영상을 보면 내담자를 대하는 따뜻하고도 존중하는 태도가 그대로 나타나 있다. 필자가 보기에 Beck 박사가 개발한 인지행동치료의 많은 기법과 절차가 빛을 발하게 된 것은 치료효과에 대한 경험적 연구가 축적되었기 때문이기도 하지만, 그의 인품과 상대방을 존중하는 마음이 내담자를 움직였고, 이로 인해 많은 동료치료자들로 하여금 인지행동치료에 관심을 가지게 했기 때문에 가능했다고 본다.

이와 같이 인지행동치료에서는 초반부터 치료적 관계를 중시했지만, 치료적 관계는 치료를 위한 필요조건이지 필요충분조건은 아니라고 보는 관점을 취하고 있다. 즉, 좋은 치료적 관계가 우수한 치료성과를 얻는 데 필수적이지만 충분하지는 않다고 보는 점에서(Beck et al., 1979), 로저스나 다른 인본주의 치료와 분명한 차별점을 가진다. 더욱이 인지행동치료는 모든 심리치료가 치료적 관계와 같은 일반적인 요인 때문에 치료효과가 나타난다고 보는 공통요인 관점과는 명확하게 구별된다고 볼 수 있다. 전통적인 인지행동치료 관점에서는 상담자와 내담자가 신뢰로운 관계를 가지면, 두 사람이 협력적인 팀이 되어 치료의 목표와 과제에 동의하고 치료에서 행하는 기술적 개입에 열심히 참여하게 된다고 가정한다. 이때 비중은 치료의 기술적 개입에 더 기울어져 있기 때문에, 상담자와 내담자가 좋은 관계의 맥락에서 치료의 기술적인 개입을 수행할 때 더 나은 결과를 가져올 것이라고 본다. 이러한 관점은 여러 경험적 연구에서 좋은 치료적 관계가 있을 때 기술적인 개입이 더 성공적인 성과를 거둔다는 결과에 의해 지지되기도 하지만, 치료적 관계와 기술적 개입이 각각 독립적으로 치료성과에 영향을 미친다는 연구결과도 있어서 부분적으로만 지지된다고 볼 수 있다(DeRubeis, Brotman, & Gibbons, 2005; Kazantzis, Cronin, Dattilio, & Dobson, 2013).

한편, 인지행동치료 분야 내에도 치료적 관계가 그 자체 평가와 개입의 도구라고 보는 관점이 있다(Safran & Muran, 2000). 이 관점에서는 상담회기 중에 내담자가 하는 행동은 회기 밖에서 나타나는 내담자의 대인관계 행동의 표본이라고 가정하고, 회기 내에서의 행동은 내담자의 대인관계 패턴을 파악하고 개입하는 중요한 기회를 제공한다고 본다. 특히 내담자가 대인관계 문제를 가지고 왔을 때, 상담자는 내담자와의 상호작용에서 내담자의 역기능적인 대인관계 패턴이 반복될 가능성을 고려하면서 신중하게 반응해야 함을 강조하고 있다. 상담을 하다 보면 때때로 내담자와 따뜻하고 신뢰롭고 협력적인 관계를 맺기가 어려운 경우를 만나는데, 이때 상담자는 이런 관계의 어려움을 치료의 방해물로 보기보다 치료의 도구로 삼아야 한다고 가정한다. 즉, 상담자를 대하는 내담자의 행동을 그(녀)의 대인관계 패턴을 평가하고 개념화하는 도구로 삼고 개입의 지점으로 삼아야 한다고 보는 관점이다.

그렇다면 인지행동치료에서 치료적 관계를 어떤 관점에서 이해해야 할 것인가? 필자는 상담자가 어떤 내담자를 치료하는가에 따라 두 관점을 융통성 있게 가지며 치료해야 된다고 생각한다. 모든 인지행동치료에서 치료적 관계는 치료가 일어나는 매개체라고 볼 수 있다. 내담자와 상담자가 이루는 좋은 치료적 관계의 기반 위에서 치료 기법이 변화를 이루어 낼 수 있다. 또한 치료 기법이 적절한 치료성과를 낼 때 치료적 관계가 강화되기도 한다. 따라서 치료적 관계와 치료 기법은 치료성과에 독립적인 영향을 주지만, 또 서로 영향을 주고받는다고 볼 수 있다. 상담자가 어떤 치료적 작업을 하든 상담자의 말과 행동에는 내담자에 대한 따뜻한 관심과 협력적인 자세와 희망이 담겨 있어야 한다. 어떤 내담자를 대하든지 상담자가 경계해야 할 자세는 좋은 치료적 관계가 거저 따라오는 것으로 보고 이를 소홀히 다루며 치료 기법을 적용하는 데만 집중하는 것이다. 이런 상담자는 인지행동치료에서 결코 최대의 치료효과를 얻을 수 없을 것이다. 한편, 성격 문제나 복잡한 대인관계 문제가 있는 내담자를 치료할 때에는 치료적 관계에 내담자의 대인관계 패턴이 그대로 반영될 가능성이 높다고 보고 치료적 관계를 평가와 개입의 대상으로 볼 수 있는 역량을 키워야 할 것이다.

치료동맹은 치료적 관계를 이해하는 유용한 개념으로서 정신역동치료에서 처음 사용되기 시작했지만, 최근에는 심리치료이론에 관계없이 일반적으로 널리 사용되고 있다. Bordin(1979)은 일찍이 치료동맹이 내담자와 상담자 사이의 정서적 유대감, 과제에 대한 합의, 목표에 대한 합의의 세 요소로 이루어진다고 제안하였다. 그는 모든 심리치료에서 치료동맹이 중요한 역할을 하지만, 세 요소의 비중은 심리치료의 종류에 따라 달라진다고 보았다. 지난 30년 동안 치료동맹을 측정하는 척도들이 활발하게 개발되었으며, 이 척도들을 사용해 측정한 치료동맹이 치료성과를 유의하게 예측해 준다는 연구 결과들이 축적되었다. 상담자로서 주목해 보아야 할 점은 치료동맹을 누가 평가하는가에 따라 결과가 다르게 나온다는 점이다. 구체적으로는 내담자가 평가한 치료동맹이 치료성과와 가장 관련성이 높았으며, 그중에서도 내담자가 평가한 상담자의 공감변인이 일관되게 치료성과를 예측하였다. 한편, Wampold와 Budge(2012)는 상담자와 내담자가 초기 유대감을 형성한 후 치료적 관계의 다음 세 가지 측면이 치료적 효과를 가진다고 보았다.

첫 번째 요소는 상담자와 내담자가 맺는 실제적인 인간관계의 측면으로서, 회기를 더해 가면서 공감적 이해와 소속감 및 유대감이 깊어져 내담자의 정신건강을 증진시키는 치료적 효과를 가진다고 보았다. 두 번째 요소는 기대의 요소다. 치료적 관계의 맥락에서 상담자가 내담자에게 호소문제가 어떻게 생겨났는지를 설득력 있게 설명해 주고 치료적 과제에 참여하게 함으로써, 내담자가 자기 문제를 해결하거나 보다 잘 대처할 수 있으리라는 긍정적인 기대를 가지게 되어 치료적 효과를 낸다. 세 번째 요소는 좋은 치료적 관계가 내담자로 하여금 회피하던 사교 모임에 나가게 한다든지, 이완훈련을 한다든지, 재앙적으로 사고하는 것을 바꾸는 등의 건강한 행동(action)을 하게 만드는 것이라고 보았다.

치료동맹을 구성하는 요소를 어떻게 보든지 간에 이 요소들은 서로 긴밀하게 연결되어 있으며 상호작용한다고 볼 수 있다. 필자는 치료동맹의 여러 요소 중에 상담자가 내담자와 맺는 정서적 유대감이 치료 초기에 매우 중심적인 역할을 한다고 보아 이를 중점적으로 다루고, 나아가 치료동맹의 다른 요소들도 살펴보려고 한다. 마지막으로, 치료적 관계의 균열과 회복에 대해서도 간략하게 다루고자 한다.

1. 라포 형성

라포(rapport)란 일상생활의 대인관계에 널리 사용되는 말로서, 서로의 감정과 생각을 잘 이해하고 소통하는 사이가 좋은 인간관계를 말한다. 라포는 상담자와 내담자가 맺는 실제적인 인간관계의 측면을 뜻하며, 치료동맹의 첫 번째 요소인 상담자와 내담자가 맺는 정서적 유대감과 겹치는 부분이 많다. 상담 초기에 상담자가 내담자와 맺는 라포는 이후에 정서적 유대감으로 발전하게 될 가능성이 높은데, 내담자가 속마음을 열고 치료에 진정으로 참여하기 위해서는 먼저 내담자와 상담자 간에 신뢰감이 형성되어야 할 것이다. 두 사람 사이의 신뢰감은 치료적 관계의 기초로서, 치료의 모든 회기에서 두 사람 사이에 일어나는 관계적 반응에서 작용하는 가장 기본적이고도 중요한 측면이라고 볼 수 있다. 치료가 시작되면 상담자와 내담자가 한 인간으로 서로 관계를 맺는데, 이때 상대방이 믿을 수 있는 사람인가를 결정하는 데 수초 내지 수분밖에 걸리지 않는다고 보고한 연구들도 있다.

라포 형성을 촉진하는 다양한 요소가 있겠지만, 필자는 다음과 같은 세 가지 요소를 중점적으로 다루고자 한다. 첫째는 신뢰감 조성이다. 신뢰감은 상담자에 대한 신뢰감과 치료에 대한 신뢰감을 모두 포함하는데, 편의상 치료에 대한 신뢰감은 세 번째에 따로 다루기로 하겠다. 둘째는 치료에서 이루어지는 공감적 의사소통 방식이 라포 형성에 중요한 영향을 미친다고 보았다. 셋째는 전문가로서 내담자가 치료를 통해 좋아질 수 있을 것이란 희망과 기대감을 불러일으켜 주는 것이다.

1) 신뢰감 조성

내담자는 치료를 받으러 갈까 말까 수없이 망설인 끝에 상담실의 문을 두드리며, 처음 보는 상담자에게 자신의 가장 고통스럽고 취약한 부분을 드러내고 나눈다. 따라서 내담자가 상담자를 믿고 신뢰할 만한 사람으로 보고, 상담을 자신의 문제를 편하게 말해도 되는 안전한 상황으로 보는 것은 라포 형성에 매우 중요하다. 로저스는 다른 어떤 요인보다 상담자의 치료적 태도가 라포 형성에 큰 영향을 미치며, 나아가 치료에서 변화를 이끌어 내는 필요충분조건이라고 보았다. 그가 중요시한 치료적 태도는 공감적 이해, 무조건적인 긍정적 존중, 진솔성 혹은 일치성으로서, 이 세 가지 요인을 간단하게 살펴보면 다음과 같다.

첫째, 공감적인 상담자는 내담자의 욕구, 감정, 상황을 정확하게 이해하고 이것을 내담자에게 전달하는 상담자다. 상담자가 최선을 다해 내담자의 입장에서 내담자의 곤경에 대해 이해하고 공감해 줄 때 신뢰로운 치료적 관계의 기초가 놓인다. 둘째, 상담자가 내담자를 판단하지 않고 한 사람의 인간으로 존중하는 태도는 내담자의 마음을 열게 하는 중요한 열쇠다. 내담자는 부모나 친구, 배우자, 직장 동료나 상사로부터 수없이 무시받고 거부받은 경험을 가지고 있기 때문에 상담자가 자기를 어떻게 보는지에 매우 민감하다. 내담자가 어떤 약점이나 증상이나 어려움을 보이더라도 그(녀)를 한 사람의 인간으로 존중하고 수용하는 태도는 라포 형성을 촉진한다.

마지막으로, 진솔성은 상담자의 마음속 감정과 태도와 겉으로 나타나는 감정과 태도가 일치하는 것을 말하며, 내담자에게 진실되게 반응하는 것으로 나타난다. 예컨대, 내담자가 한 말이 상담자를 당황하게 만들 때 평온을 가장하고 그 뒤에 숨지 않고 그대로 표현하는 태도를 말한다. 내담자와 상담자는 치료라는 특수 상황에서 관계를 맺게 되기 때문에, 내담자는 간혹 상담자가 자신에게 진실하게 대하는 것인지 아니면 상담을 해야 되기 때문에 겉으로만 잘하는 것인지 의구심을 가질 수 있다. 따라서 상담자가 내담자에게 진솔하고도 진실하게 대하는 태도는 내담자가 상담자를 신뢰하고 마음을 여는 데 매우 중요한 역할을 한다.

로저스가 강조한 상담자의 공감이나 존중, 진솔성이 치료성과에 긍정적인 영향을 미친다는 연구결과들이 일부 나왔지만, 대부분의 후속 연구들에서는 일관된 결과가 나오지 않았다. 이후 연구에서는 상담자의 행동이나 특성 자체보다 내담자에 의해 지각된 상담자 특성이 치료성과에 더 중요하며, 특히 치료 초기에 더 그렇다고 밝혀졌다. 상담자는 공감적이고 진솔하고 존중하는 태도를 가져야 함은 물론이고 자신의 태도가 내담자에게 어떻게 잘 전달되고 지각되는지 살펴보아야 할 것이다. 더욱이 인지행동치료자 중에는 내담자의 역기능적 사고를 찾아내고 부적응적인 행동을 개선시키려는 노력이 너무 앞서서 내담자의 말을 경청하고 공감하는 노력 없이 때때로 상담자가 얻고 싶은 정보를 얻기 위해 질문을 퍼붓는 모습을 보이는 경우가 있다. 특히 치료 초반부에 상담자의 이런 행동이 반복되다 보면 라포 형성이 잘 되지 않고, 내담자가 느끼기에 상담자가 자기 마음을 잘 몰라 주고 마음이 통하지 않는다고 생각해 치료를 중단하는 일이 일어나기도 한다.

2) 공감적 의사소통

치료 초반의 관계 형성에는 무엇보다 상담자가 내담자의 말을 잘 경청하고 이해함으로써 내담자가 공감 받는다고 느끼는 것이 중요하다. 내담자가 느끼는 공감적 소통이 치료적 관계에 중요한 영향을 미친다는 연구결과가 많이 나와 있다. 내담자는 공감을 받을 때 자기가 느끼는 감정이 수용되고 인정받는다고 느끼며, 자기 마음속을 더 깊이 탐색할 수 있게 된다. 우리는 친구나 이웃이나 동료 간에도 말이 잘 통하는 사람에게 자기 마음을 열고 속에 있는 이야기를 더 털어놓으며 가깝게 지내게 된다. 하물며 심리적인 문제로 상담을 받으려고 온 내담자에게는 상담자와 말이 잘 통하고 공감을 받는다고 느끼는 것 이상으로 중요한 일은 없을 것이다. 특히 상담소에 찾아오는 우리나라 내담자들은 말이 잘 통하는 사람과 대화하는 것에 목말라 있는 경우가 많아 상담자가 내담자의 말에 귀를 기울이고 공감적으로 경청하는 것이 매우 중요하다.

상담자들은 흔히 공감을 내담자의 감정을 반영해 주는 것으로만 생각하는 경향이 있다. 물론 내담자가 말한 내용에서 드러나거나 드러나지 않은 감정을 정확하게 반영해 주는 것은 공감에서 중심적인 역할을 한다. 그렇지만 넓은 의미의 공감은 단지 내담자의 감정을 반영해 주는 것에 그치지 않고 내담자가 말로 잘 표현하지 못하는 힘든 경험을 탐색하고 표현하도록 내담자의 내면세계 안으로 들어가는 과정이라고 볼 수 있다. 당연히 내담자의 감정뿐만 아니라 밀접하게 연결되어 있는 인지과정 또한 탐색하고 표현하게 되어 치료과정을 촉진시킨다. 이런 공감은 내담자로 하여금 상담자가 자신의 내면세계에 진정한 관심을 가지고 있다고 느끼게 해 줄 뿐 아니라, 어렴풋하게만 감지되던 자신의 인지과정을 명료화하는 기회를 열어 주어 자신을 새롭게 이해하게 해준다. 만일 상담자가 공감이 내담자의 감정을 반영해 주는 것이라고만 생각하고 있다면 내담자의 감정을 공감해 주는 데 그치게 되어, 감정과 연관되어 있는 더 깊은 내면세계의 탐색 과정으로 나아가기가 쉽지 않을 것이다.

그것보다 더 안타까운 일은 인지행동치료자들이 치료과정에서 갈 길이 바쁘다고 생각하여 내담자와 충분히 공감하고 내면세계를 탐색하는 일을 소홀히 하는 경우가 적지 않다는 점이다. 필자는 치료 초반에 좀 느리게 가는 것을 감수하더라도 내담자의 말을 공감적으로 경청해 주어 내담자의 경험을 깊이 있게 탐색하는 것을 중요하게 생각한다. 이런 접근을 하게 되면 치료적 관계를 확고하게 할 뿐 아니라 내담자의 경험을 다각도로 이해할 수 있게 만들어 준다. 따라서 이후 치료적 작업이 훨씬 수월하게 진행되어 상담자가 처음부터 서둘러 개입하는 것보다 결과가 낫다는 것을 자주 느꼈기 때문이다.

공감적 의사소통을 어떻게 할 것인가에 대해서는 많은 심리치료 교재와 훈련 프로그램에 나와 있기 때문에 지면의 한계상 여기서 자세히 다루지는 않겠다. 『Feeling Good』이라는 책으로 널리 알려져 있는 Burns 박사는 인지행동치료에서 공감적 소통을 특히 강조하면서, 공감적 소통을 도와주는 방법으로 EAR 기법을 다음과 같이 제안하였다(Burns, 2017). EAR는 공감(empathy: E), 솔직한 자기표현(assertiveness: A), 존중(respect: R)의 세 요소로 이루어져 있는데, Burns 박사는 이 중에서도 공감을 가장 강조하면서 공감을 촉진하는 세 가지 기법으로 인정해 주기, 공감해 주기, 질문하기를 제시하였다.

인정해 주기는 상대방이 말하고 있는 힘든 점이나 어려운 일에서 긍정적으로 인정해 줄 만한 측면이 있는지 찾아보고 말해 주는 기법으로서, 무장해제법(disarming technique)이라고도 불리운다. 예를 든다면, 내담자가 "왜 이런 일이 저한테 생기는 거죠? 정말 열심히 살아왔는데...."라고 말할 때 "정말 열심히 살아오셨지요. 그렇지만 이런 일이 없었다면 잠깐 멈춰 서서 주위를 돌아볼 틈이 없었을 겁니다."라고 말하는 것이다. 다만, 조심해야 할 것은 내담자의 걱정이나 문제 영역에 머물러 있으면서 바로 그 문제의 다른 긍정적인 면을 찾아 주어야 한다는 점이다. 만일 딸이 결혼을 못 해서 고민인 내담자에게 "딸은 결혼을 못 했지만 아들은 결혼해서 잘 살고 있잖아요."라고 말하는 것은 상대방의 마음을 인정해 주는 것이라고 볼 수 없다.

다음으로, 공감해 주기는 상대방이 말하는 것을 그 사람의 입장에서 이해하고 다른 말로 바꿔 말해 주거나(상대방의 관점 이해하기), 다른 사람의 기분이 어떨지 헤아려 주고 그걸 표현해 주는(감정적 공감) 것이다. "왜 이런 일이 저한테 생기는 거죠? 정말 열심히 살아왔는데...."라고 말할 때, "열심히 살아온 만큼 더 억울하게 느껴지시겠어요."라고 하면서 내담자의 감정을 공감해 줄 수 있다.

마지막으로, 공감해 주기는 질문을 통해서도 가능하다. 즉, 상대방이 어떤 생각을 하고 어떻게 느끼는지 알아보기 위한 탐색적인 질문을 해 보는 것이다. 흔히 질문하는 것은 공감반응에 들어간다고 생각하지 않는데, 내담자의 사정을 잘 알지 못한 채 섣부른 공감반응을 하는 것보다는 내담자의 말을 잘 듣고 내담자의 경험을 깊이 있게 탐색하기 위한 질문을 할 때 공감을 받는다고 느끼는 경우가 적지 않다. 단, 질문할 때 타이밍을 잘 잡는 것이 중요하다. "정말 힘드셨겠어요."라고 하면서 바로 뒤에 질문을 하면, 질문은 물론이고 앞선 공감반응도 진정한 공감반응으로 느껴지지 않는다.

필자는 대학원의 인지행동치료 강의에서 처음 한 달 동안 인지행동치료의 원리와 기법을 가르치면서 동시에 공감적 의사소통을 하는 연습을 시키곤 하였다. 두 사람씩 팀을 만들어 한 주에 한 시간씩 다른 사람의 말을 듣고 공감하는 연습을 하면서 상대방으로부터 피드백도 받고, 또 녹음한 것을 들어 보면서 공감적 소통의 기술을 익혀 나가는 것이 많은 도움이 된다고 보았기 때문이다. 어떤 오리엔테이션의 심리치료를 하든지 간에 내담자와 공감적인 의사소통은 치료에 지대한 역할을 하는데, 인지행동치료도 이 점에서 예외가 아니다.

글상자 3-1 공감을 잘 하기 위한 방법

- 내담자의 말을 잘 들으라.
- 내담자가 말하는 동안 끼어들지 말라.
- 내담자가 어떻게 생각하고 느끼는지 이해하기 위해 질문하라.
- 지금 / 현재에 초점을 맞추라.
- 내담자가 말하는 동안 어떻게 개입할지 생각하지 말라.
- 평소 자신의 감정에 대해 자각하려고 노력하라.

3) 치료에 대한 기대와 희망 고취

상담자가 내담자의 말을 경청하고 공감적으로 반응해 주는 것 못지않게 라포 형성에 중요한 것은 내담자에게 치료에 대한 기대와 희망을 불러일으켜 주는 것이다. 내담자는 상담자의 자격증, 경험, 평판, 개인적인 매력 등 다양한 치료 외적인 요인들을 보고 상담자에 대해 신뢰를 가지게 된다. 그렇지만 무엇보다도 내담자의 문제를 다뤄 주는 상담자의 전문성이나 치료에 대한 자신감이 내담자의 치료에 대한 기대와 희망을 높이는 데 큰 역할을 한다. 또한 상담자가 치료시간을 정확하게 지킨다든지, 치료 전에 내담자에 대한 초기면접 자료라든지 평가 자료를 미리 숙지하는 등 얼마나 성실하게 준비했는가도 내담자가 상담자의 전문성을 높게 평가하는 데 영향을 미친다. 이 요인들 외에 필자는 상담자가 치료 초기에 전문가로서의 역량을 보여 줄 수 있는 두 가지 측면, 즉 희망의 고취와 내담자의 변화에 대한 준비 상태 점검을 중점적으로 다루고자 한다.

내담자로 하여금 자기 문제가 좋아질 수 있다는 희망, 즉 긍정적 기대를 가지게 만드는 것은 치료에서 핵심적인 역할을 한다고 알려져 있다. 어쩌면 내담자가 상담자를 처음 만나기도 전에 이미 희망이 형성되기 시작할지도 모른다. 그렇지만 내담자가 상담자를 만나 이야기한 후 좋아질 것이라는 희망이 배가되는 경우도 있고, 그렇지 않은 경우도 있을 수 있다. 그렇다면 어떻게 치료에 대한 긍정적 기대를 조성하고 희망을 불어넣어 줄 수 있을까?

첫째, 특히 치료 초기에는 상담에 대한 기대감을 줄 수 있는 언급을 기회가 되는 대로 구체적으로 표현하는 것이 좋다. 상담자는 내담자가 치료한 후 좋아질 것이라고 예상하면서도 이를 입 밖에 내서 표현하지 않는 경우도 많다. 어쩌면 상담자로서의 자신감 문제이기도 하지만, 상담자가 굳이 표현할 필요를 못 느껴서 그럴 수도 있다. 다음의 대화를 예로 들어 보자. 첫 번째 상담자는 "○○ 씨 말씀을 들어 보니 친구들과의 모임이나 동창회도 잘 안 나가시는 것 같고, 직장 상사나 동료들과 이야기하는 자리도 자꾸 피하시는 게 제일 큰 문제네요. 앞으로 치료에서 그 문제를 좀 더 자세하게 다뤄 보는 게 좋을 것 같아요."라고 말했다. 이것도 나쁘지는 않다. 그런데 두 번째 상담자는 "○○ 씨 말씀을 들어 보니 친구들과의 모임이나 동창회도 잘 안 나가시는 것 같고, 직장 상사나 동료들과 이야기하는 자리도 자꾸 피하시는 게 제일 큰 문제네요. 앞으로 치료하면서 이런 상황을 어떻게 하면 좀 더 잘 다룰 수 있을지 구체적으로 방법을 찾아보고 직접 연습해 보면 점점 좋아지실 수 있을 거예요."라고 말했다고 하자. 큰 차이가 없는 것 같지만 듣는 내담자의 편에서는 두 번째 상담자의 말을 듣고 좋아질 거라는 희망이 더 생길 수 있다.

둘째, 내담자의 문제에 대해 정확한 정보를 전문적으로 제공해 주는 것 역시 내담자의 치료에 대한 기대나 신뢰감을 높여 줄 수 있다. 특히 내담자가 잘못 이해하고 있었거나 혹은 알지 못하고 있었던 것을 짚어 줄 때 상담자를 전문가로 인식하고 치료를 통해 자기를 도와줄 수 있을 것이라는 희망을 가지게 만든다. 그렇지만 상담 초기에 내담자가 받아들이기 힘든 내용을 한꺼

번에 너무 많이 이야기해 주는 것은 내담자에게 오히려 부담만 주고 역효과
를 가지고 올 수 있다. 다음은 취업 준비를 하고 있는 20대 후반 남성 내담자
와의 상담에서 나온 축어록이다.

> **상담자**: 성진 씨는 자신감이 없고 무기력해서 아무것도 하기 싫은 게 문제라고 하셨죠.
> 그런 문제들이 대인관계나 가족들과의 관계에도 영향을 미치는 것 같다고 하셨
> 구요. 그러니까 자신감이 없는 문제가 순환적으로 작용하는 것 같아요. 무기력해
> 지면 해야 할 일도 안 하고 널브러져 있어 더 무기력한 상황을 만들고, 그러면서
> 본인이 성실해야 한다는 생각이 많기 때문에 해야 할 일을 안 한다는 게 불성실
> 하게 느껴지고 자신감을 더 떨어뜨리는 것 같아요. 자신감이 없으니까 결정을 잘
> 못 내리고 생활은 생활대로 잘 정돈되지 못한 채로 오래 끌고 있다 보니 부모님
> 에게도 싫은 소리 많이 듣게 되시구요. 그래서 이런 부분들을 상담에서 다뤄 보
> 려고 해요.
>
> **내담자**: 저도 필요하다고 생각해요. 제일 중요한 부분인 것 같아요. 그래서 말씀드린 건
> 데 막상 이 주제를 가지고 상담하려니까 되게... 피하고 싶어져요.
>
> **상담자**: 상담을 계속 받으시는 게 부담이 되시나 봐요.
>
> **내담자**: 제가 생활을 게을리 하고 그런 건 맞는데... 어쨌든 제가 상담을 받으려니까 되게
> 문제가 많은 사람인 것 같은 기분이 드는 것 같아요. 한편으로 생각해 보면 문제
> 가 있는 것 같기도 하지만요.

이 축어록에서 상담자는 내담자의 자신감 결여가 중심적인 문제라는 것을
지적하고 다른 여러 문제가 어떻게 서로 관련되어 있는지를 설명하고자 했지
만, 결과적으로 내담자는 상담자의 설명에 오히려 압도당한 것처럼 보인다.
아마도 내담자에게 본인의 문제 중에서 어떤 것을 가장 중점적으로 다루고
싶은지를 물어보고, 어떤 상황에서 이것이 문제가 되는지 물어보는 것이 더
나았을 수 있다.

셋째, 상담자는 내담자가 호소하는 여러 문제가 서로 어떻게 관련되어 있

는지 설명해 주고, 인지행동치료의 원리를 듣기 쉽게 소개하면서 이 문제들을 해결하는 데 도움이 된다는 것을 말해 주는 것도 희망을 고취시키는 데 큰 도움이 된다. 제1장에서 언급한 Fennell과 Teasdale(1987)의 연구결과를 보면, 우울증으로 인지행동치료를 받은 내담자들 중에서 2주 후 빠르게 호전을 보인 내담자들은 그렇지 않았던 내담자보다 전반적으로 치료성과가 더 높은 것으로 나타났다. 2주 만에 빠른 호전 반응을 보인 내담자들은 아마도 치료 초반에 우울증이 어떻게 생겨났고 어떻게 치료할 수 있는지 상담자가 설명해 줄 때 이 설명이 귀에 쏙 들어와 치료에 더 적극적으로 임했을 것으로 짐작해 볼 수 있다.

필자 역시 사회불안장애 집단치료를 할 때 1회기에 내담자들의 마음을 어떻게 잡는가가 매우 중요하다는 것을 자주 느꼈다. 우선 사회불안이 생겨나게 된 원인은 각자 다르고 없애기 힘들지만, 사회불안이 계속 남아 있게 만드는 유지요인이 있다는 것을 설명해 준다. 그런 다음 집단치료를 통해 이 요인들을 바꿔 나간다면 사회불안이 줄어든다는 것을 쉬운 말로 설명해 주려고 노력한다. 또한 인지행동치료가 사회불안장애를 치료하는 데 그 효과가 검증된 근거기반치료라는 것을 알려 주면서, 필자의 센터에서도 외국의 유명한 센터와 비슷한 정도로 치료효과가 나오고 있다는 것을 강조한다. 이런 설명이 내담자에게 사회불안 문제를 해결할 수 있다는 희망을 고취시킬 수 있기 때문이다.

4) 변화 준비 상태에 대한 파악

상담자는 치료 초기에 무엇보다 내담자의 변화 동기가 얼마나 높은지, 또한 변화에 대한 준비 상태가 어느 정도인지를 정확하게 평가하고, 이에 따라 치료를 계획하고 진행해야 한다. 상담자는 치료를 받으려고 온 내담자가 어느 정도는 변화를 간절히 원해서 왔을 것이라고 짐작하기 쉬운데, 실제로는 내담자에 따라 치료받는 것에 대한 자세도 다르고, 변화에 대한 간절함이나 각오도 상당히 다르다. 따라서 상담자가 치료 초반에 내담자가 치료받는 것에 대해 어떤 마음을 가지고 있는지, 또 치료에 대해 어떤 걱정이나 의심이나 오해를 가지고 있는지를 탐색하고 이를 다뤄 주지 않는다면 조기탈락으로 이어질 가능성이 높다. 내담자의 조기탈락에 대한 연구들을 개관한 Barrett 등(2008)에서는 20% 내지 57%의 내담자가 첫 번째 회기 후에 상담을 그만두며, 다양한 치료장면을 통틀어 대략 47%의 내담자가 상담에서 조기탈락한다고 밝혔다. 아직 우리나라에서는 조기탈락에 대한 연구가 체계적으로 이루어지지 않았지만, 우리나라 역시 상담에서의 조기탈락률이 이보다 적지 않으리라고 추정해 볼 수 있다.

이런 측면에서 내담자의 변화에 대한 준비가 어느 정도인지 파악해 보고, 내담자의 동기를 높이는 작업을 하는 것이 치료 초반에 매우 필요하다고 볼 수 있다. 변화단계모델(Prochaska, DiClemente, & Norcross, 1992)에 의하면, 내담자들의 변화 단계는 숙고 전 단계, 숙고 단계, 준비 단계, 실행 단계, 유지 단계의 다섯 단계로 이루어진다고 가정했다. 또는 종결 단계를 추가하여 6단계로 확장해서 이해하기도 한다(〈글상자 3-2〉 참조). 내담자가 숙고 전 단계나 숙고 단계에 있다면 상담자가 내담자를 변화하도록 이끌기가 쉽지 않을 것이다. 인지행동치료는 단기로 진행되기 때문에 상담자가 내담자의 변화 준비 상태를 충분히 탐색하지 않은 채 변화를 향해 돌진하기 쉽다. 이렇게 되면 변화를 이루고 싶어 하는 사람은 상담자가 되고, 내담자는 방관자 혹은 저항자의 역할을 하게 된다. 상담자는 치료 초기 단계에서 내담자가 변화에 대한 준비가 어느 정도 되어 있는지를 파악하고, 내담자가 변화에 대한 지휘봉을 가지도록 치료를 이끄는 것이 매우 중요하다.

최근 내담자 안에 변화에 대한 동기가 내재되어 있다고 가정하고, 그 동기를 찾아내어 강화해 주는 『동기강화상담』(Miller & Rollnick, 2012)이 인지행동치료에서도 적극 활용되고 있다. 동기강화상담에서는 상담자가 내담자의 말에 공감을 표현하고 수용하면서 내담자로 하여금 변화에 대한 양가감정을 탐색하게 한다. 또한 내담자의 현재 행동이 그(녀)가 가진 신념 혹은 가치와 얼마나 불일치하는가를 깨닫도록 도와 내담자 스스로가 변화로 나아가도록 이끈다. 내담자가 변화에 대한 저항을 보일 때 동기강화상담에서는 상담자가 이에 직접적으로 맞서거나 논쟁하지 않고 오히려 반응을 바꾸어 저항과 같은 방향으로 움직이면서 내담자의 저항을 약간 돌리거나 다르게 해석해 주는 방법을 사용할 것을 권한다. 또한 상담자는 내담자의 변화 가능성을 굳게 믿어 줌으로써 변화에 대한 희망이나 자신감을 가지도록 지지해 주는 것이 중요하다고 강조한다.

글상자 3-2   변화단계모델(Prochaska, DiClemente, & Norcross, 1992)

- -

1. 숙고 전(pre-contemplation) 단계: 내담자가 가까운 미래에 자신의 행동을 변화시킬 의향이 없는 시기다. 이 단계에 있는 내담자들이 치료에 방문하는 이유는 가족들의 압력이나 법원의 명령 때문이다.

2. 숙고(contemplation) 단계: 내담자가 자신에게 문제가 있다는 것을 인식하고는 있지만 아직 변화의 과정에 참여하고 싶어 하지는 않는 단계다. 내담자들의 30~40%가 이 단계에 해당하는 것으로 추정된다.

3. 준비(preparation) 단계: 내담자는 가까운 시기에 변화를 시도하고자 하는 의향을 가지고 있다.

4. 실행(action) 단계: 내담자는 자신의 부적응적인 행동과 감정을 변화시키기 위해 또 환경을 변화시키기 위해 적극적으로 참여한다.

5. 유지(maintenance) 단계: 내담자는 재발을 방지하고 치료적 활동 단계에서 알게 되었던 것들을 계속 적용시키며 자기 것으로 만드는 노력을 한다.

6. 종결(termination) 단계: 내담자는 필요한 변화를 이룬 상태로서 재발이 더 이상 위협이 되지 않는다.

2. 좋은 치료동맹을 형성하기

앞에서 다룬 라포가 상담자와 내담자가 만나 이루는 일반적인 인간관계의 측면이라면, 치료동맹은 치료적 과제를 달성하는 데 직접적으로 관련 있는 관계적 측면이라고 볼 수 있다. 다시 말해, 치료동맹은 상담자와 내담자가 심리치료나 상담을 하려고 만나서 생겨난 특수한 관계적 특성이다. 따라서 상담자와 내담자가 이루는 실제적인 인간관계인 라포는 치료동맹의 기초로 작용하며, 좋은 라포가 견고한 치료동맹으로 이어질 때 치료가 성공적인 결과를 가지게 된다. 치료동맹은 단지 치료 초반에만 작용하는 것이 아니라 치료 전반에 걸쳐 작용하며 치료성과에 영향을 미친다. 실제로 치료동맹이 치료성과에 미치는 영향을 연구한 200여 개의 연구를 메타분석한 연구에 의하면, 두 변인 사이의 상관은 0.27(효과크기 0.57)로서 중간 크기 정도에 해당되며, 심리치료의 종류에 관계없이 두 변인 사이에 비슷한 관계가 있다고 밝혀졌다 (Horvath et al., 2011).

치료동맹의 핵심적인 요소는, 첫째, 정서적 유대감, 둘째, 치료목표에 대한 합의, 셋째, 그 목표를 이루기 위해 어떤 과제를 할 것인가에 대한 합의라고 보는 관점이 널리 받아들여지고 있다. 앞 절에서 라포를 강화하기 위해 사용된 다양한 기법은 정서적 유대감을 이루는 데 기여한다. 치료목표에 대한 합의를 이끌어 내고 의견의 일치도를 높이기 위해서는 치료 초기에 명확한 목표를 세우고 이후 회기에서도 필요한 때마다 목표를 상기하고 재확인하는 것이 필요하다. 치료 초반에 구체적이고도 실현 가능한 목표를 설정하는 것이 더 나은 치료성과를 낸다는 경험적인 연구결과가 많이 나와 있다(Webb et al., 2011). 상담자와 내담자가 같이 협력해서 목표를 잘 설정하는 것 자체도 중요하지만, 그 결과 치료동맹을 굳건히 만들기 때문일 수 있다. 치료가 순조롭게 이루어지려면 치료를 시작해서 3회기 내지 5회기 정도가 될 때 내담자가 치료적 여정에 확실한 동반자로 참여하겠다고 마음을 먹고, 치료가 어떤 목표를 향해 갈 것인지, 또 대략 어떤 치료적 절차를 통해 그 목표를 이룰 것인지에 대한 합의가 형성되어야 한다.

치료적 절차나 과제에 대한 합의를 높이기 위해서 상담자는 치료 초반에 치료목표를 이루기 위해 어떤 절차와 과제가 필요한지 내담자에게 알려 줄 필요가 있다. 그 후에도 새로운 치료 절차나 과제가 도입될 때 근거를 명확하게 설명해 주고, 과제에 대한 내담자의 의견이나 피드백을 구하는 과정을 통해 과제에 대한 합의가 강화될 수 있다. 이러한 합의는 상담자가 내담자의 의견을 일방적으로 따른다든지 아니면 내담자가 상담자의 제안을 일방적으로 따라서 되는 것이 아니라, 두 사람 사이에 협상하고 조정하면서 의견을 맞추어 가는 과정을 통해 이루어져야 한다. 또한 명확한 합의를 이루는 것도 중요하지만 치료 과정에서 상담자가 내담자를 실제로 동반자로 여기는지, 내담자의 협력을 구하면서 같이 가는지 아닌지가 치료동맹을 강화하는 데 중요한 역할을 한다. 상담자는 치료 전반에 걸쳐 내담자가 경험하는 치료동맹의 질이 어떠한지 본인 스스로 또는 슈퍼비전을 통해 정기적으로 검토함으로써 치료의 성과를 높이고 또 치료가 만족스럽지 않은 상태로 오래 가거나 조기종료되는 것을 막을 수 있다.

Flückiger, Del Re, Wampold와 Horvath(2018)는 치료동맹에 대한 메타분석연구를 종합한 연구에서 다음과 같이 치료동맹을 강화하는 방법을 제안하였다. 첫째, 치료 전반에 걸쳐 치료동맹을 구축하고 유지해야 한다. 이렇게하기 위해 내담자와 따뜻한 정서적 유대감을 형성하고 협력을 촉진하는 애착관계를 만들어야 한다. 둘째, 치료 초반에 상담자와 내담자 사이에 치료목표와 이를 이루기 위한 과제에 대한 합의가 이루어져야 한다. 셋째, 치료 초기에 내담자의 동기적 준비 상태나 변화 단계, 혹은 변화역량을 파악하고 이에 맞춘다. 넷째, 내담자를 좀 더 치료에 참여시키고 협상하는 데 용이한 어휘나 화법을 개발한다. 다섯째, 말뿐 아니라 비언어적 행동으로도 협력적인 태도를 보여야 한다. 여섯째, 치료동맹에 균열이 생길 때 이를 즉각적으로 다루어야 한다. 일곱째, 내담자에 대한 사례 개념화를 체계적으로 작성해 놓음으로써 내담자의 개별적인 문제나 선호를 잘 다룰 수 있어야 한다. 여덟째, 내담자의 관점에서 치료동맹이 얼마나 강한지 또 치료동맹의 질은 어떠한지 정기적으로 평가해 보아야 한다. 치료동맹에 대한 정기적인 점검으로 불만족스러운 경과를 체크하는 것 말고는 동맹을 회복시킬 수 있는 확실한 도구가 없다. 아홉째, 상담자와 내담자는 참조집단이 다르기 때문에 치료동맹에 대한 평가가 다를 수 있다. 이러한 차이를 잘 다루면 치료동맹을 굳게 만들 수 있는 기회가 된다. 마지막으로, 목표나 과제에 대해 합의를 한다는 말이 상담자가 혹은 내담자가 상대방의 목표와 과제를 자동적으로 받아들인다는 것을 의미하지 않는다. 강한 치료동맹은 가끔 치료목표와 과제에 대한 협상의 결과로 생기기도 한다.

인지행동치료는 다른 어떤 심리치료보다 상담자가 내담자와 협력적으로 작업하는 한 팀인 것을 강조하고 있다. 치료적 동맹은 인지행동치료의 어떤 특정한 개입으로 이루어진다기보다 어떤 개입을 어떻게 하는가에 따라 강화되기도 하고 흔들릴 수도 있다. 예컨대, 상담자가 구조화를 통해 내담자에게 그 치료회기를 어떻게 진행할지 의견을 나누고 결정한다면 구조화를 통해서 치료동맹이 강화될 수 있다. 그렇지만 상담자가 구조화에 너무 집착한 나머지 내담자가 원하는 것이 무엇인지 잘 파악하지 못한 채 정해진 구조화를 밀어붙인다면 오히려 역효과가 날 수도 있다. 따라서 상담자는 어떤 개입을 하더라도 이 과정에 내담자가 동반자로서 협력적으로 참여하고 있는지 치료동맹의 측면을 모니터하고 있어야 한다.

다음 상담 축어록에는 인터넷 중독으로 치료를 받게 된 20대 내담자가 사고기록지를 하는 것에 대해 양가적 태도를 보일 때 상담자가 이를 어떻게 다루어 치료동맹을 유지하고 강화했는지가 잘 나타나 있다(연두색 글자는 필자의 코멘트임).

내담자: 사고기록지를 해야 하기는 하는데 하기 싫어서 미루고 그냥 멍하니 앉아 있었어요. 모든 게 다 그래요. 일이 안 돼서 괴로운 거보다 스스로에 대해 짜증이 나요.

상담자: 지난주에도 정훈 씨가 매사에 흥미가 없고 하기 싫은 일을 자꾸 미루게 된다고 말했던 것이 생각나네요. 사고기록지 하는 것도…. (상담자는 내담자가 사고기록지를 하지 않은 것에 대해 치료적 관심을 보이면서 하기 싫은 일을 미루는 것과 연관해서 다루고 있음.)

내담자: 맞아요. 재미있고 하고 싶은 일은 미루게 되지 않는 것 같아요. 사실 이거 하면서

굉장히 느끼게 된 건, 아 내 삶이 되게 단편적이 됐구나. 하고 싶은 일이 없고 지금 생활이나 생각하는 것이 오로지 학교생활에만 맞춰져 있구나 알게 됐어요. 그래서 뭔가 의욕이 떨어지고, 마냥 미루고 싶고 아무것도 하기 싫고 지금 그런 생각이 좀 드는 거 같아요.

상담자: 정훈 씨 말대로 그게 제일 큰 문제인 것 같아요. 전체적으로 삶이 단편적으로 느껴지고, 그래서 하고 싶은 일도 없고, 의욕이 없으신 것 같아요.

내담자: 정말 그래요.

상담자: 정훈 씨가 치료를 통해 자신을 잘 컨트롤하고 싶다고 하셨잖아요. 그러려면 해야 될 일을 미리 하고 미루지 않아야 되지만, 사실 지금 말씀하셨듯이 요즘 그게 효과적으로 잘 되지 않구요. 해야 된다는 마음도 있지만, 하기 싫은 일은 하기 싫어 계속 미루고 회피하게 되시는 것 같아요. (상담자가 목표에 대해 상기시켜 주면서 목표와 현재 상태를 대비시킴.)

내담자: 네. 뭔가 상충되나요?

상담자: 상충되는 거처럼 들리거든요. 한편으로는 해야 된다고 생각하지만 하고 싶지 않아 미루시는....

내담자: 그런 거 같아요. 이게 뭔가를 하고 싶은 생각이 없으니까 멍하고....

상담자: 하고 싶은 게 없다는 말은 당장 재미있고 하고 싶은 마음이 드는 일이 없다는 말이죠. (네) 그리고 장기적으로 볼 때 필요하거나 중요한 일은 하기도 싫고 미루게 되신다는 거네요.

내담자: 네....

상담자: 정훈 씨가 처음 치료를 시작하셨을 때 인터넷 사용 시간을 조절하고 싶다고 말씀하셨잖아요. (네) 그리고 이게 생활에서 시간을 효율적으로 사용하고 조절하는 것과도 관련이 있다고 보셨구요. 저희가 같이 이야기해서 치료의 목표를 그렇게 잡았지만, 정훈 씨가 삶에서 무엇을 얻기 위해 그런 목표를 이루고 싶은지 다시 한번 확인해 봐도 좋을 것 같아요. 이 부분이 좀 더 확실하게 되면 사고기록지를 하는 것도 더 의미가 있을 것 같거든요. (상담자는 내담자의 치료목표를 다시 한번 확인하고, 내담자가 여전히 이 목표를 원하는지 확인하는 작업을 시작함.)

이 축어록에서 상담자는 내담자가 사고기록지를 왜 못해 왔는지만 다루지 않고 처음에 정한 치료목표가 내담자에게 의미 있는 목표인지 다시 한번 검토할 것을 제안하고 있다. 이 축어록에는 나오지 않았지만 이후에 내담자가 변화를 이루는 데 얼마나 준비가 되어 있는지 점검해 보는 작업도 하였다. 이 사례에서와 같이 보통 상담자와 내담자가 치료목표를 잡는 것에는 어느 정도 합의를 이루지만, 구체적으로 이 목표를 어떻게 이루는지에 대해서는 충분히 이야기를 나누지 못한 채 과제가 주어져, 내담자가 이에 대한 열의나 관심이 낮은 경우도 적지 않다. 내담자는 큰 노력 없이 문제가 빨리 좋아지길 바라고, 상담자는 문제가 좋아지기까지 거쳐야 할 여러 힘든 과정을 염두에 두게 된다. 따라서 상담자는 치료목표를 이루기 위해 어떤 근거로 어떤 치료적 절차와 과제가 필요한지를 내담자에게 설득력 있게 제시함으로써 치료에 대해 좀 더 현실적인 기대를 하게 만들고, 수동적인 수혜자가 아닌 능동적인 동반자로서 치료에 참여하도록 이끌 수 있을 것이다.

3. 치료동맹의 균열

치료동맹의 균열은 상담자와 내담자 사이의 협력적 관계에서 긴장이나 파경이 생긴 것을 말한다(Safran & Muran, 2006). Safran은 대부분의 치료사례에서 치료동맹의 균열이 적어도 한 번이나 그 이상 일어나는 것이 흔하다고 보았다. 같은 팀에서 한 다른 연구에 의하면, 심리치료의 첫 6회기 동안 내담자의 37%, 상담자의 56%에서 치료관계의 균열이 일어났다고 보고하였다(Muran et al., 2009). 균열은 약간의 긴장과 같이 미묘한 수준으로 일어나 상담자나 내담자가 거의 자각하지 못하는 정도로 일어날 수도 있으며, 때로는 협력관계나 의사소통이 거의 깨어질 정도의 큰 수준으로 일어날 수도 있다. 치료동맹이 흔들리고 균열이 나타나면 상담자나 내담자에게 모두 부담이 되지만, 치료동맹의 균열을 잘 다룬다면 내담자의 내면세계를 더 깊게 탐색하는 기회로 활용할 수 있으며 치료과정을 촉진할 수도 있다. 그렇지만 균열이 잘 다뤄지지 않아 치료동맹이 회복되지 않는다면 내담자의 조기종결이나 중도탈락으로 이어질 가능성도 높다.

그렇다면 치료동맹의 균열이 일어났는지 어떻게 알 수 있을까? 가장 유용한 방법은 치료동맹을 측정하는 자기보고척도를 일주일 혹은 두 주일에 한 번 꾸준히 실시하는 것이다. 세계적으로 널리 사용되는 치료동맹척도(The Working Alliance Inventory; Horvath & Greenberg, 1989)는 12문항으로 이루어져 있어 실시하기에 간편하며, 우리나라에도 번안되고 타당화되어 있다(유승훈, 하혜경, 이해정, 2014). 이 외에도 캘리포니아 심리치료 동맹척도(The California Psychotherapy Alliance Scale; Marmar, Weiss, & Gaston, 1989) 등 다양한 척도를 사용할 수 있다. 만일 설문지를 사용하기 힘들다면 상담자가 내담자의 말이나 행동에서 치료동맹의 균열이 나타나는지 주의를 기울여 모니터하며 치료를 진행하는 것이 필요하다. 예컨대, 내담자가 상담시간에 뚜렷한 이유 없이 늦게 오거나 자주 빠지는 것, 또는 치료에서 내 준 과제를 성의 없이 하거나 해 오지 않는 것, 상담 과정에 적극적으로 참여하지 않고 피상적인 수준에서 참여하는 것, 상담자의 말에 미묘하게 토를 달면서 상담자나 상담에 대해 회의를 표현하는 행동 등이 나타난다면 상담자는 치료동맹의 균열이 생겨났는지 탐색해 보아야 한다.

치료동맹의 균열이 보일 때 상담자는 그동안의 상담자-내담자 관계의 맥락을 고려하고, 내담자의 개인력이나 대인관계 신념 등에 비추어 현재 일어나고 있는 현상을 어떻게 이해하고 개념화해 보아야 할지 잘 살펴보아야 한다. 여기서 가장 중요한 점은 상담자가 내담자의 이런 행동에 비판적으로나 방어적으로 대하지 않고, 내담자의 감정이나 의견을 수용하면서 인정하고 이를 잘 해결해 나가고자 하는 마음을 표현하는 것이다. 때로는 치료동맹의 균열이 표면적인 수준에서 일어나 치료 목표나 과제를 재조정하는 것을 통해 해결될 수도 있다. 예컨대, 상담자가 너무 빨리 개입을 진행하여 내담자가 따라가기 벅차고 힘들면서도 표현하지 못했던 불만이 터져 나온 것이라면, 치

글상자 3-3   **치료동맹척도(내담자용)***

다음 각 문항을 읽고 해당되는 점수를 표시하시오.

	전혀	거의	가끔	때때로	자주	매우 자주	항상
1. 상담자가 나의 상태를 향상시키기 위해 취한 조치에 동의한다.	1	2	3	4	5	6	7
2. 나는 상담에서 현재 하는 활동이 도움이 된다고 확신한다.	1	2	3	4	5	6	7
3. 나는 상담자가 나를 좋아한다고 믿는다.	1	2	3	4	5	6	7
4. 나는 상담에서 우리가 성취하고자 하는 것에 대해 의문이 든다.	1	2	3	4	5	6	7
5. 나는 상담자가 나를 도와줄 수 있는 능력이 있다고 확신한다.	1	2	3	4	5	6	7
6. 우리는 서로 합의한 목표를 향해 노력하고 있다.	1	2	3	4	5	6	7
7. 상담자는 나를 하나의 인격체로서 인정한다.	1	2	3	4	5	6	7
8. 우리는 상담에서 노력해야 할 중요한 것이 무엇인지에 대해 동의한다.	1	2	3	4	5	6	7
9. 상담자와 나는 서로 신뢰를 쌓아 왔다.	1	2	3	4	5	6	7
10. 상담자는 나의 실질적인 문제에 대해 다른 생각을 가진다.	1	2	3	4	5	6	7
11. 우리는 유익한 변화에 대해 서로 충분히 이해하고 있다.	1	2	3	4	5	6	7
12. 내 문제에 대해 우리가 노력하는 방식이 옳다고 믿는다.	1	2	3	4	5	6	7

*유승훈, 하혜경, 이해정, 2014.

*척도문항을 싣도록 허락해 준 저자들에게 감사를 드림.

*4번 문항과 10번 문항은 역채점하여 총점을 구함.

료목표를 다시 한번 재확인하고 내담자의 의견을 반영하여 치료절차를 조정하는 것으로 해결될 수도 있다.

　한편, 치료동맹의 균열을 탐색하는 과정에서 내담자의 대인관계 패턴이나 주제가 더 선명하게 나타나고 이를 다루어 줄 필요성이 제기될 수 있다. 이때 치료적 관계라는 '지금-여기'에서 일어나는 대인관계 패턴이 내담자의 다른 대인관계에서도 일어나는 공통적인 현상인지 살펴볼 필요가 있다. 어떤 요인이 촉발요인으로 작용하는지, 내담자는 어떤 감정을 느끼고, 어떤 행동적 반응을 보이는지 내담자와 함께 탐색해 볼 수 있다. 이 과정에서 때로는 상담자의 특성이나 대인관계 패턴이 같이 맞물리면서 상황이 전개되었을 수도 있다. 다시 말해, 상담자 요인이 일정 부분 작용했을 가능성도 열어 두어야 한다. 어느 경우든지 상담자가 방어적으로 반응하지 않고 내담자의 경험을 공감적으로 수용하면서 '지금-여기'에서 즉시적으로 일어나는 경험을 같이 탐색하는 것이 필요하다. 이 과정이 순조롭게 이루어지면 내담자의 자기이해가 깊어지고 상담자가 내담자의 대인관계 도식에서 예상되는 것과는 다른 방식으로 반응하여, 이것이 내담자에게 새로운 대인관계 경험을 제공할 수도 있다. 다음 축어록에는 우울증으로 상담에 온 20대 여성의 상담에서 치료동맹의 균열을 어떻게 다루어 주었는지가 잘 나타나 있다(연두색 글자는 필자의 코멘트임).

상담자: 잘 지내셨어요? 어떻게 지내셨어요?

내담자: 음... 아, 체크해 오라고 하셨던 것은 거의 못 했어요. 화요일, 수요일에 학교를 안 나와서 못 했어요.

상담자: 혹시 가져오시긴 하셨나요?

내담자: 안 가져왔어요.

상담자: 무슨 일 때문에 학교에 못 나오셨어요?

내담자: 월요일날 술 마시고, 화요일날 좀 늦게 일어나고, 화요일날 안 가고 수요일날 안 가고 오늘은 수업에 들어갔어요. 리포트도 있는데 아직 못 하고 있어요.

상담자: 언제까지 내시는 건데요?

내담자: 월요일까지요.

상담자: 다음 주 월요일까지인가요?

내담자: 아니, 지난주에 냈어야 돼요.

상담자: 그럼 상담시간에 내 준 과제를 가지고 가셨을 때 마음이 어떠셨어요?

내담자: 좋지 않았어요.

상담자: 좋지 않았군요. 그때 어떤 생각이 떠오르셨어요? 집에 돌아가면서. (과제에 대한 내담자의 부정적인 언급에 내담자가 한 말을 그대로 반복하기보다 "부담되고 싫으셨겠네요."라고 좀 더 공감적으로 반응하는 것이 필요함.)

내담자: 상담을 그만두고 싶다는 생각을 했어요.

상담자: 어떤 이유에서요? (이 맥락에서 따지는 듯한 뉘앙스로 들릴 수 있음.)

내담자: 음... 글쎄요. 제가 스스로 했으면 좋겠다는 생각이 들었어요. 좀 도움이 될 것 같기는 한데... 기분이 별로 안 좋아서....

상담자: 어떻게 기분이 안 좋으셨는지 오늘 이 시간에 한번 이야기해 보면 어떨까요. 상담에 대해 느끼는 감정들이나 생각들이 다 중요하거든요. 그때 들었던 생각을 이 시간에 기탄없이 이야기해 주시면 좋을 것 같아요. (기분이 안 좋다는 내담자의 말을 진지하게 받았을 뿐 아니라 내담자가 이에 대한 이야기를 좀 더 할 수 있도록 촉진함.)

내담자: 음....

상담자: 어떤 기분이었어요? (내담자가 주저함에도 불구하고 계속 탐색하는 질문을 함.)

내담자: 음... 그냥 대개 무능력하다는 생각이 들었구요.

상담자: 무능력하다는 생각이요. (이에 대해 곧바로 생각을 검토하는 개입으로 들어가지 않고 내담자가 좀 더 이야기하도록 기회를 열어 둠.)

내담자: 그리고....

상담자: 도움이 될 것 같기는 한데 왠지 무능하다. 그런데 그 사이에 여러 가지 생각이 같이 들었을 것 같은데. 어떤 생각이 들었어요?

내담자: 저번에 조금 말씀드렸듯이 기본적으로 다른 사람의 도움, 통제받으면서 해야 된

다는 게....

상담자: 제가 유진 씨를 통제한다는 느낌이 들었어요?

내담자: 아니, 통제라고 할 것까지는 없지만... 도움을 받아서 하는 것이 딱 그렇게 좀....

상담자: 그런 생각을 하게 된 데는 이유가 있었을 것 같은데. 어떤 생각이 드셨는지 제가 그런 생각들을 좀 더 잘 이해하고 싶거든요. 어려운 일이 있을 때 누군가에게 도움을 받았는데 기분이 좋지 않았던 경험이든지. 아니면 어릴 적부터 혼자 하는 습관이 있었는지.... (통제받는 것 같다는 내담자의 생각이 맞지 않다는 의견을 서둘러 내지 않고 이해하고 싶다는 상담자의 말로 인해 내담자는 자신을 좀 더 개방하게 됨.)

내담자: 그런 것은 아니구요. 어릴 적부터 혼자 하고 그런 편은 아니었고. 특별히 그런 것은 없었고. 상식적으로 생각했을 때 저 정도의 나이에서 대학생이고 다른 사람들은 하잖아요. 음.... (이마를 찡그림.)

상담자: 잠깐 얘기를 하려다 말았던 것이 있었던 것 같은데요. (내담자의 비언어적 행동을 유심히 관찰하여 내면의 변화를 파악함.)

내담자: (웃음) 네.

상담자: 어떤 생각을 하셨어요?

내담자: 뭐를 하려고 하는지. 특별히 졸업을 해야지 하면서도 더 하고 싶지도 않고... 그래서 (웃으면서) 이번 학기까지는 마쳐야 하는데... 그러면서 지금까지 보낸 것 같아요. 결과적으로, 아니 결론적으로 제가 문제의 열쇠를 쥐고 있는데 제가 행동을 바꿔야 하는데 누가 도와줄 수 있는 것 같지는 않아요. 그런 기분이 들어요. 말이 두서가 없어서....

상담자: 아니에요.

내담자: 그래서 상담하는 것도 좋지가 않아요.

상담자: 어떤 점이....

내담자: 처음에는 이전 일이라든지 개방적으로 말을 해야겠다 마음을 먹고 상담을 시작했거든요. 말을 하고 보니까 더... 처음엔 제가 울었잖아요. 그랬던 것들이... 상담하시는 분이긴 하지만 어떻게 생각을 할까 하는 생각이 들고 상담하는 시간이

편한 것 같지는 않아요. 평가를 받는 듯한 느낌이 들어요.

상담자: 어떻게 평가받고 있는 것 같아요?

내담자: 필요한 것 같기는 해요. 제 생활 패턴이라든가, 이전에 어떻게 지낸 것에 대해서도 필요한 것을 다 말씀드려야 하고. 근데 그런 것에 대해 평가를 받고 있는 것 같아요. 적절한 단어가 생각이 나지 않는 것 같아요.

상담자: 평가를 받는 것 같다는 생각이 든다는 거지요.

내담자: 네, 그렇지요. 직접 말씀하신 것은 아니니까요.

상담자: 제가 그렇게 할 것 같다는 말씀이시죠. (내담자의 말에 방어적으로 반응하지 않고 타당화해 준 언급임.)

내담자: 그렇지요.

상담자: 그럼 어떤 평가를 할 것 같나요?

내담자: 음... 그냥....

상담자: 전에 평가를 받는 것 같아 부끄러워진다고 했는데 평가를 받는 것 같다고 생각하면 정말 그런 기분이 들 것 같아요. 그렇지만 차라리 꺼내 놓고 나면 시원할 수 있는데....

내담자: 한심해 보이잖아요.

상담자: 한심해 보인다. 그 얘기를 들으니까 제 마음이 좀 시원하네요. 어떤 부분에 대해 한심하게 느껴지시나요? (내담자의 말이 상담자에게 일으킨 반응을 솔직하게 표현하고 다룸으로써 치료동맹의 균열을 더 적극적으로 다룰 수 있게 됨.)

내담자: 제 생활에 대해 계획적이지 못하고, 특별히 좋아하는 일이 있어서 하는 것도 아니고, 학교생활에도 충실하지 못하고, 또 그런 것을 가지고 상담을 하고, 전부가 다 한심해요. 한심해 할 것 같아요. 본인이 그렇다는 게 사실이어도 새로 알게 된 분이잖아요. 그리고 이 부분에 대해 중점적으로 이야기해야 돼서 불편하기도 하구요.

상담자: 그런 마음을 어느 정도는 이해할 수 있을 것 같아요. 상황적으로 이런 이야기를 하려고 보면 누구나 편하지 않지요. 저 같아도 불편할 것 같아요. 그런데 그런 것도 있지만 부끄러운 감정이 유진 씨에게 많이 드는 것 같아요. 예전에 교수님 찾

아갔을 때나 지각했을 때도 이런 감정을 느끼셨다고 했지요. 그리고 그 감정 이면에 '나를 한심하게 보는 것 아닐까.'라는 생각도 들게 되구요. 이것은 이 자리에서뿐 아니라 다른 곳에서도 유진 씨가 자주 생각하는 것 같아요. 좀 다뤄 보고 싶은 마음이 드는데, 다루는 게 힘들 거라는 생각은 해요. (치료관계의 '지금-여기'에서 내담자가 느끼는 감정이나 생각이 내담자의 다른 인간관계에서도 나타나는 중요한 패턴인 것을 지적함.)

내담자: 좀....

상담자: 전에도 보면 얘기하려다가 마는 경우가 있었어요. 아까도 그랬지요. '선생님이 나를 한심하게 보는 것은 아닐까.'라는 생각이 들고, 그리고 눈을 찡그렸지요. 그런데 그런 말을 하고 나니까 너무 시원한 느낌이 들고 더 가까워지는 느낌이 들고. 유진 씨 마음속에 이런 생각이 있구나, 제가 좀 이해할 수 있었어요. 앞으로 유진 씨 마음에 이런 생각이 들면 그때그때마다 기탄없이 말해 보았으면 좋겠어요. '나를 한심하게 보는 것은 아닐까.'라는 생각이 들면서 상담자도 평가하는 사람이라는 생각이 들었지요. 그러니까 부끄럽고 불편하게 느껴지구요. 그리고 상담도 피하고 싶어지는 것 같아요. (내담자의 대인관계 악순환, 즉 '나는 한심한 사람이다.'라는 생각이 다른 사람을 평가하는 사람으로 지각하게 만들고, 부끄럽고 불편한 감정으로 그런 상황을 회피하였던 패턴이 상담자의 개입으로 치료적 관계에서 반복되지 않고 새로운 경험을 하게 만들어 줌.)

내담자: 네.... 선생님도 저하고 다른 관계로 만난 게 아니고 상담이라고 해서 어떤 인간적인 관계라든가 그런 것은 없잖아요. 그런 관계에서 이야기하기가 쉽지는 않았어요. (긴장의 해소가 나타남.)

상담자: 쉽지 않을 거라는 거 이해해요. (다시 한번 수용적이고 비판단적인 반응을 보임.)

내담자: 피하고 싶어져요.

상담자: 그런 생각이 들 수 있을 것 같아요. 오늘 과제를 하지 않은 것 때문에 상담에 오기 싫어지신 것은 아닌가요?

내담자: 아... 사실은 학교에 별로 오고 싶지 않았는데.

상담자: 그러면 상담 때문에 오신 건가요?

내담자: 아. 또 전 시간에 조별 과제 때문에.... 계속 안 나오면 조원들에게 미안하기도 하고, 무책임한 것 같기도 해서요. 상담도 제가 늦게 오고 저번에 안 온 것도 있고 해서... 와야 할 것 같았어요.

상담자: 잘하셨어요.

내담자: 한 번 안 나오면 계속 안 나오게 되는 것 같아요. 나오면 계속 나오게 되고.

상담자: 맞아요. 그럴 땐 이런 이야기들을 속으로 간직하지 말고 오늘처럼 이야기를 해 주세요. 얘기하기가 어려웠을 텐데, 안 하고 피해 버릴 수 있는 문제인데 이야기 해 주셔서 앞으로 유진 씨를 이해하는 데 도움이 될 것 같아요. 그리고 상담이 도움이 안 된다고 생각이 들 땐 언제든지 이야기해 주세요.

이 축어록에서 볼 수 있는 바와 같이 내담자의 '나는 무능력하다.' '사람들은 나를 한심하게 본다.'라는 스키마가 상담 중에 활성화되었는데, 이때 상담자가 이를 파악하지 못하고 내담자에게 부정적인 피드백을 하거나 압박하였다면 내담자는 자신의 스키마가 맞다고 생각하면서 자기를 한심하게 보는 상담자와의 치료동맹이 심각하게 흔들렸을 것이다. 그렇지만 상담자가 내담자의 역기능적 스키마가 활성화된 것을 알아차리고 상담자에 대한 부정적인 감정이나 상담에 대한 회의를 다루게 되면서 이 악순환이 멈춰지고, 내담자는 자신의 스키마가 어떤 때 어떻게 작용하는가를 인식할 기회를 얻게 되었다.

보통 치료동맹의 균열은 상담자에 대한 부정적인 감정이나 회피 아니면 고도의 순응반응으로 나타날 수 있기 때문에, 상담자는 이런 현상이 나타나는지 세심하게 살펴보아야 한다. 때로 상담자와 내담자는 치료회기를 일종의 스키마 실험실처럼 사용할 수 있다. 즉, 치료관계를 내담자의 스키마나 핵심신념을 검증해 보는 기회로 삼을 수 있다. 내담자가 가지고 있는 핵심신념 중에 가장 중요한 것은 자신에 대한 신념과 다른 사람들에 대해 가지고 있는 신념이라고 볼 수 있는데, 치료관계에서도 이 신념이 작용할 수 있다. 만일 내담자가 다른 사람들이 매우 비판적이고 가혹하다는 신념을 가지고 있다면 상담자도 비판적이라고 볼 가능성이 많다. 그뿐만 아니라 내담자가 일정 부분 상담자로 하여금 더 비판적으로 반응하게 만드는 부분도 있을 수 있다. 예컨대, 상담자가 자신에게 매우 비판적이라고 생각하는 내담자는 상담에서 내준 과제를 미루면서 잘 해 오지 않을 수 있다. 이런 일이 반복되어 일어나면 상담자는 이 내담자에게 다른 내담자보다 더 따끔하게 주의를 주게 되고 내담자는 상담자가 자신에게 매우 비판적이라고 지각하게 되어, 결국 사람들은 자기에게 매우 비판적이라는 내담자의 신념을 확증시켜 주는 결과를 가져올 수 있다. 따라서 상담자는 치료관계에서 내담자의 신념이 활성화되고 있지 않은지와 함께 자신이 내담자의 신념에 맞게 반응하는 방향으로 이끌려 가지 않는지 주의 깊게 관찰할 필요가 있다.

이와 같이 치료관계는 내담자가 가지고 있는 스키마나 핵심신념이 발현되고 검증되는 장으로 작용할 수 있기 때문에, 상담자는 사례 개념화에서 이 부분에 대한 가설을 세워 보고 내담자의 핵심신념이 치료관계에서 어떻게 작용할지에 대해 미리 생각해 보는 것이 필요하다. 상담자는 내담자에 대한 자신의 반응과 행동을 잘 살펴보고, 자신의 반응이 내담자의 대인관계 스키마를 지지해 주는 방향으로 움직이지는 않는지 주의를 기울여야 한다. 즉, 내담자가 상담자를 자신의 대인관계 스키마가 지지되는 방향으로 끌어당길 때, 상담자는 이를 자각하고 말려들어 가지 않도록 조심해야 한다. 특히 내담자가 치료나 상담자에 대해 부정적인 감정을 가지고 상담자의 제안에 따르지 않을 때, 이런 가능성을 더 세심하게 살펴보아야 한다.

제 4 장

사례의 개념화

사례 개념화는 치료의 설계도와 같다. 설계도가 내담자의 문제를 명확하고도 간결한 용어로 설명해 주면서, 어떻게 치료해 나가야 하는지 방향을 잘 제시해 줄 때 치료가 순조롭게 진행될 수 있을 것이다. 사례 개념화의 주된 기능은 무엇보다도 효과적인 치료로 안내하는 것이라고 볼 수 있다. 사례 개념화는 치료의 목표 혹은 표적을 정하게 해 주고, 어떤 개입을 우선적으로 하고 어떤 개입을 뒤따라 할지, 타이밍은 어떻게 잡을지도 시사해 준다. 또한 상담자가 수많은 치료의 선택점에서 어떤 선택을 할지 알려 주며, 치료하는 과정에서 어떤 어려움을 만날지도 예측하게 해 준다. 모든 심리치료에서 사례 개념화가 중요하지만, 단기치료를 지향하는 인지행동치료에서는 선택과 집중이 요구되기에 더욱 중요하다. 상담자가 사례를 개념화하지 않고 치료해 가는 것은 마치 설계도 없이 주먹구구식으로 당장 생기는 건축자재로 집을 지어 나가려는 것과 같다.

상담자가 사례에 대한 개념화 없이 치료를 진행하면, 초기에는 내담자가 그동안 쌓아 두었던 감정과 문제를 토로하면서 카타르시스를 경험하고 또 자신을 있는 그대로 받아 주는 상담자와의 만남도 좋기 때문에 치료를 받으러

온다. 그러나 일정 기간이 지나면 치료가 앞으로 나가지 않고 제자리걸음을
한다고 느끼게 되어, 치료를 받은 후 정말 좋아질지에 대한 의구심과 회의를
가지게 된다. 이때쯤 자신의 문제에 대한 심도 깊은 탐색이 시작되고 치료과
정 자체도 부담스럽게 느껴 치료에 오지 않을 가능성이 높아진다. 따라서 상
담자는 치료 초반부에 사례에 대한 개념화를 작성하고, 이를 바탕으로 분명
한 방향과 계획을 가지고 치료를 진행해 나가는 것이 필요하다.

  그렇지만 상담 초기에 작성하는 사례 개념화는 예비적인 성격의 설계도이
며 완전하지 않다. 상담자가 확보할 수 있는 정보나 자료가 제한적이기 때문
에, 건축설계도와는 달리 처음부터 정교한 형태로 만들 수 없는 것이 당연하
다. 그러므로 사례 개념화는 치료가 진행되면서 새로운 정보가 나타나면 계
속 수정해 나가는 일종의 가설이라고 말할 수 있다. 만일 상담자가 치료 초기
에 사례 개념화를 작성하고 그것을 너무 확고하게 받아들여 내담자의 경험을
사례 개념화의 틀에 끼워 맞추게 되면, 오히려 내담자를 다면적으로 이해하
는 데 방해가 될 수도 있다. 상담자는 치료 초반에 작성한 사례 개념화가 타
당한 가설인지 계속 점검하고, 다른 가설에 대해서도 개방적인 태도를 가지
면서 사례 개념화를 점점 더 정교화해 나가는 자세가 필요하다. 또한 사례 회
의나 슈퍼비전을 통해 자신이 작성한 사례 개념화에 대한 다른 사람의 피드
백을 받아 사례 개념화를 점검해 보는 것도 도움이 된다.

  대부분의 상담자가 어느 정도는 사례 개념화를 하지만, 사례 개념화를 어
떻게 해야 하는지에 대한 훈련이 상대적으로 부족하기 때문에 사례 개념화의
큰 틀만 짜고 넘어가는 경우가 많다. 큰 그림만 가져도 설계도 없이 치료를
진행하는 것보다는 낫지만, 사례 개념화로부터 받을 수 있는 도움은 훨씬 적
어질 것이다. 인지행동치료에서는 사례 개념화를 하는 다양한 모델들이 있
기 때문에 상담자는 관심이 있는 모델을 계속 사용하면서 부족한 부분을 보
완하고 점차 자기 모델을 만들어 가야 한다. 일찍이 Persons(1989)는 사례공
식화(case formulation)라는 용어를 사용하며 인지이론적 사례 개념화를 하는
방법을 제안하였다. 최근 『인지행동치료의 사례공식화 접근』(제2판, 2015)에

서는 사례 개념화의 이론을 인지이론, 학습이론, 정서이론으로 확장하였다. 이 외에 Kuyken과 그 동료들(2009)과 J. S. Beck(2011)도 인지이론적 사례 개념화 방법을 제시했다.

필자는 Persons의 사례 개념화 모델을 근간으로 하면서, 내담자의 문제에 따라 J. Beck의 보상전략을 포함하기도 하고 Young의 스키마치료 개념들을 활용하기도 한다. 한편, 내담자가 특정 정신장애에 잘 부합한다면 근거기반 치료에서 나온 모델을 활용하여 사례 개념화를 하는 것도 유용하다. 때로 내담자의 문제가 학습이론으로 설명이 잘 된다고 생각할 때는 학습이론적 사례 개념화를 하고 행동치료를 해 나가면서 필요하다면 인지적 작업을 일부 사용할 수도 있다. 이와 같이 상담자가 본인이 선호하는 사례 개념화 모델을 가지고 있으면서 내담자의 특성에 맞게 조정한다면, 사례 개념화를 통해 내담자의 치료에 큰 도움을 받을 수 있다.

1. 효율적인 사례 개념화가 갖추어야 할 요소

1) 기술적 요소

사례 개념화에는 우선 내담자의 문제가 무엇인지, 또 문제를 촉발한 요인이 무엇인지 등 내담자 문제에 대한 현상적 이해가 포함되어야 한다. 다시 말해, 사례 개념화는 "어떤 일이 일어났는가?"에 대한 자세한 답을 줄 수 있어야 한다. 이를 위해 상담자는 내담자가 어떤 문제들을 경험하고 있는지에 대해 정신장애의 증상뿐 아니라 내담자가 호소하는 삶의 다양한 문제를 골고루 탐색해 봐야 한다. 내담자가 가지고 오는 여러 문제는 서로 다 연결되어 있기 때문에, 대인관계 문제, 학업이나 직장에서 경험하는 어려움, 재정의 문제 등을 알아봄으로써 주요 호소문제를 이해하는 중요한 맥락을 파악할 수 있다.

이와 같이 사례 개념화의 첫 번째 단계에서 내담자의 문제를 정확하게 기술해 주는 것은 사례 개념화의 다음 단계에서 문제의 핵심기제를 파악하는 데 중요한 정보를 제공해 준다.

2) 설명적 요소

다음으로, 사례 개념화에는 내담자의 문제목록 속에 있는 여러 문제가 그 이면에 어떤 기제에 의해 생겨나게 되었으며 어떻게 유지되는가에 대한 설명이 들어 있어야 한다. 상담자의 이론적 접근에 따라 사례 개념화의 설명적 요소 부분은 상당히 달라진다. 예컨대, 상담자가 학습이론을 따른다면 내담자의 표적행동(예: 폭식행동)에 대한 기능분석을 통해 표적행동을 선행사건(예: 식사를 거름, 피로감 등)과 결과(예: 포만감, 피로감의 해소 등)로 설명할 것이며, 인지이론을 따른다면 인지과정(예: '사람들은 내 외모로 나를 평가할 것이다.', 속쓰림이나 더부룩함 등의 신체감각을 재앙적으로 해석함)으로 설명하게 될 것이다. 때로 내담자가 가져온 다양한 문제를 복합적으로 설명하기 위해서 여러 이론의 개념이 필요할 수도 있다.

Persons(2012)에서는 Beck의 인지이론, 학습이론, 정서이론을 사례 개념화에서 활용할 주요 이론으로 제시하고 있다. 또한 Hayes와 Hofmann(2018)은 인지행동치료가 『과정기반 인지행동치료』로 나아가기 위해서는 내담자의 문제를 설명하는 기저 과정(예: 심리적 융통성의 결여, 불안정한 애착 등)을 찾고, 이 과정을 변화시키기 위한 다양한 치료적 절차를 사용해야 한다고 주장하였다. 사례 개념화에서 어떤 이론이나 개념을 사용하든지 상담자는 내담자의 문제 이면에 작용하고 있는 핵심 과정을 명료화하는 작업을 해야 한다.

상담자가 문제 이면에 작용하고 있는 핵심기제에 대한 가설 없이 내담자 문제를 다루다 보면, 그때그때 내담자가 이야기하는 문제 중심으로 치료를 해 나가게 될 것이다. 어느 정도는 상담자가 내담자의 호소문제들을 다뤄 주는 것이 필요하지만, 각각의 문제들이 어떻게 연결되어 있는지에 대한 통합적 이해 없이 각각의 파생적인 문제를 해결하는 데 힘을 쏟다 보면 변화가 느리게 나타날 수밖에 없다. 사례 개념화를 통해 내담자가 경험하는 문제들의 이면에 있는 핵심기제를 파악함으로써 문제들이 서로 어떻게 연관되어 나타나는지 이해할 수 있게 될 뿐 아니라, 각각의 문제를 다루더라도 그 이면에 있는 공통 이슈를 집중해서 다룰 수 있게 된다.

3) 치료적 요소

사례 개념화에 포함되어야 할 마지막 요소는 치료적 요소이다. 치료적 요소는 설명적 요소와 함께 앞으로의 치료방향을 알려 주는 안내판과도 같다. 즉, 내담자 문제 이면에 작용하고 있는 핵심 과정을 어떤 치료적 절차를 통해 변화시킬지, 치료에서 방해가 되는 요소는 어떤 것인지를 구체화해 주어야 한다.

사례 개념화를 통해 치료는 초점을 잡고 행해질 수 있다. 상담자가 내담자의 모든 문제를 다루겠다는 것은 매우 비현실적이다. 사례 개념화를 통해 상담자는 내담자의 핵심기제를 변화시키는 데 집중하게 되고, 핵심기제와 가장 밀접하게 관련되어 있는 문제에 초점을 맞출 수 있게 된다. 이런 관점에서 볼 때 사례 개념화를 제대로 하지 않고 치료해 나간다는 것은 무모하다고까지 말할 수 있을 것이다. 사례 개념화를 하지 않고 치료를 하게 되면 내담자가 가지고 온 호소문제 중심으로 치료법을 택하기 쉽다. 당장은 문제가 좋아질 수 있지만, 내담자의 핵심 문제를 파악하지 않고 치료를 하게 됨에 따라 내담자의 문제를 근본적으로 치료하지 못하게 된다.

또한 내담자에 대한 사례 개념화가 잘 되면 내담자의 행동을 예측할 수 있게 된다. 따라서 치료에서 일어나는 여러 가지 문제도 더 효과적으로 다룰 수 있게 된다. 예컨대, 내담자가 재정적인 어려움 때문에 치료비 지불을 연기해 달라고 할 때 상담자는 그의 요구를 받아들여야 할 것인가? 사례 개념화는 이 상황의 이면에 어떤 핵심기제가 작용하고 있는지를 살펴보아야 한다. 만일 이 내담자의 문제가 '나는 혼자서는 문제를 해결할 수 없다. 누군가가 나를

도와주어야 한다.'라면 이 요구를 거절해야 할 것이다. 반면, 내담자의 핵심
문제가 '나는 다른 사람에게 도움을 요청해서는 안 된다. 그건 내가 약하다는
뜻이다.'인 경우 내담자의 요청을 들어 주는 것이 치료에 도움이 된다.

　또 다른 예로서, 치료시간에 늘 10분 내지 15분 늦게 나타나거나 마지막 순
간에 치료시간을 바꾸는 내담자가 있다고 하자. 상담자가 이 문제를 효과적으
로 다루기 위해서는 내담자의 핵심기제를 이해하는 것이 매우 필요하다. 예컨
대, 모든 것을 철저하게 하지 않으면 다른 사람으로부터 인정을 받지 못한다
는 역기능적 가정을 가지고 있는 내담자라면 집안일을 꼼꼼하게 마치고 오느
라고 상담에 늦게 올 것이다. 그렇다면 내담자가 집에서 나올 때 하는 집안 챙
기기의 문제를 치료에서 다루어야 할 것이다. 만일 치료에 늦게 오는 것이 다
른 사람에게 자기주장을 하지 못하고 남의 요구에 끌려다니는 문제로 인해 나
타난다면, 그 문제를 다루어야 할 것이다. 따라서 사례 개념화를 통해 내담자
의 핵심기제를 이해한다면, 내담자의 행동을 포괄적으로 이해할 수 있을 뿐
아니라 그 행동을 다룰 수 있는 효과적인 방법을 선택할 수 있게 된다.

글상자 4-1   사례 개념화는 치료의 지도다!

1. 사례 개념화는 간단히 말해서 "무엇이 일어났는가? 왜 일어났는가? 어떻게 변
   화시킬 것인가?"에 대한 답을 알려 준다.
2. 내담자 문제를 이해하는 틀을 제공해 준다.
3. 효과적인 치료적 접근이 무엇인지 정할 수 있게 해 준다.
4. 치료의 초점을 제대로 잡게 해 준다. 즉, 회기에서 선택과 집중을 할 수 있게 된다.
5. 치료에서 보이는 내담자의 다양한 행동(예: 지각, 회기에 나타나지 않음, 상담
   자에 대한 태도, 과제에 대한 반응 등)을 이해하고 예측할 수 있게 해 주고, 치
   료적으로 다룰 수 있게 해 준다.

2. 사례 개념화의 과정

이번 절에서는 사례 개념화를 진행하는 과정을 설명하고자 한다. 이것은 어디까지나 사례 개념화를 체계적으로 작성하기 위한 하나의 가이드라인이기 때문에, 반드시 이 정해진 틀을 따를 필요는 없다. 앞에서 언급한 바와 같이, 특정 내담자의 문제가 DSM-5의 정신장애 진단에 잘 부합된다면, 각 정신장애에 대해 개발된 경험적으로 지지된 치료(empirically supported treatment: EST)에서 제시된 사례 개념화를 활용하는 것도 도움이 된다. 사례 개념화가 내담자를 더 잘 이해하고 효과적으로 치료하기 위한 일종의 지도라고 본다면, 지도를 잘 만들기 위해서는 얼마든지 융통성 있고 창조적인 접근을 할 수 있다. 핵심기제를 파악하는 것이 어려운 사례에서는 그 사람이 가지고 있는 문제가 어떻게 유지되는가, 즉 현재의 유지기제(예: 회피행동)에 먼저 초점을 맞추고 이후에 핵심기제를 찾아나갈 수도 있다.

1) 문제목록 작성하기

사례 개념화를 할 때 제일 첫 번째 단계에서는 우선 내담자가 가지고 온 문제의 목록을 만들어 보는 것이 좋다. 이때 상담자는 내담자로부터 주요 호소문제, 관련 증상, 불면증, 대인관계 문제, 학업이나 직업에서의 어려움, 주거문제, 의학적 질병 등 다양한 영역에서 경험하는 문제의 목록을 폭넓게 얻도록 노력해야 한다. 내담자 중에는 자신의 문제를 조리정연하게 제시하여 상담자가 문제목록을 쉽게 만들 수 있게 해 주는 사람도 있지만, 그렇지 않은 사람도 적지 않다. 어떤 경우든 상담자는 내담자가 하는 말을 잘 정리하여 구체적이고도 명확한 문제들의 목록을 만들어야 한다. Persons 박사는 문제목록에 5개에서 8개의 항목을 포함하는 것이 적절하다고 했지만, 내담자에 따라서는 문제 수가 조금 더 많아질 수도 있다. 그렇지만 비슷한 문제들이 있다면 묶어서 정리하는 것이 사례 개념화를 하는 데 더 낫다. 예를 들어, "지각이 잦다." "할 일을 미루다가 몰아서 한다."와 같은 문제가 있다면 '지연 문제'로 묶어서 제시하는 것이 사례 개념화에 도움이 된다.

문제목록에는 대개 초기면접에서 내담자가 보고한 문제들을 넣지만, 때로는 완벽주의 등 자기보고 설문지를 통해 얻은 내용도 포함될 수 있으며 가족들을 통해서 얻은 정보도 들어갈 수 있다. Persons 박사는 내담자의 문제에 대한 종합적인 목록을 만드는 것이 다음과 같은 이유에서 중요하다고 보았다. 첫째, 증상이나 문제 혹은 진단을 정확하게 하는 데 도움이 된다. 둘째, 종합적인 문제목록을 만들지 않고 내담자가 초점을 맞추고 싶어 하는 문제에만 관심을 기울이다 보면 중요한 문제를 놓칠 수 있다. 셋째, 종합적인 문제목록에 대한 검토는 종종 문제들을 관통하는 공통 요소나 주제를 밝혀 준다.

먼저, 문제목록을 만들었다면 이 문제들의 우선순위를 정해 나열하는 것이 좋다. 우선순위를 정할 때 가장 먼저 고려할 사항은 "내담자에게 자살 추구행동이나 비자살 자해행동이 있는가"이다. 또는 내담자가 다른 사람을 해할 의도나 계획이 있다면 이 문제도 우선적으로 다루어야 한다. 다음으로는, 치료 자체를 약화시키거나 위태롭게 하는 문제가 있는지 살펴보아야 한다. 예컨대, 심한 광장공포증으로 인해 다른 사람의 도움 없이 상담에 올 수 없다면 이 문제를 먼저 다루어야 한다. 세 번째로, 해결되지 않으면 다른 문제의 개선을 방해할 문제가 있는지 검토해 봐야 한다. 음주 문제, 위험한 성적 행동, 폭력적인 남편과 사는 것 등이 여기에 속한다. 네 번째로, 내담자의 기능을 가장 많이 방해하고 있는 문제가 무엇인지 살펴보아야 한다. 예를 들어, 비극적인 교통사고로 인해 외상 후 스트레스장애가 생긴 내담자가 외상과 관련된 다양한 자극들을 회피하고 있다고 하자. 특히 거리에 나가는 것을 회피하여 집안에만 있는 것이 내담자의 삶에 가장 큰 방해물로 작용하고 있다면 이 문제를 먼저 다루어야 한다. 또한 주요 문제가 아니더라도 빨리, 쉽게 해결될 수 있는 문제가 있다면 먼저 다루는 것이 좋다. 이를 통해 내담자가 더 큰 문제와 씨름하기 위한 자신감과 동기를 얻기 때문이다.

다음으로, 내담자가 어떤 상황에서 문제를 보이는지 촉발상황을 살펴보아야 한다. 내담자에게 촉발상황에 대해 물어보면, 남편의 늦은 귀가나 재정적인 압박 등 비교적 쉽게 찾아내는 경우도 있지만 때로는 명확하지 않은 경우도 있다. 예컨대, 내담자가 직장에서 가끔 괜히 기분이 우울해진다고 말할 때, 어떤 상황에서 그런 기분을 느끼는지 알아볼 필요가 있다. 처음에는 내담자도 잘 모르겠다고 하겠지만, 상황에 대한 예를 자세히 들어 봄으로써 그 상황에 있는 미묘한 단서, 또는 상황에 대한 의미 부여가 특정 감정을 불러일으킨다는 것을 발견할 수 있기도 하다. 예컨대, 직장 동료가 모임에 나간 이야기를 했을 때라든지 친구가 전화해서 맛집에 갔던 이야기를 했을 때 괜히 기분이 우울해졌다고 하면, 이런 상황에서 내담자가 어떤 방식으로 의미 부여를 하는지 탐색해 봄으로써 촉발상황이 좀 더 명확해질 수 있다.

내담자가 문제를 가지고 있더라도 모든 상황에서 그 문제가 비슷하게 나타나는 것은 아니다. 그러므로 어떤 상황에서 문제가 더 심하게 나타나고, 어떤 상황에서는 문제가 덜 나타나는지를 확인하는 것이 필요하다. 흔히 상담자는 문제가 심하게 나타나는 경우에 초점을 맞추는데, 이와 함께 문제가 심하지 않은 때가 언제인지 확인하는 것도 중요하다. 이를 통해 내담자가 가지고 있는 강점이나 적응적인 전략을 알아볼 수 있으며, 이것들이 치료에서 요긴하게 활용될 수 있다.

2) 핵심기제 찾아보기

앞에서 살펴본 바와 같이, 사례 개념화의 첫 번째 단계에서는 문제목록을 만들고, 문제가 일어나는 상황을 내담자에게 슬로모션으로 느리게 재연하듯이 묘사하게 하여 문제를 자세하게 파악해야 한다. 다음 단계에서는 내담자의 문제를 가장 잘 설명하는 이론을 택해 내담자 문제 저변에 있는 핵심기제를 찾아야 하는데, 바로 이 부분이 사례 개념화에서 제일 어려운 부분이라고 할 수 있다. 앞에서 설명한 바와 같이 인지행동치료에서는 인지이론과 학습이론이 가장 널리 사용되지만, 상담자의 이론적 오리엔테이션에 따라 정서조절, 심리적 융통성이나 경험적 회피와 같은 개념을 사용하여 사례 개념화를 할 수도 있다. 그렇다면 특정 내담자에 대한 사례 개념화를 할 때 어떤 이론을 사용할지 어떻게 결정하는가?

첫 번째 고려사항은 내담자의 문제양상을 고려해 보는 것이다. 상담자는 내담자의 문제목록과 문제를 구성하는 전형적인 자동적 사고, 감정, 행동을 잘 살펴보면서 내담자의 문제들이 어떤 이론으로 가장 잘 설명되는지 저울질해 보아야 한다. 둘째, 상담자가 주로 선호하는 이론이 있다면 그 이론으로 내담자 문제들을 설명해 보고, 만일 충분히 설명이 안 된다면 다른 이론으로도 설명을 시도해 보아야 할 것이다. 셋째, 내담자의 주요 호소문제에 대한 근거기반치료가 있다면 그 치료에서 사용하는 개념화를 적용해 보는 것도 좋다. 이때 내담자가 반드시 진단적 기준을 충족시키지 않더라도 괜찮다. 예컨대, 내담자의 주요 호소문제가 심한 걱정과 불안이라면, 회피이론(Borkovec, Alcaine, & Behar, 2004)을 적용해 내담자가 신체적 각성의 불편한 상태를 줄이거나 피하기 위해 반복적으로 걱정하는 것은 아닌지 살펴볼 수 있다.

다음 절에서는 인지행동치료에서 가장 널리 사용되는 사례 개념화 모델의 주요 개념들을 살펴보고자 한다.

(1) 인지이론적 사례 개념화

핵심신념과 스키마   인지이론에서 내담자의 문제를 설명하는 가장 기본적인 개념은 핵심신념과 스키마다. 핵심신념은 내담자의 삶을 이끌어 가는 데 중심적인 역할을 하는 신념으로서, 대개 자신이나 다른 사람에 대해 가지고 있는 신념인 경우가 많다. 오랜 기간에 걸쳐 형성되며, 다양한 상황에 적용되는 신념이라는 점에서 특정상황에서 나오는 자동적 사고에 비해 더 추상적이고 전반적인 신념이라고 볼 수 있다. 한편, 스키마는 핵심신념보다 좀 더 넓은 개념으로서 핵심신념뿐 아니라 정서, 행동경향성까지를 포함하는 개념이지만, 핵심신념과 혼용하여 사용하기도 한다(제7장 참조).

상담자가 내담자의 문제를 파악하고 특정상황에 대해 내담자가 의미 부여를 하고 해석하는 방식을 살펴보았다면, 그다음에는 내담자가 여러 상황을 해석하는 방식의 공통분모를 찾아보고 그 이면에 존재하는 핵심신념에 대한 가설을 세우게 된다. 사례 개념화를 하는 상담 초기에는 내담자에 대한 정보가 많지 않으므로, 내담자의 문제목록이나 그동안 나온 자동적 사고를 살펴보면서 내담자의 핵심신념에 대한 가설을 작성해 본다. 핵심신념의 예로는, '나는 가치없는 사람이다.' '나는 무능하다.' '나는 제대로 할 줄 아는 게 하나도 없다.' '나는 부족한 사람이다.' '나는 사람들이 좋아할 만하지 않다.' '나는 사랑받을 만하지 않다.' '나는 평균에도 속하지 못한다.' '나는 못났다.' '나는 형편없는 사람이다.' '사람들은 믿을 만하지 않다.' '세상은 썩었다.' '세상은 안전하지 않다.' 등이 있다.

중간신념   핵심신념이 내담자의 중심에 있으면서 내담자의 다양한 행동에 영향을 주는 사고라면, 중간신념 혹은 역기능적 가정은 핵심신념보다는 덜 포괄적이지만 다양한 상황에서 내담자의 행동에 영향을 미치는 사고라고 볼 수 있다. 흔히 '만약 …하다면, …하다'의 형태로 나타나며, 핵심신념보다 더 여러 개의 중간신념이 작용하고 있는 경우가 많다. 중간신념의 예로는, '내 감정을 있는 그대로 표현하면 사람들이 날 싫어할 것이다.' '내가 부드럽게 얘기하면 사람들은 나를 만만하게 본다.' '조금이라도 실수하면 그 일을 하지 않는 것보다 못하다.' '사람들에게 가까이 다가가면 상처를 입게 된다.' 등이 있다.

보상전략   핵심신념이나 역기능적 가정 못지않게 중요한 요소는 내담자가 흔히 취하는 보상전략이다. 내담자가 가지고 있는 핵심신념은 흔히 어린 시절이나 청소년기 전에 형성되었을 가능성이 높다. 따라서 자기가 가진 핵심신념을 유지하면서 살다 보면, 이것을 보상하기 위한 전략을 가지고 있게 마련이다. Young의 스키마치료에서는 보상전략을 크게 굴복, 회피, 과잉보상으로 나누어 설명한다. 굴복의 보상전략은 스키마의 가정을 그대로 따르는 전략으로서, '나는 무능하다.'라고 믿을 때 공부나 노력을 하지 않는 것을 말한다. 회피전략은 스키마의 가정이 그대로 드러날 만한 상황을 피하는 전략으로서, 자신의 무능함이 드러날까 봐 다른 사람과 경쟁해야 되는 상황을 피하는 것을 말한다. 과잉보상전략은 스키마의 가정이 맞지 않는다는 것을 증명하려는 전략으로서, 무능하지 않게 보이기 위해 지나치게 노력하는 것을 말한다.

내담자가 어떤 보상전략을 사용하든 그 보상전략은 내담자의 핵심신념을 유지하는 방향으로 작용하는 경우가 많다. 예컨대, '나는 사랑스럽지 않다.'라는 핵심신념을 가지고 있을 때 다른 사람과 가까운 관계를 맺지 않고 어느 정도 거리를 유지함으로써 '나는 사랑스럽지 않다.'라는 신념이 드러나지 않게 행동한다면 회피적 보상전략을 사용하는 것이라고 볼 수 있다. 이 예에서와 같이, 내담자가 자신이 사랑스럽지 않다는 것이 드러날까 봐 다른 사람과 거리를 두게 되면, 결국 다른 사람으로부터 부정적인 피드백을 받거나 다른 사람으로부터 버림받을 가능성이 높아진다. 사실은 내담자의 보상전략이 다른 사람으로부터 부정적인 반응을 이끌어 내서 핵심신념을 유지하게 만들었지만, 내담자는 자신이 사랑스럽지 못하기 때문에 그런 결과가 일어났다고 믿을 것이다.

제1장에서 소개한 민지 씨의 상담자는 민지 씨의 문제목록을 작성하면서 우울감이 민지 씨의 주요 호소문제이고, 또 민지 씨가 여러 상황에서 자기 자신에 대해 부정적이거나 비판적인 사고("이 모든 것이 내 잘못이야....." "사람들이 날 답답하게 생각할 거야.")를 한 것을 고려해서 민지 씨에 대한 인지이론적 사례 개념화를 해 보기로 했다. 먼저, [그림 4-1]에서 나온 것과 같이 문제목록을 만든 후 이런 일련의 문제들을 가지고 있는 민지 씨가 자신에 대해 가지고 있음직한 핵심신념이 무엇인지 가설을 세워 보았다. 민지 씨가 직장에서의 실수나 원장으로부터 질책을 받는 상황에서 우울감이 심해졌고, 자신감이 없으며, 과도하게 자기 자신에 대해 비판적인 생각을 한다는 점을 미루어 볼 때

'나는 무능하다.' 혹은 '나는 부족하다.'와 같은 핵심신념을 가지고 있을 수 있다고 잠정적인 가설을 세워 보았다. 그런 후에 이러한 핵심신념이 민지 씨의 다른 문제들, 즉 자기주장이나 표현을 잘 하지 못하는 문제나 대인관계에서 사람들과 가깝게 지내지 못하는 문제를 설명할 수 있는지 검토해 보았다.

잠정적으로 설명하자면, 본인이 무능하거나 부족하기 때문에 남들에게 자신의 무능함이 드러나지 않도록 자기 속마음을 드러내지 못하고 다른 사람과 가까이 지내지 않는 것으로 추론해 볼 수 있었다. 이에 더해 다른 사람에 대해 가지고 있는 부정적인 핵심신념이 대인관계를 더 어렵게 만들 수 있다고 보아 이 부분에 대한 탐색도 필요하다고 보았다. 민지 씨가 다른 사람에게 속마음을 전혀 드러내지 않는 것은 아마도 '사람들은 믿을 만하지 못하다.' '사람들은 의지할 만하지 않다.' '내 약점을 알면 나를 무시한다.'와 같이 생각하기 때문일 가능성을 열어 놓았다.

다음으로, 중간신념을 찾기 위해 민지 씨가 삶에서 정해 놓은 규칙이나 가정이 있는지 살펴보았다. 민지 씨는 상담 중에 자기가 한 실수들에 대해 자세하게 이야기했을 뿐 아니라 이에 대해 매우 가혹하게 평가하는 말을 하였다. 이로 미루어 '실수하면 절대로 안 된다.' '무슨 일이든지 최선을 다해야 한다.' 등의 중간신념을 가지고 있다고 가설을 세웠다. 민지 씨의 대인관계가 매우 협소하고 피상적인 것을 고려하면 대인관계와 관련된 부정적인 중간신념도 있을 것으로 판단하고 이에 대해 탐색해 보았다. 잠정적으로 '사람들에게 잘해 줘도 돌아오는 것이 없다.' '사람들에게 속마음을 이야기하면 나를 무시할 것이다.'의 가설을 세우고, 이 가설이 맞는지, 혹 다른 중간신념은 없는지 더 살펴보기로 하였다. 현재 민지 씨의 주요 보상전략은 자신의 핵심신념이 드러나지 않도록 과잉보상전략(실수하지 않으려고 과다하게 노력함)을 쓰는 것으로 보이며, 과잉보상전략으로 인해 더 빨리 지치고 집중력이 떨어지는 것으로 보였다. 그렇지만 민지 씨가 열심히 노력한다는 점은 과잉보상전략의 일환으로 지나치게 하지만 않는다면 강점으로 작용할 수도 있다고 볼 수 있다.

이러한 대략의 사례 개념화를 작성하고 상담을 진행하면서 부족한 부분을 점점 더 채워 나가 [그림 4-1]과 같은 사례 개념화를 하게 되었다. 이와 같이 사례 개념화를 하는 과정은 점진적인 과정으로, 초반에 대략의 가설을 세우고 가설들이 타당한지 계속 검토하는 과정을 밟아 나가면서 사례 개념화를 정교화하는 과정을 거친다.

내담자 이름: 박 민지

날짜: 2019년 5월 7일

문제목록:

1. 우울감: 3년 전부터 우울감을 자주 느낌. 우울할 때마다 우울증을 절대 벗어나지 못할 것이라는 생각에 눈물을 자주 흘렸음.

2. 자기비판과 죄책감: 과거에 행한 말과 행동에 대해 비판적으로 곱씹으며, 직장(유치원 교사로 일함)에서 잘하지 못한 것에 대해 과도하게 죄책감을 가짐. 직장에서 자기가 한 일에 대해 자신이 없음.

3. 집중력의 저하: 직장 일을 할 때 우유부단하며, 집중력이 떨어져 실수가 잦음.

4. 자신을 표현하거나 주장하는 데 어려움: 자신의 문제를 가까운 사람에게 오픈하고 싶어 하지 않음. 부당한 대우에도 힘든 감정을 속으로 삭임. 자기주장을 못해서 남들이 하자는 대로 따라감.

5. 대인관계 문제: 사람들과 가깝게 지내지 못하며, 직장에서 거의 유일하게 친한 언니와의 관계에 대해서도 회의적임. 언니가 자신과 친한 이유는 자신이 좋아서가 아니라 자신이 언니에게 잘해 주기 때문이라고 생각함.

6. 야식이나 폭식(아직은 심하지 않음): 늦은 퇴근 후 가끔 야식이나 폭식을 함.

주요 핵심기제: 내담자는 취약성 스키마와 함께 정서적 결핍 스키마를 가지고 있는 것으로 보임. 내담자의 핵심신념은 '나는 약하다.' '나는 부족하다.' '사람들은 의지할 대상이 아니다.'이며, 중간신념으로는 '나는 부족하기 때문에 남들보다 몇 배로 안 하면 못 따라갈 것이다.' '무슨 일이든지 실수하면 안 된다.' '사람들한테 내 이야기를 하면 짐스럽게 여길 것이다.'로서 무력감, 죄책감, 비참함을 느낄 때가 많음. 보상전략으로 내담자는 자

신의 취약성을 드러내지 않기 위해 목표치를 엄청 높게 잡고, 실수하지 않으려고 과다하게 노력하다가 일이 조금이라도 잘못되면 포기하는 양극단의 사이클을 오가기 때문에 자신의 능력을 잘 발휘하지 못함. 그러다 보니 집중력도 저하되고 자신감을 점점 잃어 직장에서 스트레스를 많이 받으며, 때때로 저녁식사에서의 과식이나 폭식으로 이어짐. 내담자가 느끼는 일에서의 부담과 스트레스는 자신의 속마음을 드러내지 않고, 힘든 일이 있어도 혼자 속으로 삭이고, 부당한 대우를 받아도 남에게 화를 내지 않는 대인관계 패턴으로 인해 가중됨.

주요 촉발요인: 실수를 해서 부정적인 평가를 받는 상황

기원: 부모님이 내담자를 언니와 비교하면서 늦되다고 걱정하는 말을 많이 들었고, 정서적으로 돌봄을 받지 못한 채 성취만 강조한 집안 분위기에서 힘들게 자라남.

진단 및 치료에 대한 제안: 현재 주요 우울삽화의 진단기준은 충족시키지 않으나, 임상적 수준에 가까운 우울증을 주기적으로 경험하고 있음. 치료에서 단기적으로는 현재의 우울감을 지속시키는 자동적 사고와 중간신념을 파악하고 검토하여 내담자가 좀 더 융통성 있는 대안적 신념을 가지도록 돕는 것이 필요함. 내담자의 주요 보상전략은 과잉노력과 회피적인 대처 방식인데, 치료에서 이를 집중적으로 다룰 필요가 있음. 즉, 일과 관련된 상황에서 목표를 너무 높게 잡는 것을 수정하고, 조금 잘못했더라도 중간에 포기하지 않고 계속 노력해서 긍정적인 결과를 얻도록 함. 대인관계 상황에서 다른 사람에게 좀 더 자신을 개방하고 표현하는 시도를 해 보도록 격려하며, 그로 인해 관계가 가까워질 수 있음을 경험하는 것이 필요해 보임. 가능하면 야식이나 폭식이 빈도를 줄이고, 단기로 상담을 하게 될 때 추후 우울의 재발을 예방하기 위한 작업이 필요함.

치료방해요소: 내담자가 자신의 취약한 부분을 솔직하게 말하지 않을 가능성과 함께 본인이 원하는 변화가 단시간에 일어나지 않을 때 중간에 상담을 그만둘 가능성이 있음.

그림 4-1 민지 씨의 사례 개념화

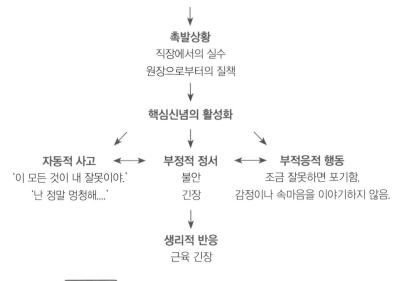

기질 및 초기 경험
언니와 비교당함. 늦되다는 말 많이 들음. 성취중심 가정 분위기

↓

핵심신념 혹은 스키마
나는 약하다. 나는 부족하다.
사람들은 의지할 수 없다.

↓

중간신념 / 보상전략
'나는 부족하기 때문에 남들보다 몇 배로 안 하면 못 따라갈 거야.'
'실수하면 안 된다.' '뭘 해도 소용없을 것이다.'
〈보상전략〉 쉽게 포기함. 과잉노력

↓

촉발상황
직장에서의 실수
원장으로부터의 질책

↓

핵심신념의 활성화

↙   ↓   ↘

자동적 사고 ←→ **부정적 정서** ←→ **부적응적 행동**
'이 모든 것이 내 잘못이야.'   불안   조금 잘못하면 포기함.
'난 정말 멍청해....'   긴장   감정이나 속마음을 이야기하지 않음.

↓

생리적 반응
근육 긴장

그림 4-2 │ 민지 씨의 인지이론적 사례 개념화에 대한 도식

(2) 학습이론적 사례 개념화

학습이론에서는 모든 행동이 학습된다고 가정한다. 이상행동도 예외가 아니어서 모든 이상행동 역시 학습되었다고 본다. 이때 행동은 사고와 정서적 반응을 다 포함하는 개념이다. 학습이론가들에 의하면 행동이 학습되는 원리는 크게 조작적 조건형성, 고전적 조건형성, 모델링이다. 조작적 조건형성은 사람이 특정행동(예: 마스크 쓰기)을 할 때 만족스러운 '결과(예: 코로나 바이러스 감염 방지)'를 얻으면 그 행동이 학습된다고 본다. 즉, 어떤 행동이 학습

되는가 아닌가는 그 행동이 가져오는 결과에 따라 달라진다고 가정한다. 고전적 조건형성에서는 자동적으로 특정반응(예: 두려움)을 일으키는 '선행사건(예: 발열)'이 중립적인 다른 선행사건(예: 시장에 감)과 여러 번 짝지어서 일어나면 중립적인 사건에도 비슷한 반응(예: 두려움)을 보이게 된다고 본다. 마지막 원리인 모델링은 단순히 다른 사람을 관찰하는 것만으로도 학습이 일어난다고 가정하는 것이다. 예컨대, 친구가 강아지를 보고 무서워하는 것을 관찰한 후 강아지를 무서워하게 되는 것을 말한다.

이와 같이 학습이론에서는 행동(Behavior: B)을 설명할 때 그 행동의 선행사건(Antecedents: A)과 / 혹은 결과(Consequences: C)를 찾는 것이 중요하다. 그러므로 학습이론적 사례개념화를 하기 위해서는 특정행동을 설명할 때 어떤 조건형성의 원리를 적용할지 정하고, 특정행동과 관련 있는 결과와 선행사건을 찾아야 한다.

조작적 조건형성, 반응적 조건형성, 모델링에서 사용하는 개념들을 간략하게 설명하면 다음과 같다.

조작적 조건형성　　앞에서 언급한 대로 조작적 행동은 그 결과에 의해 영향을 받는 행동이다. 조작적 조건형성원리에서는 어떤 행동이 계속되는가 아닌가는 그 결과에 의해 좌우된다고 본다. 즉, 문제행동이 유지되는 이유는 그 행동을 통해 무엇인가 얻는 것이 있기(강화받기) 때문이라고 본다. 이때 특정행동이 일어날 확률을 높이는 모든 요인은 강화물이라고 한다. 반면에 처벌은 특정행동을 덜 발생하게 만드는 요인이다. 소거는 이전에 강화된 반응에 더 이상 강화가 따르지 않을 때 일어난다. 강화물에는 정적 강화물(음식, 돈, 칭찬, 관심 등 추가될 때 행동이 발생할 확률을 증가시키는 것)과 부적 강화물(불쾌지수의 감소 등 상황에서 제거됨으로써 행동이 발생할 확률을 증가시키는 것)이 있는데, 강화물이 어떤 방식으로 주어지는가에 따라 행동이 유지되는(혹은 소거되는) 정도가 달라진다. 회피학습은 특정 선행사건(예: 어지럼증을 느낌)이 불쾌한 결과(예: 공황발작)가 곧 닥쳐온다는 단서로 작용하여 불쾌한 결과가 일어날 가능성을 차단하는 회피행동(예: 쇼핑몰을 떠남)을 학습하는 것이다.

　조작적 조건형성에서 중요한 또 다른 개념은 결과가 행동에 내한 효과를 가지기 위해서는 반드시 수반성(강화물로 작용하는 자극이 그 행동이 있을 때만 일어나고 그 행동이 없을 때는 일어나지 않아야 함)을 가지고 있어야 한다는 점이다. 만일 행동(예: 손 씻기)이 일어나는 것과 관계없이 결과(예: 칭찬)가 발생한다면, 그 행동은 결과의 통제하에 있다고 볼 수 없을 것이다. 따라서 내담자의 특정행동을 결과(강화물)로 설명할 때, 강화물뿐 아니라 수반성을 가지고 있는지 확인해야 한다. 사람들은 보통 자신의 행동을 통제하는 수반성을 인식하지 못하는 경우가 많기 때문에, 상담자와 내담자는 행동을 통제하는 결과가 무엇인지 확인하고 수반성을 가지는지 검토해야 한다. 앞에서 설명한 것과 같이, 조작적 행동은 결과에 의해 통제된다. 그러나 대부분의 조작적 행동은 어느 정도 선행사건에 의해 영향을 받는데, 이 선행사건이나 자극을 변별자극이라고 한다. 예컨대, 낮에는 술을 마셔도 기분이 좋아지지 않는데 밤 시간에 술을 마실 때는 기분이 좋아진다면, 술을 마시는 시간이 변별자극으로 작용한다고 볼 수 있다. 혹은 같이 술을 마시는 친구가 변별자극으로 작용할 수도 있다.

반응적(고전적) 조건형성　　결과에 의해 통제되는 조작적 행동과 달리, 반응적 행동은 선행사건에 의해 통제된다. 앞에서 언급한 대로 반응적 조건형성이란 자동적으로 어떤 반응(무조건반응, 예: 두려움)을 이끌어 내는 자극(무조건자극, 예: 아버지의 체벌)이 그렇지 않은 자극(조건자극, 예: 빨간색 셔츠)과 반복적으로 짝지어 발생함으로써 조건자극이 무조건반응과 매우 유사한 반응(조건반응, 예: 두려움)을 이끌어 내는 것을 말한다. Pavlov의 유명한 개 실험에서 침 분비(무조건반응)를 일으키는 먹이(무조건자극)를 종소리(조건자극)와 반복적으로 짝지어 제시했을 때, 개가 종소리만 듣고도 침 분비(조건반응)를 유발하게 되었다. 이런 식으로 원래 중립적이었던 선행사건(즉, 반응을 일으키지 않았던 선행사건, 반응에 대한 자극통제가 없는 선행사건)이 자동적 반응을 일으키게 된다. 예컨대, 집 앞에 있는 커피숍에서 애인이 헤어지자는 말을 자주 해서 슬픈 감정을 경험했다면, 이후 이 커피점이 슬픈 감정을 만들어 내게 된다. 이와 같이 반응적 조건형성을 통해 중립적 선행사건이 자동적 반응을 유발하게 되는데, 이때 반응은 정서일 경우가 많다. 일상적 상황에서 반응적 조건형성과 조작적 조건형성은 서로 얽혀 있어 특정 선행사건이 감정과 행동을 둘 다 일으킬 수 있다.

사회적 학습 혹은 모델링　　감정을 잘 표현하지 않는 부모를 보고 자란 사람이 감정을 잘 표현하지 않는 경우처럼, 우리는 단순히 다른 사람이 무엇을 하는지 관찰함으로써 배울 때가 많다. 이를 모델링을 통한 학습이라고 한다. 바람직하거나 바람직하지 않은 행동 모두 이런 방식으로 습득될 수 있다. 관찰을 통한 학습은 직접학습과 동일한 원리를 따른다. 즉, 모델의 행동에 대한 결과는 그 행동을 모방할지를 결정하게 만든다. 또한 관찰자는 모델이 자신과 유사할 때, 그 모델이 친근할 때, 그리고 그 모델이 자신보다 높은 지위, 전문지식, 명망을 가질 때 그 모델을 따라 할 가능성이 높다.

학습이론적 사례 개념화를 한다면 상담자는 먼저 표적행동을 정하고, 그 행동의 선행자극과 결과에 대한 정보를 수집해야 한다. 이를 위해 내담자에게 자신의 표적행동과 관련된 선행사건과 결과들을 적어도 한 주일 동안 꾸준히 관찰하고 기록하게 한 후, 이 자료를 바탕으로 행동에 대한 ABC 분석을 해 볼 수 있다. 때로는 사건의 연쇄(예: 회사에서 실수를 함→우울감→점심을 거름)가 특정행동(예: 폭식)을 일으킬 수 있으므로, 원치 않는 행동을 유발하는 사건의 연쇄를 파악하는 것이 필요하다.

내담자에 대한 사례 개념화를 할 때 인지이론적 개념화와 학습이론적 개념화를 둘 다 활용할 수도 있다. 예컨대, 민지 씨의 경우 전체적으로는 인지이론적 개념화를 하되, 과식이나 폭식 문제에 대해서는 학습이론적 개념화를 부가적으로 포함하여 이를 바탕으로 치료계획을 세울 수 있다. 학습이론

을 적용하여 민지 씨의 과식이나 폭식을 설명하기 위해서는 과식이나 폭식에
선행하는 사건과 결과를 확인해야 한다. 민지 씨의 경우, 서녁 과식의 중요한
선행사건은 아침과 점심에 식사를 제대로 챙겨 먹지 않는 것과 높은 피로감
혹은 스트레스였으며, 과식이 주는 포만감과 만족감은 힘든 날을 보낸 후의
강화물로 작용한다는 것을 발견하였다. 따라서 치료에서는 이 두 가지 주요
한 선행사건을 바꾸고, 힘든 날 자기에게 해 줄 수 있는 새로운 강화물을 찾
는 전략을 사용하도록 하였다.

(3) 경험적으로 지지된 치료(EST)의 사례 개념화

내담자의 호소문제가 특정 정신장애에 잘 부합한다면 그 장애의 EST들에
서 제시한 사례 개념화를 활용할 수 있다. 현재 인지행동치료는 다양한 정신
장애에 대한 EST로 받아들여지고 있어, 상담자가 이를 참고하여 사례를 개

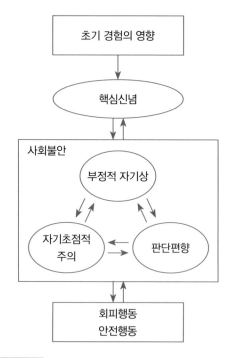

그림 4-3 ｜ 사회불안장애에 대한 인지적 사례 개념화 모델

념화할 수 있다. 필자는 사회불안장애를 가진 내담자를 치료할 때 Clark과 Wells (1995)의 인지모델을 수정한 모델을 사용하는데, [그림 4-3]과 같은 사례 개념화 도표를 사용한다. 내담자에게 이 모델을 설명한 후 각 요소가 본인에게 어떻게 나타나는지 물어보면서 내담자와 같이 이 모델을 완성한다. 집단치료의 경우 1회에 내담자들이 각각 자신의 사회불안에 대한 모형을 그려 보는데, 왜 그렇게 불안했는지 이해가 된다며 얼굴이 밝아지고 앞으로 받을 치료에 대해서도 기대감을 보이는 경우가 적지 않다.

EST접근의 사례 개념화를 하는 과정은 다음과 같다. 첫째, 선택한 사례 개념화 모델의 주요 요소를 파악한다. 이때 내담자에게 말로 설명하는 것보다는 그림이나 도표로 정리한 모형을 사용해서 설명하는 것이 훨씬 이해가 빠르다. 둘째, 사례 개념화의 주요 요소를 내담자에게 맞게 개별화한다. 예컨대, [그림 4-3]에 나오는 주요 요소가 특정 내담자에게 어떻게 나타나는지를 구체적으

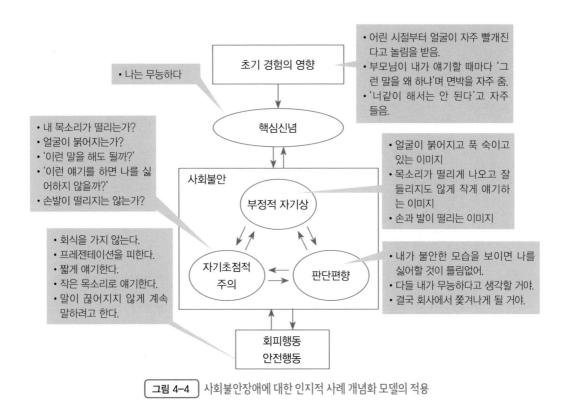

그림 4-4 사회불안장애에 대한 인지적 사례 개념화 모델의 적용

로 확인해서 그림에 그려 넣는다. 이 내담자는 40대 초반의 남자였는데, 어린 시절 얼굴이 자주 빨개진다고 놀림을 받은 경험과 부모님으로부터 자주 면박을 받은 경험이 '나는 무능하다.'라는 핵심신념을 형성하게 되었다고 말했다. 다음에는 사회적 상황에서 나타나는 여러 요소를 확인하였다. 그는 사회적 상황에 들어가면 얼굴이 붉어지고 목소리가 떨리게 나오는 부정적인 자기상이 떠오르고, 그럴 때마다 자기 목소리나 얼굴에 대해 모든 주의를 쏟는 자기초점적 주의를 한다. 또한 '내가 불안한 모습을 보이면 남들이 틀림없이 날 싫어할 거야.' '다들 내가 무능하다고 생각할 거야.' 등의 판단편향을 보이고, 이것이 회식에 가지 않는다든지 짧게 이야기하는 등의 안전행동을 하게 만들어 사회불안이 계속 유지된다는 것을 이해하게 되었다([그림 4-4] 참조).

만일 내담자에게 하나 이상의 장애가 있다면 어떤 것을 핵심장애로 사용할 것인지 결정해야 한다. 이런 경우, 치료적인 측면에서 어떤 장애를 선정하는 것이 더 효과적인지를 우선적으로 고려해서 선정하는 것이 좋다. 만일 우울증과 사회불안장애 모두를 가지고 있는 내담자가 있는데, 우울증은 최근에 생겼고 사회불안장애가 더 오래된 문제로 내담자의 일상생활의 기능에 많은 지장을 주고 있다면, 사회불안장애를 핵심적인 장애로 다루는 것이 더 효과적일 것이다. 반면, 우울증이 심해 일상생활에 많은 지장을 주고 사회불안장애의 치료에도 방해가 된다면, 우울증을 핵심장애로 놓고 먼저 치료하는 것이 더 나은 선택이 될 것이다.

3) 핵심기제의 기원 살펴보기

학습이론적 사례 개념화에 비해 인지이론적 사례 개념화를 할 때는 내담자가 가진 핵심신념이나 스키마, 혹은 중간신념이나 보상전략이 어떻게 형성되었는지 추론해 보는 것이 도움이 된다. 내담자의 어린 시절 경험과 그(녀)가 가진 핵심신념의 관련성을 이해하면 내담자에 대한 이해가 깊어질 수 있다. 내담자가 가진 핵심신념은 현재에는 그(녀)의 적응을 방해하는 신념으로 작용하지만, 그것이 형성된 시점에서는 그(녀)가 그 상황에 적응하는 데 도움이 되었기 때문에 그러한 신념을 가지게 되었을 것이다. 따라서 치료를 통해 어린 시절 그것이 어떻게 도움이 되었는지, 지금에 와서는 상황이 어떻게 달라졌고 그 핵심신념이 왜 타당하지 않은지 검토하는 작업이 이루어져야 할 것이다. 특히 성격 문제를 가지고 있거나 복합적인 대인관계를 가지고 있는 내담자의 경우, 아동기 경험과 거기서 생겨난 핵심신념과 중간신념이 자동적 사고에 어떤 영향을 미치는지, 또 어떤 보상적 전략을 사용해서 악순환이 계속되는지 검토해 보는 것은 내담자의 사례 개념화를 보다 확실하게 해 줄 것이다.

다시 한번 정리해 본다면 다음과 같다.

첫째, 아동기 경험이 어떤 것이었는지 탐색한다.

둘째, 아동기 경험으로 인하여 어떤 핵심신념을 가지게 되었는지—자기 자신에 대해, 다른 사람에 대해, 혹은 미래에 대해 가지게 되었는지—추론해 본다.

셋째, 중간신념에는 어떤 것이 있는지 살펴본다.

넷째, 이런 신념을 가지고 살기 위해 어떤 보상전략을 사용하는지 찾아본다.

다섯째, 현재 특정상황에서 어떤 기분을 느끼고, 어떤 생각을 하며, 어떤 행동을 하는지, 그것의 결과가 무엇인지 확인해 본다.

4) 내담자의 치료 상황에서의 행동에 대해 예측하기

마지막으로, 내담자가 치료적 관계의 '지금—여기'에서도 핵심신념이나 자동적 사고가 나타나고, 그 영향으로 특정 감정과 행동이 뒤따르는지 확인하는 작업이 필요하다. 모든 내담자의 치료적 관계에 왜곡된 핵심신념이나 자동적 사고가 반영되어 나타나는 것은 아니지만, 핵심신념이 매우 고정되고 경직된 내담자들은 핵심신념이 치료적 관계에서도 활성화될 가능성이 높다. 따라서 상담자는 내담자의 핵심신념이 치료적 관계에 어떤 양상으로 나타날

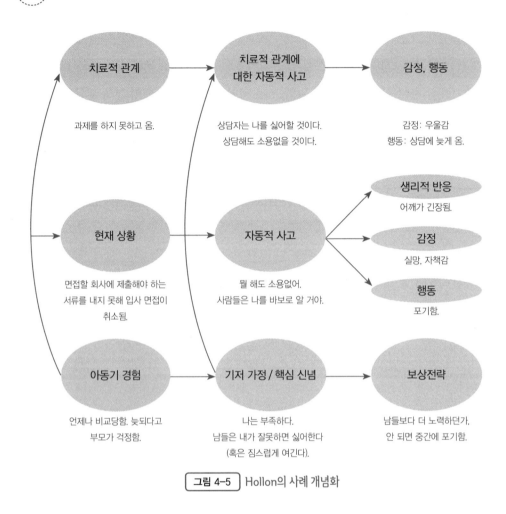

그림 4-5 | Hollon의 사례 개념화

글상자
4-2
사례 개념화를 잘하는 요령

- 자꾸 해 봐야 잘하게 된다.
- 사례 개념화를 한 번에 근사하게 하려는 욕심을 버린다.
- 큰 골격을 잡고, 차차 살을 붙여 간다.
- 머리로만 생각하지 말고 그려 보거나 써 본다.
- 입 밖으로 말해 보아 쉽게 설명이 되는지 확인한다.
- 내담자에게 개념화의 골자를 알려 주고 피드백을 얻는다.
- 내담자의 강점에도 귀를 기울인다.

지에 대해 예측하고 이를 다루는 것이 필요하다.

Hollon(2006)은 우울증이 성격 문제나 대인관계 문제와 같이 복합적으로 나타난 환자를 다룰 때는 현재 상황, 초기 아동기 사건, 치료적 관계의 세 요소를 활용하는 세 다리 의자(three-legged-stool) 개념화를 사용하는 것이 유용하다고 제안하였다. 세 다리 의자 개념화는 현재 상황을 A(상황)→B(신념, 자동적 사고)→C(생리적 반응, 감정, 행동)로 이해하는 통상적 개념화에 더해 내담자의 현재 상황을 과거 그(녀)의 어린 시절의 경험에 비추어 이해하고, 나아가 현재의 치료적 관계에도 내담자의 전형적인 자동적 사고나 이에 따르는 감정, 행동이 나타난다고 보는 관점이다. 이런 내담자는 어린 시절의 경험으로 인하여 세상에 대해 또 자기 자신에 대해 매우 경직된 신념을 가지고 있으며, 치료적 관계에도 내담자의 신념이나 보상전략이 그대로 반영된다는 점을 주지하고 있어야 한다고 강조하였다. 따라서 상담자는 치료적 관계에서 내담자가 이런 보상전략을 사용하지 않아도 안정감을 느낄 수 있도록 하고, 치료적 관계의 맥락에서 내담자의 핵심신념이 타당하지 않음을 경험하게 하는 것이 주요한 치료적 전략이 된다.

사례 개념화를 검토하는 방법　앞에서 여러 번 언급한 대로 사례 개념화는 한 번에 완전하게 작성할 수 없을 뿐 아니라 처음부터 잘하기가 쉽지 않다. 다양한 내담자들의 사례 개념화를 해 보고 고치고 다듬는 과정을 통해 요령이 늘고 익숙해진다. 사례 개념화를 할 때 처음부터 정답을 맞추겠다는 마음으로 하는 것보다는 개방적인 태도로 여러 가설을 떠올려 보고 차근차근 검토하면서 점진적으로 찾아가는 것이 더 효과적이다. 그렇다면 사례 개념화가 잘되었는지를 어떻게 검토할 것인가?

첫째, 사례 개념화에서 가정한 핵심기제로 내담자의 호소문제들을 설명해 볼 때, 앞뒤가 맞고 설득력이 있는지 스스로 평가해 본다. 둘째, 사례 개념화가 다른 정보원에서 얻은 자료와도 잘 맞는지 살펴본다. 예를 들어, 내담자의 이전 상담기록이나 검사보고서에 나타난 결과와 일치하는지 확인하는 작업을 거친다. 셋째, 사례 회의나 슈퍼비전을 통해 다른 동료들이나 슈퍼바이저의 의견을 듣는다. 넷째, 내담자가 사례 개념화를 듣고 동의하는지, 또 문제에 대한 이해가 증진되는지 살펴본다. 마지막으로, 이 사례 개념화에 따라 치료할 때 치료가 잘 되는지 확인한다. 이 방법은 사례 개념화가 타당하고 유용한지 확인하는 가장 중요한 절차라고 볼 수 있다.

/

제2부

인지행동치료의 기법

/

제 5 장

자신의 생각, 감정, 행동을 관찰하기

인지행동치료에서 내담자가 "생각은 사실이 아니다."를 깨닫는 것은 변화가 일어나는 데 필요한 가장 핵심적인 과정 중의 하나이다. 내담자가 힘든 상황에서 어떤 일이 일어나고 있으며 자신이 어떻게 기여하는지 파악하게 되는 것은 변화의 첫걸음이라고 볼 수 있다. 상담자는 치료 첫 시간부터 기회가 생길 때마다 내담자로 하여금 자신의 생각과 감정과 행동을 관찰하고 기록하도록 도와야 한다. 이 장에서는 주로 치료 초반부에 내담자가 어떻게 자신의 생각을 관찰하고 기록하도록 도울지에 대해 집중적으로 다루고자 한다.

이와 함께 내담자로 하여금 감정을 어떻게 자각하고 표현하게 할지에 대해서도 살펴보고자 한다. 인지행동치료의 변화 과정에서 정서의 역할은 점점 더 주목을 받고 있다. 그동안 전통적 인지행동치료에서는 정신역동치료나 게슈탈트치료에 비해 회기 내에서 감정을 경험하도록 촉진하지 않았으며, 정서적 각성이 치료적으로 도움이 되지 않는다는 견해가 우세하였다. 그러나 인간의 정보처리 체계가 논리적／합리적 정보처리 체계와 정서적／암묵적 정보처리 체계로 이루어져 있으며, 논리적 정보처리 체계가 분석적이고 논리적인 데 반해 정서적 정보처리 체계는 전체적(holistic)이며 정서가 많이 내포되어 있고 암묵적이라는 견해가 널리 받아들여지게 되었다(Teasdale & Bernard, 1993). 이에 따라 인지행동치료에서 암묵적 의미 체계에 접근하고 이를 변화시키기 위해서는 연관되어 있는 정서를 불러일으키고 정서적 처리를 촉진해야 할 필요성이 제기되었다. 따라서 인지행동치료자는 회기 내에서 내담자의 정서를 가라앉히고 조절만 할 것이 아니라, 필요하다면 정서를 자각하고 표현하게 하여 정서적 각성을 높여 관련된 암묵적 의미 체계에 접근하고 이를 변화시킬 수 있어야 한다.

인지행동치료를 해 나가는 과정에서 상담자는 내담자로 하여금 자동적 사고와 감정에 주의를 기울이고 관찰하도록 요청하고 계속 피드백을 주지만, 그다음에 어떤 행동이 뒤따랐는지를 물어보지도 않고 지나치는 경우가 많다. 행동이야말로 부적응적인 패턴이 계속 악순환을 그리며 돌아가게 만드는 핵심적인 구성요소일 경우가 많아 상담자와 내담자가 관심을 기울여야 하는 중요한 측면이라고 볼 수 있다. 한 가지 더 주의해야 할 점은, 행동을 관찰할 때 그 상황에서 어떤 행동이 나타났는지를 관찰해야 할 뿐 아니라 하고 싶지만 하지 못했던 행동이 있다면 그것도 살펴보아야 한다.

자기모니터링의 가이드라인   자기모니터링(self-monitoring)은 내담자가 자신의 생각, 감정, 행동 등을 꾸준히 관찰하고 기록하는 것을 말한다. 자기모니터링은 내담자나 상담자에게 특정 증상의 촉발요인, 빈도, 강도 등에 대해 정확한 정보를 알려 준다는 점에서 치료에 없어서는 안 될 중요한 도구다. 그렇지만 내담자가 정확하고도 꾸준하게 자기모니터링을 하는 것은 쉽지 않다. 내담자의 생각이나 감정 혹은 행동을 각각 어떻게 관찰해서 기록해야 할지, 각론에 들어가기에 앞서 내담자에게 자기모니터링을 어떻게 훈련시킬지에 대해 간단히 짚고 넘어가려고 한다.

첫째, 내담자에게 자기모니터링이 왜 필요한지부터 설명한다.

내담자에게 자기모니터링 과제를 내 주기 전에 상담자가 직접 한번 해 보는 것도 도움이 된다. 그래야 자기모니터링 과제가 보기보다 쉽지 않으며 상당한 관심과 노력을 요구한다는 것을 경험해 볼 수 있다. 이 과정을 통해 자기모니터링 과제를 왜 시켜야 하는지 또 얼마만큼 시켜야 하는지를 진지하게 고민해 보고, 내담자의 입장을 잘 고려하면서 자기모니터링 과제를 내 줄 수 있다. 자기모니터링은 아무리 부담되고 힘들더라도 치료에 꼭 필요한 과정이므로, 그 필요성에 대해 내담자가 잘 이해할 수 있도록 설명해 주는 것이 필요하다. 특히 내담자의 문제가 일상생활에서 어떤 양상으로 나타나는지를 구체적으로 알아야 가장 좋은 치료 방법을 고를 수 있다는 점을 강조해야 할 것이다. 뿐만 아니라 치료를 진행하면서 치료효과가 실제로 나타나는지 알기 위해서도 자기모니터링을 해 보아야 한다. 자기모니터링 과제를 내 주기 전에 내담자에게 자신의 증상이 어떤 상황에서 가장 심한지, 또 얼마나 심한지, 심할 때 어떤 양상으로 나타나는지 등을 물어보는 것도 한 방법이다. 예컨대, 우울증으로 상담을 받으러 왔다면 내담자에게 바로 전날, 이틀 전날, 사흘 전날 우울한 기분이 하루 중 언제 가장 심했는지, 그 외의 시간에는 기분이 어느 정도 수준으로 유지되었는지, 우울할 때 어떤 생각이 들었는지, 우울한 때 뭘 하고 시간을 보냈는지, 하고 싶었지만 하지 못한 일은 무엇이었는지 등등에 대해 물어본다. 누구라도 이런 정보를 정확하게 파악하고 기억하기란 어려우므로, 자기모니터링을 통해 관찰하고 기록하는 것이 필요하다는 점을 부각시킬 수 있다.

둘째, 내담자의 수준에 맞게 자기모니터링을 시작해서 점점 늘려 간다.

내담자들은 보통 자기모니터링이 꼭 필요하다는 점에 대해서는 인정을 하지만, 자기모니터링을 실제로 해야 한다고 하면 큰 부담을 느끼고 또 제대로 잘할 수 있을지에 대해 걱정한다. 예컨대, 내담자의 폭식과 관련된 선행사건들을 찾는 작업을 할 때 처음에는 아침, 점심, 저녁을 몇 시에 먹는지부터 관찰하고, 그다음에 세 끼의 식사량을 관찰하고 기록하게 한다. 내담자에게 자기모니터링할 과제를 내 주면서 과제를 할 수 있겠는지, 과제할 때 어떤 어려움이 있겠는지를 물어보고 정하는 것이 좋다. 필자의 경험에 의하면, 대학생이나 직장인들은 관찰하고 기록하는 과제를 쉽게 받아들이는 반면, 평소에 기록을 잘 하지 않는 내담자들은 기록하는 것을 더 어렵게 생각하는 듯하다. 기록하는 것을 어렵게 생각하는 내담자들에게는 기록을 쉽게 할 수 있는 방법(예: 핸드폰의 다양한 앱을 활용함)을 같이 찾아보고, 또 첫 번째 자기모니터링 과제에서는 기록을 최소한으로 줄인 과제를 내 준다.

셋째, 결과에 상관없이 언제나 얻는 것이 있도록 과제를 설정한다.

자기모니터링 과제를 내 줄 때 자기모니터링을 도울 기록지와 함께, 자기모니터링하는 것을 잊어버렸을 때 어떻게 해야 하는지, 또 자기모니터링을 하는 데 있어서 방해물이 무엇인지, 그 방해물을 어떻게 다룰지에 대해 될 수 있는 대로 자세하게 이야기해 보는 것이 좋다. 이와 같이 준비를 잘 시키고 과제를 주어도 해 오지 못할 때가 있다. 해 오지 못한 때는 힘든 점이 무엇이었는지, 다음번에 같은 상황을 만나면 어떻게 대처할지에 대해 이야기할 수 있어 나름대로 유용한 정보를 얻을 수 있다. 따라서 내담자가 자기모니터링을 제대로 해 오면 가장 좋지만, 해 오지 못한다고 해도 의미가 있다는 점을 미리 이야기해 주는 것이 좋다.

넷째, 다음 회기에 반드시 내담자가 자기모니터링해서 가져온 내용을 검토해 보아야 한다.

자기모니터링 과제를 내 준 후에는 다음 회기에 그 결과를 반드시 검토해야 한다. 상담자는 내담자가 가져온 자기모니터링 기록지를 보고 과제를 해 온 것에 대해 칭찬해 주고 격려해 주어야 한다. 그런 다음, 내담자에게 자기모니터링한 결과 어떤 점을 새롭게 발견하게 되었는지, 그것을 통해 배운 점이 있는지 등을 물어본다. 예컨대, 우울증이 있는 내담자들은 흔히 하루 종일 기분이 우울했다든지, 지난 주 내내 우울했다는 말을 많이 하는데, 자기모니터링한 결과를 검토해 보면 실제로는 기분의 변동이 심하며, 우울하지 않았던 시간도 꽤 된다는 것을 발견할 수 있다. 또한 상담자와 내담자는 자기모니터링한 내용을 검토하면서 어느 지점에서 변화가 필요한지도 더 명확하게 찾을 수 있다. 이와 같이 상담자와 내담자가 협력적으로 자기모니터링한 내용을 검토하면서 내담자가 자기모니터링이 치료에 꼭 필요하다는 점을 깨닫게 하는 것이 중요하다. 그렇지만 내담자에게 자기모니터링의 중요성을 설득력 있게 말해도, 내담자들이 자기모니터링을 꾸준히 하기가 쉽지 않다는 것을 어느 정도는 받아들일 필요가 있다("매일 꾸준히 기록하고 싶은데... 자꾸 기록해 야지 생각만 하고 미루다가 기록하지 못한 채로 하루가 지나가는 때가 많아요."). 특히 내담자가 원하는 행동을 하지 못했을 때 기록하는 것을 회피하게 되는 경우가 많아, 상담자는 이를 고려하여 내담자에게 맞는 방법을 찾으면서 점점 자기모니터링을 늘려 나가도록 권해야 한다.

1. 사고를 관찰하기

인간은 생각하는 존재이며, 우리 모두는 일상생활에서 끊임없이 생각한다. 오늘 일정에 대해서도 생각하고, 어제 만난 친구에 대해서도 생각하고, 점심 때 먹을 음식에 대해서도 생각한다. 어떤 생각은 언어적이며('오늘 회의에 늦지 않게 가야 되는데....'), 어떤 생각은 이미지일 수도 있으며(전철역에 노숙자로 앉아 있는 모습), 어떤 생각은 기억일 수도 있다('아버지가 초등학교 때 야단치던 일이 생각났어요.'). 제1장에서 설명한 대로, 인지행동치료에서는 내담자의 부정적인 감정이나 부적응적인 행동이 어떤 사건의 직접적인 결과라고 보는 대신, 그 사건을 바라보는 내담자의 인지적 평가(해석이나 의미 부여)가 작용한 결과라고 가정한다. 따라서 내담자의 문제행동을 이해하는 데 가장 중요한 열쇠는 문제행동과 관련 있는 생각을 파악하는 것이라고 보고 치료를 한다. 그렇지만 문제행동과 관련 있는 생각을 찾는 일은 보기보다 쉽지 않으며, 더욱이 그 생각을 변화시키는 것은 더욱 어렵다. 필자가 한번은 30대 남자 내담자에게 우울할 때 떠오른 생각을 적어 오라고 했더니, 어느 날 아침 일어나자마자 우울한 기분이 들었다고 하면서 그때 떠오른 생각을 A4 용지 서너 장에 걸쳐 적어 왔다. 이 생각도 우울한 기분과 관련된 생각인 것은 맞지만, 어떤 일이 일어나지 않은 상황에서 마음속에 연쇄적으로 떠오른 일련의 생각을 검토하기란 매우 어렵다. 인지행동치료를 순조롭게 이끌어 가려면, 상담자는 치료에서 어떤 생각을 다루는지, 또 내담자로 하여금 그런 생각을 어떻게 찾아내게 하는지 잘 알고 있어야 한다. 먼저, 인지행동치료에서 다루는 사고의 종류를 살펴보자.

자동적 사고　내담자가 가장 쉽게 접근할 수 있는 사고로서, 특정상황에 있을 때 마음속에 자동적이고 불수의적으로 떠오르는 사고를 말한다. 이 정의에서 중요한 부분은 '특정상황'이라고 볼 수 있다. 특정상황은 우울이나 불안, 수치심, 분노 등 부정적 기분이 심하게 든 상황, 폭식행동이나 지연행동 등 부적절한 행동이 일어난 상황, 또는 해야 할 일을 하지 않고 회피한 상황 등 다양한 부적응적인 정서나 행동이 일어난 상황이라고 볼 수 있다. 이런 특정상황에서 떠오른 생각이나 이미지를 자동적 사고라고 부르며, 인지행동치료에서 가장 먼저 다루게 된다. 예컨대, 수업에서 발표를 시작하려고 앞에 나갔을 때 불안이 엄습해 온 상황에서 '난 발표를 끝까지 마칠 수 없을 거야.'라는 생각이 떠올랐다면, 이런 생각을 자동적 사고라고 한다. 자동적 사고는 때때로 '얼굴이 빨갛게 되고 땀을 뻘뻘 흘리는 모습'이 떠오르는 것과 같은 이미지의 형태로 나타날 수도 있다. 자동적 사고 중에서 많은 정서를 내포하거나 수반하는 사고를 뜨거운 인지(hot cognition)[4]라고 하며, 치료에서 중점적으로 다루게 된다.

역기능적 가정 / 중간신념　자동적 사고가 매우 상황 특정적인 데 반해, 역기능적 가정은 다양한 상황에 적용되는 삶의 규칙이나 가정을 말한다. 핵심신념보다는 덜 전반적이어서 중간신념이고도 불린다. 사람들이 가지고 있는 수많은 가정들이 있지만, 인지행동치료에서는 이들 중에서 내담자들에게 부정적인 감정이나 행동을 일으키는 가정을 중점적으로 다룬다. '만일 … 하면

---

4) '뜨거운 인지(hot cognition)'를 내담자에게 쉽게 설명하기 위해 감정이 많이 포함된 '따끈따끈한 생각'이라고 소개할 수 있다. 이 책에서는 두 가지 용어를 혼용하고자 한다.

... 할 것이다.'의 형태로 되어 있는 것이 많다. 예컨대, '조금이라도 실수하면 차라리 하지 않느니만 못하다.' '내 감정을 있는 그대로 표현하면 관계가 더 힘들어질 것이다.'와 같은 가정이 역기능적 가정이라고 볼 수 있다.

핵심신념 혹은 스키마   핵심신념은 역기능적 가정보다 더 전반적이고 추상적인 생각으로서 기질이나 어린 시절의 경험에 의해 형성되며, 자신이나 사람들이나 세상에 대해 지속적으로 가지고 있는 전반적인 신념을 말한다. 예를 들어, 내담자가 '나는 무능해.' '사람들은 날 좋아하지 않는다.'라는 핵심신념을 가지고 있다면 특정상황에만 영향을 미치지 않고 생활 전반에 광범위한 영향을 미친다. 주위에서 일어나는 여러 일들 중에 특정사건에 더 주의를 기울여 그 의미를 해석하고 기억하게 만들며, 핵심신념에 맞지 않는 사건은 무시하거나 그 의미를 축소할 가능성이 높은 데다가 일생 동안 지속되기 쉽다.

한편, 스키마는 자기나 타인에 대한 핵심신념, 기억, 감정, 신체감각 및 행동경향성을 포함하고 있는 복합적 구조로서, 자신의 경험과 다양한 정보를 나름의 방식으로 이해하고 처리하는 참조의 틀로 작용한다. Young은 성격장애가 있는 내담자들을 설명하기 위해 초기부적응도식(Early maldaptive schema: EMS)이라는 개념을 제안했다. 이는 생애 초기에 발달되어 일생 동안 지속되는 자기패배적이고 역기능적인 감정과 사고 패턴의 복합체라고 볼 수 있다. EMS는 기질적 요인과 함께 어린 시절의 경험에 의해 형성되는데, 전 생애를 통해 지속적으로 정교화되어 부정확하고 왜곡된 것일지라도 계속 유지되면서 심각한 문제를 일으킨다. 예컨대, 불신의 도식을 가지고 있는 사람은 남들이 자신에게 잘 대해 줄 때는 주의를 기울이지 않다가 비판적인 말을 할 때 주목하는 등 자신의 도식에 맞는 정보만 취사선택하여 이 신념을 계속 유지하게 된다. 또한 어린 시절 도식을 형성시킨 경험(예: 왕따)과 유사한 사건을 만나면, 그 사건과 연합된 정서와 신체감각이 무의식적으로 활성화되어 자기도 모르게 분노와 냉담한 기분을 느껴 사람들과 거리를 두게 된다. EMS에 대한 보다 자세한 설명과 EMS를 평가하는 방법은 제7장에 나와 있다.

자동적 사고를 먼저 다루는 것의 이점　　인지행동치료를 할 때 앞에서 말한 여러 수준의 사고 중에서 자동적 사고를 먼저 다루는 것은 다음과 같은 이점 이 있다. 첫째, 자동적 사고는 즉각적이고 자동적이기 때문에 합리적인 검토 를 거치지 못한 채 사실로 받아들여지는 경우가 많다. 따라서 자동적 사고를 다룸으로써 특정상황에서 일어난 사건과 사고(해석과 의미 부여)를 구분하는 것을 촉진해 준다. 둘째, 자동적 사고는 특정상황에서 일어나기 때문에 관찰 하기가 더 쉽다. 셋째, 자동적 사고는 자동적 사고의 타당성을 검토할 수 있 는 외적 참조 체계가 있어 경험적 접근이 용이하다. 그래서 역기능적 가정이 나 스키마보다 수정이 용이하다.

1) 자동적 사고를 찾아내는 방법

인지행동치료를 해 보면 어떤 내담자는 어렵지 않게 자동적 사고를 찾아내 는 반면, 어떤 내담자는 자동적 사고를 찾아내는 것을 매우 힘들어한다. 자동 적 사고를 발견하기 위해서는 내담자의 특성에 맞게 다양한 방법을 적용해야 하지만, 사전 작업 또한 중요하다. 필자의 경험에 의하면, 우리나라 내담자들 의 경우 자동적 사고를 찾아내는 작업에 곧바로 착수하는 것보다는 상담자 가 우선 내담자의 고통스런 경험을 들어 주고 공감해 주는 기초 작업을 해 주 는 것이 필요하다. 이런 기초 작업을 통해 자신의 생각을 관찰해 볼 수 있는 여유가 생기기도 하며, 또한 상담자와의 치료동맹이 형성되어 자신의 생각을 관찰하는 쉽지 않은 작업에 마음을 연다고 볼 수도 있다. 자동적 사고를 찾아 내는 방법은 다음과 같다.

첫째, 가장 기본적인 방법으로서 내담자가 특정상황에서 부정적인 기분 이 강하게 들었다거나 부적응적인 행동을 했다면 "그 상황에서(혹은 그 순간 에) 어떤 생각이 들었어요?"라고 질문해 보는 것이다. 이 외에도 자동적 사고 를 파악하는 데 도움이 되는 질문들을 〈글상자 5-1〉에 제시하였다. "그 상황 이 ○○ 씨에 대해 뭘 말해 주는 것 같습니까?" "어떤 점 때문에 그렇게 느끼셨던 것 같아요?" "어떤 일이 일어날까 봐 걱정하셨어요?" 등 내담자의 상황에 따라 다양한 질문을 던져 볼 수 있다. 때때로 내담자가 자동적 사고를 제대로 못 찾아낸다면 몇 번 반복해서 질문을 던져 봐도 좋다. 상담자가 내담자의 경험을 좀 더 자세하게 이해하려는 마음으로 질문한다는 것이 전달된다면, 질문을 반복해서 하더라도 내담자가 이를 잘 받아들인다. 그렇지만 반복되는 질문이 내담자에게 마치 심문받는 것처럼 느껴질 수도 있다. 이때 중요한 것은 언제 이 질문을 하는가라는 질문의 타이밍이다. 먼저, 내담자가 말하는 상황이 어떤 것인지 관심을 가지고 경청하고, 그 상황에서 내담자가 느낀 감정을 공감해 주고, 그때 어떤 생각이 떠올랐는지 물어볼 때 훨씬 더 협력적으로 자동적 사고를 찾아보려고 할 것이다.

때로는 그 상황에서 떠오른 이미지에 대해 물어보는 것도 도움이 된다. 이미지는 구체적으로 일어난 일에 대한 내용을 담고 있기보다 은유적인 경우가 많아, 내담자가 느끼는 복합적인 마음을 잘 드러내 주기도 한다. 친구들로부터 왕따를 당하는 문제로 상담에 찾아온 여고생은 상담 중에, 본인이 정말 힘

글상자 5-1 **자동적 사고를 끌어내기 위한 질문**

- -

"그때 어떤 생각이 떠오르셨어요?"

"마음속에 스쳐 지나간 생각이나 이미지가 있었습니까?"

"○○ 씨 자신에 대해 어떤 의미가 있는 걸까요?"

"그게 남들이 ○○ 씨에 대해 어떻게 생각한다는 것을 말해 주나요?"

"어떤 일이 일어날까 봐 걱정하세요?"

"어떤 점 때문에 ○○ 한 기분이 들었던 것 같으신가요?"

"어떤 일이 일어날 거라고 상상하셨어요?"

"이게 사실일 때 일어날 수 있는 최악의 사태는 무엇입니까?"

"그때 어떤 생각이 드셨는지 한번 짐작해 보세요"(계속 '잘 모르겠다'고 답할 경우)

든데도 엄마에게조차 자신의 마음을 그대로 이야기하지 못하고 한참을 고민했다고 말했다. 그런네 엄마가 사기 이야기를 듣고 "힘내. 다 힘들지, 너만 그렇게 힘든 건 아니야."라고 말했을 때 너무나 실망스럽고 화가 났다고 했다. 그때 어떤 생각이 들었냐고 물어보자, 내담자는 "마치 벼랑 끝에 서 있는 저를 밀어 버리는 것 같았어요."라고 말했다. 이 이미지는 내담자가 자신의 감정을 수용받지 못했을 때 상대방에 대해 어떻게 생각하는지를 그 어떤 말보다도 잘 나타낸다고 볼 수 있다. 이와 같이 어떤 상황에서 내담자에게 떠오른 이미지는 내담자의 기분과 행동을 이해하는 열쇠가 되며, 내담자의 마음을 더 깊이 있게 탐색하는 출발점이 되기도 한다.

또 다른 예로, 우울증으로 상담에 온 40대 여성 내담자는 최근 직장에서 일어난 남자 상사와의 갈등을 상담 중에 이야기하였다. 내담자는, 특히 남자 상사와 이야기할 때 자기의견을 따라 주지 않으면 속으로는 엄청 화가 나지만 그대로 상대방의 말에 따르게 된다고 말하면서, 그 순간 아버지가 욕하는 장면이 떠올랐다고 했다. 이때 떠오른 욕하는 아버지의 이미지는 중요한 자동적 사고라고 볼 수 있다. 상담자가 아버지의 이미지가 떠올랐을 때 어떤 생각이나 기분이 들었냐고 내담자에게 다시 물어보자, "너 나이가 몇인데 그렇게 행동하나...."라고 말씀하시던 것과 아버지 특유의 눈빛과 몸짓이 생각났다고 했다. 그게 어떤 의미인지 다시 물어보자, 내담자는 '내가 여자라서 무시하는 걸까, 내가 어려서 나를 무시할 것이다. 나이가 어리면 내가 따라야 하나?'와 같은 생각이 들었다고 했다. 상담자와 내담자는 이 생각에 초점을 맞추고 검토하는 과정을 통해 이런 상황에서 왜 더 화가 나고 상대방의 말을 따르면서도 마음을 닫게 되는지 깊이 있게 이해하게 되었다.

둘째, 자동적 사고가 일어난 상황을 아주 자세히 이야기하도록 한다. 마치 그 상황이 지금 일어나고 있는 것처럼 그 상황을 상상으로 재연하면서 이야기하다 보면, 내담자가 자기도 모르게 그 상황에 몰입하면서 그때 들었던 생각을 이야기하는 경우가 있다. 상담자들이 자동적 사고를 찾지 못하는 주된 이유 중 하나는 너무 두루뭉술한 상황에서 생각을 찾으려고 하기 때문이다.

내담자가 지나간 일들을 이야기할 때 특정상황에서 일어난 일을 이야기하기 보다는 전반적으로 어떻다고 이야기할 때가 많다. 이와 같이 일반적인 수준에서 이야기할 때는 상황이 구체화되지 않아 자동적 사고를 찾기가 힘들다.

이때는 내담자에게 "그런 일들 중에서 한 가지 예를 들어 자세히 설명해 주시겠어요?"라고 요청하는 것이 좋다. 만일 내담자가 상황을 자세하게 잘 떠올리지 못하는 경우, 눈을 감고 심상을 활용하여 상황을 묘사하게 하는 것도 한 방법이다. 그런데 상담자가 자동적 사고에 대한 질문을 통해서만 자동적 사고를 파악할 수 있다고 생각하고 있으면 내담자가 말하는 것을 놓칠 수 있다. 다음 축어록에서와 같이 내담자가 아무 생각도 나지 않는다고 할 때, 그 상황에 대해 자세하게 이야기하게 한 다음 내담자의 말을 따라가다 보면 그 상황에서 어떤 생각이 들었는지에 대해서도 말하게 되는 경우가 적지 않다.

내담자: 계획을 세울 땐 할 수 있을 것 같다가도 갑자기 화가 나면... 아무것도 할 수 없게 돼요.

상담자: 그렇죠.... 그런데 갑자기 화가 날 때가 어떤 때인가요?

내담자: 아이가 짜증을 내면서 울 때요. 오랫동안.....

상담자: 그때 어떤 생각이 드셨어요?

내담자: 그럴 땐 아무 생각도 안 들어요.

상담자: 그 당시에 대해 좀 자세하게 이야기해 보실래요.

내담자: 우선 아이를 달래려고 좀 노력을 해요.

상담자: 그리구요.

내담자: 참아도 보고요.

상담자: 네....

내담자: 이렇게도 해 보고 저렇게도 해 봐도 아이가 계속 짜증을 내면서 울면 저도 모르게 소리를 질러요.

상담자: 그러고 나면 어떠신데요?

내담자: 다 소용없다는 생각이요.

상담자: 음....

내담자: 역시 나는 어쩔 수 없는 것 같아요. 실망하게 되죠.

이와 같이 내담자에게 그때 일을 자세히 말해 보라고 하면, 그 상황을 묘사하는 과정에서 '다 소용없어.' '나는 어쩔 수 없어.'와 같은 중요한 자동적 사고를 말하게 되는 경우가 있다. 상담자는 이를 부드럽게 언급해 주면서, 처음에는 잘 드러나지 않았지만 이런 자동적 사고가 내담자의 기분과 행동에 중요한 영향을 미칠 수 있다는 점을 다루어 준다.

셋째, 환자의 말에서 생략한 부분을 완성하도록 해 본다. 예컨대, 친구의 통화 목소리가 그다지 다정하지 않을 때 '어떡하지?'라는 생각이 떠올랐다고 한다면, 내담자에게 "어떡하지 다음에 어떤 말이 올 수 있을까요?" 혹은 "어떡하지가 무슨 뜻일까요?"라고 물어봄으로써 숨어 있는 내용('얘가 날 싫어하는 것 같다.')이 드러나기도 한다.

넷째, 질문의 형태로 나온 자동적 사고(예: '나를 이상하다고 생각하지 않을까?' '잘할 수 있을까?' '왜 이런 일은 항상 나에게만 일어나지?' '어떻게 이 상황을 벗어날 수 있을까?')를 평서문의 형태로 바꾸어 보도록 한다. 예컨대, '잘할 수 있을까?'라는 자동적 사고를 평서문으로 바꾸면 어떻게 되는지 내담자에게 직접 바꾸게 한다. 이러한 의문문에 부정적으로 답하는 것(예: '나는 잘할 수 없을 거야.')이 실제 자동적 사고일 가능성이 높다. 이러한 의문문의 형태는 주로 내담자의 높은 불안 수준을 반영한다. 그렇지만 실제 감정을 일으킨 자동적 사고의 내용으로 보기는 어렵다.

다섯째, 치료시간 내에 일어나는 미묘한 환자의 감정 변화를 관찰하고, 그때 떠오른 생각을 말하도록 한다. 내담자에게 감정의 변화가 일어날 때, 이는 중요한 자동적 사고가 방금 일어났다는 신호일 가능성이 높다. 상담자가 이런 감정 변화를 재빨리 관찰하고, 그 순간 어떤 자동적 사고가 떠올랐는지 탐색해 보면 자동적 사고의 역할을 생생하게 인식할 수 있다. 제3장 마지막 부분에 제시된 사례에서는 상담자가 내담자의 이마를 찡그리는 표정을 놓치지 않고 관찰하고, 이때 어떤 생각이 났는지 탐색함으로써 '나는 한심하다.' '상담자가 나를 평가할 것이다'와 같은 중요한 생각들을 즉시적으로 찾아내고 다룰 수 있었다. 이와 같이 상담자는 상담 중에 나타나는 내담자의 미묘한 감정 변화를 발견하고, 이를 다룸으로써 뜨거운 인지를 찾아낼 수 있다.

여섯째, 상담자가 내담자의 자동적 사고를 추측하여 물어본다. 이 방법은 어떤 방법으로도 자동적 사고를 찾지 못했을 때 쓰는 마지막 카드로서, 될 수 있으면 사용하지 않는 것이 좋다. 이는 마치 수학 문제를 풀 때 답을 미리 보여 주고 풀게 하는 것과 같아서, 내담자 스스로 자동적 사고를 찾아내는 능력을 키우지 못하게 만들 수 있다.

2) 자동적 사고기록지의 활용

인지행동치료에서 자동적 사고를 관찰하고 기록할 때 자동적 사고기록지를 활용하면 내담자의 자동적 사고를 찾고 수정하는 데 매우 효과적이다. 자동적 사고기록지에는 일반적으로 상황, 기분, 자동적 사고를 적는 칸이 먼저 나오고, 그 다음 인지적 오류나 자동적 사고를 지지 혹은 반박하는 증거를 적는 칸이 나오고, 다음으로 대안적 사고를 적는 칸이 나온다. 필자는 우리나라 내담자들이 기록하는 것을 부담스러워하는 경우가 많아 [그림 5-1]과 같은 다섯 칸짜리 사고기록지를 사용하되, 처음에는 주로 상황, 감정, 그리고 자동적 사고의 세 칸만 활용한다. 내담자가 조금 익숙해진 후, 인지적 오류를 적거나 대안적 사고를 적게 한 후, 마지막에는 대안적 사고를 한 후 어떤 결과를 얻었는지 적게 한다. 이 마지막 칸을 활용해 대안적 사고를 했을 때 기분이나 행동이 어떻게 변화했는지를 적게 함으로써 기분에 미치는 대안적 사고의 긍정적 효과를 확실히 알게 될 뿐 아니라, 보다 적극적으로 행동의 변화를 추구할 수 있게 된다. 만일 내담자가 적어 오지 못한 칸이 있다면 상담자와 함께 상담회기 중에 들어갈 내용을 생각해 보고 적게 해 보는 것이 좋다.

상황	감정(강도)	자동적 사고	인지적 오류/ 대안적 사고	결과(기분과 행동의 변화)
3/1 친구 결혼식에 참석했다.	울적하다(7)	나는 행복한 결혼을 하지 못할 거야. 나는 내가 원하는 배우자를 못 만날 거야.	재앙적 사고/ 미리 단정 지을 필요는 없다.	처음보다는 기분이 덜 울적해졌다.
3/3 서류 작업을 하는 도중 실수로 글자를 잘못 입력했다. 확인한다고 했는데 놓친 것 같다. 그걸 원장님이 발견해서 지적했다.	창피하다(4) 실망스럽다(5)	왜 남보다 실수가 더 많을까. 제대로 해 놓은 게 없는 것 같다. 한다고 하는데, 정말 한심하다.	과잉일반화/ 실수를 줄이려면 어떻게 해야 할지 생각해 봐야겠다.	실수를 줄이기 위해 노력해 보기로 했다.

그림 5-1 자동적 사고기록지의 예

내담자가 사고기록지를 적어 오면 그 시간에 반드시 사고기록지를 검토하는 시간을 가져야 한다. 우선 내담자에게 사고기록지를 적어 온 것에 대해 칭찬과 격려를 해 주고, 사고기록지의 내용을 같이 검토한다. 사고기록지를 다 다루고 난 뒤 "이것을 통해 무엇을 알게 되었어요?"라고 물어봐서 새롭게 알게 된 사실을 정리해서 확인시키는 것이 좋다. 실제로 사고기록지에 적어 온 것을 검토해 보면, 내담자가 때로 기분과 사고를 혼돈하고 있는 경우가 많다. 대개 사고를 기분으로 생각하는 내담자가 많은데, 〈글상자 5-2〉의 형용사 목록을 보여 주면서 그때 느꼈던 기분을 골라 보도록 하는 것도 도움이 된다.

글상자 5-2 기분 목록

긍정적

감격스럽다	뿌듯하다	재미있다	활기차다
감사하다	사랑스럽다	좋다	홀가분하다
기쁘다	상쾌하다	즐겁다	후련하다
든든하다	속이 시원하다	짜릿하다	흐뭇하다
만족하다	시원섭섭하다	통쾌하다	흡족하다
반갑다	신나다	편안하다	흥겹다
벅차다	유쾌하다	편하다	흥분하다
보람이 있다	자랑스럽다	행복하다	희망적이다

부정적

갑갑하다	부끄럽다	실망스럽다	죄책감을 느끼다
걱정스럽다	부러움을 느끼다	싫다	지겹다
겁나다	분노를 느끼다	심심하다	지루하다
격분하다	분하다	씁쓸하다	짜증스럽다
공포를 느끼다	불안하다	아쉽다	참담하다
괴롭다	불쾌하다	안절부절못하다	창피하다
귀찮다	비참하다	억울하다	처량하다
기분이 상하다	비통하다	언짢다	초조하다
답답하다	서글프다	역겹다	한 맺히다
당황스럽다	서럽다	외롭다	허전하다
두렵다	서운하다	우울하다	혐오스럽다
무섭다	섭섭하다	원망스럽다	혼란스럽다
미안하다	속상하다	절망하다	화난다
민망하다	수치스럽다	좌절감을 느끼다	황당하다
배신감을 느끼다	슬프다	죄송스럽다	힘들다

인지행동치료자를 위한 Tip! **사고와 감정을 구별하기**

"허무하고 앞날이 막막하게 느껴졌어요."와 같이 여러 단어나 문장으로 표현되어 있으면 사고일 가능성이 높다. 내담자가 "… 라고 느껴졌어요."라고 말하면 기분을 말하는 것으로 생각하기 쉬운데, 자세히 살펴보면 기분이 아니고 사고를 표현하는 경우가 많다. 예를 들어, 내담자가 "뭔가 하는 것마다 다 실패하는 느낌이 들었어요."라고 말할 때 기분이 아니고 생각이라는 것을 파악하면 이 생각을 검토할 수 있게 된다. 이런 경우, 내담자가 무안하지 않게 우리나라 말에서는 기분과 생각을 혼돈하기 쉽다고 알려 주고, 다시 한번 기분과 사고를 구분하는 방법을 알려 주는 것이 중요하다('우리나라 말에서 기분은 두세 개 형용사로 표현되는 경우가 많고, "… 라고 느껴졌어요." 라고 하면서 문장으로 길게 이야기할 때는 자기생각이 표현되는 경우가 많아요').

3) 놓치기 쉬운 자동적 사고를 찾아내는 요령

놓치기 쉬운 자동적 사고를 찾아내는 작업에서 고려해야 할 점들은 다음과 같다.

첫째, 감정은 의미의 세계를 여는 열쇠라고 볼 수 있다. 자동적 사고를 무조건 많이 찾아내는 것보다는 강한 정서를 일으키는 일에 대해 자동적 사고를 찾아내는 것이 중요하다. 왜 그 일이 그렇게 싫은가, 혹은 화나는가를 찾다 보면 내담자의 중요한 자동적 사고를 발견할 수 있다.

둘째, 사고의 내용으로 나타난 감정을 충분히 설명하기 어려울 때 "그중에서 무엇이 최악인가?" "일어날 수 있는 최악의 일이 무엇인가?" "그렇다면 최악의 시나리오는 무엇인가?" 등의 하향식 질문을 사용하여 그 사람이 그 일에 어떤 개인적인 의미를 부여하고 있는지 살펴보아야 한다. 내담자에게 그 일이 왜 그렇게 강한 감정을 불러일으키는지 알아보기 위해, 때로는 "그런 경우 일어날 수 있는 가장 최악의 일이 무엇이에요?"라고 그 의미를 추적하는 것이 도움이 된다. 마음속에 숨겨져 한 번도 입 밖에 내보지 않은 일을 언어화하여 표현하는 것 자체가 도움이 될 수 있다. 내담자의 대답에 머무르지 말고, 그 세부적인 사항을 좀 더 구체화함으로써 그 사람이 무엇을 예상하고 기대하는지 좀 더 풍부하게 끌어낼 수 있다. 이런 과정을 통해 눈에 띄는 심한 과장이 있다든지, 아니면 말도 안 되는 추측을 한다든지 하는 마음속의 트릭이 드러날 때도 있다.

셋째, 신체감각과 관련된 생각을 알아보는 것도 도움이 된다. 감정이 고조되어 있을 때 의식의 내용은 이것저것 섞여 있어서 어떤 때는 언어로 명확하게 묘사하기가 쉽지 않다. "속이 쓰리다." "머리가 무겁다."와 같은 말에는 신체감각과 함께 감정과 사고가 어우러져 있다. 이 신체감각이 어떤 것인지 자세히 탐색해 보면 관련되어 있는 이미지와 생각을 찾아낼 수 있기도 하다. 인지행동치료자들은 신체감각에 대해서는 잘 물어보지 않는데, 이것은 그 개인의 의미 부여 과정을 파악할 수 있는 하나의 중요한 통로를 차단하는 것이다. 우리나라 사람이 많이 쓰는 '답답하다'라는 말에는 신체감각과 함께 감정과 사고가 내포되어 있어, 이 말이 의미하는 바가 무엇인지 좀 더 자세하게 탐색하다 보면 생각을 파악할 수 있게 된다.

넷째, 내담자가 자신의 자동적 사고를 상세히 말하기 어려워할 경우, 심상을 활용하는 것도 좋은 방법이다. 내담자가 상상을 통해 중요한 사건을 생생하게 마치 현재 일어나는 것처럼 회상하도록 한다. "누가 거기에 있었나요?" "다른 사람들은 어땠나요?" "그때 기억나는 소리나 냄새가 있었나요?" "무슨 옷을 입고 있었나요?" 등 사건을 생생하게 떠올리는 데 도움이 되는 질문을 던진다. 그 후 사건이 일어났을 당시의 생각과 감정을 떠올리도록 한다.

앞에서 말한 방법들을 다 사용해 보아도 자동적 사고를 잘 인식하지 못하는 경우에는 어떻게 해야 할까? 치료 초반부에는 자동적 사고를 어떻게 찾아내는지 다시 한번 예를 들어 잘 설명해 주는 것이 좋다. 만일 자동적 사고가 무엇인지도 알고 있고, 또 상황에 따라 자동적 사고를 찾아내기도 했던 내담자가 어떤 상황에서는 자동적 사고를 잘 찾아내지 못하겠다고 말했을 때는 그냥 넘어갈 수도 있다. 왜냐하면 치료 초반부에 아직 치료동맹이 확고하게 형성되지 않았을 수도 있으며, 내담자가 아직 자동적 사고를 다룰 준비가 되어 있지 않았을 수도 있기 때문이다.

그렇지만 만일 중요한 주제를 다루고 있거나, 내담자의 뜨거운 인지가 거의 사각되기 직전에 있어 치료자가 슬쩍만 밀어 주면 파악할 수 있다고 생각되면 좀 더 시간을 두고 끈기 있게 물어볼 수 있다. "어떤 생각을 하셨는지 좀 더 찾아볼까요?"와 같은 질문을 다시 한번 반복하면서 내담자가 스스로 발견하도록 해야 한다. 이때 내담자가 자신의 경험에 대해 말하기를 꺼려하거나 어려워하고 있다는 것을 인정해 주고, 내담자를 편안하게 이끄는 것이 중요하다. "그때 마음속에 있었던 일을 천천히 찾아볼까요?" "슬로비디오로 그 순간을 다시 돌려 본다면 어떤 게 나올까요." 이때 내담자의 신체적 · 언어적 제스처(한숨, 불편스러운 자세 변화, 신경질적인 웃음, 눈가가 촉촉해지는 것 등)를 통해 미묘한 정서의 변화를 잘 관찰하는 것이 도움이 된다. 내담자의 반응을 알아차리는 순간 부드럽게 그 순간에 어떤 생각들을 했는지 물어볼 수 있다("지금 눈물이 잠깐 고이시는 것 같았는데… 지금 이 순간 어떤 생각이 마음을 스쳐 지나갔나요?"). 내담자가 일어난 사건에 대해서만 이야기하고 자동적 사고를 찾아내기 어려워할 때 치료자가 한 걸음 더 나아가 추측하여 알아내려고 하는 경우가 있는데, 이러한 전략은 효과적이지 않다. 상담자가 입에 넣어 준 자동적 사고는 자기 것이라고 느끼지 못할 수 있으며, 또 치료자가 잘못 짚었을 때 내담자 편에서 볼 때는 자신을 이해하지 못한다고 느끼게 만들 수 있기 때문이다.

2. 감정을 관찰하기

인지행동치료에서는 특정상황에서 빠르게 지나가는 생각이나 이미지를 찾아내는 데 많은 치료적 노력을 기울인다. 이는 내담자가 그 상황에서 가졌던 생각을 파악하는 것이 그 맥락에서 어떤 감정을 느끼고 어떤 행동을 하게 되었는지 이해하고 설명하고, 또 변화시키는 데 중요한 역할을 하기 때문이다. 이와 같이 사고를 찾아내고 확인하는 데 많은 노력을 기울이다 보면, 자칫 내담자가 느끼는 감정을 파악하고 다루는 작업을 소홀히 하기도 한다. 아마도 전통적 인지행동치료에서 정서는 관리되고 조절되어야 하는 것으로 인식하고, 인지가 정서에 선행한다고 강조한 결과 일어난 현상일 수 있다. 최근에 와서는 인지가 정서에 선행하는가 아니면 정서가 인지에 선행하는가라는 질문 자체가 의미가 없을 정도로 정보처리 과정에 인지와 정서가 밀접하게 관련되어 있다는 일관된 연구결과가 나오고 있다. 이에 따르면, 정보처리의 초기 과정부터 정서적 처리가 일어나 반응을 이끌어 내며, 때로는 인지 과정이 정서경험에 깊이 관여하고 있어 인지과정 없이는 정서를 이해할 수 없다고 밝혀지고 있다.

정서는 우리에게 어떤 일이 일어나고 있는지를 알려 주고, 지향해야 할 목표의 우선순위를 설정하게 하며, 특정한 행동을 하도록 조직화하는 기능을 한다. 정서는 긍정적 정서이건 부정적 정서이건 우리의 생존과 관련된 일에 즉각적으로 반응하게 만들어 준다. 사실, 사람들은 우울, 슬픔, 불안, 분노, 공포 등의 불편한 감정들을 없애거나 줄이기 위해 치료를 받으러 온다. 그렇지만 이런 고통스런 감정들은 우리가 적응하는 데 나름대로의 역할을 하고 우리에게 중요한 정보를 제공해 준다. 따라서 인지행동치료의 목표는 이런 감정들을 없애는 것이 아니라, 이 감정들을 더 잘 이해하고 조절하는 방법을 배우게 하는 데 있다. 상담자는 내담자의 사고를 개입의 핵심에 놓고 접근하되, 인간의 기억, 사고, 행동에 정서가 깊이 관여되어 있으며 강한 영향력을 준다는 것을 간과해서는 안 될 것이다. 앞에서도 언급했듯이 내담자의 핵심적인 인지에는 많은 정서가 내포되어 있기 때문에, 의미기반 암묵적 인지에 접근하고 이를 다루기 위해서는 상담자가 내담자로 하여금 정서를 자각하고 경험하도록 돕는 것이 필요하다.

그렇다면 인지행동치료에서는 상담자가 내담자의 정서를 언제 다루고 어떻게 다루어야 할까? 첫째, 내담자가 특정상황에 대해 이야기하면서 자발적으로 감정이 북받쳐 오를 때, 이를 무시하고 내담자의 사고에만 초점을 맞추는 것은 바람직하지 않다. 당연한 이야기 같지만 인지행동치료 상담사례를 슈퍼비전하다 보면 이런 경우가 적지 않다. 다음은 시험불안으로 상담에 온 여성 내담자와의 상담 축어록이다.

> 상담자: 우선은 그때 상황으로 다시 들어가 볼게요. 그때 자괴감이 느껴졌던 상황에서 어떤 생각들이 스쳐 갔어요?
>
> 내담자: 뭔가 하는 일마다 다 실패하는 느낌이 들었고... (눈에 눈물이 고임) 또다시 든 생각이 '나는 다른 애들보다 더 열심히 한 것 같은데 왜 시험을 이 정도밖에 못 볼까?'라는 생각도 들었고... '내가 아무리 남은 시험을 잘 봐도 (울먹이며) 좋은 성적을 받기 힘들 것 같다.' 그런 생각이 많이 들었어요.
>
> 상담자: 음... 그러면 이 생각들 중에서 어떤 생각이 자괴감과 가장 관련이 깊은 것 같아요?
>
> 내담자: 글쎄요. 다른 애들보다 공부를 더 해도 시험을 잘 못 보는 것 같다는 생각인가.... 잘 모르겠는데요.
>
> 상담자: 그럼 그때 들었던 생각을 본인이 얼마나 사실처럼 믿고 있는지 한번 이야기해 보실래요?

이 사례에서 상담자는 자괴감과 관련 있는 자동적 사고를 찾아내는 작업에 너무 몰두한 나머지 내담자의 감정에 충분히 주의를 기울이지 못하고 있다. 물론 자괴감과 가장 관련 있는 뜨거운 생각이 무엇이었는지를 확인하는 작업도 중요하다. 그렇지만 내담자가 이 상황에서 들었던 생각들을 말하면서 그때 감정이 다시 생생하게 솟아나고 있다는 것은, 이미 뜨거운 생각을 다루고 있다는 것을 간과한 것이다. 상담자는 내담자가 "뭔가 하는 일마다 다 실패하는 느낌이 들어요."(이와 같이 내담자들은 생각을 말하면서 '어떤 느낌이 든다.'라고 말하는 경우가 많다.)라고 말하면서 눈물이 고였음에도 불구하고 이 순간을 그냥 지나치고 있다. 만일 내담자에게 "뭔가 하는 일마다 다 실패하는 것 같다고 말하면서 눈물이 고이시는 것 같던데... 어떤 기분이 드셨어요?"라고 물어보고 이를 다루어 주었다면, 내담자가 실패와 관련해서 얼마나 두려운지 또는 얼마나 실망되는지, 그 이면에 어떤 감정이 더 담겨 있는지를 탐색해 볼 수 있었을 것이며, 실패하는 자기에 대한 어떤 측면이 이런 감정들을 이끌어 내는지도 좀 더 깊이 있게 다루어 줄 수 있었을 것이다.

내담자가 치료 중에 감정을 표현할 때, 그것을 충분히 탐색하고 공감하는 일은 인지행동치료에서도 매우 중요하다. 왜냐하면 내담자가 경험하는 감정에 공감하면서 그것과 밀접하게 연관되어 있는 인지에 대한 탐색을 분리할 수 없을 때가 많기 때문이다. 상담자가 내담자의 정서경험을 깊이 있게 공감하고 이해하려고 할 때, 정서중심치료에서 제안하듯이 일차적 정서와 이차적 정서를 구분해서 파악하는 것은 매우 유용하다. 일차적 정서는 개인이 어떤 특정상황에서 실제로 경험했던 반응을 직접적으로 반영하는 것으로서, 상담자가 일차적 정서에 공감해 줌으로써 내담자의 내적 경험을 말로 표현하고 수용할 수 있도록 촉진하게 된다.

이차적 정서는 일차적 정서에 대해 반응적으로 나타나는 정서다. 예를 들어, 내담자가 분노를 느낄 때 분노하는 자신을 받아들이지 못하고 자기비난을 할 때, 그 결과 이차적 정서로서 우울감을 느낄 수 있다. 또한 일차적 정서가 대인관계에 위협이 될 수 있다고 여기는 내담자는 일차적 정서(예: 허전함, 취약함) 대신에 좀 더 안전하게 느끼게 해 줄 다른 정서(예: 분노)를 표현할 수 있다. 이에 더해 또 다른 정서반응으로 도구적 정서가 있는데, 이것은 내담자가 특정 감정(예: 슬픔)을 표현할 때 대인관계에서 처벌을 피한다든지 관심을 받는다든지 등의 원하는 결과를 얻게 된다는 것을 학습하여 나오는 감정이다. 상담자는 내담자가 경험하고 표현하는 감정이 어떤 정서경험인지 세밀하게 탐색하고 이해할 필요가 있다.

우리나라 내담자들을 상담하다 보면, 평소에 자신의 감정을 표현하고 풀어 놓지 못하기 때문인지 모르겠지만 치료과정에서 감정을 표현하고 공감받는 것이 더 중요한 것 같다. 당연한 이야기겠지만, 내담자는 감정을 표현하고 공감받음으로써 치료자와의 유대가 깊어지고 치료동맹도 견고해질 수 있다. 그렇다고 해서 내담자가 감정을 표현하도록 무조건 밀어붙이는 것은 치료적이지 않으며, 내담자가 감정을 표현할 때 이를 희석시키거나 무시하는 것 역시 치료적이지 않다. 따라서 상담자는 내담자가 감정을 표현하는 것 자체에 만족하기보다, 내담자로 하여금 자신의 감정에 접촉하면서 진정한 내적 경험이 어떤 것인지 탐색하도록 주의를 기울이면서 감정과 관련된 해석 과정을 깊이 있게 파악할 수 있어야 할 것이다.

둘째, 내담자가 자기와 관련된 신념 등 매우 중요한 주제를 이야기하는데 감정이 따라오지 않고 사실적으로만 밋밋하게 말한다면, 이는 내담자가 자신의 감정을 회피하거나 억압하는 것일 가능성이 많다. 이때 상담자는 내담자로 하여금 자신의 감정을 좀 더 생생하게 자각하고 표현하도록 돕고, 만일 필요하다면 감정을 표현하는 것과 관련하여 어떤 부적응적인 도식을 가지고 있는지도 탐색해 보아야 한다. 만일 핵심신념과 매우 밀접한 일을 이야기하면서 감정이 전혀 개입되지 않고 있다면, 내담자가 자신의 감정을 회피하고 감정과 유리되어 있다는 것을 말해 준다. 내담자의 부정적 핵심신념에는 대부분 고통스런 감정이 내포되어 있기 때문에, 정서적 각성이 충분히 일어나지 않은 상태에서 이 신념을 검토하게 되면 피상적인 수준에 그치기 쉽다. 상담자는 내담자의 핵심신념이 활성화되는 것 자체가 어렵고 고통스러운 과정이라는 점을 인식하면서, 내담자로 하여금 관련된 감정을 재경험하게 하며 핵심신념에 접근해야 한다.

내담자가 자기에게 일어난 일을 이야기할 때 관련된 감정까지 생생하게 경험하도록 돕기 위해 다음과 같은 방법을 사용할 수 있다.

1) 상황을 구체적으로 말하게 하기

앞에서 자동적 사고를 파악하기 위해 구체적인 상황을 다루는 것의 중요성을 강조하였듯이, 내담자의 감정에 접촉하게 하기 위해서도 내담자가 경험한 일이 마치 지금 일어나고 있는 것처럼 자세하게 말하게 하는 것이 도움이 된다. 내담자가 어떤 특정한 상황이 어떻게 전개되었는지 전반적인 개요를 이야기하면, 상담자는 그 상황의 세부적인 내용을 물어봐서 가능한 한 생생하

게 그 상황이 떠오르도록 한다. 다음 민지 씨의 상담 축어록에는 이런 과정이
잘 나타나 있다(연두색 글자는 필자의 코멘트임).

상담자: 그날 친구들하고 저녁 먹고 앉아서 이야기하던 때를 떠올려 볼 수 있겠어요?

내담자: 여러 명이 앉아서 이런 저런 이야기를 하고 있었어요.

상담자: 민지 씨는 누구 옆에 앉아 있어요?

내담자: 저는 명희라는 친구 옆에 앉아 있고 건너편에 있는 딴 애 이야기를 듣고 있어요.
개 이야기를 들으면서 '괜히 내 이야기는 하지 말아야지.' 그런 생각을 하면서 듣
고 있어요.

상담자: 민지 씨 이야기를 하면 어떨 것 같아서 안 하고 싶으셨어요?

내담자: 분위기가 어색할 것 같기도 하고....

상담자: 또....

내담자: 알리기가 싫은 거 같아요. 기본적으로 알리기가 싫은데 뭔가 계속 제 머릿속에
있어서 그거를 참을 수 없어서 나올 것 같은....

상담자: 만약 나오면 어떻게 될 것 같아요?

내담자: 가십이 되지 않을까 일단 걱정이 되고.

상담자: 진지하게 받아들여지지 않을 것 같다고 생각하셨나 봐요.

내담자: 분위기가 무겁게 이야기하고 싶어 하지 않는 것 같기도 해서요.

상담자: 그 상황에 앉아 있는 민지 씨 기분은 어떠셨어요?

내담자: 그냥 어정쩡하게 앉아 있었던 것 같아요.

상담자: 어정쩡하다는 게 어떤 거예요? (상담자가 그냥 넘어갈 수도 있는 표현을 구체화
시킴으로써 그 당시 느꼈던 감정을 좀 더 탐색할 수 있었음.)

내담자: 그 자리에 앉아 있기는 하지만 불편한 마음으로 있었던 것 같아요.

상담자: 그 불편감이 지금도 느껴지세요?

내담자: 네....

상담자: 불편감이 몸 어디에서 제일 느껴지세요? (그 당시 느꼈던 감정을 재현해 보면서
그 경험을 깊이 있게 탐색하게 만드는 좋은 질문임.)

내담자: 어깨도 경직되어 있는 것 같아요.

상담자: 그러니끼 불편하고 또 긴장도 느끼시는 거네요.

내담자: 참고 이야기를 안 하려니까 긴장도 되는 거 같아요.

상담자: 이야기를 하면 어떻게 될 것 같아요?

내담자: 진지하게 이야기를 하면 울게 될 것 같아요.

상담자: 마음속으로는 속상하고 힘든 마음이 많았던 거 같아요. 저절로 울게 되었을 것
같은데, 울면?

내담자: 약해 보이는 게 싫은 거 같아요. (상담자가 내담자의 신체감각에 대해 머물러 있
으면서 계속 탐색함으로써 속상하고 힘든 감정을 알아차리고 '약해 보이는 것은
싫다.'라는 중요한 사고를 파악하게 됨.)

2) 내담자의 말에 공감적으로 반응하기

내담자의 경험을 탐색하는 과정에서는 상담자의 공감적 반응이 내담자가
감정을 자각하고 명료화하는 데 가장 강력한 방법이라고 볼 수 있다. 또한 내
담자의 감정이 명료화되고 그 감정이 재경험될 때, 그 밑에 자리 잡고 있는
생각이 겉으로 드러나기도 한다. 이런 관점에서 볼 때, Safran과 Segal(2016)
이 주장한 것처럼 공감과 인지적 탐색은 철저하게 상호 의존적일 수 있다. 이
들은 공감이 내담자에게 자신이 경청되고 이해받는다고 안심시켜 주려는 것
이기보다는, 내담자의 내적 경험들을 이해하려는 상담자의 지속적인 시도로
나타나야 한다고 보았다.

다음 축어록은 대인관계 문제로 상담에 온 40대 초반 여성의 상담 내용이
다. 내담자가 친구들이 자기를 빼놓고 번개모임을 했다는 것을 알게 되었을
때 느꼈던 감정을 표현할 때 상담자가 어떻게 공감적으로 반응하였는지, 또
이것이 내담자의 어떤 반응으로 이어졌는지 살펴보자(연두색 글자는 필자의 코
멘트임).

내담자: 다 우리 동네 사는 애들이라 번개모임 자주 하거든요. 근데 무슨 일로 한 애한테 전화하니 시끌벅적하더라구요. 번개하는 것 같다는 느낌이 확 들던데요.

상담자: 그랬어요?

내담자: 그래서 같이 늘 모이는 다른 애한테 전화하니 거기도 시끌벅적하더라구요. 나만 빼놓고 모인 거죠.

상담자: 그때 어떠셨어요?

내담자: 기분이 너무 나빠서 아무것도 못 하겠더라구요.

상담자: 친구들이 소영 씨만 부르지 않았다는 거네요.

내담자: 정말 소외당한 기분이 들고....

상담자: 외롭고.... (기분이 나쁘고 소외당한 느낌에서 한 걸음 더 나아감.)

내담자: 속이 텅 빈 거 같은 느낌.... (상담자의 공감반응이 내담자로 하여금 감정을 더 탐색하고 표현하게 만듦.)

상담자: 텅 빈 느낌.... (상담자가 내담자의 느낌에 머물러 있어 줌.)

내담자: 뱃속이 비어진 듯한 느낌....

상담자: 내 주위에 아무도 없구나.

내담자: 그랬어요.

상담자: 씁쓸하고....

내담자: 맥이 빠지고 무기력해지는 느낌.... (내담자는 저변에 있는 무기력한 느낌까지 자각함.)

상담자: 어떻게 맥이 다 빠졌을까요.

내담자: 날 좋아한다면 불렀을 것 같거든요. 나를 별로 안 좋아하는 거구나. 나는 받아들여지지 않았구나.... 그런 생각에까지 미치더라구요. (내담자가 스스로 자동적 사고를 찾아냄.)

이 사례에서처럼, 상담자가 내담자 내면의 경험을 자세하게 이해하려고 노력하면서 감정에 공감해 줄 때 내담자의 내면에 있는 더 깊은 감정을 자각할 수 있게 되고, 나아가 그런 감정과 연관되어 있던 인지까지 탐색할 기회가 열리게 되었다.

3) 신체감각에 주의를 기울여 보기

우리의 생각이 감정의 영향을 받고 또 감정에 영향을 미칠 수 있는 것처럼, 감정은 신체감각에 영향을 주고 또 영향을 받기도 한다. 불안을 느끼기도 전에 손에 땀이 나고 위가 조이는 듯한 신체감각을 먼저 느낄 수 있으며, 혹은 근육에 긴장을 느낄 수도 있다("TV 보면서 편안하게 앉아 있는데, 저도 모르게 다리에 힘이 들어가 있더라구요. 이게 긴장이 오면 다리 종아리에 먼저 힘이 들어가더라구요. 저도 모르게....."). 또는 슬픔과 함께 팔다리가 묵직한 감을 느끼기도 하며, 목에 덩어리가 있어 누르는 느낌을 받을 수도 있다. 내담자 중에는 어떤 기분을 느꼈는지 물어봐도 막연하게만 표현하면서 잘 모르겠다고 하는 사람이 있는데("어두운 기분에 막 젖어 들면 헤어나기가 힘들어요."), 이때 신체감각에 주의를 기울여 보게 하는 것이 도움이 된다. 내담자에게 신체의 어떤 부분에 어떤 감각이 느껴지는지 살펴보라고 하면, 목 뒤가 뻐근하다, 가슴이 조여온다, 팔이 저린다 등으로 어렵지 않게 이야기한다. 이때 그 신체감각에 머물러 있어 보게 한 후 다시 어떤 기분이 드는지 물어보면, 자신의 감정에 더 잘 접근할 수 있다.

4) 내담자가 상담 중에 보이는 감정의 변화에 주목하기

상담 중에 내담자의 미묘한 비언어적 행동의 변화를 관찰해 보면 감정의 변화를 알아차릴 수 있다. 내담자의 즉각적이고 생생한 감정의 변화를 다루게 되면 상담자가 내담자의 경험을 더 잘 이해하게 되고, 나아가 관련된 인지도 탐색할 수 있게 된다. 다음 축어록에는 민지 씨와의 상담에서 상담자가 그녀의 감정을 어떻게 탐색하고 다루었는지가 잘 나타나 있다.

내담자: 이번 주에 병원에 갔더니 엄마가 반가워하시면서 '웬일로 올 생각을 다 했어?' 이렇게 말씀하시더라구요.

상담자: 마음이 어땠어요, 그 말을 들었을 때?

내담자: 솔직히 너무 부담스러웠어요.

상담자: 부담감, 또 어떤 감정이 들었어요?

내담자: 사실 싫었던 것 같아요. 솔직히 싫다. 저한테 그렇게 의지하는 것이 부담스럽고…. 엄마가 이렇게 의지하고 있다는 게 엄청 부담스럽고, 부담스러워하는 제 자신도 싫었던 것 같아요.

상담자: 이런 나에 대해 어떤 마음이 들었어요? 어떤 생각이 들었어요?

내담자: (기침한다.)

상담자: 천천히 물 좀 마셔요.

내담자: (잠시 있다가 목소리 떨리며) 음… 나쁘다는 생각….

상담자: 내가 나쁘다. 지금 내가 나쁘다, 이 얘기하기 전에 어떤 기분이었어요?

내담자: 모르겠어요.

상담자: 좀 울컥하는 것처럼 보였는데

내담자: 이 상황에 대한 슬픔도 있는 것 같아요.

상담자: 어떤 게 슬프게 느껴져요?

내담자: 엄마가 되게 약해져 있는 모습이 슬펐고, 제가 그걸 받아 주지 못한다는 것도….

상담자: 지금 느끼는 슬픔에 한번 머물러 있어 보세요.

이 축어록에 나타난 것과 같이, 내담자를 잘 관찰하면서 순간적인 감정의 변화를 놓치지 않고 다룰 때 이제까지는 표현되지 않았던 내담자의 슬픔을 탐색할 수 있었고, 슬픔 밑에 내재되어 있는 내담자의 자기도식을 좀 더 깊이 있게 탐색할 수 있는 기회가 생겼다.

5) 정서를 회피하게 만드는 도식이나 신념을 다룸

내담자들 중에는 감정을 지나치게 통제하거나, 아니면 잘 조절하지 못하는 사람들이 있다. 때로는 감정을 지나치게 통제하다가, 어느 순간이 되면 눌러 왔던 감정이 사소한 일로 인해 폭발할 수도 있다. 이와 같이 감정조절에 문제가 있는 내담자들은 한번 우울해지면 걷잡을 수 없이 우울감에 휩싸이거나, 화가 나면 짧은 시간에 격분에 빠질 수 있다. 특히 경계선 성격장애를 가진 내담자들은 정서조절에 만성적인 문제를 가지고 오는 경우가 많다. 상담자는 내담자의 정서조절 문제가 어떤 패턴으로 나타나는지 세밀하게 관찰하고 이를 다루어 주어야 한다.

이와는 대조적으로, 내담자가 부정적인 감정이 일어났을 법한 상황에서 화나는 감정이나 실망 또는 두려움이 일어났다는 것 자체를 습관적으로 부인한다면 감정을 회피하고 있을 가능성이 높다. 상담자는 내담자의 미묘한 감정 변화에 주의를 기울이면서 내담자로 하여금 어떤 감정을 주로 차단하고 있는지, 그런 감정을 표현하는 것과 관련해서 어떤 생각을 가지고 있는지를 탐색하도록 도와야 한다. 만일 내담자가 어린 시절부터 "감정을 표현하는 것은 약하다는 증거다." "감정을 표현하면 나만 손해다." 등 감정 표현에 대한 부정적인 도식을 가지고 있다면, 이를 검토하고 수정하는 작업이 선행되어야 한다.

한편, 자아존중감이 손상되거나 상처받을 것을 두려워해서 자기감정에 접근하지 못하는 내담자들도 있다. 이런 내담자들은 남에게 감정을 보여 주는 것 자체를 수치스럽게 생각하거나 두려워해서 오랫동안 감정을 억압하거나 통제하고 지나치게 합리적인 접근을 하는 경향이 있다. 상담자가 이런 내담자들의 특성을 잘 파악하지 못하고 자동적 사고에만 집중해서 합리적 사고를 찾는 작업 위주로 하게 될 때, 내담자는 머리로는 이해가 되지만 마음으로는 받아들여지지 않는다고 말하기 쉽다. 왜냐하면 내담자의 암묵적인 의미중심 사고에는 접근하지 못한 채, 표면적이고 명제적인 사고만 계속 다루게 되기 때문이다. 상담자는 회기 중에 내담자에게 나타나는 감정의 변화나 신체적인 자세의 변화들을 알아차리고, 그 순간의 감정을 회피하지 않고 경험하면서 그것과 관련된 내담자의 생각을 파악하는 작업을 하는 것이 필요하다.

3. 행동을 관찰하기

전통적인 인지행동치료에서는 내담자가 자기 자신이나 주위 세계를 어떻게 지각하고 해석하는가에 치료적 초점을 맞추어 왔다. 예를 들어, 남편이 자기를 사랑하지 않는다고 생각하는 부인은 남편의 말이나 행동을 그렇게 해석하기 쉽다. 인지행동치료에서는 이런 내담자를 치료할 때 남편의 말과 행동을 다른 관점으로 해석할 수 있는지 살펴보는 작업을 중점적으로 한다. 그런데 남편의 말이나 행동이 자기를 사랑하지 않는다고 해석할 때, 내담자가 남편을 어떻게 대하는지, 구체적으로 어떤 행동을 하는지 파악하지 않는다면 전체 그림 중 중요한 부분을 놓칠 수 있다. 남편이 자기를 사랑하지 않는다고 생각할 때 내담자는 남편에게 퉁명스럽게 말하거나 자리를 피해 버릴 수 있는데, 내담자의 이 행동은 다시 남편을 집 밖으로 더 나가게 할 수 있다. 만일 내담자의 행동이 남편에게 미친 영향을 고려하지 않는다면, 내담자는 남편이 집에 일찍 들어오지 않고 밖에서 친구들과 어울리는 것이 자기를 사랑하지 않는다는 증거로 또다시 해석하게 될 것이다.

Butler, Fennell과 Hackmann(2008)은 그들의 책『불안장애의 인지행동치료』에서 '샌드위치 원칙'을 소개하고 있다. 빵 두 조각이 있어야 샌드위치가 잘 붙어 있는 것처럼, 인지행동치료에서 두 조각의 빵은 바로 신념과 행동이라는 것이다. 상담자가 행동에 초점을 맞출 때는 이것이 신념과 어떤 관련이 있는지 살펴보아야 하며, 생각이나 신념을 다룰 때는 행동에 어떤 영향을 미치는지 탐색해 보아야 한다는 것이다. 이들은 인지행동치료에서 생각이나 신념을 다루면서 어떻게 행동적 변화를 일으키는지를 다루지 않는다면, 치료가 효과적으로 앞으로 나아갈 수 없다고 주장하였다.

일반적으로 개인이 상황을 어떻게 해석하고 평가하는가에 따라 정서가 증폭되거나 완화되는데, 정서는 우리로 하여금 특정방식으로 행동하게 만들 수 있다. 사람마다 정서가 유발하는 특정한 행동을 반복하기 쉬운데, 이것을 행동경향성이라고 한다. 예컨대, 화가 날 때 소리를 지르거나 공격행동을 하는지, 아니면 그 자리에서 박차고 나오는지, 아니면 대항하기를 포기하는지 등 내담자의 행동경향성을 파악해 볼 필요가 있다.

행동경향성을 파악하기 위해서는 우선 내담자가 특정 정서나 생각을 할 때 어떤 행동을 하는지 꾸준히 관찰해 보아야 한다. 앞의 예에서 남편이 자기를 사랑하지 않는다고 생각하는 내담자의 경우, 남편이 무관심해 보일 때 어떤 기분이 드는지, 또 이럴 때 주로 어떤 행동을 하는지 관찰해 보는 것이 필요하다. 이렇게 관찰한 자료가 모이면 내담자의 이 문제와 관련된 행동경향성(예: 요구함, 자리를 피함 등)을 파악할 수 있게 된다. 내담자의 행동경향성을 파악하려고 할 때 반사회적 행동, 언어적, 비언어적 공격행동과 같이 자기패배적이고 파괴적인 행동도 주의 깊게 살펴보아야 하지만, 내담자가 고통스런 감정이나 생각 혹은 기억, 또는 상황을 피하기 위해 하는 회피행동들도 주목해 보아야 한다. 회피행동은 지연행동을 비롯하여 순응행동, 섭식행동, 음주행동 등 다양한 형태로 나타날 수 있으며, 때로 내담자가 자각하지 못한 채로 일어날 수 있다. 회피행동은 단기적으로는 불안과 고통을 감소시킬 수 있지만, 장기적으로는 부정적인 정서를 증가시키며 적응을 방해한다는 점에서 주목해 보아야 할 중요한 행동경향성이라고 볼 수 있다.

행동은 거의 즉각적으로 나오는 경우가 많다. 내담자가 자신의 역기능적 행동경향성을 파악하는 것, 더 나아가 감정에 압도되어 감정이 이끄는 대로 행동하지 않도록 대안행동을 찾고 연습하는 것은 치료에서 매우 중요한 작업이다. 그 첫걸음은 내담자로 하여금 특정감정에 뒤따르는 본인의 행동경향성이 무엇인지를 파악하게 하는 것이다.

제 6 장

인지 기법 I:
자동적 사고 다루기

치료를 받으러 오는 대부분의 내담자는 자신의 관점이나 생각이 객관적인 현실이 아니라 주관적인 생각이라는 점을 깨닫지 못한 채 생각의 영향을 받는다. 치료에서 하는 첫 번째 작업은 제5장에서 다룬 것처럼 내담자 스스로 관찰자로서 거리를 두고 그 상황에서의 자기경험을 바라볼 수 있게 하는 것이다. 자동적 사고를 관찰하고 기록하는 작업은 이런 탈중심화의 과정을 촉진한다고 볼 수 있다. 즉, 내담자에게 자신의 생각이 객관적인 현실이 아니라 주관적인 생각, 즉 마음속의 현상인 것임을 알게 하는 것이라고 볼 수 있다.

일단 자동적 사고를 찾아냈다면 그다음은 무엇을 해야 하는가? 내담자로 하여금 자기가 가지고 있는 생각이나 관점 외에 다양한 관점으로 같은 상황을 볼 수 있다는 것을 깨닫게 해야 한다. 이 단계에서의 초점은 내담자가 자신의 생각을 객관적으로 바라보고 검토하는 과정을 통해 한 가지의 관점에 고정되었던 생각의 틀에서 벗어나게 하는 것이다. 그런 다음 내담자가 현재 하고 있는 생각을 검토하고 더 타당한 대안적 생각을 찾아가는 작업을 통해 고정되고 경직된 생각에서부터 벗어나 더 적응적인 생각과 감정과 행동으로 나아가게 만드는 것이다.

인지행동치료에서 자동적 사고를 다루는 방법은 다양하게 발달되어 왔다. Beck 박사가 개발한 소크라테스 질문법이나 길잡이식 안내법, 혹은 인지적 오류를 찾아내는 방법 외에도 실제 조사, 비디오피드백, 행동실험 등의 방법이 널리 사용되고 있다. 한편, 수용전념치료에서는 자동적 사고를 시시각각 변화하고 흘러가는 하나의 생각으로 그대로 '알아차림' 하는 탈융합 방법을 사용하기도 한다. 상담자는 어떤 방법을 사용하든지 내담자로 하여금 고정되고 경직된 생각에 매어 있던 것에서 벗어나 자신의 생각의 틀을 유연하게 하고(유연한 사고), 원래 가지고 있던 생각과 다른 대안적 생각을 찾아서(대안적 사고 탐색), 실제 경험을 통해 대안적 생각이 더 타당하거나 적응적임을 체험하게(체험적 반증) 해 주어 잘못된 사고의 영향력에서 벗어나게 해 주어야 한다.

Beck 박사는 변화가 일어나기 위해서는 내담자가 문제 상황에 들어가서 정서적 각성을 경험해야 한다고 보았다(Beck & Weishaar, 1989, p.29). 이것은 뜨거운 인지의 중요성을 언급하는 맥락에서 한 말이다. 그렇다면 단지 정서가 각성되기만 하면 인지적 변화가 일어나는가? 일어날 수도 있다. 그렇지만 대부분의 경우, 정서가 각성되고 뜨거운 인지가 떠올려지는 것만으로는 지속적인 변화가 일어나지 않는다. 인지행동치료에서는 정서와 생각이 동시에 각성되고 이 상황에서 생각의 타당성을 검토함으로써 내담자가 특정상황이 잘못 해석되고 받아들여졌다는 것을 깨닫게 될 때 변화가 촉진된다고 본다. 사람이 생각을 바꾸는 것은 쉽지 않은 일이다. 생각을 바꾸려고 하면 마치 다른 사람의 옷을 입는 것처럼 어색하다. 내담자가 어떤 상황에 대해 너무나 당연하게 생각했던 것들을 상담자를 통해 그것이 과연 맞는지, 다른 관점에서 생각해 볼 가능성은 없는지 지적을 받게 되면, 겉으로는 따라가지만 마음속으로 받아들이기는 쉽지 않다. 이런 과정을 수없이 겪고 나면 다르게 생각할 수도 있겠다는 가능성에 대해 마음을 열게 된다. 그럼에도 불구하고, 그 상황 자체에서 다른 생각을 하기까지는 수많은 연습과 경험이 필요하다.

1. 어떤 자동적 사고를 다루어야 하는가

인지행동치료 워크숍을 하다 보면, 상담자들이 "자동적 사고를 찾는 것은 어느 정도 되는데 그다음에 어떤 자동적 사고를 어떻게 다루어야 하는지 잘 모르겠어요."라는 말을 자주 한다. 우리나라 상담자들뿐 아니라 인지행동치료를 배우는 미국 지역사회 정신건강클리닉의 임상가들에게 설문조사를 했을 때도, 90%의 응답자들이 회기 중에 내담자들이 가져오는 자동적 사고를 모두 다루는 대신 중심적인 인지에 초점을 맞추고 뜨거운 인지를 다루는 것이 어렵다고 보고하였다(Waltman et al., 2017). 자동적 사고를 다루는 방법에 앞서 내담자가 가지고 오는 수많은 자동적 사고 중에서 어떤 자동적 사고를 다루어야 하는지에 대해 간단히 설명하고자 한다.

첫째, 내담자에게 상당한 고통을 일으키는 자동적 사고를 다루어야 한다. 이를 위해서는 내담자가 특정상황에서 주관적으로 경험하는 정서적 고통 수준을 0~10점(또는 0~100점)으로 평가하는 주관적 고통지수(subjective unit of distress: SUDs) 평정을 활용하는 것이 도움이 된다. 먼저 내담자에게 SUDs를 소개하고, 자주 경험하는 부정적인 정서(예: 불안) 한 가지를 예로 들어 설명해 준다. 예컨대, 중간 정도(5~6점), 심한 정도(7~8점), 약한 정도(2~3점)의 불안을 느낄 때 각각 불안을 어떻게 경험하는지 물어보고 기준을 맞춰 준 후, 특정상황에서 내담자가 경험한 정서적 고통을 평정하는 연습을 해 본다. 내담자가 SUDs를 처음 사용할 때 점수가 어느 한 방향으로 편향되는 경우가 종종 있어 상담자가 직접 점검해 줄 필요가 있다. 이와 같이 내담자가 느꼈던 정서적 고통을 SUDs를 통해서 평정하게 되면, 정서적 고통을 관찰하고 그 정도를 보다 세밀하게 평가할 수 있게 된다.

둘째, 특정상황에서 내담자가 자동적 사고를 여러 개 보고하였다면, 그중에서 강한 감정을 불러일으킨 자동적 사고가 무엇인지를 찾아내야 할 것이다. 제5장에서 소개한 대로 강한 정서적 반응과 관련 있는 생각을 뜨거운 인

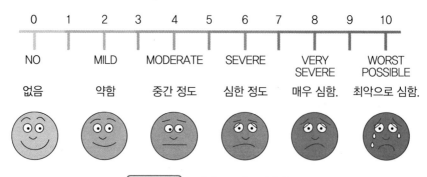

그림 6-1 주관적 고통지수 평정척도

지 혹은 따끈따끈한 생각이라고 부른다. 상담자가 따끈따끈한 생각을 찾아
서 다루어 줄 때, 내담자의 감정이나 행동을 움직이는 중심적인 생각을 변화
시킬 수 있으며 감정의 변화가 쉽게 따라온다. 다음 축어록에는 내담자가 자
동적 사고기록지에 적어 온 여러 자동적 사고 중에서 뜨거운 인지를 고르는
과정이 나와 있다.

상담자: 전화를 했을 때 '정말 슬펐다.'라고 적어 오셨는데, 그때 어떤 생각이 떠오르셨
어요?

내담자: 그 친구는 정말 잘 지내고 있더라고요. 그 애는 취직도 했고, 친구들도 많고, 부모
님도 잘 사는 편이고, 하고 싶은 건 다 하고 있는 것 같아요. 저도 걔처럼 되고 싶
다는 생각을 많이 해요. 걔는 다 잘 되는데, 저는 되는 게 하나도 없어요.

상담자: 그중에서도 수연 씨가 슬픈 기분을 느끼게 한 것과 제일 관련이 깊은 생각이 뭐
인 거 같으세요?

내담자: 글쎄요.

상담자: 제가 한번 수연 씨에게 그때 들었던 생각을 읽어 볼게요. 어떤 생각에서 슬픈 기
분이 가장 많이 들었는지 한번 보실래요? 그 애는 취직도 했고, 친구들도 많고,
부모님도 잘 사는 편이고, 하고 싶은 건 다 하고 있고, 걔처럼 되고 싶다.... 걔는
다 잘 되는데, 저는 되는 게 하나도 없다.

내담자: '걔는 다 잘 되는데 저는 되는 게 하나도 없다.'인 것 같아요.

셋째, 내담자가 반복해서 보고하는 생각을 다뤄야 한다. 다양한 상황에서 반복해서 나오는 생각들은 핵심신념과 연관되어 있을 가능성이 높고 일상생활에 영향을 많이 미치므로, 이를 우선적으로 다루어 주는 것이 효과적이다. 민지 씨의 사례에서는 집안에서나 직장에서 사소한 실수를 저지른 상황에서 가혹하게 자기를 비판하는 자동적 사고("이런 실수를 저지르다니 난 정말 멍청해." "이 모든 것이 내 잘못이야.")가 자주 나타나 이 부분을 우선적으로 다루게 되었다.

넷째, 음주행동, 폭력행동, 섭식행동, 지연행동, 회피행동 등 내담자의 일상생활에 지장을 주는 뚜렷한 역기능적인 행동 패턴이 있다면 이와 관련 있는 자동적 사고를 다뤄야 한다. 이런 행동들은 문제목록에 포함되어 있을 가능성이 높은데, 내담자가 자발적으로 이야기하지 않더라도 상담자가 주의를 기울여 관련 있는 자동적 사고를 찾아보아야 한다. 필자의 내담자 중에 PTSD로 상담을 받으러 온 40대 여성이 있었는데, 저녁 시간에 집에서 혼자 있을 때 술을 마시는 날이 많아 잠을 깊게 자지 못했고 회사에 지각을 자주 했다. 집에서 혼자 술을 마시기 전에 드는 생각을 찾아본 결과, '조금만 마시면 기분이 좋아질 거야.'라는 생각을 자주 한다고 했다. 내담자의 음주행동을 조절하는 데 저녁 시간의 활동계획과 함께 이 생각을 바꾸는 것이 큰 역할을 하였다.

다섯째, 뚜렷하게 왜곡되어 있는 자동적 사고를 다룸으로써 내담자에게 사건 그 자체보다 그 사건에 대한 해석이 기분과 행동을 결정한다는 인지매개 모델을 부각시키고 자신의 사고를 주의 깊게 검토할 수 있게 만들어 준다. 필자의 저서 『수줍음도 지나치면 병』에서 소개한 직장에 다니는 박 대리를 보면, 박 대리는 사장이 그날 회의를 취소한 것이 자기가 말을 더듬거리는 걸 보기 싫어서 취소한 것이라고 생각했다. 부장의 일정이 변경되어 회의가 취소된 상황을 이렇게 개인적으로 해석한 결과, 박 대리는 불안이 고조되었고 다음날 회의에 참석하지 않았다. 그렇지만 인지행동치료에서 다루는 내담자의 자동적 사고는 대부분 이 정도로 뚜렷하게 왜곡이 일어나기보다는 미묘한 수준에서 왜곡이 일어난다.

> **글상자 6-1**   **자동적 사고를 검토하는 전반적인 가이드라인**
>
> 1. 내담자가 스스로 자동적 사고의 타당성을 검토하도록 하는 것이 훨씬 효과적이다. 만일 상담자가 내담자보다 훨씬 앞서 지적한다면, 겉으로는 수긍하거나 동의할지라도 마음속 깊이에서는 자신의 잘못을 받아들이지 못하고 자신의 생활 속에서 적용하지 못하게 되는 경우가 많다.
> 2. 협력적 경험주의를 잊지 말아야 한다. 자동적 사고를 검토할 때는 무엇보다도 그 상황의 자세한 정황, 즉 자료(data)가 중요한데, 이 정황을 제일 잘 아는 사람은 바로 내담자다. 상담자는 소크라테스식 질문법과 길잡이식 발견법을 활용해서 내담자가 알고 있는 자료를 잘 끄집어 내도록 돕는 것이 중요하다.
> 3. 내담자의 자동적 사고를 '잘못됐다' '틀렸다'고 생각하지 말아야 할 뿐 아니라, 맞는 생각—틀린 생각이라는 틀을 강조하지 않는 것이 도움이 된다. 처음에는 타당한 생각에 초점을 두기보다는 대안적인 생각을 될 수 있는 대로 많이 찾아내는 것이 더 효과가 있다.
> 4. 생각을 보드 판에 써 보는 것도 도움이 된다. 내담자가 자기의 생각을 그냥 말로 하는 것보다 기록해 와서 읽어 보면 자기의 생각에서 거리감이 확 생긴다. 같은 맥락에서 보드 판에 자기생각을 쓴 것을 보게 되면 좀 더 객관화하기가 쉽다.

2. 자동적 사고를 검토하는 표준적 질문

자동적 사고를 검토하는 데 가장 널리 사용하는 방법은 다음과 같은 표준적인 질문들을 사용하는 것이다.

첫째, "그렇게 생각하는 근거가 무엇이죠?"

둘째, "그 사건을 다르게 설명한다면 어떻게 설명할까요?"

"다른 사람 같으면 그 상황을 어떻게 설명할까요?"

"그 사건을 설명하는 다른 관점은 없을까요?"

"다른 사람이 그런 행동을 했다면 ○○ 씨가 어떻게 생각했을까요?"

셋째, "만일 그 생각이 맞다면 그 의미가 무엇이죠?"

"만일 그 생각이 맞다면 일어날 수 있는 최악의 시나리오는 무엇입니까?"

"만일 그 생각이 맞다면 일어날 수 있는 최선의 시나리오는 무엇입니까?"

"만일 그 생각이 맞다면 일어날 수 있는 현실적인 시나리오는 무엇입니까?"

넷째, "만일 ○○ 씨 친구가 그 상황에서 그런 생각을 했다면 그(녀)에게 뭐라고 말하겠습니까?"

다섯째, "지금 그렇게 생각하는 것이 ○○ 씨에게 도움이 되나요?"

"그렇게 생각해서 얻는 이점은 무엇인가요?"

"손해는 무엇인가요?"

이러한 표준적인 질문을 던져 보는 것은 내담자의 자동적 사고를 검토하는 데 아주 유용한 방법이다. 이 질문들 중에서도 특정 내담자에게 더 도움이 되는 질문이 있으므로, 상담자는 여러 질문을 해 보면서 어떤 질문이 특히 더 도움이 되는지 잘 살펴볼 필요가 있다. 내담자는 이런 질문에 대한 답을 하는 과정에서 자신의 사고가 논리적이지 않으며 현실에 바탕을 두고 있지 않다는 것을 깨닫게 된다. 이 과정에서 자칫하면 상담자가 내담자에게 기대하는 어떤 정답이 있다는 인상을 줄 수 있는데, 질문하고 답하는 과정에서 다양한 대안적 사고를 찾아보면서 그 상황에서 어떤 대안적 사고가 가장 적절한지를 내담자 스스로가 검토하게 하는 것이 효과적이다.

자동적 사고를 잘 검토했다고 해서 적합한 대안적 사고를 곧바로 발견하게 되는 것은 아니다. 자동적 사고를 대안적 사고로 바꾸는 데는 시간과 노력이 든다. 그러므로 상담자는 내담자와 자동적 사고를 검토해 본 후에 대안적 사고를 찾는 연습을 반드시 같이 해 보는 것이 좋다. 좋은 대안적 사고는 무조건 긍정적인 사고라기보다는 그 상황에 잘 맞고 내담자가 받아들일 수 있는 타당한 사고여야 한다. 자동적 사고를 검토한 후에 대안적 사고를 구체적으로 찾아보지 않고 그냥 넘어가는 경우가 종종 있는데, 이것은 내담자의 자동적 사고를 수정할 수 있는 절호의 기회를 놓치는 것이다. 상담자가 내담자와 함께 적합한 대안적 사고를 찾는 훈련을 계속하다 보면, 내담자가 회기 밖에서도 스스로 자동적 사고를 대안적 사고로 바꿀 수 있게 된다. 그렇지만 일부 적응 수준이 매우 낮거나 아동기부터 심한 학대나 심리적으로 방치된 환경에서 살아온 사람들에게는 표준적인 질문을 사용해서 자동적 사고를 검토하고 대안적 사고를 찾는 방법이 너무 어렵게 느껴질 수 있다. 이때는 내담자의 사고를 전반적으로 더 유연하게 바꾸는 방법이나 간단한 행동실험을 시도해 보면서 점차적으로 자동적 사고를 바꾸어 가는 접근을 사용하는 것이 더 나을 수 있다.

3. 소크라테스식 질문법과 길잡이식 발견법

앞 절에서는 자동적 사고를 다루는 표준적인 질문들을 소개했다. 같은 질문법이지만 소크라테스식 질문법은 내담자가 미처 깨닫지 못했던 부분을 스스로 탐색하고 검토하는 것에 초점을 맞춰 다양한 질문을 사용하는 방법이다. 앞에서 소개한 표준적인 질문들도 넓게 보면 다 소크라테스식 질문법에 속한다고 볼 수 있다. 소크라테스 질문법과 길잡이식 발견법은 인지행동치료에서 자동적 사고를 다루는 데 가장 중심에 있는 기법이라고 볼 수 있다. 소크라테스 질문법과 길잡이식 발견법은 연결되어 사용되는 경우가 많아, 용어를 명확하게 구분하지 않는 인지행동치료자들도 적지 않다.

소크라테스 질문법은 내담자가 미처 깨닫지 못한 부분을 스스로 탐색하고 검토하게 만들어 주는 질문을 던지는 기법이다. 길잡이식 발견법은 소크라테스식 질문법을 사용해서 내담자가 특정사건이나 상황에 대해 파악하지 못했던 측면을 발견하고 새로운 관점으로 볼 수 있도록 안내하는 과정에 초점이 맞춰져 있다. 즉, 소크라테스식 질문법은 길잡이식 발견의 과정에서 사용되는 일종의 도구라고 볼 수 있다. 많은 초심자가 소크라테스식 질문법과 길잡이식 발견법을 제대로 사용하는 데 어려움을 겪는다. 실제로, 길잡이식 발견법이 인지행동치료에서 가장 배우기 어려운 기법이라고 나온 조사결과도 있다. 이번 절에서는 소크라테스식 질문법과 길잡이식 발견법을 어떻게 사용하는지에 대해 자세하게 소개하고자 한다.

1) 소크라테스식 질문법

소크라테스는 사람들에게 참된 진리를 직접 가르치기보다는 대화를 통해 상대가 스스로 무지와 편견을 자각하게 함으로써 진리를 발견하게 했다. Beck 박사 역시 소크라테스처럼 질문을 해서 내담자가 스스로 깨닫게 해 주는 것이 중요하다고 보았다. 이런 전통을 따라 인지행동치료에서는 개인의 사고를 찾아내거나 수정하는 작업을 할 때 소크라테스식 질문을 많이 사용한다. 즉, 상담자가 모든 것을 지적해 주고 가르쳐 주는 것이 아니라, 내담자 스스로 찾아낼 수 있도록 상담자는 옆에서 산파 역할만 하는 것이다. 상담자의 권위를 중요시하고 상담자에게 많은 것을 기대하는 우리나라 내담자들에게는 이러한 접근이 익숙하지 않을 수 있다. 내담자가 스스로 자신의 생각을 찾아내고 수정하도록 도와주기 위해서는 무엇보다 상담자의 인내가 필요하다. 상담자 눈에는 보이지만 내담자 눈에는 아직 보이지 않는 측면을 성급하게 지적하게 되면 오히려 역효과가 나는 경우가 많아, 소크라테스식 질문을 통해서 내담자 스스로가 볼 수 있도록 해야 한다. 인지행동치료를 할 때 소크라테스식 질문을 적절히 사용하게 되면, 내담자는 상담자가 단지 자신의 생각을 설득해서 바꾸려고 하는 것이 아니라 자기의 관점을 이해하려고 노력한다는 인상을 받게 된다. 또한 소크라테스식 질문을 통해 내담자는 자동적 사고를 검토하는 과정에 더 적극적으로 참여하게 된다.

그렇다면 내담자가 스스로 깨닫도록 탐색하게 하는 질문 중에 어떤 질문이 좋은 질문일까? Padesky(1993)는 다음과 같은 조건을 충족시키는 질문을 좋은 소크라테스식 질문으로 정의하였다. 첫째, 내담자가 알고 있어서 대답할 수 있는 질문을 해야 한다. 처음부터 내담자가 대답할 수 없는 질문을 던지는 것은 대화를 어렵게 하고 꼬이게 만들 수 있다. 예컨대, 남편이 자기에게 관심이 없기 때문에 늦게 퇴근한다고 생각하는 부인에게 남편이 회사에서 늦게까지 무슨 일을 하냐고 물어보면 내담자가 대답하기 어려울 것이다. 또한 남편이 회사에서 하는 일에 따라 늦게 퇴근할 수도 있다는 것을 은연중에 내비치게 되어 대화의 초점이 남편에게로 옮겨 가게 만들 수 있다.

둘째, 논의되고 있는 주제와 관련이 있지만 현재 관심 밖에 있어 자각하고 있지 않은 정보에 대해 내담자의 관심을 불러일으키는 질문이 좋은 질문이다. 예컨대, 내담자가 우울한 기분으로 인해 자기가 한 일 중에 잘못한 일이나 우울한 기억만 떠올리고 있을 때, 소크라테스식 질문을 통해 우울한 기분과 상반된 긍정적인 일이나 기억을 떠올리게 만드는 질문이 유용한 질문이다.

셋째, 좋은 소크라테스식 질문은 구체적인 정보에서 점차 추상적이거나 일반적인 정보로 옮아가는 질문이다. 예컨대, '난 망했다.'라는 생각을 자주 하는 내담자에게 소크라테스식 질문을 할 때 처음에는 망했다는 것이 무슨 의미인지, 어떤 상황에서 그런 생각을 했는지, 그런 생각을 한 후 뭘 했는지 등 구체적인 정보를 얻는 질문을 해야 할 것이다. 그런 다음에는 내담자가 흔히 하는 사고나 행동의 패턴, 또는 사고와 감정과 행동의 연계를 파악하는 추상적인 질문을 하는 것이 도움이 된다. 즉, 앞에서 한 구체적인 질문들을 통해 깨닫게 된 것을 요약하고 정리하는 추상적인 질문을 함으로써 내담자의 발견 과정을 촉진할 수 있다. 예컨대, 내담자에게 "망했다고 생각하는 것의 공통점이 무엇인 것 같아요?" "망했다고 생각할 때마다 포기하는 행동이 뒤따라오는 경우가 많았던 것 같네요. 어떻게 생각하세요?"와 같은 추상적인 질문을 통해 내담자가 대화를 통해 깨닫게 된 것을 정리할 수 있게 된다.

마지막으로, 좋은 소크라테스 질문은 논의를 통해 깨닫게 된 것을 이전에 결론 내린 것을 재평가하거나 대안적 생각을 만들어 내는 데 사용하도록 하는 질문이다. 예컨대, "다시 그 상황에 돌아간다면 스스로에게 뭐라고 말씀하시겠어요?"와 같은 질문이 좋은 소크라테스 질문이 된다.

인지행동치료자는 때때로 소크라테스 질문을 통해 내담자의 생각을 바꾸는 데만 집중하기 쉽다. 아마 이 글을 읽는 독자들 중에도 '질문을 통해 내담자의 생각을 바꾸는 것도 힘든데 그것만으로 부족하단 말인가?'라고 생각할 수 있다. 상담자가 소크라테스 질문을 통해 내담자의 생각을 바꾸는 것은 그 자체로 괜찮은 치료적 작업이라고 할 수 있지만, 상담자가 내담자의 생각을 바꾸는 것에만 집중하다 보면 내담자의 생각에 오류가 있다는 것을 찾아내고 생각을 수정하는 것으로 끝나 버릴 때가 많다. 그 결과, 내담자에게 일어난 생각의 변화가 오래가지 않게 되고 생각의 변화를 실생활에 적용하는 것에 소홀하게 된다. 이런 이유로 Padesky 박사는 소크라테스 질문을 통해 내담자 생각을 변화시키는 데만 초점을 맞추지 말고 내담자가 스스로 발견하고 적용하는 과정으로 나아가도록 해야 함을 강조했다.

2) 길잡이식 발견법

길잡이식 발견법을 통해 내담자는 자신에 대해 미처 알지 못했던 다양한 측면을 깨달을 수 있다. 예컨대, 상황이 아니라 그 상황에 대한 자신의 생각이 기분과 행동에 영향을 미치고, 또 다른 사람에게 영향을 미친다는 것을 깨닫게 된다. 또 그 상황에서 일어나고 있는 일들 중에 자신이 주목하지 않고 놓치고 있었던 것이 무엇인지도 깨닫는다. 길잡이식 발견법을 통해 내담자에게 무엇을 깨닫게 할 것인지, 어디까지 계속 발견하게 할 것인지는 내담자의 특성과 문제에 따라 또 상담자의 스타일에 따라 상당히 달라질 수 있다. 앞에서 Padesky(1993)는 소크라테스 질문법을 사용할 때 어떤 질문이 좋은 질문인지 설명했다. 상담자가 해야 할 일은 좋은 소크라테스 질문을 사용해서 내담자로 하여금 발견과 적용으로 나아가도록 돕는 것이다. 길잡이식 발견법은 다음과 같은 네 단계로 이루어져 있다(Padesky, 1993).

제1단계　　내담자의 경험을 구체적으로 밝히는 질문을 하라. 내담자의 경험을 구체화하는 질문이라면 어떤 질문도 좋지만, 현재 내담자의 초점 밖에 있어서 미처 깨닫지 못했던 일에 대해 질문을 던진다면 대화가 더 풍부해질 수 있다. 예컨대, 사회불안이 심한 사람이 모임에서 불안해했다고 할 때 모임 내내 불안했는지, 모임 중반 이후에도 불안했는지, 중간중간 다른 사람들과 이야기를 할 때 어땠는지 등을 묻는 구체적인 질문을 던져 봄으로써 내담자의 불안이 계속 이어지지는 않았다는 점을 부각시킬 수 있다.

제2단계　　경청하라. 상담자는 단지 질문만 하는 것이 아니라 질문에 대한 대답을 잘 들어야 한다. 질문의 절반은 듣기다. 질문에 대한 답이 궁금하지 않다면, 묻지 말아야 한다. 소크라테스식 질문을 사용하게 되는 경우, 상담자는 특정 대답을 기대하고 있었더라도 반드시 기대하지 않았던 대답에 개방적이어야 한다. 내담자가 하는 대답을 잘 들어 보면 의외로 상담자가 기대했던 것보다 통찰력 있는 대답을 할 때가 있는데, 이 과정에서 상담자는 내담자의 인지 왜곡이나 사고의 흐름을 더 잘 파악할 수 있기도 하고, 치료에 도움이 되는 정보를 얻을 수 있기도 하다.

제3단계　　요약하라. 소크라테스식 질문을 사용하여 길잡이식 발견을 할 때 상담자들이 가장 흔히 저지르는 실수는 충분히 요약하지 않는 것이다. 요약은 내담자와 상담자가 같은 방식으로 이해하고 있는지 확인할 수 있게 해 주며, 또한 내담자에게 정보를 전체로서 볼 수 있게 해 준다. 소크라테스식 질문을 사용할 때는 다음 주제로 넘어가기 전에 상담자가 꼭 요약하고, "제가 이해한 것이 맞나요?"와 같이 내담자의 피드백을 구하는 것이 좋다.

제4단계　　종합적이고 분석적인 질문을 하라. 소크라테스식 질문을 사용하여 길잡이식 발견을 마치는 단계에서 상담자는 반드시 이 새로운 발견이 내담자에게 무엇을 말해 주는지 물어보아야 한다. 즉, 상황 → 상황에 대한 관점이나 해석의 검토 → 요약까지 했다면 마지막 단계에서 내담자의 생각과 기분 및 행동에 미치는 영향이 무엇인지 짚고 넘어가도록 해야 한다. 상담자는 보통 그 상황에 대한 여러 가지 정보를 얻고 개인적인 의미를 듣고 탐색하고 검토한 후, 이를 요약하고 나면 그것으로 끝내 버리기가 쉽다. Padesky 박사는 거기서 끝내지 말고 한발 더 나아가야 된다고 강조한다. 예컨대, "지금 이야기한 것들을 종합해 보면 '나는 형편없어'라는 본인의 생각이 어떤 것 같나요? 잘 들어맞나요?" "이런 생각을 할 때 어떤 행동이 뒤따랐나요?" 등의 질문을 통해 내담자가 무엇을 발견하게 되었는지 명확하게 정리하고, 그것이 일상생활에 어떻게 적용될 수 있는지까지 다뤄야 한다.

다음은 Padesky(1993)에 나온 대화 축어록으로서, 소크라테스식 질문을 통해 길잡이식 발견 과정이 어떻게 전개되어 나아가는지를 잘 보여 주는 예시이다(연두색 글자는 필자의 코멘트임).

내담자: 전 모든 면에서 완전히 실패했어요. 저는 망했어요.

상담자: 망했다는 것이 무슨 뜻인가요? (내담자의 말의 구체적인 의미를 물어보는 좋은 질문임.)

내담자: 저는 제 인생을 완전히 망치고 있어요. 제대로 된 일을 해 놓은 게 하나도 없어요.

상담자: 이런 결론을 내리게 될 만한 일이 최근에 일어났었나요? 아니면 이렇게 생각하신지 오래되셨나요?

내담자: 제 생각에는 요즘 저 자신을 좀 더 분명하게 알게 된 것 같아요.

상담자: 그럼 요즘에 생각이 좀 바뀌신 건가요?

내담자: 네.... 최근 가족 모임을 갔었는데, 동생하고 제수씨하고 조카들도 왔었어요. 그 집은 모두 행복해 보이더라고요. 그때, 우리 집은 저렇게 행복하지 않다는 것을 알았어요. 그런데 그건 다 제 잘못이에요. 제가 우울해서 그런 거예요. 우리 가족

들이 그 집에 산다면 훨씬 더 나았을 거예요.

상담자: ○○ 씨기 자신의 가족을 잘 돌보지 못하고 있기 때문에, 가족들이 충분히 행복할 수 없고, 그래서 자신이 완전히 실패했다고 생각하게 되셨군요? (좋은 요약임.)

내담자: 맞아요.

상담자: 최근 이렇게 생각이 바뀌셨다고 말씀하셨는데, 지금까지 몇 번 우울한 적이 있으셨잖아요. 그때도 동생 가족들을 만났을 텐데, 예전에는 어떤 생각들이 드셨나요?

내담자: 이전에는 제가 좋은 남편과 아빠가 되려고 노력하고 있다고 생각했기 때문에, 나름 괜찮다고 생각했었어요. 그런데 지금은 그런 노력이 충분하지 않았다고 생각해요.

상담자: 제가 정확하게 이해가 잘 안 돼서 그러는데, 어떤 점이 충분하지 않다고 생각이 드시나요? (내담자의 이런 판단의 근거가 되는 증거가 무엇인지 물어보는 좋은 질문임—소크라테스식 질문이 길잡이식 발견으로 나아가는 과정)

내담자: 제가 아무리 노력한다고 해도, 제 가족들은 다른 사람들과 있을 때만큼 행복하지는 않을 거예요.

상담자: 지금 하신 말씀은 가족분들이 하신 말씀인가요? (상담자가 다른 의견을 섣불리 말하기보다 실제 데이터를 구하는 좋은 질문임.)

내담자: 아니요. 그렇지만 저는 제 조카들이 얼마나 행복해하는지를 봤잖아요.

상담자: 그리고 ○○ 씨 자녀분들이 좀 더 행복하기를 바라시구요.

내담자: 네.

상담자: ○○ 씨 생각에, 내가 좀 덜 우울했거나 좀 더 좋은 아빠였다면 어떤 다른 것들을 할 수 있었을까요? (길잡이식 발견이 내담자의 행동을 변화시키는 동력이 되게 만드는 좋은 질문임.)

내담자: 제 생각에 좀 더 애들하고 얘기를 나누고, 좀 더 웃고, 좀 더 격려해 줬을 겁니다. 제 동생이 하고 있는 것처럼요.

상담자: 지금 말씀하신 것들은 우울하실 때도 할 수 있는 것들인가요?

내담자: 음... 네. 아마 할 수 있을 것 같아요.

상담자: 그게 기분을 좀 더 나아지게 할까요? 지금까지 똑같은 것들을 하는 것보다 아빠

로서 좀 다른 것들을 해 보는 것이요?

내담자: 네. 그럴 것 같아요. 그렇지만 제가 우울할 때 그렇게 하는 걸로 애들이 충분히 행복해할지는 모르겠어요.

상담자: 어떻게 하면 그걸 알 수 있을까요? (상담자가 직접 대답해 주기보다 내담자가 직접 생각해 보게 만든 좋은 질문임.)

내담자: 얼마간 일주일 정도라도 해 보면 알 수 있을 거 같아요.

상담자: 이러한 변화가 아이들을 좀 더 행복하게 해 줬는지 아닌지 어떻게 확인할 수 있을까요? (행동의 결과를 확인할 수 있도록 구체화시키는 아주 중요한 질문임.)

이 대화를 살펴보면, 상담자가 소크라테스식 질문을 통해 내담자의 생각('나는 모든 면에서 완전히 실패했다.')을 바꾸는 것에만 초점을 맞추지 않고 내담자의 생각의 연쇄를 좇아가면서 내담자가 어떤 관점으로 자신의 상황을 바라보는지 이해하고, 어떻게 하면 그 상황이 바뀔 수 있는지 대화를 이끌어가고 있다. 즉, '나는 실패한 아빠다.'라고 결론 내린 것이 잘못된 성급한 생각이라는 것을 지적하고 수정하는 데 매달리지 않고, 내담자의 진정한 관심사인 우울하지만 어떻게 해야 좋은 아빠가 될 수 있는지에 대해 탐색하고 발견해 나가는 과정으로 이어 나가고 있다. 이 예시에서 나온 것처럼, 효과적인 길잡이식 발견은 생각을 유연하게 만들어 주면서, 그 결과 행동을 바꾸는 주제로 관심을 옮겨서 다음 단계로 구체적인 행동계획을 세우는 것까지 나아가게 만든다. 물론 내담자와의 소크라테스적 대화가 여기까지 진행되지 않을 때도 많이 있지만, 상담자의 관심이 내담자의 생각을 바꾸는 데에만 머물러 있지 않고 좀 더 시야를 넓혀 행동까지를 다루도록 노력하는 것이 필요하다.

4. 사고를 유연하게 하는 기법

내담자가 기록해 온 자동적 사고의 대안적 사고를 찾는 작업을 할 때, 무리 없이 따라오는 내담자들이 있는가 하면 힘들어하는 내담자들도 있다. 이번 절에서는 그런 내담자들을 대상으로 내담자의 사고를 유연하게 만드는 다양한 기법을 살펴보려고 한다. 여기서 소개하려는 기법들은 앞에서 다룬 소크라테스 질문법과 상당히 겹치는 부분이 있지만, 이 접근을 사용할 때는 내담자의 현재 생각을 대안적 생각으로 바꾸려고 집중하지 않아도 좋다. 왜냐하면 이 기법들은 내담자의 특정한 자동적 사고를 대안적 사고로 바꾸는 데 초점이 맞추어져 있기보다, 내담자의 사고를 전반적으로 좀 더 유연하게 만드는 데 비중을 두고 있기 때문이다.

1) 기준점 점검하기

사람들은 누구나 자신이나 다른 사람을 평가하는 기준점이 있지만, 이것을 명료화해서 말로 표현하는 경우는 드물다. 흔히 과거에 일어났던 일을 말할 때 특정 기준을 가지고 평가하고, 또 미래에 대해서도 자신의 기준에 따라 예상하고 평가한다. 기준점 점검하기는 내담자가 자신이나 다른 사람을 평가할 때 '무엇을 기준점으로 삼는지 말로 표현해서 구체화하는 것'이다. 많은 내담자들이 자기가 가지고 있는 기준점을 거의 당연하게 생각하거나 아니면 기준점에 대해 거의 인식을 하지 않는 경우도 많다. 그러므로 어떤 기준점을 가지고 있는지 명료하게 할수록 도움이 된다. 특히 지나치게 높거나 혹은 비현실적인 기준을 적용하는 내담자들에게 도움이 된다. 기준점을 점검할 때 주의할 점은 다음과 같다. 첫째, 기준점은 어렸을 때 형성되고 오랫동안 암묵적으로 가지고 있었기 때문에 변화시키기가 쉽지 않다는 점을 인식하면서 다루어야 한다. 둘째, 실제 상황에 다른 기준점을 적용해 보고 그 결과가 어떻게 나오는지 계속 점검하는 작업을 해야 한다. 다음 사례에서 기준점을 어떻게 찾고 다루었는지 축어록에서 살펴보자(연두색 글자는 필자의 코멘트임).

상담자: 주연 씨는 자기의 능력에 대해 계속 의심을 하시는 것 같은데… 그게 왜 그럴까요.

내담자: 그게 왜 그러냐면요. 저희 엄마가요. 제가 어렸을 때부터 기를 죽였어요. 그러니까 엄마가 원하는 건 이만큼인데 난 요만큼이니까… 넌 그것도 못해. 그런 식으로 자주 말씀하셨어요.

상담자: 근데 지금은 어른이 되셨고, 그런데도 늘 본인이 잘 못하신다고 생각하시거든요. (현재 상황으로 다시 가져오는 좋은 코멘트임.)

내담자: 뭐가 잘 되면 그건 내가 잘해서 그런 게 아니라 운이 좋아서 그렇게 된 거다, 그런 생각을 되게 많이 하는 것 같아요.

상담자: 혹시 주연 씨가 자기도 모르게 비교하는 대상이나 기준이 있으신 건 아닌가요. (좀 더 구체적으로 기준점을 찾은 질문을 함.)

내담자: 고등학교 때 엄마가 이런 이야기하셨어요. 옆집의 성진이 같으면 앉아만 있어도 10등 안에 들겠다. 그냥 수업 시간에 아무것도 안 하고 듣기만 해도 10등 안에 들겠다. 그런 말을 늘 했어요.

상담자: 그러니까 정말 공부 하나도 안 하고 앉아만 있어도 10등 하는 애와 늘 비교했다는 말이죠. 성진이는 어떤 애였어요?

내담자: 정말 머리가 좋은 애였거든요.

상담자: 그러니까 주연 씨는 자신을 머리가 엄청나게 좋은 사람과 늘 비교하시게 되었나 봐요.

내담자: 엄마가 뭐라고 그러셨냐면… 너는 보기에는 열심히 하는 거 같은데. 그 열심히 하는 것만큼 결과가 안 나오니까 넌 공부랑 거리가 멀어. 넌 하지 마. 어찌나 기를 죽이던지요.

상담자: 참… 그런 이야기 들으면 화났겠어요.

내담자: 신경질이 나죠. 그런 얘기 들으면 부글부글 끓었어요. 그러다가 공부를 하다가 막히면 역시 난 공부랑 거리가 먼가 보다, 이렇게 생각했죠.

상담자: 그게 아직도 주연 씨 마음에 크게 자리 잡고 있는 것 같아요. 난 멀었다. 난 해도
　　　　소용없다....

내담자: 그러기 싫은데도 자꾸 그렇게 생각이 들죠.

상담자: 비교하는 대상이 늘 엄청 머리 좋은 사람. 공부 안 해도 그냥 10등 정도 저절로
　　　　하는 사람과 비교하신다는 거죠.

내담자: 네....

2) 연속선상에 놓기

　완벽주의적인 사고를 하거나 양극화된 사고를 하는 내담자들은 자기를 포함하여 어떤 대상이나 결과를 이분법적으로 판단하는 경향이 많다. 이런 내담자들에게 연속선상에 놓기 기법을 사용해서 상황을 판단하게 하면 극단으로 치우치는 사고 경향을 수정할 수 있다. 예컨대, 어떤 상황을 '성공 아니면 실패'로 판단하는 내담자에게 성공의 정도를 나타내는 100(혹은 10)이라는 연속선을 제시하고 그 상황이 연속선상에서 어느 지점에 놓이는지 위치를 정하게 한다. 이때 상담자가 먼저 내담자에게 0점, 100점(혹은 10점)인 상태가 어떤 것인지 설명해 주고, 그다음 내담자로 하여금 50점, 25점, 75점인 상태가 어떤 것인지 정하게 하여 자신의 위치를 점수로 말하게 한다.

　연속선상에 놓는 작업을 할 때 주의할 점은 다음과 같다. 첫째, 내담자의 주관적인 생각과 감정을 충분히 공감해 주지 않고 너무 서둘러 연속선상에 놓는 작업을 하지 않도록 주의를 기울여야 한다. 자칫하면 내담자의 경험을 수용하지 않는 것처럼 보이기 쉽고, 그 결과 내담자가 적극적으로 이 작업에 참여하지 않게 된다. 둘째, 연속선상의 각 지점을 충분한 시간을 두고 논의하여 잘 정하지 않는다면 점수를 주는 작업이 주관적인 인상에 의해 정해질 수 있다. 셋째, 내담자의 사고가 흑백논리에 기반해 있을 때는 연속선상에 놓는 작업이 많이 필요할 수 있지만, 과다하게 사용할 경우에는 치료의 흐름을 끊을 수 있다.

　다음 축어록에서 상담자와 내담자가 연속선상에 놓기 작업을 어떻게 했는

지 살펴보자(연두색 글자는 필자의 코멘트임).

(유치원 원장이 다른 교사와 내담자를 비교하는 이야기를 잔뜩 함)

내담자: 딱 그렇게 하는데 기분이 상하면서 막 용기가 없어지는 거예요. 내가 잘할 수 있을지... 처음에는 좋은 말 되게 많이 해 주셨거든요. '너무 걱정하지 마라. 기본적으로 인격적인 게 중요하다.'라고 하시다가 막판에 인사하고 나오려고 하는데 그 얘기가 나오는 거예요. 그래서 제가 황당해서 기분이 안 좋았어요.

상담자: 네....

내담자: 다른 친구한테 이야기했더니 당연히 기분 나쁜 이야기지... 그러는데도 기분이 확 떨어지고 그랬어요.

상담자: 그 얘기를 듣고 들었던 생각을 좀 자세하게 얘기해 보시겠어요?

내담자: 처음에는 기분이 벙쪄서 아무 말도 못했어요. 표현을 해야 하는데. 이게 무슨 소리인가, 내가 잘못 들었나? 근데 나중에는 내가 진짜 자질이 없나 그런 생각이 드는 거예요. 되게 모호하구, 되게 벙쪄서 생각이 없었는데 나중에 집에 와서 생각해 보니 그게 아닌 거예요. 그 상황에서는 직접적으로 무슨 생각이 떠오르는 게 아니라 그냥 멍해 갖고 아무 생각도 안 들었어요. 그냥 우울하고....

상담자: 우울해지셨다구요.

내담자: 그런 말 들었으니까. 내 능력이 없나 보다 그런 생각도 들고....

상담자: 기분이 우울해지셨는데... 그때 내가 능력이 없는 사람인가, 내가 쓸모가 없는 사람이구나 그런 생각이 드셨다는 거네요.

내담자: 평소에도 그런 생각을 막 하고 있는데, 아니야 아니야 요즈음에는 그렇게 생각 안 하려고 하는데, 그런 이야기를 들으니까, 역시 내가 정말 능력이 없나 보다 그런 생각이 딱 들면서....

상담자: 민지 씨 말을 들어 보니 원장님이 그런 이야기를 한 후 본인이 정말 능력이 없다고 생각하신 것 같아요. 한번 구체적으로 살펴볼까요. 유치원 교사로서 필요한 직무능력이... 저는 잘 모르니까 어떤 것들이 있을까요.

내담자: 아이를 안전하게 돌봐야 하구요.

상담자: 같이 한번 적어 보죠. 아이를 잘 돌보고....

내담자: 아이가 긍정적으로 자아상을 갖도록 격려해 줘야 해요. 학습적인 부분두 있구요.

상담자: 구체적으로는?

내담자: 숫자, 바둑알, 글씨 가르치기....

상담자: 아, 네.

내담자: 사회성을 기르는 것, 또 예절교육, 이건 기본 생활 습관 가르치기에 들어가요. 그리고 교구, 교재 만들고, 환경도 꾸며야 돼요. 율동도 해야 되고, 미술도 해야 되고. 선생님들과의 관계도 잘 해야 돼요. 그리고 학부모와의 관계도 잘 하고.... 그리고 음악, 노래도 가르쳐야 돼요.

상담자: 이 정도면 상당히 다 이야기가 된 것 같네요. 그럼 이거를 중요한 순서대로 한번 숫자를 매겨 볼까요. (내담자는, 1. 아이를 안전하게 돌보는 것(중요도: 1), 2. 긍정적인 자아상을 가지게 해 주는 것(2), 3. 기본 생활 습관 교육(3), 4. 교구 및 교재 제작(3), 5. 환경 꾸미기(3), 6. 선생님들과의 관계 잘 하기(3), 7. 학부모와의 관계 잘 하기(3), 8. 사회성 증진(4), 9. 학습적인 부분(5), 10. 율동, 노래, 미술(5)을 들고, 중요도를 괄호 안과 같이 매김.) 유치원 교사로서 민지 씨가 각각의 영역을 어느 정도 잘한다고 생각하시는지를 판단하셔서 잘하는 것은 O, 보통은 △, 잘 못하는 건 X표로 쳐 볼까요. (내담자가 O표 6개, △표 3개, X표 1개(율동)라고 체크함.)

상담자: 그럼 민지 씨가 유치원 교사로서 몇 점 정도의 교사라고 볼 수 있을까요.

내담자: 50~60점은 될 것 같아요.

상담자: 100점이 모든 영역에서 다 잘하는 선생님이라고 할 때 50점은 어느 정도의 선생님이라고 볼 수 있을까요? (내담자의 박한 평가를 다시 검토하게 만드는 좋은 질문임)

내담자: 대부분의 영역에서 평균 정도 하는 선생님이겠죠.

상담자: 그럼 민지 씨를 대부분 영역에서 평균 정도 하는 선생님이라고 보시는 거네요.

내담자: 사실 그것보다는 잘하는 것 같아요.

상담자: 그럼 몇 점 정도 주실 수 있을까요?

내담자: 그래도 70~80점은 줄 수 있을 것 같아요.

상담자: 아까 50~60점 정도 주셨을 때 왜 그런 점수를 주셨을까요.

내담자: 그건 제가 율동이 약해서 그런 것 같아요.

상담자: 사실 민지 씨가 정말 능력이 없나 보다라고 생각하실 때 전 민지 씨가 못하는 부분이 훨씬 많을 걸로 생각했거든요.

내담자: 선생님과 이렇게 꼼꼼하게 따져 보니 제가 이만하면 꽤 괜찮은 선생님인 것 같네요.

3) 제3자의 관점에서 보기

제3자의 관점에서 내담자가 처한 상황을 바라보게 함으로써 상황을 보다 넓은 조망으로 보게 하기 위한 기법이다. 인지행동치료에서 널리 사용되는 방법으로, 이때 내담자와 가까운 친구나 지인을 구체적으로 정하고, 그 친구라면 이 상황을 어떻게 받아들일지 물어본다.

제3자의 관점을 사용할 때 주의할 점은 다음과 같다. 첫째, 구체적인 대상을 정하지 않고 아무나 제3자로 놓고 그 상황을 어떻게 볼지 물어보는 것보다는, 내담자를 아끼는 친구나 지인의 관점에서 뭐라고 할지 생각해 보게 하는 것이 더 치료적이다. 둘째, 상담자가 내담자보다 앞서 가지 않고 내담자 스스로 자신의 상황을 다른 조망에서 볼 수 있도록 기다려 주는 것이 필요하다. 셋째, 머리로는 다르게 볼 수 있다는 것이 이해가 되지만 심정적으로는 받아들여지지 않는다고 할 때 심상을 통해 직접 제3자가 되어 말하게 해 보는 것도 도움이 된다. 넷째, 제3자가 아닌 본인이 10년 뒤에 자신의 상황을 되돌아볼 때 어떻게 볼지 생각해 보게 할 수도 있다. 다음 사례에서는 내담자로 하여금 같은 동호회 회원의 관점에서 바라보도록 하였다.

상담자: 지난주 일요일 우울하셨다고 적어 오셨는데, 그때 상황에 대해 다시 한번 자세히 이야기해 보시겠어요?

내담자: 지난번 운동하는 거 예선전이 있었어요. 그런데 예선전에서 떨어졌어요. (어색한

웃음)

상담자: 아, 예선전에서요? 그게 언제 있었어요?

내담자: 지난 일요일날이요.

상담자: 무슨 운동 예선이죠?

내담자: 스쿼시 전국 단위 예선이었어요. 예선전에서 그렇게 비참하게 당할 거라는 생각은 못 했어요. 그날 이후로 힘들었어요.

상담자: 예선전인데 떨어져서 기분이 많이 상했나 봐요. 그런데 비참하다고 할 정도로 느껴졌어요?

내담자: 그렇죠. 저 자신도 꽤 친다고 생각했는데….

상담자: 기대를 많이 했었나 봐요.

내담자: 자기에 대해 객관적으로 인정받을 수 있는 기회잖아요. 그런데….

상담자: 그 이후에 뭐 했어요?

내담자: 술 마셨죠. 하지만 그때 2시간 정도 마시고 그다음에는 안 마셨어요.

상담자: 자 보세요. 화나고 스트레스를 받으니까 다시 술에 의존하고 있네요. 사실 현우 씨 술 문제는 술 자체가 심각하다기보다 스트레스를 받으면 화난 감정을 술로 푸는 게 문제거든요. 예선전에 나가서 이기면 객관적으로도 인정받고 좋은 점도 있죠. 그렇지만 예선전에 탈락했다고 스트레스를 그렇게 많이 받으셨다는 게…. 같은 스쿼시 동호회의 다른 사람은 예선전에 탈락한 것에 대해 어떻게 생각할 것 같아요?

내담자: 글쎄요. 저처럼 생각하는 사람도 있을 거고, 저처럼 그렇게 심각하게 생각하지 않을 수도 있죠.

상담자: 어떻게 다르게 생각할 것 같아요?

내담자: 사람에 따라서는, '아 뭐 내가 직업선수도 아니고 아마추어인데, 떨어질 수도 있지 뭐. 다음에 또 잘하면 되지.' 그 정도로 생각할 것 같아요.

상담자: 그렇다면 기분이 어떨 것 같아요?

내담자: 조금 마음이 편해질 것 같아요.

상담자: 그래요. 현우 씨는 다른 사람보다 그런 상황에서 꼭 이겨야 된다고 생각하는 정도가 훨씬 심한 것 같아요. 이런 게 현우 씨로 하여금 평소에 스트레스를 더 많이

받게 만들 수도 있죠.

4) 이중기준 검토하기

다른 사람을 평가할 때와 자기 자신을 평가할 때 다른 기준을 사용하는지 살펴보게 하고, 내담자 스스로에게 적용하는 기준이 다른 사람에게 부과하는 기준과 다르다는 것을 깨닫게 한다. 특히 과도한 책임감이나 높은 기준을 가지고 있는 내담자에게 유용하다. 이중기준을 검토할 때는 자신에게 적용하는 기준을 다른 사람에게도 적용하는지 확인해 보고, 어떤 기준을 적용하는지 구체적으로 표현해 봐야 더 명확하게 비교가 된다.

다음 축어록에서 이중기준을 어떻게 검토했는지 살펴보자(연두색 글자는 필자의 코멘트임).

상담자: 그럼 지원 씨가 지난주에 해 온 과제를 가지고 이야기해 보면 어떨까요? 목요일에 '난 무지 한심하다'라는 생각을 한 것에 대해 먼저 이야기할까요? 과장님이 일을 시켰는데 잊어버려서 한 소리 들었다고 하셨죠?

내담자: 네. 저보고 넌 왜 그러냐 하면서 성질을 버럭 내더라구요. 간 떨어져 죽는 줄 알았어요.

상담자: 그리고 이때 '내가 왜 이리 한심할까? 너무 바보 같다.'라는 생각을 하셨구요.

내담자: 예.

상담자: 그럼 과장님이 일을 시켰을 때의 상황을 좀 더 자세히 이야기해 주시겠어요?

내담자: 음... 제가 다른 일을 하던 도중이었거든요.... 갑자기 과장님이 전화해서 거래처에서 보낸 서류를 정리하라고 시키더라구요. 하던 일을 먼저 처리하려고 쪽지에 과장님이 시킨 일을 써 놓았거든요. 그러다가 깜박 잊어버렸어요. 나중에 과장님이 와서 했냐구 했을 때 아차 싶었죠. 된통 당했어요.

상담자: 아, 그럼 뭘 하던 도중에 그 일을 하느라 과장님이 시킨 일을 깜박 잊은 거네요.

내담자: 예.

상담자: 만일 지원 씨 회사에서 같이 일하는 동료가 같은 실수를 했다면 지원 씨는 어떻게 생각하시겠어요?

내담자: 같은 실수를 했다면... 과장님이 시킨 일부터 할 것이지... 란 생각과 함께 다른 일을 하던 중에 잊어버렸으니까 그럴 수도 있겠다는 생각을 할 거 같아요.

상담자: 그럼 지원 씨는 나와 다른 사람을 평가할 때 기준이 좀 다른 것 같은데, 어떻게 생각하세요?

내담자: 그럴 수도 있네요.... 아니 그런 것 같네요.

상담자: 지원 씨가 실수를 했을 때 사무실의 그 동료를 평가한 것처럼 자신을 평가했다면 기분이 어땠을까요?

내담자: 그렇게 한심하다는 생각은 안 들었을 것 같아요. 그럴 수도 있다고 인정한 거니까요.

상담자: 그렇게 생각했다면 기분은 어땠을 것 같나요? 우울한 것도 훨씬 덜하고 그럴 것 같은데... 어떠세요? (첫 번째 질문을 던진 후 내담자의 대답을 기다려서 진행했다면 더 협력적인 작업이 되었을 것임.)

내담자: 그럴 것 같네요.

상담자: 그렇다고 지원 씨가 동료를 평가한 내용이 터무니없이 긍정적으로 한 건 아니고... 아니 오히려 더 객관적으로 평가한 것 같네요.

내담자: 아무래도 그런 것 같아요.

5) 파이차트 기법

어떤 일에 대해 그 원인이나 책임을 편향되게 지각하는 것을 귀인편향이라고 한다. 파이차트는 어떤 일에 영향을 미친 요인들을 다 열거한 후, 각각의 요인이 기여한 부분을 %로 나타내어 파이(원)에 그려 보게 하는 기법이다. 이 기법은 특정사건에 대한 자신의 책임을 과도하게 지각하는 내담자나 자기비난이 높은 내담자에게 효과가 있다. 이때 파이차트를 그리면서 내담자가 기여한 부분에 대해서는 제일 마지막에 그리게 한다.

파이차트 기법을 적용할 때 주의할 점은 다음과 같다. 첫째, 내담자에게 특정사건에 영향을 미친 요인들을 열거해 보라고 하면 처음에는 잘 찾아내지 못한다. 그래도 상담자가 직접 열거하기보다는 내담자에게 시간을 주고 천천히 생각해 보게 하는 것이 좋다. 둘째, 내담자는 본인의 영향을 과도하게 지각하기 때문에 다른 요인들이 기여한 부분에 대해 과소평가하기 쉽다.

다음 축어록에는 파이차트 기법을 사용해서 내담자의 과도한 책임감을 다룬 예가 나와 있다.

내담자: 중학교 때도 어떤 일이 있어 가지고....

상담자: 어떤 일이죠?

내담자: 제가 중학교 때 저희 학교 합창단 반주를 했었거든요.

상담자: 중학교 때....

내담자: 연습 때는 잘했는데. 대회에 나가서 두 곡을 부르는데 첫째 곡은 잘했는데. 둘째 곡은 좀 긴 거였어요. 근데 중간에 반주를 엉망으로 했어요. 그래서 저희 학교가 떨어졌어요. 제가 그때도 약간 그런 게 있었거든요. 근데 그때는 심한 정도는 아니었고, 긴장하면 가슴이 전보다 더 조여지는 정도....

상담자: 그때 처음 느끼신 거예요?

내담자: 아니 그때는 약간 아린다는 느낌 정도였구요. 고등학교 가서....

상담자: 아까 민영 씨 때문에 합창 대회에서 떨어졌다고 그러셨는데.

내담자: 합창단 애들 몇몇이 계속 뭐라고 비아냥거리고 그랬어요.

상담자: 합창 대회에서 떨어지게 된 이유가 다른 건 없었을까요.

내담자: 글쎄, 전 제가 반주를 엉겨서 떨어졌다고 생각했는데....

상담자: 다른 이유가 있다면 어떤 걸까요.

내담자: 그때 저희 알토가 좀 약하긴 했어요.

상담자: 또 다른 이유는 뭐가 있을까요.

내담자: 둘째 곡이 너무 길어 좀 힘들기도 했어요.

상담자: 또 생각해 볼 수 있는 이유는 없을까요.

내담자: 다른 학교 합창단이 저희보다 잘하기도….

상담자: 지금 민영 씨 이야기를 들어 보니 합창 대회에서 떨어진 이유가 여러 가지 있네요. 다른 학교 합창단들이 잘했다, 우리 학교가 두 번째 곡을 너무 어려운 걸 택했다, 알토가 좀 약했다, 반주가 중간에 엉겼다. 전체를 100%로 놓고 본다면 먼저 다른 학교 합창단들이 잘했다는 게 몇 %나 차지할까요?

내담자: 지금 생각해 보니 그것도 컸던 것 같아요.

상담자: 그럼 몇 % 정도 줄 수 있을까요?

내담자: 20~30% 되지 않을까요.

상담자: 그럼 두 번째 곡이 좀 길고 어려웠다는 건 몇 %를 차지할까요?

내담자: 10%.

상담자: 그럼 알토가 좀 약했다는 건?

내담자: 20%.

상담자: 그러니까 반주 외에 요인들이 50~60% 이유를 차지하는 거네요.

내담자: 예전에는 한 번도 그렇게 생각해 본 적이 없어요. 저 때문에 떨어졌다고 늘 생각했거든요.

5. 인지적 오류를 통해 자동적 사고 검토하기

인지적 오류를 찾아내는 것은 자동적 사고의 잘못된 부분을 찾아내고 수정하는 데 매우 효과적인 방법이다. 이 방법에서는 먼저 내담자에게 인지적 오류의 종류를 설명해 주고, 내담자의 자동적 사고에 어떤 인지적 오류가 있는지 찾아보게 한다. 인지적 오류를 설명할 때 내담자의 수준에 맞게 쉽게 설명해 주어야 하며, 이때 너무 많은 수의 인지적 오류를 한꺼번에 제시하면 내담자는 인지적 오류를 찾는 것이 어려운 작업이라고 느낄 수 있다. 또한 인지적 오류에는 서로 겹치는 부분이 있으므로, 자칫하면 어떤 인지적 오류가 있는지에 대한 의견 차이로 논쟁에 빠질 수도 있다. 이런 문제를 예방하기 위해서는 인지적 오류의 종류를 너무 세분해서 나누지 말고, 내담자가 자주 저지르는 몇 가지 오류를 중점적으로 알려 주는 것이 더 효과적이다.

① 흑백논리: 어떤 일을 양극단('성공 아니면 실패' '유능한 사람 아니면 무능력자')으로 보는 오류로서 실무율적 사고라고도 한다. 예를 들어, "망했다." "전 엄마로서 빵점이에요."라는 말에 흑백논리가 잘 나타난다. 흑백논리를 자주 사용하는 내담자에게는 '연속선상에 놓기'를 사용해서 사람이나 사건을 판단하게 한다. 즉, 0~100점 척도상에 놓고 봤을 때 몇 점 정도 받을 수 있을지 물어본다(예: "○○ 씨는 엄마로서 스스로에게 몇 점가량 줄 수 있을까요?").

② 과잉일반화: 한 가지 일에서 나타난 현상을 다른 모든 일에까지 적용하는 오류로서, 예를 들어 결재서류에서 오타가 발견됐을 때 자신을 모든 일에서 실수투성이인 사람으로 생각하는 것이다. 과잉일반화의 오류를 효과적으로 다루기 위해서는, 모든 일이라고 했을 때 어떤 일을 의미하는지 구체화한 후 각각의 일에서 실제로 그런지 검토해야 한다("어떤 일에서 또 실수가 많은가요? 구체적으로 몇 가지만 들어 보실래요?").

③ 지레짐작(독심술): 다른 사람이 어떤 행동을 했을 때 그렇게 한 이유를 자기 마음대로 추측하고 믿는 오류로서, 예컨대 직장의 상사가 회의를 취소했을 때 '말을 더듬는 내 꼴이 보기 싫어서 부장님이 회의를 취소했을 거야.'라고 생각하는 것이다. 다른 사람의 행동에 대해 잘못 이해하는 것에 국한시키는 것이 용어에 대한 혼란을 덜 가지고 온다. 그렇게 생각하는 근거가 내 감정이라면 감정적 추론이라고 볼 수도 있다. 독심술이나 지레짐작의 오류를 저지르는 내담자에게는 구체적으로 그 상황을 어떻게 다르게 생각하는지, 또 그 사람이 그렇게 행동하게 된 다른 이유는 없는지 물어보면서 검토해 보는 것이 효과적이다. 다음의 사례에서 지레짐작의 오류를 어떻게 다루었는지 살펴보자(연두색 글자는 필자의 코멘트임).

내담자: 시아버님께 전화를 드렸는데 기분이 좋지 않으신 것 같아 마음이 편하지 않았어요.

상담자: 좀 더 자세히 이야기해 볼까요?

내담자: 통화하시는 목소리가 별로 좋지 않으셨는데... '내가 뭔가 잘못한 게 있어서일 거야... 내가 뭘 잘못했지?' 하는 생각이 들었어요.

상담자: 전화 내용은 어떤 내용이었어요?

내담자: 별다른 내용은 아니구요, 안부 정도....

상담자: 그런 상황에서 떠오른 생각이 '내가 뭔가 잘못했다.'라고 하셨는데... 정말 그랬을까요? 다르게 볼 수는 없었을까요?

내담자: 아무리 생각해도 제가 잘못한 게 없었는데도, 그래도 나 때문일 거라는 생각이 들었거든요.

상담자: 그런 상황에서 지선 씨가 생각해 봐야 할 질문은 '뭔가 다른 이유는 없을까?' 하는 거죠. ('생각해 볼 수 있는 질문이 어떤 게 있을까요?'라고 물어보고 기다려서 내담자가 스스로 생각할 시간을 주는 것이 필요함.)

내담자: 제가 어쩌 보는 거에 그다지 관심을 갖지 않으시고 끊으시려고만 했거든요. 근데 며칠 뒤에 다른 일 때문인 걸 알았어요. 저 때문이 아니라 다른 사람 때문에....

상담자: 네, 그랬군요. 지선 씨가 잘못해서 화가 나셨다고만 생각하셨잖아요. 그럴 때 다른 이유는 없을까, 답을 못 찾더라도 생각만 해 볼 수 있었다 해도 그렇게 불안하시지는 않았을 거예요.

내담자: 그럴 것 같아요.

상담자: 그렇다면 지선 씨가 계속 자기 때문에 화가 나셨다고 틀림없이 믿은 건 무슨 인지적 오류죠?

내담자: 지레짐작인 것 같아요.

상담자: 그래요. 지선 씨가 지레짐작을 하셨기 때문에... 다른 일 때문에 화가 나셨을 거라고 생각해 볼 겨를이 없었던 것 같아요.

내담자: 네.

④ 감정적 추론: 이 오류의 핵심은 감정에 근거해서 어떤 일을 판단하고 그 것이 사실이라고 믿는 것이며, 독심술과 겹치는 부분이 많다. 자기 기분 에 어떤 것 같다고 느끼면 그것이 사실인 양 믿는 것을 말한다. 예컨대, 내담자가 자녀들을 양육하는 데 좌절감을 느낄 때, '난 우리 아이들한테 아무 도움이 안 돼.'라고 생각하는 것이다. 우리나라 내담자들에게 자주 나타나는 오류로서, 자신의 판단이 느낌에 근거한 것이라는 것을 깨닫 게 하는 것이 도움이 된다.

⑤ 당위적 사고(Should 사고): 기준을 지나치게 높게 잡고, 이 기준에 따라 사람이나 사물을 판단하는 것이 이 오류의 핵심적 특징이다. 당위적 사 고의 예로는 '난 실수를 절대로 하지 말아야 해!' '발표할 때 자연스럽게 해야 돼.' 등을 들 수 있다. 당위적 사고를 자주 하는 내담자에게는 암 묵적으로 숨어 있는 높은 기준을 구체화하도록 도와주고, 그 기준이 현 실적인지 검토하게 한다. 다음 축어록에 보면 당위적 사고를 하고 있었 다는 것을 내담자 스스로 깨닫게 되었다고 말하는 장면이 나온다. 이때 '당위적 사고'라는 인지적 오류의 이름을 알려 주고, 내담자의 사고에서 당위적 사고의 예를 계속 찾아보고 검토하는 작업을 해 본다면 내담자 의 사고를 훨씬 효과적으로 수정할 수 있었을 것이다.

내담자: 저는 지난주에 좀 재미있는 경험을 했는데... 재미있다기보다는 이렇게 걱정하고 실수하지 않으려는 제 모습이 다른 사람한테는 어떻게 보일까 하는 것을 알게 되었다고나 할까요?

상담자: 어떤 일이 있었는지 상당히 궁금해지네요.

내담자: 지난주에 신입 사원이 새로 들어 왔거든요. 와서 인사를 하는데, 굉장히 긴장하 면서도 말도 많이 하고, 나름대로는 잘하려고 애쓰는 게 보이더군요. 그래서 혼 자서 웃기도 했는데, 또 한편으로는 내가 신입 사원이 되어서 저 입장이 됐으면 어땠을까 하는 생각도 들고.

상담자: 어땠을 것 같으세요?

내담자: 지금 생각으로는 그 사람들보다는 잘할 것 같은데, 또 막상 닥치면 어떨지 모르죠. 제가 원래 조금이라도 실수하는 걸 못 견디는 편이니까요. 그런 게 또 오래 머릿속에 남아 있다는 말입니다. 그런데 신입 사원들이 너무 긴장해서 실수하지 않으려고 애쓰는 걸 보니까 '그렇게까지 할 필요는 없는데.' 하는 생각이 들면서, '아, 내가 긴장하는 걸 보고 남들도 나 같은 생각을 하겠구나. 사실은 내가 걱정하는 것만큼 내 실수를 대단치 않게 생각하는구나.' 그런 생각이 드니 맘이 편해지는 것 같더군요.

상담자: 남들은 내가 생각하는 만큼 내 실수에 신경 쓰지 않는다는 것을 알게 되셨다는 거죠?

내담자: 네. 그런 일이 있고 난 후 윗사람하고 식사를 했는데, 전 같으면 굉장히 부담이 돼서 긴장하고, 말도 못하고, 표정도 굳고 그랬을 텐데, 왠지 그 생각이 들면서 마음이 편해지고 말도 예전보다 훨씬 잘 나오지 뭡니까.

상담자: 그러니까 '절대로 실수하면 안 된다.'라고 생각하시던 걸 조금 바꾸게 되신 거네요.

⑥ 재앙적 사고(파국화): 어떤 일의 결과나 미래를 재앙적으로 예측하는 오류로서, 내담자가 눈이 나빠 자기가 탈 버스를 놓치고 난 후 '어느 직장에 들어가도 눈이 나빠 결국은 쫓겨나고, 난 거지가 돼서 길거리에 노숙자로 살게 될 거야.'라고 생각하는 예를 들 수 있다. 재앙적 사고를 자주 하는 내담자에게는 '그런 결과가 실제로 일어날까요?' '그런 결과가 일어날 확률은 얼마나 될까요?'라는 질문을 통해, 재앙적 결과가 일어날지를 구체적으로 검토하는 작업을 하는 것이 효과적이다. 이런 작업을 반복적으로 하다 보면 내담자가 실제 상황에서 스스로 '그런 결과가 실제로 일어날까?'라는 질문을 해 보면서 검토할 수 있게 된다. 다음의 축어록에서 재앙적 사고를 어떻게 했는지 살펴보자.

내담자: 어젯밤에 자기 전의 일인데요. 다들 연휴 마지막 날이라 일찍 잠이 들고 저만 남아 있었을 때였죠. 온 집안이 깜깜하고 저만 잠이 오질 않아... 그냥 저만 홀로 남겨진

느낌이었어요. 그리고 다들 내일이면 출근하고 바쁘겠지만 전 할 일도 없으니... 허무하고 앞으로 제 인생이 보이질 않더군요. 많이 우울하고 슬퍼서 울었어요.

상담자: 아, 밤중에 잠이 오지 않을 정도로 우울하고 암담하게 느껴지셨나 봐요. 그 상황에서 혹시 어떤 생각이 떠오르셨어요?

내담자: 저만 남겨지게 되고 뒤처질 거 같다는 생각이요.

상담자: 네, 그리구요.

내담자: 그리고 제 앞날도 어두울 거라는....

상담자: 그게 어떤 인지적 오류죠?

내담자: 모든 걸 암울하게 나쁘게 예상하는....

상담자: 맞아요! 인지적 오류의 이름이 뭐죠?

내담자: 재앙화의 인지적 오류죠?

상담자: 네. 진희 씨가 만일 그때 그렇게까지 미래가 나쁠 거라고 생각하지 않았다면 기분이 어땠을까요?

내담자: 그렇게까지 슬프진 않았을 것 같아요.

상담자: 그래요. 좀 외롭기는 했겠지만....

내담자: 혼자 있으면 더 미래에 대해 비관적으로 생각하게 되는 것 같아요.

⑦ 선택적 결론: 한 가지 일로 전체에 대한 결론을 내리는 오류이다. 예컨대, 내담자가 아이 약을 제때에 챙겨 먹이지 않았다고 자신을 '엄마 자격이 없는 사람'이라고 결론짓는 것이다. 이때 내담자가 주의를 기울이지 않은 다른 측면을 살펴보도록 돕는다("아이를 돌보는 다른 일에서는 어떠세요?" "엄마로서 잘하는 부분은 없나요?")

⑧ 낙인찍기: 내담자가 자신이나 다른 사람에게 나쁜 이름 혹은 이름표(예: 실패자, 루저, 무능력자, 거짓말쟁이 등)를 붙여 놓고, 어떤 행동이든지 그 이름에 맞추어 해석하는 오류로서, 지나친 일반화 오류가 같이 일어나는 경우가 많다. 낙인찍기를 다루기 위해서는 내담자에게 그 낙인과 맞지 않는 다른 특성이나 행동은 없는지 살펴보도록 한다.

6. 악마의 대변자 역할연기

상담자와 내담자 중 한 사람은 역기능적 사고의 대변자, 즉 악마의 대변자 역할을 맡고, 한 사람은 적응적 사고의 대변자 역할을 맡아 서로 논쟁하는 역할연기 기법이다. 이것은 내담자가 머리로만 이해한 것을 심정적으로 자기 것으로 받아들이게 만들어 주는 강력한 기법이다. 흔히 상담자는 내담자가 하는 역기능적 사고를 표현하는 대변인('왜곡된 사고자') 역할을 하고, 내담자는 그 역기능적 사고에 반박하는 역할('적응적 사고자')을 맡아 논쟁한다. 이때 내담자가 적응적 사고자의 역할을 잘 하지 못하면 먼저 상담자가 적응적 사고자의 역할을 맡고, 다시 역할을 바꾸어 시행할 수도 있다.

상담자는 왜곡된 사고자 역할을 할 때 내담자의 마음과 생각을 공감적으로 정확하게 그려 내는 것이 필요하며, 중간에 내담자가 역할연기에서 빠져나와서 이야기하면 이에 잠깐 응해 주지만 다시 역할연기로 돌아가는 것이 필요하다. 악마의 대변자 역할연기는 내담자의 자동적 사고를 앞에서 말한 여러 방법으로 검토한 후에도 내담자가 충분히 확신하지 못할 때 사용하면 큰 도움이 된다. 역할연기를 하면서 내담자는 상담자의 입을 통해 말해지는 자기 생각을 좀 더 객관적으로 볼 수 있으며, 나아가 그 생각에 대한 반박에 몰입하게 됨으로써 대안적 생각을 좀 더 자기 것으로 만들 수 있다.

1) 악마의 대변자 역할연기의 절차

다음에 나와 있는 순서대로 역할연기를 하는 것이 효과적이다.

첫째, 상담자는 내담자의 마음에 있는 부정적인 소리를 대변하는 역할을 맡고, 내담자는 이 소리에 대해 반박하는 역할을 맡는다는 것을 설명해 준다.

둘째, 내담자에게 이름이 무엇인지 물어보고, 상담자의 이름이 무엇인지도 물어본다(두 사람이 내담자의 다른 생각을 대변함을 강조하는 절차로서 생략해도 됨).

셋째, 먼저 상담자가 "○○ 씨는...."으로 시작해서 내담자의 부정적인 생각한 가지를 소리 내서(예: "○○ 씨는 엄마로서 아이를 어떻게 돌봐야 되는지 아는게 하나도 없어요.") 말한다.

넷째, 그 다음 내담자에게 "나는...."으로 시작해서 상담자의 이 말을 반박하거나 공략하라고 한다(예: "나는 아이들과 잘 놀아 주는 엄마야.").

다섯째, 이렇게 몇 번을 해 본 후 내담자에게 누가 이겼냐고 물어보는데, 만일 내담자가 이겼다고 하면 어느 정도로 이겼냐고 물어본다. 이때 완전한 승리를 얻을 때까지 역할연기를 한다. 만일 내담자가 확신 있게 하지 못한다면 상담자가 반박하는 역할을 하고, 다시 바꿔서 할 수도 있다.

효과   첫째, 내담자의 마음에 있는 부정적인 소리나 생각을 겉으로 드러내서 말함으로써 그 말을 외현화하여 들어 볼 기회를 갖게 된다. 둘째, 머리로만 이해한 것을 심정적으로 자기 것으로 만드는 효과가 있다.

요령   부정적인 생각에 대한 완전 공략이 필요하며, 애매한 공략이나 반박은 승리한 것으로 간주하지 않는 것이 좋다. 부정적인 생각을 반박하고 공략하는 전략에는 자기-방어 전략(부정적인 생각이 맞지 않다고 반박함)과 수용 역설 전략(부정적인 생각이 맞지만, 그래서 그게 어떠냐고 반박함)을 둘 다 사용할 수 있으며, 이 두 전략을 복합하여 사용할 수도 있다.

다음 축어록은 제1장에서 소개된 민지 씨와의 역할연기 내용이다. 민지 씨는 상담을 받으면서 직장을 바꾸기 위해 여러 곳에 지원서를 넣고 있었다. 그녀는 지원서를 쓸 때마다 '나는 제대로 할 줄 아는 게 하나도 없다.'라는 생각에 빠져 포기하고 싶은 마음이 강하게 들었다고 하였다. 내담자는 다양한 상황에서 이와 비슷한 자동적 사고를 하는 것으로 나타나 이전 회기들에서도 이 생각을 여러 번 검토하였다. 그 결과, 내담자는 자신이 잘하는 것은 당연한 일로 받아들이고, 다른 사람들은 다 완벽하게 잘하는 것으로 설정하고 자신을 비교한다는 것을 깨닫게 되었다고 했다. "어떤 일이 닥치면 부정적인 생각이 먼저 들어요. 이거 못하면 어떡하나? 내가 이거 할 수 있을까? 그래서 더 불안하고 자신감이 없어져요."

상담자는 민지 씨와 악마의 변호인 역할연기를 해 보기로 하고 다음과 같이 설명해 주었다. "저는 민지 씨의 부정적인 생각을 대변하는 역할을 하고, 민지 씨는 그 생각에 반박하는 역할을 맡아 서로 이야기해 볼 텐데요. 그러니까 민지 씨 마음속에 있는 서로 다른 두 생각을 저와 민지 씨가 대변하는 거예요. 저는 부정적인 생각, 민지 씨는 적응적인 생각을 대변하는 것이죠. 이해가 되세요? 누가 변론에서 이길지 한번 해 볼까요."

> **상담자**(부정적 사고의 대변자): 지원서를 써 봤자 안 될 거야. 넌 제대로 하는 것이 하나도 없어.
>
> **내담자**(적응적 사고의 대변자): (난처한 표정으로) 선생님, 뭐라고 해야 돼요?
>
> **상담자**(부정적 사고의 대변자): (역할에서 잠깐 나와) 적응적인 사고를 한다면 이 말에 대해 뭐라고 말씀하시겠어요?
>
> **내담자**(적응적 사고의 대변자): 음... 지원해 보지도 않고 어떻게 알아?
>
> **상담자**(부정적 사고의 대변자): 해 보나마나 안 될 거야. 이 유치원에 온 것도 운이 좋아 온 거지. 실력으로 온 건 아니잖아.
>
> **내담자**(적응적 사고의 대변자): 그게 무슨 말이야? 교수님이 추천해 주신 것도 실력이라고 볼 수 있지! 결국 내가 잘하니까 교수님이 원장님께 소개시켜 주신 거지, 내가 못했으면 소개해 주실 분이 아니잖아. 그러니까 운이라고만 볼 수는 없어.
>
> **상담자**(부정적 사고의 대변자): 그래도 유치원에서 힘든 일이 생길 때마다 운으로 겨우 들어온 직장이라 힘들다고 말했잖아.
>
> **내담자**(적응적 사고의 대변자): 기분이 안 좋을 때 그런 생각이 잠깐 들지만, 내가 운으로 겨우 들어왔다면 이 정도까지 잘 버틸 수는 없었을 거야.
>
> **상담자**(부정적 사고의 대변자): 유치원 교사로서 잘하는 것이 뭐가 있는데? 넌 제대로 할 줄 아는 게 하나도 없잖아?

내담자(적응적 사고의 대변자): (당황한 듯 금방 이야기를 못 함) ... 그렇지 않아! 난 아이들한테 윽박지르지 않고 긍정적으로 잘할 수 있게 격려해 주는 선생님인데....

상담자(부정적 사고의 대변자): 그건 기본 아닌가? 선생님이라면 당연히 그렇게 해야 되는 거 아니야? 그런 거 말고 잘하는 것이 뭐가 있는데?

내담자(적응적 사고의 대변자): (역할에서 빠져나오며) 아이, 못하겠어요. 뭐라고 대답해야 할지 모르겠어요.

상담자(부정적 사고의 대변자): (역할에서 빠져나오며) 민지 씨가 유치원 교사로서 잘하는 것이 여러 가지 있다는 이야기를 지난번에도 했었잖아요. 잠깐 숨을 고르고 다시 한번 해 봅시다.

내담자(적응적 사고의 대변자): 유치원 환경미화도 잘하는 편이고, 애들이 피곤해하면 안아 주기도 하고... 또 뭐가 있나, 부모님들도 웬만큼 잘 대하고... 이 정도면 잘한다고 볼 수 있지.

상담자(부정적 사고의 대변자): 유치원에서 잘한다고 해서 학습자료 개발회사에 맞는 사람이라고 볼 수 있을까.

내담자(적응적 사고의 대변자): 그건 해 봐야 알지, 해 보기도 전에 안 된다고 말할 수는 없어. 그래도 유치원 교사로서 오랫동안 일한 경력이 있는데....

상담자(부정적 사고의 대변자): 다른 사람보다 더 잘하는 것이 있을까?

내담자(적응적 사고의 대변자): 길고 짧은 건 대어 봐야 알지. 해 보기도 전에 미리 포기하는 것보다 낫지 않아? 그리고 직장을 옮기려면 어차피 이런 과정을 거쳐야 될 텐데 한번 해 보는 게 안 하고 포기하는 것보다는 낫다고 생각해.

상담자(부정적 사고의 대변자): 그래도 해서 안 되면 기분도 나빠지고 자신감도 잃을 텐데 그만한 가치가 있을까.

내담자(적응적 사고의 대변자): 아니야. 나도 처음에는 그렇게 생각했지만, 이렇게 도전해 본다는 것 자체가 의미가 있다고 생각해.

상담자: (역할에서 빠져나오며) 정말 잘하신 것 같아요. 해 보니까 어떠셨어요?

내담자(적응적 사고의 대변자): (역할에서 빠져나오며) 처음에는 뭐라고 대답해야 할지 잘 몰라 헤맸는데, 하다 보니까 조금씩 나아지네요.

글상자 6-2 자동적 사고를 검증하는 작업에서 흔히 부딪히는 어려움

1. 그 생각이 맞는 것 같은데, 저 혼자 있을 땐 그렇게 생각되지 않거든요.

→ 생각이 한꺼번에 극적으로 바뀌지 않는다는 점을 주지시켜야 한다. 자동적 사고는 오랫동안 비슷한 상황에서 자동적으로 들었던 생각이기 때문에 보다 타당한 새로운 생각으로 바뀌기 위해서는 반복적인 훈련이 필요하다.

2. 기분이 너무 우울할 때는 아무리 생각을 바꾸어도 기분이 달라지지 않아요.

→ 우리의 기분과 생각은 밀접한 관계를 가지고 있기 때문에 기분이 아주 우울하거나 아주 불안하거나 할 때는 생각을 바꾸기가 쉽지 않다. 우선은 기분이 심하게 우울하지 않은 상황에서 생각을 바꾸는 연습부터 시작해서 차차 난이도를 높여 가는 것이 좋다.

3. 제 생각이 틀렸다는 걸 머리로는 알겠는데 마음으로는 다가오지가 않아요.

→ 내담자는 자신의 자동적 사고가 왜곡되었다는 것을 '지적으로'는 이해하지만, '심정적으로'는 잘 믿어지지 않는다고 말한다. 이때 상담자는 내담자의 심정적 증거를 좀 더 충분히 다루어 주고, 행동실험 등의 체험을 통해 잘못된 생각을 반증해 보아야 한다.

4. 자동적 사고가 핵심 신념인 경우

→ 내담자의 자동적 사고가 핵심신념 그 자체인 경우는 생각의 뿌리가 깊고 사실로 믿는 정도가 강해 한두 번의 검증 작업으로는 쉽게 변화되지 않는다. 예컨대, 40대 회사원 호승 씨가 팀 프로젝트 회의를 하면서 '난 무능한 사람이야.'라는 생각이 들었다고 하자. 회의 상황이라는 특정한 상황에서 들었던 생각이지만, 다른 상황에서도 호승 씨에게 자주 떠오르는 생각일 뿐 아니라, 호승 씨의 감정이나 행동에 많은 영향을 주는 생각이라는 점에서 핵심신념일 가능성이 높다. 그렇다면 상담자가 자동적 사고를 수정할 때 쓰는 방법들, 예를 들어 그 상황에서 호승 씨가 무능하다는 것을 뒷받침하는 증거가 어떤 것이 있는지, 다른 사람이 비슷한 행동을 할 때도 무능하다고 볼지 등의 질문을 통해서는 이 생각이 잘 바뀌지 않을 것이다. 상담자는 이 생각이 핵심신념일 가능성을 내담자와 함께 검토해 보아야 하며, 만일 핵심신념이라면 다음 장에 나오는 핵심신념을 수정하기 위한 방법들을 사용하여 반복적이고 지속적인 작업을 해 나가야 한다.

민지 씨는 이 역할연기를 해 보면서 자신이 하는 말에 대해 점점 자신감이 생기고, 실제로도 그렇게 생각하는 것이 더 맞다는 것이 느껴졌다고 이야기 했다. 이와 같이 악마의 대변인 역할연기를 해 보면, 내담자가 처음에는 어색 해하지만 적응적 생각의 역할을 하는 데 익숙해지면서 생각에 변화가 온다.

7. 행동실험을 통한 검증

앞에서 언급한 많은 방법이 주로 대화를 사용하여 자동적 사고를 검증하는 것이었다면, 행동실험은 실제 행동을 통해 자동적 사고를 검증하는 방법이 다. 영국의 저명한 인지행동치료자인 Clark(1989, p. 82)은 그의 책에서 "행동 실험은 신념을 바꿀 수 있는 가장 효과적인 방법 중의 하나다."라고 말했다. 행동실험은 머리로만 받아들였던 새로운 생각을 실제 체험을 통해 마음으로 받아들이게 한다는 점에서 강력한 효과를 가진다. 그렇지만 행동실험에서 최대한의 효과를 거두기 위해서는 상담자가 내담자와 함께 협력해서 실험을 구상하고 또 준비 작업을 하는 것이 필요하며, 이를 위해 굳건한 상담자-내 담자 치료동맹이 뒷받침되어야 한다.

행동실험은 자동적 사고를 검증하는 데뿐 아니라 다음 장에서 다룰 핵심신 념이나 중간신념을 검증하는 데도 효과적인 방법이다. 내담자의 자동적 사 고를 검토할 때 흔히 소크라테스식 대화나 길잡이식 발견법을 우선적으로 사 용하게 되는데, 이런 검토 후 행동실험을 해 보면 내담자의 자동적 사고가 더 분명하게 변화할 수 있다. 예컨대, '내 의견을 말해 봤자 소용없을 거야.'라 는 자동적 사고를 자주 하는 내담자는 그로 인해 가족이나 가까운 친구에게 도 자기의견을 말하지 않을 가능성이 높다. 물론 이러한 자동적 사고의 근간 에는 오래된 신념(예: '나는 내세울 만한 게 없는 사람이다.')이나 잘못된 가정(예: '사람들은 남의 말을 듣고 싶어 하지 않는다.')이 자리 잡고 있을 수 있다. 어쨌든 내담자는 이런 생각으로 인해 자기에게 불리한 상황에서도 자기의견을 이야기하지 않는 등 행동상의 제약을 받게 될 뿐 아니라, 그 결과 오래된 신념이나 잘못된 가정이 바뀌기가 더 힘들어진다. 이런 경우 '내 의견을 말해 봤자 소용없을 거야.'라는 내담자의 자동적 사고를 행동실험으로 검토해 보면 실제 경험을 통해 내담자의 생각이 바뀔 수 있다. 물론 한 번의 실험으로 완전히 바뀌지는 않지만 적어도 변화의 중요한 출발점이 될 수 있다.

이 장에서는 자동적 사고를 행동실험을 통해 검증한 몇 가지 사례를 소개하고, 행동실험을 하는 구체적인 방법에 대해서는 다음 장에서 좀 더 자세하게 소개하고자 한다.

은정 씨는 우울증으로 상담에 온 20대 여성 내담자인데, '아무도 나에게 관심이 없다.'라는 자동적 사고가 우울감으로 연결되는 때가 많았다. 이 자동적 사고를 검토할 때 소크라테스식 질문법을 통해서 검증할 수도 있었지만, 행동실험을 직접 해 보기로 하였다. 행동실험은 은정 씨로 하여금 이 자동적 사고로 인해 그동안 하지 않았던 안부 전화를 하는 행동을 직접 해 보게 만들고, 그 행동의 결과를 통해 자동적 사고를 검증할 수도 있게 만든다는 점에서 두 마리 토끼를 잡을 수 있게 만들어 준다. 다음 축어록에는 은정 씨에게 직장도 소개해 주고 보살펴 준 친척아저씨에게 안부 전화를 하는 행동실험을 어떻게 준비했는지 잘 나타난다.

상담자: 은정 씨가 아저씨에게 전화를 하면 아저씨가 어떻게 대할 것 같으세요?

내담자: 막 화를 내겠죠... 명절 때 전화도 안 하고, 어떻게 그럴 수 있냐고... 암튼 전화하기가 너무 겁나요.

상담자: 아저씨가 화를 내는 걸, 1에서 10으로 정도를 매겨 보면, 어느 정도일 거라고 생각하세요? (행동실험에서 예상되는 행동의 결과를 구체화하는 좋은 질문임.)

내담자: 음... 약 8이나 9 정도요.

상담자: 예전에도 은정 씨가 아저씨에게 한참 만에 전화를 한 적이 있었나요?

내담자: 예.... 직장에 들어오고 나서, 정신이 없어서, 한동안 연락을 못 드린 적이 있었어요. 그러다가 뒤늦게 전화해서 직장 소개시켜 준 거 고맙다고 전화를 했어요..

상담자: 그때 전화할 때 은정 씨는 어떤 심정이었어요?

내담자: 에쿠... 무지 혼나겠구나.... 너무 무서워서 전화를 안 하려고 했는데, 회사 소개시켜 주신 것을 얘기해야 될 거 같아서, 겨우 전화했어요.

상담자: 그때는 아저씨가 어떻게 전화를 받으셨어요?

내담자: 처음에는 막 뭐라고 하시더라구요.... 그동안 전화도 없고, 그럴 수 있냐구요... 아저씨가 좀 다혈질이라서 화를 자주 내는 편이거든요. 그치만 금방 또 화를 풀고.... 그러니까 좀... 화끈한 성격이에요. 화를 내지만, 금방 풀어지고....

상담자: 화를 내신 후에 금방 풀어졌다고 하셨는데, 그때 어떻게 말씀하셨나요?

내담자: 뭐... 자주 전화해라, 사는 건 어떠냐, 힘들진 않냐... 이런 말씀을 했던 거 같아요.

상담자: 그러면 이번에 또 전화를 하면 아저씨가 어떻게 말씀하실 거 같으세요?

내담자: 음.... 다시 생각해 보니까... 처음에는 화를 내지만 어떻게 지냈는지 물어보고, 자주 전화하라고 하실 거 같아요.

상담자: 그럼 아저씨가 화를 내는 정도를 다시 1에서 10으로 매겨 보면, 어느 정도일 거라 생각하세요? (다시 한번 예상되는 행동의 결과를 구체화함으로써 처음에 예상했던 점수와 비교함.)

내담자: 음... 약 4~5 정도요.

상담자: 예... 그럼 다음 주일에 아저씨에게 한번 전화를 해 보실 수 있겠어요?

내담자: 네... 한번 해 보도록 하죠.

상담자: 대략 언제 전화하는 게 좋을 것 같으세요? (언제 행동실험을 수행할지 구체적으로 정하면 실천하기가 더 쉬워짐.)

내담자: 아무래도 평일에는 아저씨가 바쁘실 것 같아 토요일 오전에 하면 좋을 것 같아요.

상담자: 토요일 오전, 그게 좋겠네요. 은정 씨가 아저씨에게 그동안 연락을 하지 않고 지내다가 이렇게 오랜만에 연락을 먼저 하는 일은 쉬운 것 같아도 용기가 필요한 일일 것 같아요. 어떠세요? 용기를 내서 한번 해 보실래요?

내담자: 많이 떨릴 것 같아요. 그래도 계속 미루는 것보다는 한번 해 보고 싶어요.

이와 같이 내담자와 행동실험을 어떻게 할지 구체적으로 의논하고 행동실험을 하게 되면 내담자가 실행에 옮길 가능성이 훨씬 높다. 필자가 우울증이 있는 50대 초반 남성 내담자를 치료한 적이 있었는데, 그는 다양한 상황에서 '사람들이 날 이상하게 볼 것이다.'라는 자동적 사고를 했다. 한번은 내담자가 가지고 싶은 영화 DVD가 있는데 사러 갈 엄두가 나지 않는다고 했다. 점원에게 그 영화 DVD가 있는지 물어보면 자기를 이상하게 볼 것이라고 생각해서 사러 가지 못한다고 하였다. 그래서 내담자와 이 생각('내가 보고 싶은 DVD를 사겠다고 하면 점원이 날 이상하게 볼 것이다.')이 맞는지 확인해 보는 행동실험을 해 보기로 했다.

우선 내담자에게 점원이 이상하게 본다는 것을 어떻게 알 수 있는지 물어보았을 때, 대답을 하지 않거나 고개를 돌릴 것이라고 말했다. 그 외 이상하게 보는 행동이 어떤 행동으로 나타날지 물어보았을 때는 표정이 굳을 것이라고 대답하였다. 표정이 굳는 것을 조작적으로 정의하기는 쉽지 않았지만, 일단 미소를 띠지 않는 것이라고 정하기로 하였다. 다음으로, 이 행동실험을 언제 어디서 할지 정해 보았다. 내담자는 자기 동네에 있는 DVD가게에는 가는 것이 꺼려진다고 해서 다음날 버스로 몇 정거장 떨어진 다른 동네에 가기로 정했다. 다음 회기에 내담자는 얼굴이 환해져 들어왔다. 이웃 동네에 가서 자기가 원하는 DVD를 살 때 점원이 자기가 걱정했던 행동들을 하나도 보이지 않고 친절하게 DVD를 주었다고 했다. 이 행동실험을 계기로 내담자는 그동안 다른 사람이 이상하게 생각할까 봐 회피했던 일들을 조금씩 해 보기로 마음을 바꾸게 되었고, 치료에서 매우 중요한 전환점을 맞이했다.

행동실험을 한 후 그 결과를 고찰해 보는 일은 행동실험을 실행하는 것만큼 중요하다. 내담자가 행동실험을 통해 무엇을 배웠는지, 그 상황에서 가지고 있던 자동적 사고가 어떻게 바뀌었는지, 그 결과 행동이 앞으로 어떻게 달라질 것이라고 예상하는지, 사람들은 내담자가 예상한 대로 행동했는지 아니면 내담자의 예상과 달랐는지 등등 많은 질문에 대한 답을 고찰해 볼 수 있다.

행동실험을 준비하고 실행하는 데 많은 시간과 노력이 드는 만큼 충분한

시간을 들여 실험결과를 자세히 고찰할 필요가 있음에도 불구하고, 많은 상
담자가 시간에 쫓겨 행동실험결과에 대한 고찰을 피상적으로만 하고 지나가
는 경향이 있다. 그 결과, 처음에는 생각이 바뀐 것 같아도 다시 제자리로 돌
아올 수 있으며, 때로는 행동실험을 성공적으로 마치고도 내담자의 생각이
여전히 바뀌지 않고 실험결과에 대해 결론을 내리는 데 주저하거나 다른 해
석을 하는 경우도 적지 않다. 〈글상자 6-3〉에 나온 것처럼, 행동실험을 한
후 행동실험기록지를 작성해 보는 것은 행동실험의 결과를 고찰해 볼 수 있
는 좋은 기회를 제공해 주고, 행동실험결과에 대한 기록을 보관하게 해 주어
내담자의 생각을 확실하게 변화시키는 데 큰 도움이 된다.

글상자 6-3 내담자가 적어 온 행동실험기록지

행동실험: 사람들 앞에서 내 의견 말하기

내 생각/가정: 사람들 앞에서 내 의견을 말하려면 그 순간에 생각하고 있었던 것
들을 다 까먹고 횡설수설하거나 핀트에 맞지 않는 이상한 의견들을 늘어놓게
될 것이다.

안전추구행동(불안을 들키지 않으려고 하는 행동): 아는 내용인데도 (횡설수설하
거나 틀릴까 봐) 말하지 않고 가만히 있기, 최대한 눈에 띄지 않는 구석 자리에
앉기

실험내용: 가만히 있거나 구석 자리에 앉지 말고 눈에 잘 띄는 곳에 앉아 발표하
고 사람들에게 피드백 구하기

내 가정이 맞다면:

• 나는 문장을 이어 나가지 못한 채로 몇 분간 가만히 있거나 말을 몇 분간 심
하게 더듬을 것이다.

• 사람들이 비웃는 표정을 짓거나 무언가 틀리거나 이해가 안 간다는 표정을
짓거나 '뭐, 응?'이라고 표현할 것이다.

• 발표 후 피드백을 구할 때 사람들은 부정적인 반응을(이상했다, 못한 것 같

다 등) 보일 것이다.

내 가정이 맞지 않다면:

- 나는 처음에는 조금 더듬거릴지라도, 그 이후에는 생각을 정리할 수 있을 것이고 분위기는 자연스럽게 잘 돌아갈 것이다.
- 발표에 대한 피드백을 구했을 때 사람들은 괜찮았다고 말할 것이다.

실행 및 관찰

- 앞 자리에 앉음.
- 순서가 되어 이야기할 때 처음에는 당황해서 목소리도 작게 나오고 말 중간에 '음' 소리를 많이 했지만, 점차 긴장이 줄어들고, 굳은 표정이 풀어지고 심장이 덜 뛰었음.
- 발표 중 다른 학생들의 표정도 평소와 다르지 않았음.
- 수업 후 주위 사람들에게 내 발표에 대해 피드백을 구했을 때 "처음에는 조금 긴장하는 것 같았지만 잘하던데, 전혀 이상하지 않았어."라고 대답해 줌. 이 과정에서 다른 학생들도 자신의 발표가 이상하지 않을까 걱정하고 있었다는 것을 알게 됨.

결론: 처음에는 긴장하고 말을 더듬기도 했지만 시간이 지나면서 평정을 되찾고 의견을 잘 말할 수 있다는 것을 깨닫게 됨. 이전에는 아예 말하는 것을 피하고 대답을 하지 않기 때문에 횡설수설하거나 실수를 할 것이라는 부정적인 신념을 검증해 볼 기회조차 없었음. 그동안 안전추구행동을 많이 했었다는 것을 알게 됨.

제 7 장

인지 기법 II: 중간신념과 핵심신념 다루기

자동적 사고를 변화시켜 내담자의 감정과 행동을 바꿀 때 사용하는 대부분의 기법은 현실에 기반을 둔 현실-주도적 접근법으로서, 일종의 상향식 접근이라고 볼 수 있다. 사회불안장애 집단치료를 해 보면, 같은 치료를 해도 내담자의 증상이나 문제가 쉽게 좋아지는 내담자가 있는가 하면 그렇지 않은 내담자도 있다. 내담자의 증상이 얼마나 심한가에 따라 영향을 받기도 하지만 꼭 그렇지는 않다. 더 중요한 것은 내담자가 어떤 스키마를 가지고 있는가에 영향을 받는다는 사실이다. 예컨대, 내담자가 취약성 스키마나 불신의 스키마를 가지고 있다면 자동적 사고를 검증하고 수정하더라도 이전에 형성된 스키마가 계속 강력하게 작동할 가능성이 있다. 따라서 치료를 통해 얻어진 새로운 관점이 오래 지속되지 않은 채 이전 관점에 묻혀버리기 쉽다. 이때 내담자의 중간신념이나 핵심신념을 찾아 수정하는 작업이 반드시 필요하다고 볼 수 있다.

핵심신념을 바꾸는 것은 자동적 사고를 바꾸는 것보다 시간이 훨씬 오래 걸리고 어렵다. 내담자에 따라서는 자동적 사고를 바꾸는 작업을 집중적으로 하는 과정에서 행동이 바뀌고 새로운 경험을 하게 되어 경직된 핵심신념이 유연해지기도 한다. 그렇지만 증상이 심하고 대인관계 문제가 같이 얽혀 있는 내담자들은 자동적 사고의 변화에 따라 핵심신념이 같이 변화하지 않을 뿐 아니라, 부석응석인 핵심신념이 버티고 있어 자동적 사고의 변화도 불완전하게 일어나기가 쉽다. 이때 좀 더 지속적인 변화를 이루기 위해서는 핵심신념이나 중간신념을 바꾸는 작업이 요구된다.

1. 핵심신념 / 스키마 찾기

이번 절에서는 핵심신념을 찾는 방법에 대해 좀 더 살펴보고자 한다. 앞 장에서 설명했듯이 핵심신념은 특정상황에만 해당되는 생각이 아니라 좀 더 광범위한 상황에 적용되는 생각으로서, 자동적 사고에 비해 더 추상적인 것이 특징이다. 핵심신념에는 자신에 대한 생각, 다른 사람에 대한 생각, 세상을 움직이는 원리에 대한 생각 등 다양한 내용이 있을 수 있지만, 여러 핵심신념 중 자기(self)와 관련된 핵심신념이 내담자의 삶에 가장 중심적인 역할을 한다고 볼 수 있다.

스키마는 핵심신념보다 조금 더 광범위한 개념으로서, 자기나 타인에 대한 핵심신념뿐만 아니라 이와 관련된 기억이나 감정, 나아가 신체감각과 특정 행동경향성까지를 포함하는 복합적 구조를 말한다. Safran(1990)은 핵심신념과 스키마를 섞어서 사용한 경우가 많았는데, 핵심스키마를 찾는 가이드라인을 다음과 같이 제시하고 있다. 첫째, 핵심스키마는 자기-참조적 인지에 반영되어 있기 쉽고, 자기에 대한 신념이 중심적 인지일 가능성이 높다. 둘째, 핵심스키마는 여러 상황에 걸쳐 나타날 가능성이 많으므로 여러 상황에서 일관적으로 나타나는 스키마를 찾는 것이 도움이 된다. 셋째, 여러 내담자에게 공통적으로 나타나는 주제, 즉 사랑받을 만함이나 유능함 등은 자주 나타나는 중심적 인지이다. 넷째, 인지의 내용뿐 아니라 정서가 많이 들어 있는 인지가 중심적 인지일 가능성이 높다.

상담자가 내담자의 핵심신념이나 스키마를 찾을 때는 우선적으로 자기와 관련된 신념이나 역기능적 가정을 좀 더 주의 깊게 탐색하면서, 이러한 신념이나 가정에 정서가 많이 내포되어 있으면서도 여러 상황에서 나타나는지 확인해 볼 필요가 있다. 이 절에서는 핵심신념을 찾는 다양한 방법 중에서 널리 활용되고 있는 방법을 중심으로 살펴보고자 한다.

1) 자동적 사고 활용하기

앞에서 여러 번 언급했듯이, 핵심신념을 다루기 전에 자동적 사고를 먼저 찾아 수정하는 작업을 하는 것이 더 효과적이다. 따라서 보통 핵심신념을 찾을 때쯤 되면 그동안 여러 상황에서 내담자의 자동적 사고를 찾은 예들이 쌓여 있다. 예컨대, 40대 중반의 주부인 경진 씨의 경우 '시어머니에게 검사를 받는 것 같다.' '설거지를 끝까지 할 시간이 없다면 시작하지 않는 게 차라리 낫다.' '은행일도 못 마치고 저녁 준비도 못할 것이다.' '나는 끝마무리를 잘 못한다.' '남편은 내가 하는 일을 늘 불만족스럽게 생각한다.' '내가 하는 일은 미덥지 않다.' 등의 자동적 사고를 보였다. 이러한 자동적 사고의 공통적인 주제는 "나는 제대로 할 줄 아는 게 아무것도 없다." "나는 무능하다."에 가깝다고 볼 수 있다.

내담자가 다양한 상황에서 보고하는 자동적 사고에 공통적인 주제가 뚜렷하게 나타날 때, 내담자에게 그(녀)가 가져온 자동적 사고를 쭉 읽어 주거나 아니면 적어서 보여 주며 "만일 이런 생각들을 한 사람이 있다고 합시다. 이분은 자기에 대해 어떻게 생각하는 사람일까요?" 등의 질문을 던지며 자기에 대한 핵심신념이 무엇인지를 찾아볼 수 있다.

2) 하향 화살표 기법(downward arrow technique)

하향 화살표 기법은 내담자가 가지고 있는 표면적인 생각에 대해 "만일 그 생각이 사실이라면 ○○ 씨가 어떻다는 것을 의미합니까?" "만일 그것이 사실

이라면 어떻게 될까요?" "그것은 무엇을 의미합니까?"와 같은 질문을 계속 던
짐으로써 중간신념이나 핵심신념을 찾아내는 방법을 말한다. 예컨대, 친구
들과의 관계에서 갈등을 겪고 있는 내담자가 '날 무시하는 것 같다.'라는 생
각을 여러 상황에서 자주 한다면, 이 생각이 내담자의 자기 핵심신념과 어떻
게 관련되는지 하향 화살표 기법을 활용하여 탐색해 볼 수 있다. "만일 그 친
구가 ○○ 씨를 무시한다고 합시다. 그렇다면 ○○ 씨가 어떤 사람이라는 것을
말해 주는 걸까요?" 혹은 "만일 그 친구가 ○○ 씨를 무시한다고 합시다. 그렇
다면 그것은 어떤 의미가 있을까요?"와 같이 물어봐서 결국 자기에 관한 생
각을 찾아낼 수 있다.

상담자가 하향 화살표 기법을 효과적으로 사용하기까지는 많은 연습과 경
험이 필요하다. 기법을 능숙하게 익히는 것도 중요하지만 치료에서 어느 타

상황: 후배가 날 모른 척 하고 지나감.
자동적 사고: 저 친구가 날 무시하는구나.

하향 화살표
(만일 이것이 사실이라면 나에 대해 무엇을 말해 주는가?)

↓

저 친구 눈에 내가 중요한 사람으로 보이지 않는다.
(만일 이것이 사실이라면 나에 대해 무엇을 말해 주는가?)

↓

나는 다른 사람들에게 도움을 줄 만한 걸 가지고 있지 않다.
(만일 이것이 사실이라면 나에 대해 무엇을 말해 주는가?)

↓

나는 사람들에게 있으나마나 한 존재다.
(만일 이것이 사실이라면 나에 대해 무엇을 말해 주는가?)

↓

난 가치 없는 사람이다.

그림 7-1 하향 화살표 기법의 예시

이밍에 이 기법을 적용할 것인지 잘 알고 있어야 한다. 상담자가 내담자의 여러 자동적 사고들을 다룬 후 핵심신념에 대한 가설이 구체화되고, 또 핵심신념을 찾은 후 이것을 어떻게 다룰지에 대해 대략의 계획을 가지고 있을 때 사용하는 것이 좋다. 뿐만 아니라 내담자가 이에 대해 준비가 되어 있는지도 확인해 보아야 한다. 내담자가 치료에서 자동적 사고를 찾아 수정하는 작업에 어느 정도 익숙해지고 핵심신념을 이해하고 다룰 준비가 되어 있다면 이 기법을 사용하기에 좋은 시점이라고 볼 수 있다.

하향 화살표 기법을 사용할 때는 내담자의 부정적 사고가 사실이라고 가정해야 하므로, 내담자가 이것으로 인해 흔들리지 않아야 한다. 하향 화살표 기법에서는 계속적인 질문을 통해 더 깊은 수준의 사고를 탐색하게 되므로, 군건한 치료적 동맹이 형성되고 협력적으로 작업을 진행할 수 있어야 한다. 하향 화살표 기법을 적용하기 전에 상담자는 내담자에게 일련의 질문을 계속 던지게 될 것이라는 것을 말해 주고, 이러한 질문의 목적이 핵심신념을 이끌어 내기 위한 것이라는 점을 미리 잘 설명해 주어야 한다. 내담자의 자동적 사고 중에서 핵심신념에서 나왔음직한 자동적 사고를 하나 골라 질문을 시작하고 내담자가 답을 하면 이어서 또다시 질문하는데, 이 모든 과정에서 상담자와 내담자가 긴밀하게 협력하여 과정 자체가 치료적인 경험이 되도록 노력해야 한다.

실제로 하향 화살표 기법을 적용하다 보면, 상담자가 질문을 한 후 내담자의 답변에 대해 공감적인 반응을 하다가 핵심신념을 찾아가지 못하고 중간에 다른 주제로 빠질 수도 있다. 다음의 예를 한번 살펴보자(연두색 글자는 필자의 코멘트임).

상담자: 남들이 주성 씨에게 호감을 갖지 않는다면, 그것은 주성 씨가 어떤 사람이라는 것을 의미하는 걸까요?

내담자: 혼자가 될 것 같아요.

상담자: 혼자가 된다고 합시다. 그러면 주성 씨가 어떤 사람이라는 것을 의미하는 걸까요?

내담자: 행복하지 않을 것 같아요. (내담자는 그 생각이 자기가 어떤 사람인 것을 의미하는지보다 예상하는 결과에 초점을 맞추고 있음.)

상담자: 혼자가 되면 왜 행복하지 않을 것 같나요? (급기야 상담자도 내담자가 혼자가 되면 그 결과 왜 행복하지 않게 되는지로 하향식 화살 질문의 방향을 바꾸고 있음.)

이때 상담자는 "네, 주성 씨는 혼자가 되면 행복하지 않을 거라고 생각한다는 말씀이시죠." "혼자가 된다고 했을 때, 그게 주성 씨가 어떤 사람이라는 것을 의미하는 것 같아요?"로 다시 한번 질문을 해서 자기에 대한 핵심신념을 찾는 방향으로 탐색을 계속해야 한다.

3) 설문지를 활용하기

내담자에 따라서는 질문보다는 설문지를 통해 평가하는 것이 더 수월한 경우도 있다. 이때 가정에 대한 조건 절("만일…")을 제시하고, 내담자가 지필로 나머지를 완성하게 하는 방식으로 핵심신념을 찾아볼 수도 있다. 또한 우리나라에서 번안된 90문항의 Young 스키마설문지 단축형(Lee, Choi, Rim, Won, & Lee, 2015)이나, 우리나라에서 개발된 36문항의 스키마설문지(Yoon, Chung, Lee et al., 2019, 〈글상자 7-1〉 참조)를 활용하여 내담자의 스키마를 측정할 수 있다.

글상자
7-1

단축형 스키마척도(Brief Schema Questionnaire for Adult: BSQ-A)*

다음 문항들은 사람들이 자기 자신을 묘사할 때 사용하는 문장들입니다. 각 문장을 읽어 보고 그 문장이 최근 2년 동안의 당신과 얼마나 일치하는지 판단하세요. 옳은 답이라고 생각하는 것을 선택하기보다는, 감정적으로 느껴지는 바에 따라서 1에서 6까지의 점수 중 당신을 가장 정확히 묘사한 점수를 고르세요. 두 점수 중에서 선택이 어려울 때는 보다 높은 점수를 선택하세요.

	문항	완전 다름	대부분 다름	다소 일치	상당히 일치	대부분 일치	완전 일치
1	나를 따뜻하게 대해 주고, 애정을 보여 주는 사람이 없었다.	1	2	3	4	5	6
2	가까운 사람들이 멀어지는 기분이 자주 들고, 그때마다 불안하고 고통스럽다.	1	2	3	4	5	6
3	사람들이 나를 속이고 이용하지 않을까 경계한다.	1	2	3	4	5	6
4	나는 어느 집단에도 소속감을 느낄 수 없어, 외톨이 같다.	1	2	3	4	5	6
5	나는 사랑스럽지 못한 존재다.	1	2	3	4	5	6
6	나는 남들에 비해 서투르고 재능이 없어서 성공하기 어렵다.	1	2	3	4	5	6
7	다른 사람이 도와주지 않으면 일상적인 일도 자신이 없다.	1	2	3	4	5	6
8	뭔가 나쁜 일(갑작스러운 질병, 사고 등)이 일어날 것만 같은 느낌을 떨쳐 버릴 수가 없다.	1	2	3	4	5	6
9	어머니(또는 아버지)가 내 인생에 참견하고, 대신 살려고 하는 것 같다.	1	2	3	4	5	6
10	나는 항상 나 대신 남들이 선택하게 한다. 그래서 내가 무엇을 원하는지 정말 모르겠다.	1	2	3	4	5	6

11	내가 좋아하는 사람들을 위해서 일하느라 너무 바쁘다. 그래서 나 자신을 위한 시간이 거의 없다.	1	2	3	4	5	6
12	다른 사람들로부터 많은 관심을 받지 못하면 내가 덜 중요한 사람처럼 느껴진다.	1	2	3	4	5	6
13	나는 감정이 둔한 편이고, 상대방이 어떤 감정을 표현하면 불편하다.	1	2	3	4	5	6
14	나는 무언가를 이루고 해내야 한다는 지속적인 압력을 느낀다.	1	2	3	4	5	6
15	컵에 물이 반쯤 남아 있을 때, 항상 반밖에 없다고 생각한다.	1	2	3	4	5	6
16	만약 내가 실수를 했다면, 어떤 비난이라도 받아들인다.	1	2	3	4	5	6
17	다른 사람이 내 요구를 거절했을 때, 너무 화가 난다.	1	2	3	4	5	6
18	지루한 일을 끈기 있게 마무리하지 못한다.	1	2	3	4	5	6
19	내가 누구인지, 어떻게 느끼는지 진심으로 이해하려는 사람은 없다.	1	2	3	4	5	6
20	가까운 사람들이 나를 떠나려 할 때마다 매달리거나 화를 낸다.	1	2	3	4	5	6
21	내가 허술하면, 사람들은 날 이기적으로 이용할 것이다.	1	2	3	4	5	6
22	나는 사람들과 함께 있을 때도 외로움을 느낀다.	1	2	3	4	5	6
23	나는 단점이 너무 많아서 나 자신을 솔직히 드러낼 수 없다.	1	2	3	4	5	6
24	나는 남들에 비해 성공적이지 못한 인생을 살고 있다.	1	2	3	4	5	6
25	다른 사람 도움 없이, 무엇이든 혼자 결정하는 것은 두려운 일이다.	1	2	3	4	5	6

26	나는 세상의 나쁜 일(범죄, 공해 등)이 나에게 일어날까 봐 걱정을 많이 한다.	1	2	3	4	5	6
27	내가 뭘 원하는지 잘 모르지만, 어머니(또는 아버지)가 뭘 원하는지는 잘 안다.	1	2	3	4	5	6
28	남들에게 내 권리를 존중하고 내 감정을 고려해 달라고 요구하기가 매우 어렵다.	1	2	3	4	5	6
29	내가 남에게는 너무 많은 것을 해 주지만 정작 나 자신을 위해서는 별로 하는 것이 없다고, 주변 사람들이 말한다.	1	2	3	4	5	6
30	성공은 다른 사람들이 주목해 줄 때 가장 가치 있다.	1	2	3	4	5	6
31	사람들은 내가 감정적으로 경직돼 있다고 생각한다.	1	2	3	4	5	6
32	내가 실수를 했을 때, 나 자신을 쉽게 용서하거나 변명할 수가 없다.	1	2	3	4	5	6
33	내가 어떤 선택을 잘못해서, 일이 완전히 망할까 봐 걱정된다.	1	2	3	4	5	6
34	내가 왜 실수를 했는지는 중요하지 않다. 내가 일단 잘못을 했다면, 대가를 치러야 한다.	1	2	3	4	5	6
35	나는 언제든지 내가 원하는 것을 얻을 권리가 있다.	1	2	3	4	5	6
36	원하는 대로 일이 바로 풀리지 않으면, 나는 그 일을 포기하는 편이다.	1	2	3	4	5	6

* 윤진웅, 정정엽, 이동우 외, 2019.
* 척도문항을 싣도록 허락해 준 저자들에게 감사를 드림.

글상자 7-2 Young의 초기부적응도식(스키마)

스키마 영역	초기부적응도식	주된 내용
단절과 거절	정서적 결핍(3, 21번) 버림받음 / 불안정(1, 19번) 불신 / 학대(2, 20번) 사회적 고립 / 소외(5, 23번) 결함 / 수치심(4, 22번)	남들로부터 보살핌을 받거나 안정감을 얻거나 수용과 존중을 받을 것이라고 기대하지 못함. 버림받고 배신당하고 상처받을 것으로 생각하여 안정적이고 만족스러운 애착관계를 형성하지 못함. 대인관계에서 박탈감을 많이 느끼며, 소외되고 외로움을 느낄 가능성이 높음.
손상된 자율성과 수행	실패(6, 24번) 의존 / 무능감(7, 25번) 위험 및 질병에 대한 취약성(8, 26번) 융합/미발달된 자기(9, 27번)	자신이 무능하고, 취약하고, 부적합해 혼자 힘으로는 세상을 헤쳐 나갈 수 없다고 느낌. 일상의 과제와 결정을 혼자서 하지 못하고 늘 다른 사람의 도움을 구함. 부모나 중요한 타인들로부터 자신을 분리시켜 나가거나 독립하지 못하고, 상대방이 책임을 지게 하며 자율성을 가지기를 회피함.
손상된 한계	특권의식 / 과대성(17, 35번) 부족한 자기통제 / 자기관리와 훈련(18, 36번)	자신에 대해 우월감을 가지고, 외부로부터 통제나 한계를 받아들이지 못해 자기 마음대로 행동함. 자제력이나 자기규율이 부족할 뿐 아니라, 타인에 대한 책임감을 지지 않음. 대인관계에서 일방적이고 요구적이어서 상호적인 관계를 맺기 힘듦.
타인중심성	복종(10, 28번) 자기희생(11, 19번) 승인 / 인정 추구(12, 30번)	다른 사람의 욕구를 자신의 욕구보다 우선시하며, 희생적으로 남들을 돌봄. 남들이 시키는 대로 하며, 다른 사람이 자신의 인생을 지배하거나 조종하도록 허용함. 독립적으로 결정하거나 일을 수행하지 못하며, 종속적인 태도로 인해 자신의 잠재력을 발휘하지 못함.
과잉경계와 억제	부정성 / 비관주의(15, 33번) 정서적 억제(13, 31번) 엄격한 기준 / 과잉비관(14, 32번) 처벌(16, 34번)	성취 지향적이며, 자신의 자연스러운 감정과 충동을 억제하고, 경직된 내적 규칙과 함께 엄격하고 높은 기대수준을 가지고 있음. 늘 긴장과 압박감을 느끼며, 즐거움이나 만족감을 누리지 못하고, 인생에 대해 비관적인 태도를 가지고 있음.

* 괄호 안은 단축형 스키마척도의 문항번호이며, 척도 실시 및 결과지에 대한 정보는 마인드허브(www.mindhub.kr)를 통해 얻을 수 있음.

2. 중간신념 혹은 핵심신념 바꾸는 방법

핵심신념을 변화시키기 위해서는 많은 치료적 작업이 요구된다. 흔히 성격장애를 치료하는 데 오랜 시간이 걸리는 이유도 성격장애의 근간이 되는 자기에 대한 핵심신념이나 대인관계 스키마를 수정하는 데 많은 치료적 노력이 필요하기 때문이다. Dobson과 Dobson(2017)은 핵심신념을 변화시키려면 내담자도 이런 치료적 목표를 공유하는지를 먼저 확실하게 하고 이 작업에 들어가야 된다고 했다.

자동적 사고를 변화시키는 데 사용하는 기법을 핵심신념에 적용해서 핵심신념을 바꾸기는 쉽지 않다. 기본적으로 자동적 사고의 경우 현재의 자동적 사고가 왜곡되어 있거나 과도하다는 점을 깨닫고 자신의 생각의 틀을 더 유연하게 넓힐 가능성이 높다. 이에 반해 핵심신념의 경우 핵심신념을 지지하는 경험을 계속하게 될 가능성이 높다. 왜냐하면 [그림 7-2]에 나온 것과 같이 내담자가 핵심신념을 지지하는 사건에만 선택적으로 주의를 기울이고, 핵심신념에 맞지 않는 사건은 무시하거나 그 의미를 축소해서 받아들이기 때문이다(영속과 과정). 또한 내담자는 핵심신념을 유지하는 보상전략을 사용하게 되어 결국 핵심신념을 지지하는 경험을 더 많이 하게 된다.

예컨대, '나는 사랑받을 만하지 않다.'라는 핵심신념을 가지고 있는 내담자는 이에 따른 보상전략으로 다른 사람들에게 매달리고, 상대방이 자기를 사랑하는지 안 하는지 계속 확인을 구하기 쉽다. 이런 행동은 시간이 지나면 내담자로 하여금 다른 사람들을 힘들게 하고 관계가 멀어지게 만들기 때문에, 결국 자신이 다른 사람에게 사랑받을 만하지 않다는 핵심신념을 지지하는 증거를 축적하게 만든다. 이와 같이 특정 핵심신념이 어떤 상황을 해석하는 것뿐 아니라 그런 상황을 창출해 내기도 한다는 점을 이해하면서 핵심신념을 수정해 나가야 한다.

필자는 핵심신념을 변화시키는 것보다는 핵심신념이 계속 유지되는 데 중요한 역할을 하는 중간신념을 변화시키는 데 치료적 노력을 기울이는 것이 더 나은 전략이라고 생각한다. 중간신념이 핵심신념보다는 훨씬 더 검증하기가 쉽고, 변화 가능성이 높기 때문이다. 중간신념은 일종의 삶의 규칙(예: '완벽하게 일을 하지 않으면 하지 않는 것보다 못하다.')이나 가정(예: '내 감정을 솔직하게 이야기하면 사람들이 날 무시할 것이다.')과 같은 생각이다. 중간신념은 대개 "만일 _____ 하다면, (그렇다면) _____." "만일 _____하지 않으면, (그렇다면) _____" 형태를 가지는 경우가 많다. 예컨대, '사람들에게 다가가면, 낭패를 당하기 쉽다.' '사람들에게 속 이야기를 한다면, 날 우습게 볼 것이다.' 등이 중간신념에 속한다. 이러한 내담자들의 중간신념은 '나는 무능하다.' '나는 사랑받을 만하지 않다.' 등의 부정적인 핵심신념이나 회피적 행동 패턴을 강화하고 변화시키기 어렵게 만든다. 자동적 사고가 특정상황에서 떠오른 생각이라면 중간신념은 특정상황보다 더 다양한 상황에서 작용하고 있는 생각으로서, 핵심신념보다는 덜 일반적이며 추상적인 수준의 생각이다. 즉, 핵심신념만큼 광범위하게 적용되는 추상적인 사고는 아니지만 상당히 다양한 상황에서 작용하면서 우

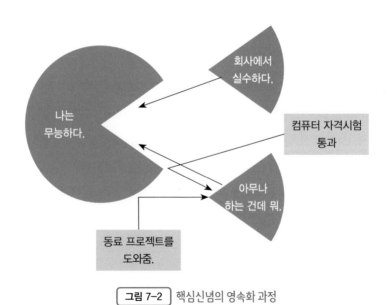

그림 7-2 핵심신념의 영속화 과정

리 삶에 영향을 미친다. 따라서 중간신념은 핵심신념보다 훨씬 더 검증하기가 쉽고, 변화 가능성이 높다고 할 수 있다. 중간신념을 변화시키게 되면 내담자의 경험이 더 풍부해지고, 그 결과 견고한 핵심신념이 흔들리게 만들 수 있다.

내담자의 핵심신념을 변화시키는 과정은 자동적 사고를 변화시키는 과정보다 더 시간이 걸릴 뿐 아니라, 접근 방법을 달리해야 하는 경우가 적지 않다. 예컨대, 내담자의 자동적 사고를 수정할 때는 자동적 사고를 지지하는 증거와 반박하는 증거를 찾아서 비교하는 기법이 효과적이지만, 핵심신념을 지지하는 증거와 반박하는 증거를 찾아서 비교하는 것으로는 오래된 핵심신념이 잘 변하지 않는다. 앞에서 말한 것과 같이, 핵심신념을 유지하는 여러 보상전략이 작용하고 있어 반박하는 증거가 약하기 때문이다.

따라서 오래된 핵심신념을 변화시키기 위해서는 이전과는 다른 새로운 핵심신념을 미리 마련하고 이를 강화하는 것이 더 도움이 된다. 또한 핵심신념 자체를 변화시키는 것보다는 핵심신념을 유지시키고 있는 중간신념을 변화시키는 것이 더 효과적이기도 하다. 중간신념은 다양한 상황에 걸쳐 작용하기 때문에 중간신념을 변화시키게 되면 내담자가 새로운 경험을 하게 되고, 이것이 핵심신념을 변화시키는 기초로 작용하기도 한다. 또한 내담자에게 고통을 주는 실재하는 현실의 문제에 대해서도 좀 더 주의를 기울여 이에 대한 개입을 해 주는 것이 필요하다. 즉, 부정적인 현실이 반복되어 일어나지 않도록 사회기술훈련을 한다든지, 문제해결훈련 등의 개입을 고려해야 한다. 이와 함께 심상재구성법이나 다른 체험 기법을 활용하는 것도 효과적인 방법이다(제8장 참조). 또한 내담자와 상담자 간의 치료적 관계를 활용하여 핵심신념을 이해하고 수정할 수 있으므로, 상담자는 치료적 관계에서 일어나는 변화에 세심한 주의를 기울일 필요가 있다. 이 부분에 대해서는 『인지치료의 대인관계 과정』(Safran & Segal, 1990)을 참고하기 바란다.

1) 행동실험

앞에서 언급한 대로, 핵심신념보다는 중간신념을 먼저 공략하고 중간신념을 검증하는 '작고 안전한 실험'을 반복적으로 고안하고 실행해 보는 것이 핵심신념의 수정을 원활하게 만들 수 있다. 행동실험은 내담자의 중간신념을 변화시킬 수 있는 강력한 도구다. 행동실험은 내담자가 가지고 있는 중간신념이 맞는지 실험을 통해서 직접 확인하는 일종의 계획된 체험적 활동이다. 행동실험을 통해서 내담자가 자신의 가정이 맞는지 틀리는지 경험해 보는 것은 말로 하는 어떤 설득보다 더 영향력이 크다고 볼 수 있다. 행동실험은 크게 가설 검증적 실험과 발견적 실험으로 나눠 볼 수 있다. 가설 검증적 실험은 어떤 가설이 참인지 거짓인지 밝히는 실험으로서, 현재 가지고 있는 생각이 맞는지 그 타당성을 검증하는 실험이다.

발견적 실험은 좀 더 탐색적 성격을 가지는 실험으로서, 어떤 상황에서 어떤 일이 일어나는지 살펴보는 실험이라고 볼 수 있다. 발견적 실험은 내담자로 하여금 새로운 행동을 해 보도록 할 때 어떤 일이 일어날지 관찰하게 함으로써 새로운 관점을 가지게 하는 실험이다. Greenberg와 Padesky(2015)는 새로운 생각을 하는 것은 새로운 언어를 익히는 것과 같으며, 새로운 생각을 믿는 정도는 이 새로운 생각을 일상생활에서 써 보는 만큼 강해진다고 주장하였다.

제6장에서는 자동적 사고를 검증하는 데 어떻게 행동실험을 사용했는지 간단하게 살펴보았다. 행동실험은 불안장애를 치료할 때 안전행동이 도움이 되지 않는다는 것을 검증하는 데도 널리 사용되고 있다. 넓은 의미에서 노출치료 역시 내담자의 핵심신념을 변화시키는 행동실험이라고도 볼 수 있다. 필자의 경험에 의하면, 행동실험은 내담자가 자동적 사고나 중간신념으로 인해 이제까지 회피해 왔던 행동을 새로이 시작하게 하는 데 아주 효과적이다. 이는 내담자의 생각뿐만 아니라 실제 행동까지 바꿀 수 있기 때문에 파급력이 큰 방법이라고 볼 수 있다.

옥스퍼드 대학교의 인지치료센터 치료진들은 행동실험을 효과적으로 실행하기 위한 방법을 준비 단계, 경험 단계, 관찰 단계, 고찰 단계로 나누어 다음과 같이 소개하고 있다(Bennett-Levy, Butler, Fennell, Hackman, & Mueller, 2004).

준비 단계　　내담자들은 다른 사람의 사소한 말과 행동으로도 자신감이 쉽게 흔들리기 때문에 행동실험을 성공적으로 수행하기 위해서는 준비 작업을 잘 하는 것이 매우 중요하다. 첫째, 준비 단계에서 가장 먼저 해야 될 것은 어떤 생각을 검증할 것인지 표적이 되는 생각을 명확하게 정하는 것이다. 예컨대, '내 의견을 말해 봤자 소용없을 거야.'라는 자동적 사고를 검증한다고 할 때 '소용없다'는 것이 무슨 의미인지 명확하게 밝혀야 한다. 소용없다는 것이 내 의견을 듣지 않는 것인지 아니면 내 의견을 고려하지 않는다는 것인지, 내담자가 어떤 의미로 말한 것인지 좀 더 구체화하는 것이 필요하다.

　둘째, 표적이 되는 생각을 검증하기 위해 어떤 행동실험을 해 볼지 정해야 한다. 예컨대, 친구들과 주말 계획을 정할 때 의견을 말하는 것으로 할지, 아니면 팀원들과 프로젝트를 계획할 때 의견을 제시하는 것으로 할지 정해야 한다. 이때 목표를 너무 높게 잡거나 낮게 잡지 않도록 조정하는 것이 필요하다. 목표를 너무 높게 잡게 되면 계획한 행동실험을 실행하기 어려울 뿐 아니라, 실제로 실행하고도 불안이 너무 높아 실험을 통해 학습하기가 어려울 수 있다. 한편, 너무 낮게 잡는다면 행동실험을 하는 것에 대한 동기나 호기심이 생기지 않을 것이다.

　셋째, 행동실험의 결과를 구체적으로 예상해 보아야 한다. 그래야 행동실험을 한 후 그 결과가 내담자가 예상한 것과 맞는지 틀리는지를 결정할 수 있게 된다. 만일 상대가 짜증을 낼 것 같다고 예상한다면, 얼마나 심하게 짜증을 낼지 1점에서 10점으로 그 정도를 예상하는 것도 도움이 된다. 이와 같이 결과에 대한 예상을 구체화해 놓지 않으면 행동실험을 하고도 결과로 인해 생각의 변화가 크게 일어나지 않을 수 있다. 제6장의 은정 씨 사례에서 본 것처럼, 상담자가 회기 중에 내담자와 행동실험을 어떻게 할지 구체적으로 의논하고, 결과에 대해서도 미리 예상해 본 후 행동실험을 하게 하면 내담자가 실행에 옮길 가능성이 훨씬 높다.

　마지막으로, 가장 중요한 준비는 행동실험을 언제 어디에서 할 것인지를 정하는 것이다. 이 결정은 전적으로 내담자에게 달려 있다고 해도 과언이 아니다. 때때로 행동실험을 해 보는 것에 대해 상담자가 지나치게 열성을 가지고 준비한 나머지, 내담자가 마지못해 한다든지 내켜 하지 않는다는 사실을 간과할 수 있다. 행동실험을 실제로 수행하는 사람은 내담자이기 때문에, 상담자는 내담자의 말이나 표정을 조심스럽게 관찰하고 내담자가 걱정하거나 우려하는 점을 세심하게 다루어 주어야 한다. 또한 내담자가 행동실험을 언제 어디서 하기 원하는지 듣고, 만일 그때 거기에서 못한다면 언제 다시 어디서 할 수 있을지 정하는 것도 도움이 된다. 때로는 이렇게 구체적으로 정해도 막상 실제 상황에 나가면 하지 못하고 오는 경우도 있다. 그런 경우 어떤 점이 힘들었는지 살펴보고, 필요하다면 치료시간에 한번 리허설을 해 보고 나가는 것도 좋은 방법이 될 수 있다.

글상자 7-3 행동실험 준비 단계의 체크포인트

1. 행동실험의 목적이 명확한가? 내담자는 행동실험을 왜 하는지 목적을 잘 이해하고 있는가?
2. 어떤 생각을 검증할지 검증할 생각을 명확하게 설정했는가? 결과도 예측해 보았는가?
3. 대안적인 생각이나 관점이 무엇인지 찾아보았는가?
4. 검증할 생각을 얼마나 확고하게 믿는지 평정해 보았는가?
5. 감정이나 신체적 반응을 살펴보았는가?
6. 검증할 때 일어날 수 있는 도움이 되지 않는 행동을 확인해 보았는가?
7. 어떤 종류의 실험을 할지 결정했는가?
8. 언제 어디서 실험할지 정했는가?
9. 어떤 장애물이 생길지 미리 예상해 보고 대처할 방법을 찾아보았는가?

이런 모든 준비 작업을 거쳐 잘 계획된 행동실험도 기대하지 않은 결과를 얻을 수 있다는 사실을 간과해서는 안 된다. 상담자는 행동실험을 계획할 때 원하는 결과가 일어나는 것에 너무 비중을 두지 말고, 어떤 결과가 일어나든 마음을 비우고 임하는 것이 중요하다. 긍정적인 결과가 일어나면 좋지만, 그렇지 않더라도 행동실험을 통해 얻는 것이 있기 때문이다. 예컨대, '발표할 때 내용을 다 까먹고 조리 없이 말할 것이다.'라는 자동적 사고를 검증하는 행동실험을 한 결과, 실제로 내담자가 준비한 내용을 조리 없이 발표했다고 하자. 그렇게 발표하게 된 요인을 자세하게 검토한 결과, 발표할 내용을 다 까먹어서 그렇게 된 것이 아니라 사람들에게 좋은 인상을 주고자 본론보다 서론 부분에서 너무 길게 이야기하는 바람에 조리 없이 발표하게 된 것을 발견하게 될 수도 있다.

실행 단계   상담회기 중에 계획된 행동실험을 내담자가 실제로 실행하는 데는 많은 용기가 필요하다. 대부분의 행동실험은 회기 사이에 내담자 혼자 수행하는 경우가 많은데, 그럴 때에도 상담자가 계속 관심을 가지고 지지를 보내는 것은 내담자에게 큰 힘이 된다. 한번은, 필자가 외상 후 스트레스 장애를 가진 20대의 여성 내담자를 치료한 적이 있다. 외상경험을 했던 고시텔로 들어가는 골목길을 두려워하여 야간고등학교에 가고 올 때 먼 길로 돌아서 집으로 간다고 하였다. 이 골목길이 저녁 시간에 실제로 위험한지 아닌지를 물어본 결과, 실제로는 전혀 위험하지는 않은 것으로 밝혀졌다. 즉, 골목길에 대한 두려움은 내담자의 외상경험에서 생겨난 두려움으로, 생활하는 데 많은 지장을 주어 골목길에 대한 실제 노출훈련을 가장 먼저 시도하였다. 이때 검증하고자 한 자동적 사고는 '그 골목길은 위험하다.'였다.

내담자와 계획한 행동실험은 그 골목길 어귀에서 40분간 서 있으면서 불편감 수준을 5분에 한 번, 100점 척도로 평정하는 것이었다. 첫날, 내담자가 행동실험을 하기로 한 시간에 전화해서 알아보았더니 너무 힘들어 못하겠다고 하였다. 그다음 날, 그 시간에 보조치료자와 함께 노출훈련을 하기로 계획을 바꾸고 다시 시행하였다. 그 결과, 내담자는 처음에는 불편감 수준이 90점 이상으로 높았지만 어느 정도 시간이 지난 후에 불편감이 점점 줄어들어 20점 정도의 불편감만 경험하였다. 내담자는 이틀 후에 혼자 노출훈련을 다시 수행했고 다시 이틀 후에 세 번째 행동실험을 한 결과, 골목길에 대한 불편감이나 두려움이 거의 사라지게 되었고 저녁때에도 그 골목길을 다닐 수 있게 되었다. 내담자의 '그 골목길은 위험하다.'는 생각은 '그 골목길은 위험하지 않다.'로 바뀌었을 뿐 아니라, 치료에 대한 신뢰감이 깊어져 그 후에 이어진 상상노출에도 긍정적인 영향을 미쳤다.

　　내담자가 행동실험을 할 때, 실제 행동은 하지만 미묘한 수준의 회피와 함께 행동실험을 함으로써 결과를 잘 관찰하지 못하거나 아니면 결과를 다른 요인에 돌릴 수 있다. 따라서 상담자는 내담자가 행동실험을 할 때 주의를 분산시키거나 일부만 해 보는 등의 회피행동이 일어나지 않도록 미리 주의를 기울이는 것이 필요하다. 앞에서 언급한 내담자의 경우, 골목길에 서 있을 때 몸은 서 있어도 핸드폰을 본다든지 이어폰을 꽂고 있는 등 주의를 딴 곳에 돌리지 않도록 미리 알려 주었다. 행동실험의 목적은 내담자의 자동적 사고나 신념을 변화시키기 위함인데, 이런 미묘한 회피행동이나 안전행동은 인지를 변화시키는 데 걸림돌이 된다.

　　관찰 단계　　행동실험을 수행한 후에는 어떤 일이 일어났는지에 대한 세밀한 검토가 반드시 필요하다. 행동실험을 한 후 관찰해야 할 주요한 측면으로는 행동실험 전·중·후의 내담자의 생각·감정·행동의 변화로서, 어떤 측면에 가장 큰 변화가 일어났는지, 또 예상한 상대방의 말이나 행동에도 차이가 있었는지를 확인해야 한다. 보통 준비 단계에는 시간을 많이 들여 꼼꼼하게 행동실험을 계획해 놓지만, 결과를 확인하고 고찰하는 단계는 흐지부지 넘어가는 경우가 적지 않다. 이것은 행동실험을 하는 것에만 초점을 맞추고 실제 행동실험을 통해 무엇을 얻을 것인지에 대해 명확하게 목표를 설정해 놓지 않기 때문에 생기는 현상이다. 또한 내담자의 보고를 듣는 상담자가 긍정편향을 가지고 있을 수 있다. 상담자는 내담자의 보고를 들으면서 실제로 어떤 일이 있었는지, 또 어떤 부분은 성공적으로 이루어졌고 어떤 부분은 성 공적으로 이루어지지 않았는지 양쪽 측면을 모두 주의 깊게 들을 수 있어야 한다. 그래야 그다음 행동실험을 어떻게 계획할지, 어떤 부분이 보완되어야 하는지에 대해 검토해 볼 수 있다.

고찰 단계 제6장에서도 자동적 사고에 대한 행동실험을 한 후 그 결과 를 고찰해 보는 것의 중요성을 강조했었다. 행동실험의 결과를 고찰하는 작 업은 행동실험을 실행하는 것만큼 중요하다. 〈글상자 6-3〉에 나온 것처럼, 행동실험을 한 후 행동실험기록지를 작성해 보게 하고 이 기록지를 같이 검 토해 보면 효과적으로 결과를 고찰해 볼 수 있다. 상담자는 내담자와 같이 행 동실험의 결과가 어떻게 나왔는지, 실험을 통해 무엇을 배웠는지, 내담자의 중간신념이 어떻게 바뀌었는지, 그 결과 행동은 앞으로 어떻게 달라질 것이 라고 예상하는지 등을 검토해 보아야 한다. 상담자는 내담자가 행동실험에 대해 어떻게 고찰하는지에 대해 귀담아 듣고, 내담자의 유보적 태도나 의심 을 잘 다루어 주고, 필요하다면 계속적으로 그 생각을 검토하는 새로운 행동 실험을 계획하도록 하여 행동실험이 다음 단계로 이어지게 하는 것이 좋다.

행동실험을 하는 효과적인 가이드라인은 다음과 같다.

첫째, 매일 해 볼 수 있는 쉽고 조그마한 실험을 생각해 내라. 작은 단계의 실험들이 해 보기가 훨씬 쉽고, 그 결과 다음 실험으로 연결되기가 용이하다. 보통 상담자가 내담자에게 행동실험을 시키려면 실험의 모든 세부 사항을 정 교하게 미리 정해야 된다는 것 때문에 엄두를 못 내는 경우가 많다. 물론 행 동실험의 세부 사항을 자세하게 정할 수 있으면 바람직하지만, 자세하게 정 하지 못하더라도 일상생활에서 쉽게 해 볼 수 있는 실험을 자주 해 보는 것이 한 가지 중요한 실험을 해 본 후 더 이상 안 하는 것보다 낫다. 예컨대, '실수 를 하면 사람들이 나를 답답해하고 상대하지 않을 것이다.'라는 중간신념을 가지고 있는 내담자에게 날마다 조그마한 실수(예: 말실수, 회답전화를 늦게 하는 것 등)를 해 보게 하고 그 결과를 계속 적어 보게 하는 것은 한 가지 큰 행동 실험을 하는 것보다 이 중간신념을 변화시키는 데 더 도움이 된다.

둘째, 행동실험이 긍정적인 결과를 얻도록 쉬운 대상에서부터 점진적으로 설정해야 한다. 앞의 조그마한 실수의 예에서 누구를 대상으로 할지 실험을 계획할 때 긍정적인 결과를 얻을 수 있는 가까운 직장 동료나 친구와 같이 쉬운 대상부터 시작하는 것이 더 효과적이다. 한 번의 실험으로 중간신념이 완전히 바뀌기는 어렵기 때문에 결국 행동실험을 계속 해 나가면서 새로운 중간신념이 더 확고해지는 것이 중요하다. 따라서 초기 단계에서는 긍정적인 결과를 얻어 다음 실험을 해 나갈 용기와 동기가 더 생기게 만드는 것도 고려해야 한다.

셋째, 공정한 테스트를 해 보기 위해서는 결론을 내리기 전 적어도 세 개의 실험을 해 보도록 해야 한다. 내담자가 가지고 있는 중간신념을 검증해 볼 때 한 가지 실험만 해 보고 그만두는 경우가 적지 않다. 특히 행동실험을 통해서 긍정적인 결과를 얻은 후 내담자가 이전의 중간신념이 맞지 않는 것 같다고 말하면 상담자나 내담자 모두 낙관하게 된다. 즉, 중간신념이 쉽게 바뀔 것이라고 전망하게 되는데, 중간신념 역시 한 번의 실험으로는 그렇게 쉽게 바뀌지 않는 경우가 많다. 따라서 상담자는 내담자의 중간신념을 검증하려고 할 때 공정한 테스트를 위해 세 개의 실험을 해 보는 것이 필요하다고 처음부터 말하는 것이 좋다. 그런 후 같은 행동실험을 여러 대상과 여러 상황에 걸쳐 수행해 보도록 하여 중간신념을 확실하게 수정하고, 새로운 중간신념을 강화해 나가야 한다.

넷째, 행동실험이 윈-윈 상황이 되도록 설정한다. 상담자는 행동실험에서 특정 결과가 일어날 것을 너무 기대하지 말고 여러 가지 결과가 일어날 수 있다는 것을 예상하고 있어야 한다. 상담자가 기대한 결과가 일어나면 좋지만, 예상하지 못한 결과가 일어나도 문제해결의 기회로 삼을 수 있기 때문에 그 자체로 얻는 것이 있다. 상담자가 이런 자세를 가지고 어떤 결과라도 얻을 것이 있다고 생각하면, 모든 실험은 '윈-윈' 상황이 될 수 있고 내담자도 가벼운 마음으로 실험을 해 볼 수 있다. 예컨대, '내가 하는 말은 재미가 없어서 사람들이 관심을 가지지 않을 것이다.'라는 중간신념을 검증하기 위해 내담자가 직장 동료에게 주말에 있었던 일에 대해 이야기해 보는 실험을 해 보기로 정했다고 하자. 이때 직장 동료가 관심을 가지는 긍정적인 결과를 얻으면 좋겠지만, 만일 직장 동료가 관심을 가지지 않았다고 해도 다음번에 어떤 주제로 이야기하면 사람들의 관심을 끌 수 있을지 문제해결을 시도할 기회를 얻게 되어 윈-윈 상황이 될 수 있다.

행동실험을 하는 유용한 계획은 '만일 …하다면'의 부분을 먼저 해 보고, '그렇다면 …' 이후 부분이 항상 뒤따라오는지 살펴보는 실험을 해 보는 것이다. Greenberg와 Padesky는 『기분 다스리기』(2판, 2018)에서 세 가지 종류의 행동실험을 제안하였다. 즉, 가정을 검증하는 실험을 스스로 하거나, 다른 사람들을 관찰해 보고 이러한 규칙이 다른 사람에게도 적용되는지 살펴보는 실험을 하거나, 기본 가정과 반대되는 방식으로 행동해 보고 행동을 바꿨을 때 그 결과를 살펴보는 실험을 해 볼 수도 있다.

내 가정이 실제로 일어나는가를 검증하는 행동실험　　40대 후반 회사원인 진수 씨는 사회적 상황에서 불안을 많이 느낀다. 직장에서 상사가 불러서 얘기하지 않기를 바라며, 사람들과도 눈 맞춤을 피한다. 모임에 나가면 사람들과 자연스럽게 얘기하고 싶은 마음이 간절하지만, 자신이 재미없어 보일까 봐 말을 걸지 않고 구석에서 가만히 있는 경우가 많다. 진수 씨는 행동실험을 계획하면서, '만일 내가 사람들에게 말을 걸면, 사람들이 재미없어할 것이다.'의 가정을 검증해 보기로 했다. 검증할 가정을 명확하게 구체적으로 정했다는 점에서 아주 잘 시작한 행동실험이라고 볼 수 있다. 상담자는 진수 씨에게 사람들이 재미없어하는 것을 어떤 행동으로 알아볼 수 있는지 물어본 후, 상대방이 하품을 한다든지, 대답을 하지 않는다든지, 시선을 다른 곳으로 돌리는 등의 행동을 보이면 재미없어하는 것으로 일단 정했다. 이때부터 내담자의 참여가 매우 중요하다. 과연 누구를 대상으로 어떤 행동을 해서 이 가정을 확인해 볼지, 언제 해 볼지 등을 정해야 한다. 내담자가 의견을 잘 내놓지 않으면 상담사 혼자 정하기가 쉬운데, 조금 시간이 걸리더라도 이 아이디어를 내놓고 내담자는 어떻게 생각하는지, 할 수 있다고 보는지, 아니면 너무 어려운지는 내담자가 참여해서 정해야 한다. 진수 씨는 일단 하루에 한 번 회사 동료들과 식사 후 커피를 마시면서 주말에 있었던 이야기를 해 보거나, 아니면 '동호회'에서 아직 친하지 않은 사람에게 이야기를 걸어 보는 실험을 해 보기로 상담자와 정했다. 다음 일주일 동안 각각의 상황에서 진수 씨가 어떤 행동을 했는지, 어떤 결과를 얻었는지 기록해 와서 검토해 보기로 했다.

다른 사람에게 이 가정이 적용되는가를 검증하는 실험　　50대 초반 전업주부인 서영 씨는 완벽주의 사고를 갖고 있다. 매사를 완벽하게 처리해야 한다는 생각에 일을 시작하지 않아 집 안이 늘 엉망으로 어질러져 있고, 몸이 자주 아프다. 자신뿐 아니라 고등학생 딸에게도 무슨 일이든 제대로 하지 않으려면 차라리 시작도 하지 말라고 잔소리를 늘어놓아 딸과의 관계도 좋지 않다. 서영 씨가 가지고 있는 가정은 '만일 일을 실수하거나 끝까지 잘하지 못한다면, 차라리 하지 않는 게 좋다.'였다. 서영 씨가 이런 가정에 따라 일을 실수하거나 끝까지 마치지 않는 것은 너무 견디기 힘들다고 말해서, 그 대신 다른 사람들이 실수하거나 일을 끝까지 못했을 때 어떤 결과가 일어나는지를 관찰해 보는 행동실험을 하였다. 예상과는 달리, 간식을 집에서 준비해 오기로 한 친구가 집에서 만든 간식 대신에 빵집에서 빵을 사와도 다른 친구들이 전혀 나쁘게 말하지 않았고, 문화센터 강사가 실수해도 사람들이 웃어넘기고, 피자 배달하는 젊은 친구가 영수증을 가져오지 않아도 큰일이 일어나지 않는다는 것 등을 관찰하게 되었다. 다음 단계로, 서영 씨는 설거지나 집안일을 시작도 안 하기보다는 할 수 있는 만큼 하고 그 결과가 어떤지, 과연 그녀가 예상하는 대로 시작하지 않은 것보다 못한지 관찰해 보는 행동실험을 해 보기로 했다.

반대의 행동을 해 보고 관찰하는 행동실험　　민지 씨는 '매사를 철저하게 준비해야 좋은 결과를 얻게 된다.'라고 가정했다. 이 가정에 따라 민지 씨가 많은 일을 철저하게 준비하다 보니 능률도 오르지 않았고 지치는 때가 많았다. 민지 씨는 이 가정이 맞는지 확인해 보기 위해 가정과 반대되는 방식으로 행동해 보기로 했다. 즉, 해야 할 일을 철저하게 준비하지 않을 때 어떤 결과가 일어나는지 관찰해 보기로 했다. 민지 씨는 유치원에서 학부모 면담을 하기 전에 보통 원아의 행동을 관찰하고 보고서를 꼼꼼하게 작성해 놓곤 하였다. 이번 행동실험을 위해서 학부모 면담에 앞서 원아의 행동에 대한 보고서를 작성하지 않고 즉석에서 학부모의 질문에 답해 보고 학부모의 반응을 관찰해 보기로 했다. 처음에는 약간 부담이 되었지만 학부모와의 면담이 의외로 순조롭게 진행되었다. 학부모의 질문에 대부분 만족스런 대답을 할 수 있었고, 학부모도 원아의 상태에 대해 잘 파악할 수 있었던 면담이었다고 고마워했다.

인지행동치료자를 위한 **Tip!** 행동실험을 할 때 동상이몽이 안 되려면!

상담자는 행동실험을 한다고 생각하지만. 내담자는 그렇게 생각하지 않는 경우가 많다. 내담자의 입장에서는 상담자가 하라고 해서 행동실험하는 의도를 파악하지 못한 채 그냥 하는 경우가 적지 않다. 상담자는 행동실험을 할 때 어떤 가정을 검토하기 위한 실험인지 내담자 귀에 들리도록 좀 더 명확하게 설정하는 것이 필요하다. 이렇게 하기 위해서는 행동실험을 왜 하는지. 어떤 가정을 검증해 보기 위한 것인지 내담자와 함께 작업해야 한다. 또한 내담자가 가지고 온 결과가 무엇을 의미하는지 같이 검토해야 한다. 말 그대로 협력적 경험주의가 필요한 장면이다.

2) 새로운 핵심신념 찾기→ 검증→강화하기

앞에서 언급한 바와 같이, 핵심신념을 검증할 때 핵심신념을 지지하는 증거와 지지하지 않는 증거를 찾아서 검토해 보는 것은 유용하지 않은 방법이다. 왜냐하면 모든 사람이 핵심신념이라는 렌즈를 통해 자신의 경험을 보기 때문에, 핵심신념에 맞지 않는 경험을 찾아내기란 쉽지가 않다. 따라서 오래된 핵심신념 대신에 내담자가 가지기를 바라는 새로운 핵심신념이 무엇인지 찾아보고, 이 새로운 핵심신념을 지지해 주거나 강화해 주는 증거를 찾는 것이 더 도움이 된다. 즉, 부정적인 핵심신념을 없애는 대신 새로운 핵심신념을 찾아서 이것을 강화하는 접근을 하는 것이 더 효과적이다. 새로운 핵심신념이 이전 핵심신념만큼 강해지면 내담자의 생각이 더 융통성을 가지게 된다.

필자는 내담자들에게 새로운 핵심신념은 긍정적인 경험을 저장하는 그릇과도 같다고 설명한다. 만일 우리가 긍정적인 핵심신념을 가지고 있지 않으면 이것은 마치 밑 빠진 독을 가지고 있는 것과 같이 긍정적인 경험을 담아놓지 못하기 때문에 금방 사라져 버리고 만다.

대부분 내담자들의 핵심신념은 '나는 무능하다.' '나는 아무런 가치가 없는 사람이다.'와 같이 극단적이거나 절대적인 표현을 가지고 있다. 새로운 핵심신념을 만들 때 이런 절대적인 표현을 다듬거나 부분적으로 변화시켜 볼 수 있다. 예컨대, 내담자가 '나는 부족하다.'라는 핵심 신념을 가지고 있을 때 '나는 약간 부족하다.' 혹은 '나는 부족한 것도 있지만 잘하는 것도 있다.'로 변형시켜 볼 수 있다. 이때 오래된 핵심신념의 반대인 '나는 부족하지 않다.'로 갈 수도 있지만, 이렇게 정반대의 핵심신념은 내담자들이 부담스러워하는 경우가 많다. 그 대신 부분적으로 변화된 신념인 '나는 부족한 것도 있지만, 잘하는 것도 있다.'라는 새로운 대안적 핵심신념을 찾고, 이 대안적 핵심신념을 지지하는 조그만 증거를 계속 찾고 기록하여 이것을 강화하는 것이 효과적이다. 마지막 방법으로, 새로운 핵심신념을 만들 때 오래된 핵심신념을 수용하는 내용으로 갈 수도 있다. 예컨대, '사람들은 믿을 만하지 않다.'라는 핵심신념에서 '사람들이 믿을 만하지 않아도 괜찮다. 왜냐하면 나는 그것을 다룰 수 있는 능력이 있기 때문이다.'라고 대안적인 핵심신념을 정하는 것이다. 이 경우, 자신에 대한 긍정적인 핵심신념이 다른 사람에 대한 부정적인 핵심신념을 수용하도록 도울 수 있다.

새로운 핵심신념을 찾을 때 무조건적인 긍정적 신념보다는 현실적이고 적절한 긍정적인 믿음이 내담자에게 받아들여지기 쉽다. 예컨대, '나는 사랑받을 만하지 않다.'는 '나는 호감을 줄 수 있는 사람이다.'로, '나는 형편없는 사람이다.'는 '나는 장단점을 가진 괜찮은 사람이다.'로, '나는 무능하다.'는 '나는 어떤 면에는 무능하지만, 유능한 점도 있다.' 로 바꾸는 것이 작업하기가 쉽다. 이때 새로운 핵심신념을 지지해 주는 작은 사건이나 경험이라도 다 주목해 보고 적어 보게 해야 하고, 바뀌는 데 시간이 걸리는 일이라는 것을 강조해야 한다.

다음은 민지 씨의 핵심신념을 다룬 상담회기의 축어록이다(연두색 글자는 필자의 코멘트임).

상담자: 지금까지 상담에서 이야기해 온 것들을 보면 민지 씨는 사소하게 실수한 거에 대해 걱정을 많이 하시는 거 같아요. 그때 자격증 시험 보실 때 답안지에 완벽하게 쓰지 않은 것 같다고 기분이 다운되셨던 것 같아요. 이력서 쓰실 때도 한 가지 실수한 거 가지고 거기 회사에 들어가지도 못할 거고 내 인생 완전히 망했다... 이런 식으로 생각하셨잖아요.

내담자: 그런 것들 때문에 기분이 되게 안 좋고 우울해지는 때가 많아요.

상담자: 그런 거 밑에 깔려 있는 공통적인 생각이 뭘까요?

내담자: 저도 왜 그럴까 생각을 해 봤거든요. 그런데 잘 모르겠어요.

상담자: 혹시 '내가 완벽하지 않으면 인정받을 수 없다.'라는 생각이 있는 건 아닐까요. 거기에 덧붙여 '나는 그럴 능력을 갖고 있지 않다'. (이렇게 한 번에 말해 주기보다 내담자가 스스로 찾아가도록 힌트를 주면서 기다려 주고 다시 물어봄으로써 협력적 접근을 할 수 있었을 것임.)

내담자: 네, 자신감이 없어요. (아직까지 내담자는 '완벽하지 않으면 인정받을 수 없다.'라는 핵심신념에는 충분한 주의를 기울이지 못하고 있음.)

상담자: 어떤 일을 완전히 잘할 수 있어야지 자신감이 생길 것 같다는 거죠?

내담자: 늘 그런 생각을 해요.

상담자: 완벽해져야지만 내가 인정을 받을 수 있을 것 같은데, 그럴 능력은 없다고 생각하시구요.

내담자: 그러니까 괴로운 거 같아요.

상담자: 네, 그 생각을 한번 살펴보면 좋을 것 같아요.

내담자: 제가 주변 사람들의 영향을 많이 받는 거 같아요. 그중에 엄마의 영향을 많이 받았죠. 저희 엄마가요... 엄마가 어렸을 때부터 기를 많이 죽였어요. 그러니까 엄마가 원하는 건 이만큼인데, 난 요만큼이니까... 넌 그것도 못하니 늘 이런 식으로 말씀하셨어요.

상담자: 근데, 지금은 어른이 다 되셨고, 민지 씨 스스로가 세운 기대에 본인이 맞춰 나가면 되는 거잖아요. 어느 누구도 민지 씨한테 넌 이만큼 해야 된다고 정해 주는 게 없잖아요. 어렸을 땐 그랬지만. (이 부분에서 어렸을 때 경험을 탐색하는 방향으로 가지 않고, 어렸을 때는 그렇게 생각할 수 있었겠지만, 어른이 된 지금은 상황이 다르다는 걸 강조하는 정도로만 머무름.)

내담자: 저도 모르게 엄마 생각이 제 안에 들어와 있어요. 뭔가 잘되면 그건 내가 잘해서 그런 게 아니고, 나는 원래 못하는 애니까 결과가 좋으면 그건 운이다 그런 생각이 되게 많이 들더라구요.

상담자: 근데 완벽해야 된다고 늘 생각하시는 거 같아요. (내담자의 초점이 '본인의 능력이 모자라다.'에 다시 맞춰져 있었는데, 상담자가 다시 완벽해야 된다고 생각하는 측면을 다루려고 시도함.)

내담자: 맞아요. 자기비하가 강하고, 그게 제일 문제점이라고 생각해요. 저한테 자신감이 없고 완벽해야 된다고 생각하는 것도 맞거든요.

상담자: '나는 완벽해야 된다. 그런데 자신이 없다.' 그렇게 생각하시는 거죠? 그동안 상담에서 쭉 봤을 때 민지 씨가 잘하시는 것도 꽤 있었던 것 같은데....

내담자: 그동안은 상담을 받으면서도 나는 못한다는 생각을 되게 많이 했거든요. 근데 신기한 게 지난주에 친구랑 이야기하면서 사람마다 다 능력이 틀린 건데 좀 못하는 것도 있는 거지 뭘 그런 걸 가지고 그랬을까 그런 생각이 드는 거예요.

상담자: 그렇게 바뀌시게 된 건 어떻게 보면 참 긍정적인 변화인 거 같아요.

내담자: 그렇죠.

상담자: 자신이 완벽해야 된다는 거에 대해서 조금 생각이 바뀌신 것 같은데.... 보는 관점을 조금 바꾼다면 어떻게 다르게 볼 수 있을까요. (상담자가 내담자와 함께 새로

운 핵심신념을 탐색하는 과정임.)

내담자: 그렇게까지 완벽해야 된다고 생각하지 말고 마음을 좀 편안하게 먹자 이렇게 보는 걸까요.

상담자: 그렇죠. 지금 말씀하신 것처럼 '완벽하게 하지 않아도 괜찮다.' 이렇게 생각하시면 어떨 것 같으세요? (내담자가 한 말을 다시 한번 반복하는 좋은 언급임.)

내담자: 네, 그렇게 생각하면 훨씬 마음이 편할 것 같아요.

상담자: 실제로 민지 씨가 완벽하게 해야 한다는 생각만 내려놓아도 현재 잘하고 있는 일들을 있는 그대로 훨씬 잘 받아들이실 것 같아요. 완벽하지 않아도 된다고 생각하면 잘하는 건 잘한다고 볼 수 있지 않을까요. 지금까지는 열 가지 일 중에서 한 가지 못하는 거, 그거 보고 나머지 일들도 다 못하는 것처럼 느끼셨던 것 같은데, 그건 아니잖아요.

내담자: 제가 잘하고 있는 거처럼 보이세요?

상담자: 왜 아니신 것 같으세요? (앞의 질문을 볼 때 내담자에게 '난 잘 못한다.'라는 생각이 많이 남아 있는 것으로 보임. 따라서 이렇게 다시 물어보는 것보다 "민지 씨는 아직도 '난 잘 못한다.'라는 생각이 많으신 것 같은데, 좀 더 이야기해 보면 어떨까요?"라고 하면서 이 부분을 좀 더 다룰 필요가 있음.)

내담자: 맞아요. 내가 완벽하지 않기 때문에 '나는 못난이야.' 하고 생각하는 거 같아요.

상담자: 바로 그 생각 때문에 민지 씨가 제대로 하는 것이 있어도 그걸 보지 않으려는 마음이 컸던 것 같아요. 그러니까 사람이 어떤 생각을 가지고 있는가에 따라 보이는 게 다른 거죠. 만일 민지 씨가 '완벽하게 하지 않아도 괜찮다. 이 정도면 잘한다.'라는 생각의 그릇을 가지고 있으면 앞으로 이 그릇에 담을 수 있는 일들이 훨씬 더 많이 보이실 것 같아요. (상담자가 이렇게 주도적으로 이끌고 나가기보다 내담자가 이런 생각을 하도록 천천히 이끌어 가는 것이 더 나았을 것임.)

내담자: 네, 한번 해 봐야죠.

상담자: 앞으로 상담을 하면서 '완벽하게 하지 않아도 괜찮다. 이 정도면 잘한다.'라는 생각의 그릇에 담길 수 있는 일이 있으면 그게 사소한 일이라도 주의를 기울여 보고 적어 놓으면 좋을 것 같아요.

인지행동치료자를 위한 Tip! **사소한 일에 주목해 보아야 한다!**

새로운 핵심신념을 지지해 주는 사건을 찾을 때 내담자가 찾아야 하는 증거는 아주 작은 것이라는 점을 간과하지 말아야 한다. 예컨대, '사랑받을 만하지 않다.'라는 핵심신념을 가진 내담자가 '어떤 사람들은 날 좋아한다.'를 새로운 핵심신념으로 삼고, 이에 대한 증거를 모은다고 하자. 이때 사람들이 말없이 미소 짓는 것, 그녀를 보고 아는 척하는 것, 그녀를 보고 반가워하는 것, 동료가 같이 커피를 마시러 가자고 청하는 것, 같이 점심 먹자고 할 때 사람들이 같이 가는 것, 칭찬해 주는 것 등을 다 포함시켜 기록하게 해야 한다.

☞ 조그마한 일들을 주목하기 위한 질문들
• 오늘 새로운 핵심신념에 잘 들어맞는 일을 혼자 혹은 다른 사람들과 한 것이 있나?
• 다른 사람들이 새로운 핵심신념에 잘 들어맞는 행동을 나에게 했는가?
• 새로운 핵심신념에 잘 들어맞는 습관을 매일 행하는 것이 있나?
• 새로운 핵심신념에 잘 들어맞는 긍정적인 일이 일어났는가?

3) 긍정적 경험 쌓기

핵심신념을 바꾸는 과정에 도움이 되는 또 다른 방법으로는 긍정적 경험을 쌓는 방법이 있다. 앞에서 기술한 방법들은 핵심신념 자체를 바꾸는 것에 초점을 맞춘 미시적 접근인데 비해, 긍정적 경험을 쌓는 것은 일종의 거시적인 접근이라고 볼 수 있다. 내담자의 삶에 긍정적인 경험을 늘려 가는 것이 새로운 핵심신념을 만들고 이를 강화하는 작업 대신으로 들어갈 수는 없지만, 이러한 작업을 지원해 주는 역할은 할 수 있다. Brewin(2006)은 인출경쟁가설을 제안했는데, 특정단서가 제시될 때 이와 관련되어 있는 오래된 역기능적 핵심신념과 새로운 기능적 핵심신념이 동시에 활성화된다고 보았다. 그중에서 어떤 신념이 더 잘 인출되어 활성화되는가에 따라 그 사람의 기분과 행동이 달라진다고 가정하였다. 개인의 기억이 크게 긍정적 네트워크와 부정적 네트워크로 이루어져 있다고 볼 때, 긍정적 네트워크 자체를 강화하는 것은 특정상황에서 긍정적 네트워크가 먼저 활성화되고 인출되는 데 도움을 줄 수 있을 것이다.

　내담자의 긍정적 경험을 강화하는 작업은 보기보다 간단하지 않고 또 꾸준한 노력을 요구한다. 우선, 내담자들이 자기에게 일어나는 긍정적인 일이나 상황에 마음을 열고 주의를 기울이도록 도와주어야 한다. 내담자들은 흔히 부정적인 정서나 문제에 압도되어 있으며, 지나간 일에 대해 반추하고 걱정하는 경향이 많다. 그렇다 보니 긍정적인 일이 일어나더라도 그것을 대수롭지 않게 생각하고 지나치는 일이 많다. 상담자 역시 내담자의 부정적인 정서나 문제를 바꾸어 주는 데 집중하느라 내담자에게 일어난 긍정적인 일에 충분한 관심을 기울이지 못하고 지나가기 쉽다. 따라서 내담자의 긍정 경험을 강화하는 첫 번째 작업은 일상에서 일어나는 소소한 긍정적인 일에 마음을 열고 그것들을 즐기고 누리게 하는 것이다. 긍정 경험 일지 같은 것을 만들어 꾸준히 기록하는 것도 좋은 방법이다. 다음으로, 긍정 경험을 적극적으로 만드는 방법이 있다. 사람들에게 공통적으로 긍정 경험을 가져다주는 일은 감사하기와 용서하기라고 볼 수 있다. 용서하기는 여기에서 간단히 다루기에는 너무 큰 주제여서, 감사하기에 대해서만 짧게 다루고자 한다. 용서하기에 관심 있는 독자들은 『용서의 기술』(Tibbits & Halliday, 2006)이나 『Forgiveness: Theory, research, and practice』(McCullough, Pargament, & Thoresen, 2000)를 참조하기 바란다.

감사하기　'감사'는 자기에게 도움을 주는 대상이나 타인의 배려와 수고를 인식하고 기쁨과 고마움 등으로 반응하고 행동하는 것이라고 볼 수 있다. Watkins(2004)는 감사가 과거의 부정적인 사건의 영향을 덜 받게 하고 긍정적인 사건을 떠올리게 하는 중요한 요인이라고 밝혔다. 매일의 삶에서 감사할 일을 찾고 감사하게 되면, 긍정적 사건은 물론이고 중립적이거나 부정적 사건에 대해서도 긍정적 의미를 발견할 뿐 아니라 의미 있는 사건으로 재구성할 수 있게 된다는 것이다. 즉, 감사하기를 계속하게 되면 개인의 관점 자체를 부정적 관점에서 긍정적 관점으로 변환시켜 줄 수 있다는 것이다. 실제로 감사성향이 높은 사람은 우울, 불안 및 스트레스를 적게 경험할 뿐 아니라 주관적 안녕감, 긍정적 정서 및 삶의 만족도가 높았고, 신체적 웰빙도 높다는 연구결과들이 나와 있다. 또한 정기적으로 감사경험을 기록한 대학생들은 행복감 수준이 높았다는 결과도 나와 있다. 따라서 감사하기를 일상생활에서 실천하게 하기 위해서 내담자에게 매주 서너 가지씩 감사할 작은 일을 찾아보고 기록하게 하는 연습 과제를 구체적으로 주는 것이 필요하다. 필자는 내담자의 동기가 높아 하루에 3가지씩 감사할 일을 찾아보게 한 적이 있었는데, 감사하기를 통해 많은 것을 얻었다고 흐뭇해했다. 내담자가 말하기를, 시간이 지날수록 점점 감사할 일을 쉽게 찾을 수 있었을 뿐 아니라 자기 자신에 대해서도 점점 더 긍정적으로 생각하게 되었다고 했다. 이런 연습 과제 없이는 감사하기를 꾸준히 실천하기가 쉽지 않을 뿐 아니라 상담자도 피드백에 소홀해지기 쉬워 내담자가 감사하기에 피로감을 경험하기 쉽다. 때로 감사의 마음을 주위 사람들에게 직접 말로 하거나 SNS를 통해 전달하는 것도 감사하기의 효과적인 실천 방법이다.

날짜	상황	감사한 내용
7월 3일	유치원 원아의 어머니가 집에서 기른 상추를 가져다줌	날 기억해 주었다는 점이 감사함
7월 8일	아침에 우산을 가져오지 않았는데 점심에 비가 오다가 퇴근할 무렵 비가 그침	저녁까지 비가 왔으면 우산이 없어 당황했을 텐데 다행이었음
7월 17일	친구가 잘 지내는지 안부 문자를 보냄	친구가 먼저 문자를 보내 주었다는 점이 감사했음. 나도 다음번에는 친구에게 문자를 보내 주어야겠다는 생각이 들었음
7월 23일	주말에 친구들과 만날 약속을 함	친구 두 명이 시간이 다 돼서 같이 만날 수 있어서 감사함

그림 7-3 민지 씨의 감사일지

제 8 장

체험
기법

인지행동치료가 중반을 넘어서면 상담자는 내담자에게 지속적인 인지 변화가 일어나길 기대한다. 내담자 내면의 경험이 바뀔 뿐만 아니라, 행동에도 변화가 일어나 주위 사람에게서 다른 반응을 일으키고 삶의 경험이 바뀌길 바란다. 이런 연쇄반응이 일어나게 만드는 핵심기제는 바로 지속적인 인지 변화를 일으키는 것이다. 이를 위해 인지행동치료에서 주로 많이 사용하는 기법은 길잡이식 발견법 등과 같은 언어 기법과 함께 행동실험이다. 내담자가 어느 정도 새로운 신념에 마음이 열리면, 행동실험을 통해 새로운 신념이나 가정을 확인하고 강화해 나가는 것이 효과적이다. 나아가 이 장에서는, 심상을 활용한 체험 기법을 소개하고자 한다. 필자의 경험에 비추어 볼 때, 체험 기법이야말로 우리나라 내담자들에게 잘 받아들여지고 좋은 효과를 낼 수 있음에도 불구하고 아직까지는 인지행동치료에서 널리 활용되지 못하고 있는 실정이다. 이번 장에서는 체험 기법을 통해 어떻게 핵심신념을 변화시킬 수 있는지 살펴보고자 한다.

사람의 신념은 두 가지 체계로 이루어져 있는데, 첫 번째는 논리적 / 합리적 수준의 지적 신념 체계(head-level intellectual belief)이며, 두 번째는 심정적 수준의 정서적 신념 체계(heart-level emotional belief)로서 이 두 가지 체계는 서로 상호작용한다(Barnard & Teasdale, 1991). 어떤 내담자에게는 논리적인 수준의 지적 신념 체계의 변화가 감정이나 행동 변화에까지 파급효과를 일으키고, 이 변화가 축적됨에 따라 심정적 수준의 정서적 신념의 변화도 일으킨다. 그렇지만 어떤 내담자에게는 논리적 수준의 신념 체계 변화가 정서적 신념 체계 변화로 잘 이어지지 않으며, 전인적 변화를 일으키지 못한다.

글상자 8-1 상호적 인지 하위 체계 모델(Barnard & Teasdale, 1991)

논리적 / 합리적 하위 체계	심정적 / 정서적 하위 체계
명제적 지식	암묵적 지식
언어적으로 입력됨	비언어적으로 입력됨
사실인지의 여부가 증거로 확인되고, 논리적으로 평가됨	전체적인 느낌으로 맞는지 확인되고, 논리적으로 평가되지 않음
정서적 내용이 적음	정서가 많이 함유됨
감각경험으로부터 입력을 받지 않음	감각경험으로부터 입력을 받음
머리에서의 지적 신념으로 나타남	심정적 수준에서의 정서적 신념으로 나타남

체험 기법은 정서적 신념 체계, 즉 의미적 신념 체계의 변화를 일으키는 데 매우 효과적이며 주로 심상(imagery)을 활용한다. 심상은 "외부 자극이 없는 상황에서 감각경험을 정신적으로 생성해낸 것"으로서 '감각적인 특성을 가진 정신적 내용'이라고 볼 수 있다. 심상은 거의 모든 심리치료에서 활용되고 있으며, Beck(1976) 역시 인지행동치료의 초창기에는 불안장애의 치료에 심상의 사용을 강조했다. 그러나 심상을 사용한 기법이 인지행동치료에 본격적으로 도입된 것은 1990년대 후반 Foa, Young, Arntz, Hackmann,

Holmes 등의 연구를 통해서 관심을 받게 된 이후라고 볼 수 있다. 심상 기법은 『Memory』(2004년, 12권 4호)와 『Journal of Behavior Therapy & Experimental Psychiatry』(2007년, 38권 4호)에서 특별주제로 다루어졌으며, 인지행동치료에서 심상의 활용에 대해서는 국내 논문도 몇 편 나와 있다(윤혜영, 권정혜, 2010; 권정혜, 성기혜, 손영미, 조영은, 2016).

우리나라를 포함한 동양인들은 대상을 지각하거나 처리할 때 맥락을 더 중요시하며 전체적 접근(holistic approach)을 하기 때문에, 전체적 표상을 활용하는 심상 기법이 매우 잘 맞는다. 또한 동양 사람들은 사고를 할 때 서양 사람들에 비해 언어에 덜 의지하는데, 한 예로 공자는 『주역 계사상』에 언부진의(言不盡意), 즉 언어로는 사람의 진정한 뜻을 표현하지 못한다고 하였다. 전통적인 인지행동치료에서는 주로 언어를 사용하여 내담자의 잘못된 인지를 분석적으로 찾아내어 수정하는 접근법을 많이 사용해 왔다. 그러나 이러한 분석적인 접근만으로 인지를 다루는 것은 전체적 접근을 하는 동양적 사고에 잘 맞지 않을 뿐 아니라, 깊은 수준에서 의미 체계의 변화를 일으키는 데 한계를 가질 수 있다. 따라서 심상의 활용은 우리나라 내담자들에게 인지를 다루는 새로운 통로를 열어 줄 뿐 아니라, 인지적 변화를 일으키는 유용한 도구가 될 수 있다(권정혜 외, 2016).

1. 심상의 특성

먼저, 체험 기법을 설명하기 전에 심상의 특성을 살펴봄으로써 체험 기법을 효과적으로 사용할 수 있는 토대를 제공하고자 한다.

첫째, 심상은 자극 없이 머릿속에서 생성된 감각경험이다. 심상은 다양한 감각정보를 포함하고 있다는 점 때문에 마치 현실처럼 매우 실감나게 느껴진다. 경험적 연구에 따르면, 실제 대상을 지각할 때와 심상을 통해 떠올릴 때의 처리 과정이 거의 동일하며, 심상을 담당하는 뇌 영역이 실제 지각을 담당하는 뇌 영역과 동일하다는 결과가 나와 있다.

둘째, 심상은 감각정보를 포함하고 있기 때문에 정서적으로 부하된 자료를 잘 이끌어 낸다. 또한 심상은 동시적 표상으로 시각적 이미지, 신체적 반응, 정서적 의미를 다 내포하고 있어 정서에 접근하기가 쉽다. 생생하고 외상적인 삽화적 기억이 심상으로 입력되어 있는 경우가 많고, 또 심상으로 더 잘 접근하기가 가능한 이유이기도 하다. 이와 같이 심상은 감각적 정보와 정서를 동반하기 때문에, 사람들에게 거의 현실(experience near)로 경험된다.

셋째, 심상은 종종 내담자가 그동안 인식하지 못했던 숨겨진 의미(encapsulated meaning)를 나타낸다. 때로 내담자가 심상을 불러와 그 내용을 숙고하는 것만으로도 자발적인 관점의 변화가 일어나며, 인지적 변화가 일어나기도 한다. 이를 통해 내담자는 자신의 인지적 왜곡을 깨닫기도 하며 혹은 다른 해결책을 인식할 수 있기도 하다.

넷째, 심상은 행동지향적이라고 말할 수 있다. 즉, 행동에 영향을 미친다. 필자의 내담자는 자기에 대한 심상을 그려 보라고 했을 때 조그만 방의 구석에 웅크리고 있는 심상을 떠올렸다. 이 심상을 본인이 원하는 대로 변형시켜 보라고 했을 때 옷을 갈아입고 그 방에서 나와 아름다운 정원을 거니는 심상으로 바꾸었다. 그 후 내담자의 활동 수준이 실제로 변화되었다. 또 다른 예로, 사회불안장애가 있는 내담자는 자기에 대한 심상을 변화시켰을 때 이제까지 회피하던 사회적 상황에 접근하기도 했다.

다섯째, 심상을 통해 목표가 잘 드러난다. 심상은 '목표의 언어'라고 부르기도 하는데, 이는 심상 속에 목표에 대한 정보가 잘 담길 수 있기 때문이다. 예컨대, 학생에게 좋은 성적을 받기 위해 어떻게 공부할지 심상으로 표현해서 간직하라고 하면 성적이 오를 수 있다. 이와 같이 심상을 활용함으로써 목표 설정을 효율적으로 할 수 있다. 이러한 심상의 특징은 대중심리학이나 스포츠심리학에서도 널리 사용되어, 목표를 설정할 때 심상으로 표상하여 마음속에 간직하도록 권장하고 있다.

이 외에도 심상은 세부 사항을 잘 내포하고 있는 등 여러 특성을 가지고 있다. 앞에서 언급했듯이, 심상은 사건의 전체적인 관점(holistic view)을 제공하며, 맥락이 잘 나타나고, 내포된 의미를 드러내며, 정서에 대한 접근을 용이하게 한다는 점에서 인지행동치료에서 매우 유용하게 활용될 수 있다.

2. 심상을 활용한 개입법

인지행동치료에서 사용하는 다양한 심상개입법은 크게 부정적인 심상을 다루는 개입법과 긍정적인 심상을 촉진하는 개입법으로 분류할 수 있다. 부정적 심상을 직접적으로 다루는 개입법으로는 PTSD에 대한 근거기반치료로 알려져 있는 지속적 노출치료나 두려워하는 대상을 심상으로 노출하는 기법, 심상 자체를 조작하거나 변형시키는 기법, 심상을 변별하는 기법 등이 있다. 한편, 긍정적인 심상을 촉진하는 직접적인 개입법으로는 긍정적 내용의 심상을 치료 내에서 유발하여 문제해결력이나 대처기술을 함양하는 기법들과, 심상을 활용하여 내담자가 전반적으로 새로운 존재 양식으로 기능할 수 있도록 돕는 통합적 기법들이 있다.

Hackmann과 동료들(2011, p. 47)은 심상개입법의 핵심요소를, 첫째, 심상의 다양한 측면을 자각하여 좀 더 넓은 관점을 가지고 메타인지적 마음 자세를 가지는 것, 둘째, 심상을 떠올리고 심상으로 불러일으켜진 정서와 의미를 재경험하는 것, 셋째, 심상과 그 의미를 변화시키는 새로운 정보나 관점을 의도적으로 도입하는 것이라고 보았다. 이는 심상개입법의 효과를 설명하는 중요한 개념인 정서처리 과정과도 관련이 있다. 개인이 어떤 일을 겪은 후 정서처리가 제대로 이루어지지 않으면, 그 일과 관련된 생각이나 이미지, 기억이 현재 상황에 맞지 않게 불쑥 나타나 영향을 미치게 된다. 한 예로, 외상경험을 겪은 내담자는 외상사건의 일부분이 맥락과 타이밍에 맞지 않게 침입적으로 나타나는 경우가 많은데, 이는 외상에 대한 정서적 처리가 되지 않은 것으로 설명할 수 있다. Foa와 Kozak(1986)은 PTSD를 치료하는 과정에서 상상

노출이 가지는 치료효과는 습관화가 아니라 정서적 처리를 통해 일어난다고 보았다. 상담자가 심상개입법을 적용할 때 이 치료과성을 명확하게 이해한다면, 심상을 통해 정서적 처리가 되지 않은 옛 자료들을 생생하게 활성화시키고 내담자로 하여금 새로운 관점이나 정보들을 투입하여 이를 새롭게 처리하도록 촉진할 수 있다. 또한 이 과정을 통해 심상에 내포되어 있는 핵심신념을 새로운 관점에서 보게 만들어 지속적인 인지 변화를 일으킬 수 있다.

이번 장에서는 심상 기법을 전반적으로 소개하기보다는 핵심신념을 변화시키기 위한 체험 기법에 초점을 맞추어 소개하고자 한다. 인지행동치료에서 활용할 수 있는 다양한 심상 기법에 관심이 있는 독자들은 『심상을 활용한 인지행동치료』(권정혜, 이종선 역)를 참고하기 바란다.

1) 심상 떠올리기

때때로 심상을 생생하게 떠올리는 것만으로도 정서가 많이 내포되어 있는 뜨거운 자료가 활성화되고 인지적 변화가 일어날 때가 있다. 즉, 내담자가 과거의 구체적인 사건을 이야기하면서 이미지를 떠올리고, 힘들고 고통스런 기억을 되살리면서 그 당시 경험했던 감정과 감각을 재경험할 때 자발적으로 인지적 변화가 일어나기도 한다. 예를 들어, 필자의 한 내담자는 어린 시절 아버지의 술주정과 도박을 견디다 못해 집을 나간 어머니가 가족들 모르게 내담자가 다니는 초등학교에 찾아와 만났던 일을 이야기하면서 눈시울이 붉어졌었다. 내담자에게 그때 그 장면을 심상으로 생생하게 떠올려 보도록 하자, 그 당시 어머니가 입고 있었던 꾀죄죄한 옷과 어머니의 표정이 떠올랐다고 하면서 어머니에 대해 불편하면서도 반가운 마음, 또 누가 볼까 봐 걱정도 되었던 복잡했던 마음에 대해 이야기했다. 내담자는 눈물을 흘리며 그 당시 얼마나 힘들었는지, 또 초등학교 3학년이라는 어린 나이에 그런 일을 겪으면서 자기가 무엇인가 잘못한 사람인 것처럼 생각했었다고 말했다. 그는 요즈음도 자신이 뭘 해도 떳떳하지 않은 사람처럼 생각했던 것이 조금 이해가 된다고 했다. 이와 같이 삽화적 기억에 내포되어 있는 의미적 신념 체계가 과장되거나 왜곡되어 있다는 것을 깨닫게 됨으로써 자기에 대한 핵심신념을 검토하는 기회가 되었다.

2) 정서적 가교 기법

내담자가 특정상황에서 그 상황의 맥락에 맞지 않거나 지나치게 과도한 감정이나 고통을 경험하면서 왜곡된 생각을 보일 때, 그런 반응을 일으키게 만든 과거 사건이 존재하는 경우가 많다. 즉, 과거 일에 대한 정서적 처리가 되지 않아서 나타나는 현상이라고 볼 수 있다. 정서적 가교(emotional bridge) 기법은 특정상황에서 일어나는 내담자의 감정을 충분히 자각하고 표현하게 한 후, 이 감정에 초점을 맞추고 그 감정과 연결되는 과거 경험을 다루는 기법이라고 볼 수 있다.

정서적 가교 기법의 주요 과정은 다음과 같다. 첫 번째 단계에서는 특정상황에서 느꼈던 감정과 신체감각을 지금-여기에서 생생하게 경험하게 한다. 이를 위해 그 일이 지금-여기에서 일어나고 있는 것처럼 가능한 한 자세하게 말하면서 그때 느꼈던 감정과 신체감각을 불러일으키도록 한다. 상담자는 내담자에게 그 상황의 구체적인 세부 사항을 현재시제로 묘사하도록 하면서, 그 당시 떠올랐던 자동적 사고, 이미지, 감정, 신체감각 등에 대해 이야기하도록 한다. 그러면서 어떤 감정을 느끼는지 생생하게 표현하게 한다. 두 번째 단계로 순조롭게 나아가기 위해 첫 번째 단계에서 감정을 생생하게 느끼게 하는 것은 매우 중요하다.

내담자가 그 감정을 생생하게 경험하면서 머물러 있게 한 후 두 번째 단계로 나아간다. 두 번째 단계에서는 내담자로 하여금 지금 느끼는 감정에 집중하게 하면서 과거에 비슷한 감정을 느꼈던 때가 언제였는지 기억해 내도록 한다. 상담자가 눈을 감으면서 "자, 지금 마음에 느껴지는 감정을 생생하게 느끼면서 거기에 머물러 있어 보세요. 그러면서 이 감정과 아주 비슷한 감정을 느꼈던 과거 일이 있는지 한번 떠올려 보세요."라고 말하면 내담자도 눈을 감고 저절로 떠오르는 과거 경험을 생각해 내려고 집중한다. 이때 눈은 굳이 감지 않아도 되지만, 눈을 감는 것이 집중하는 데 더 도움이 된다. 상담자는 내담자를 재촉하지 말고 현재 느끼는 감정이 이끄는 과거 경험을 기억해 내도록 조용히 기다리는 것이 좋다. 만일 내담자가 떠오르는 과거 경험이 없다고 하면 비슷한 경험을 한 적이 있는지 물어보아 그 일을 기억하게 한다.

　세 번째 단계에서는 그 기억을 일인칭 현재시제로 생생하게 떠올려 과거 사건에 대한 정서적 처리를 촉진한다. 내담자에게 과거에 일어났던 일을 마치 지금 여기에서 일어나는 것처럼 현재시제로 자세하게 묘사하게 한다. 상담자는 내담자가 이야기하는 것을 따라가면서 현재시제로 구체적인 세부 사항을 물어볼 수 있다. 그 일이 언제 어디서 일어났는지, 주위 환경은 어떤지, 누구와 같이 있는지 물어보면서, 이때 떠오르는 자동적 사고, 이미지, 기억, 신체감각 등을 자세히 이야기하도록 한다(〈글상자 8-2〉 참조). 이와 같이 내담자가 심상으로 과거 사건을 자세하고도 생생하게 떠올리게 되면, 그때 느꼈던 감정도 저절로 다시 떠오르고 경험하게 된다. 이와 함께 내담자가 그 상황에 대해 부여한 의미, 자기 자신에 대한 의미, 사람들을 어떻게 보는지 등에 대한 의미 체계가 좀 더 풍부하게 나타난다. 그러면서 그 당시에는 미처 깨닫지 못했던 점(예: '초등학생이 뭘 알았겠어요?')들을 깨닫게 되고, 새로운 관점으로 그 사건을 바라보게 되면서 그 일에 대한 정서적-인지적 처리가 이루어지게 된다.

　서진 씨는 매사에 과도한 책임감을 느끼며 걱정이 많은 중소기업에서 일하는 30대 후반 남성 내담자였다. 그는 과도한 책임감을 느끼지 않아도 될 상황에서 계속 걱정을 하고 긴장이 떠날 날이 없어 늘 피곤하고 스트레스를 많이 느낀다고 호소하였다. 정서적 가교 기법을 적용하기 위해 내담자에게 지난주 회사에서 책임감과 부담감으로 스트레스를 많이 받았던 상황을 마음속에 생생하게 떠올려 보게 했다. 그런 다음, 눈을 감고 그런 책임감이나 부담감을 느꼈던 어린 시절의 상황이 떠오르는지 잠시 기다리게 했다. 그때 아버지가 퇴근해서 늦게 들어와 어머니에게 폭언하고 술주정을 할 때, 내담자는 자기 방에서 자는 척하며 이불을 뒤집어쓰고 있으면서 느꼈던 가슴이 죄어 오는 부담감과 책임감이 떠올랐다고 했다. 어렸을 때 아버지가 TV를 켜 놓고 술을 마시면서 어머니에게 큰소리를 지르는 상황을 생생하게 떠올리게 되자, 본인이 현재 회사에서 느끼는 심한 부담감과 긴장이 실은 어렸을 때 자신이 뭔가 해야 하나 말아야 하나를 걱정하면서 경험했던 바로 그 부담감과 굉장히 비슷하다는 것을 깨닫게 되었다. 과거에는 내담자가 어린아이로서 그 상황에서 할 수 있는 일이 많지 않았고 그렇게 느끼는 것이 당연했지만, 현재 성인인 내담자가 회사에서 느끼는 부담감은 사실 그렇게 느낄 필요가 없는 과도한 책임감이라는 점을 깨닫게 된 것이다.

이와 같이 심상을 통해 내담자의 의미 체계에 접근함으로써, 상담자는 내담자의 고유한 의미 체계가 어떻게 형성되었는지, 또 현재 사건을 해석하는 데 어떻게 끼어들어 와서 현재 사건을 그 자체로 보지 못하고 왜곡된 방식으로 보게 만드는지를 정확하게 평가할 수 있게 된다. 내담자의 의미 체계를 정확하게 평가함으로써 내담자의 문제를 잘 개념화할 수 있게 되고, 그것을 다룰 수 있는 효과적인 치료적 방법을 찾을 수 있게 해 준다.

3) 심상재구성법[5]

심상재구성법은 핵심신념을 변화시킬 수 있는 엄청난 잠재력을 가지고 있는 체험 기법의 대표적 기법이다. 이는 Arnz와 Weertman(1999)에 의해 개발되어 처음에는 성격장애나 반복적인 학대를 겪은 내담자들에게 활용되었으나, 최근에는 공포증, 사회불안장애, 우울증, 강박증, PTSD 등 다양한 장애에 효과가 있는 것으로 밝혀졌다. 심상재구성법은 상상노출과 재구성 작업으로

5) imagery에 대한 번역을 심상으로 일관되게 번역하고자 심상재구성법이라고 했지만, 내담자들에게 이미지재구성법이라고 소개하면 더 쉽게 이해한다.

이루어지는데, 고통스런 기억을 심상으로 떠올린 후 내담자가 심상으로 그 사건의 결과를 바꿈으로써 그 의미를 변화시키는 기법이다. 심상새구성법은 내담자로 하여금 핵심신념과 관련 있는 장면에 들어가서 그 장면에서 경험했던 감정과 생각, 신체감각들을 불러일으킨 후, 어렸을 때는 가질 수 없었던 새로운 관점을 가지고 심상을 변화시켜 내포된 핵심신념도 변화시키는 기법이다. 이 과정을 통하여 내담자는 고통스런 과거에 대한 통제감과 자기효능감을 가지게 될 뿐 아니라, 자애심을 가지고 스스로를 대하게 되는 부가적인 효과도 얻게 된다.

심상재구성법은 신뢰로운 상담자−내담자 관계에서 협력적으로 이루어질 때 가장 효과적으로 시행될 수 있다. 대개 1시간 이상의 시간이 소요되지만, 시간적 제약이 있을 때는 더 짧은 시간 안에 시행할 수도 있다. 필자는 사회불안장애 집단치료에서 3시간 동안 4명의 내담자에게 실시한 적도 있다. 그렇지만 상담자는 각 내담자의 필요와 상태를 주의 깊게 살펴보고, 필요하다면 충분한 시간을 두고 디브리핑을 해 주며 안정을 되찾는 시간을 주는 것이 바람직하다. 또한 상담자는 가능하다면 편안한 의자와 조명을 준비하고 조용한 분위기를 조성하는 등 편안한 물리적 환경을 조성하는 것이 좋다. 이와 같이 심상재구성법을 시행하기 위해 상담자가 시간 배정 등 여러 측면에서 미리 준비해야 하지만, 실제 심상재구성 과정에서 상담자는 비지시적인 따뜻한 조력자의 역할을 맡고 내담자 주도로 이루어지게 하는 것이 더 효과적이다. 심상재구성법은 상담자에 따라 두 단계로 실시하는 사람도 있지만, 필자는 Arnz와 Weertman(1999)이 했듯이 세 단계로 하고 있어 이를 소개하고자 한다.

제1단계   고통스런 사건이 발생했던 당시 나이의 자신으로 돌아가서, 마치 그 사건이 그 나이의 자신에게 다시 발생한 것처럼 일인칭 현재시제로 가능한 한 자세하게 그 사건을 떠올리도록 한다. 당시 내담자가 입었던 옷, 머리 모양, 주위 배경, 곁에 있던 사람들 등에 대해 구체적으로 말하게 하고, 필요하다면 질문을 통해 그때 느꼈던 감정, 생각, 신체감각 등에 대해 떠올리게 하면서 그 경험을 현재 여기에서 재경험하도록 한다. 내담자에 따라서는 일인칭 현재시제로 말하는 것을 힘들어해서 계속 과거시제로 말하는 경우가 있는데, 이런 때는 상담자가 부드럽게 일인칭 현재시제로 바꿔 말하면서 '마치 지금 이 순간에 벌어지고 있는 것'처럼 말하도록 돕는다.

글상자 8-2　생생한 심상을 떠올리기 위한 질문

"그 장면을 생생하게 떠올려 볼게요. 마음의 눈을 뜨고 주변에 무엇이 보이는지, ○○ 씨가 지금 어떤 옷을 입고 있는지, 어떤 소리가 들리는지, 눈에 보이는 대로, 귀에 들리는 대로 한번 이야기해 볼까요?"
"주위에 어떤 것들이 보이세요? 어떤 게 보이는지 자세히 이야기해 보세요."
"그래요. 지금 기분은 어때요?"
"지금 어떤 생각이 드세요?"
"○○ 씨 몸은 어떻게 느껴지세요?"
"불편한 느낌이 있으세요?"
"몸에서 어떤 감각이 느껴지시나요?"
"그런 느낌이 어디에서 제일 많이 느껴지나요?"

제2단계　성인이 된 내담자가 그 기억 속에 들어가는 단계로서, 성인의 관점에서 그 상황을 다시 체험하면서 어린 자신에게 어떤 일이 일어나는지 바라보며 성인인 자신이 하고 싶거나 옳다고 여기는 일을 말하고 행동하게 한다. 마치 그 상황에 대한 각본을 다시 쓰듯이 상황을 자신이 원하는 대로 재구성하는 단계다. "이제 어른이 된 ○○ 씨가 그 장면으로 들어가 볼게요. 그 장면으로 들어가는 것을 생생하게 떠올릴 수 있나요?" "현재 나이의 '나'로 이 기억에 들어가게 될 것입니다. 조금 전 기억의 처음 부분으로 돌아가 보도록 하겠습니다. 현재 나는 지금 어디에 계시나요?(대답을 못하면 적절하게 유도). 어린 나는 지금 어디에 있나요?"와 같은 질문을 통해 현재의 성인 나이의

자신이 그 상황에 들어가도록 촉진한다. 그래서 성인의 관점에서 그 상황을 다시 체험하면서 어린 자기에게 일어난 일에 직극직으로 개입함으로써 본인이 원하는 긍정적인 결과를 이끌어 내도록 만들 수 있다. 상담자는 내담자에게 무엇을 하고 싶은지 물어보거나 행동으로 옮기게 할 수 있지만 될 수 있는 대로 중립적으로 머물러 있고, 내담자가 주도권을 가지고 자발적으로 개입하게 하는 것이 중요하다. 충분히 불안이 감소되는 순간까지 시행하게 한다. 현재의 내가 편안해지고 만족할 때까지 시행한다. 2단계에서 사용할 수 있는 질문의 예로는 "지금 무슨 일이 일어나고 있는 것 같아요?" "지금 기분이 어떠세요?" "지금 무슨 생각을 하세요?" "지금 혹시 하고 싶은 일이 있나요?" "현재 무엇을 하고 있어요?" "어떤 행동을 해 주면 어린 나에게 도움이 될까요?" "어떤 말을 해 주면 어린 내가 안심이 될까요?" 등이다.

제3단계　2단계에서의 상황과 동일하게 성인인 자신이 어린 나이의 자신과 함께 있는 상황을 상상하지만, 2단계에서의 역할과 다르게 사건이 발생했던 당시 어린 나이의 관점으로 기억을 재경험하는 단계이다. 성인인 자신이 개입하는 것을 볼 때 어린 나이의 자신이 그것을 어떻게 경험하는지 이야기해 보고, 또 성인인 자신에게 어린 자신이 필요로 하는 것이 있다면 어떤 것이든지 더 요구하도록 하는 단계라고 볼 수 있다. 즉, 2단계에서 했던 것을 어린 나의 관점에서 경험하고, 더 원하는 것이 있다면 그것을 성인인 나에게 요청할 수도 있다. 이 세 번째 단계는 두 번째 단계에서 성인인 내담자가 한 것을 어린 내담자가 충분히 자기 것으로 만들고 체화하도록 돕는 것이며, 두 번째 단계에서 부족했던 부분을 보충할 수 있는 기회도 제공한다. 세 번째 단계에서 유용하게 사용할 수 있는 질문은 다음과 같다. "이번에는 어린 ○○ 씨로서 다시 돌아가 방금 성인인 ○○ 씨가 그 상황에 들어와 했던 일들을 경험해 볼 거예요." "현재의 나는 어디에 있나요? 표정은 어떻죠?" "지금 어린 나로서 원하는 것이 있나요? 어떻게 하고 싶은가요?" "성인인 ○○ 씨가 말을 하네요. 지금 기분이 어때요?" "어떤 말을 하고 싶나요? (자신을 괴롭혔던) 저 사람에게 뭔가 더 하고 싶은 것이 있나요?" "어떤 말을 하고 싶은가요? 성인인 ○○ 씨에게 내가 부탁하고 싶은 것이 있나요?" "그렇게 한번 이야기해 보세요."

디브리핑　심상재구성 과정에서는 강한 정서를 경험할 수 있기 때문에, 이를 다루어 주고 충분히 진정시킨 후 회기를 끝내는 것이 필요하다. 심상 재구성을 한 경험이 어떠했는지, 무엇을 깨닫고 알게 되었는지 정리해 보는 것이 도움이 된다. 심상재구성 과정을 녹음해서 내담자가 다시 들어 보게 하는 것도 유용하며, 때론 같은(혹은 비슷한 주제의 다른) 사건에 대해 심상 재구성을 반복해서 실시해 볼 수도 있다.

다음에 나오는 축어록에는 우울증과 대인관계 문제로 상담을 받았던 30대 남성 내담자(주원 씨)의 심상재구성 과정이 나와 있다. 이 내담자는 다른 사람들에게 늘 비굴하게 대하지만, 돌아서서는 화가 나서 그 사람과의 관계가 틀어지는 반복적인 패턴을 가지고 있었다. 심상재구성법에서 다룬 어린 시절의 사건은 유치원 때 뭔가 잘못을 한 후 엄마에게 혼나던 장면이었다(연두색 글자는 필자의 코멘트임).

〈심상재구성법의 제1단계〉

상담자: 주원 씨는 지금 어디에 있어요?

내담자: 집이에요. 엄마는 부엌에 있고, 저는 부엌과 거실 사이에 있어요.

상담자: 주원 씨는 지금 어떤 옷을 입고 있어요?

내담자: 여름이라서 반바지에 반팔 티를 입고 있어요.

상담자: 지금 어떤 일이 일어나고 있어요?

내담자: 엄마한테 혼나고 있는데 엄청 얼어서 가만히 서 있어요.

상담자: 지금 느낌은?

내담자: 엄마가 이제 나를 어떻게 할까, 어떻게 혼날까. 긴장되고 두려워요.

상담자: 몸에서는 어떤 느낌이?

내담자: 그냥 몸 전체가 굳어져서 뻣뻣하게 서 있어요.

상담자: 지금 드는 생각은?

내담자: 지금은 엄마가 부엌에서 뭐라고 야단치는 걸 듣고 있어요.

상담자: 뭐라고 하세요? (내담자가 원래 질문에 대한 답을 하지 않았지만 그 질문으로 돌아가지 않고 내담자가 말한 것을 잘 따라가는 질문임.)

내담자: '사람은 사람답게 행동해야 대접을 받을 수 있는 거야. 너는 그렇게 하지 못했어. 그러니깐 너는 사람대접을 받을 수 없어. 넌 그러지 못했으니까 넌 개야.' 그러시면서 부엌에서 만들던 음식을 냄비에 가지고 오셔서 제 앞에 내려놓으셨어요. 먹으라고.

상담자: 엄마 말투는? 언성을 높여서 말하시는 거예요?

내담자: 침착하게 말하고 있어요.

상담자: 어린 주원 씨 마음은 지금 어때요?

내담자: 지금 고민하고 있어요. 진짜 그렇게 해야 되나, 내가 그렇게 잘못했나? 내가 잘못했나 보다.

상담자: 지금 기분은?

내담자: 무섭긴 한데 이렇게 해야 되는 건가 보다... 내가 잘못한 건가 보다. 잘못하면 이런 대접을 받는 게 맞나 봐. 꼭 그렇게 해야 되나? 그런 생각 하고 있어요.

상담자: 그다음에 어떻게 했어요?

내담자: 먹은 것 같아요. 엎드려서.

상담자: 그래서....

내담자: 무릎을 꿇어야 되나 말아야 되나 고민 중. 냄비가 보여요.

상담자: 그다음엔....

내담자: 먹은 것 같아요. 입을 대는 그 정도....

상담자: 지금 기분은?

내담자: 굴욕적이에요. 이렇게까지 하면서... 막상 하게 되면 이런 기분일지 몰랐어요.

상담자: 또?

내담자: 정말 수치스럽고 모욕적이에요. 엄마가 짓밟는 것 같은 느낌.

상담자: 그다음에는?

내담자: 기억이 안 나요.

〈심상재구성법의 제2단계〉

상담자: 이번에는 어른이 된 주원 씨가 그 장면에 들어가 봅시다. 어떤 게 보이세요?

내담자: 부엌에 엄마가 있고 어린 주원이는 좀 떨어져 있어요.

상담자: 어린 주원이가 어떻게 보이세요?

내담자: 떨고 있어요.

상담자: 집 어디서 보고 있나요?

내담자: 저는 화장실 앞에 있어요. 어린 주원이랑 엄마 사이쯤.

상담자: 주원이의 표정은?

내담자: 불안해 보여요.

상담자: 엄마는 어때 보여요?

내담자: 화가 났지만 침착해 보이세요.

상담자: 엄마 표정은 어떠세요?

내담자: 차갑고, 냉정하고, 침착한 것 같아요.

상담자: 그다음에는?

내담자: 엄마가 '너 이거' 하면서 냄비채로 주원이 앞에 밀어 던져요.

상담자: 어린 주원이는?

내담자: 고민하면서 무릎을 꿇고 있어요.

상담자: 어린 주원이를 보니깐 어때요?

내담자: 당황스럽고, 화도 나요. 너무 불쌍해요. 신고라도 하고 싶어요.

상담자: 어떻게... 하고 싶은 말이나 그런 게 있어요?

내담자: 엄마를 막고 말하고 싶어요. '아이한테 이러면 안 된다고.' 이렇게 가르쳐 주는 건 아니라고 얘기하고 있어요. 엄마는 '이렇게 아이한테 가르쳐 줘야 한다.'라고 말하고 있어요. 정말 답답해요.

상담자: 어떻게 하고 싶으세요?

내담자: 아이를 데리고 나가고 싶어요. 데리고 나가서 안아 주면서 얘기하고 싶어요.

상담자: 그럼 안아 주세요.

내담자: 안아 주니깐 어리둥절해하는 것이 보여요.

상담자: 어린 주원이의 반응은?

내담자: 좀 어리둥절해 보이긴 했지만 아까보다는 좀 더 편안해 보여요.

상담자: 지금 어떤 마음이 드세요?

내담자: 안도감이 들면서 또 걱정이 들어요. 내가 없으면 어떻게 할까. 엄마를 설득해야
될 것 같아요. '그렇게 하시면 아이한테 너무 상처를 주고, 인생에 안 좋은 영향
을 끼쳐요.'라고.

상담자: 엄마한테 직접 한번 말해 보세요.

내담자: 엄마, 아이한테 이렇게 하시면 주원이가 나중에 커서 엄마를 원망하게 돼요. 잊
을 수 없는 상처를 주게 될 거예요. 이러시면 안 돼요.

상담자: 엄마는?

내담자: 당황하시는 거 같아요.

상담자: 다음에는 어떻게 하고 싶으세요?

내담자: 엄마한테 애의 미래를 보여 드리고 싶어요. 이건 기억 속에 묻혀서 기억 못 할 수
도 있지만 사람이 스스로 존중받는 사람이라고 느끼지 못하게 될 수 있다고.

상담자: 엄마는?

내담자: 엄마는 이해를 잘 못하시는 것 같아요.

상담자: 어떤 모습이세요?

내담자: 생각대로 하려고 하는 것 같아요. 너무 답답해요.

상담자: 어린 주원이는?

내담자: 그 모습을 지켜보고 있어요.

상담자: 어떤 말을 해야지 어린 주원이의 기분이 좀 더 나아질까요?

내담자: 엄마를 바꿔 주고 싶어요.

상담자: 한번 바꿔 보세요.

내담자: 따뜻하고, 상처 없고, 아이를 보듬어 줄 수 있는 엄마가 생겼어요. 너무 행복해 보여요. 이제 좀 마음이 놓이고, 잘 클 것 같아요. 사랑한다고 얘기해 주고 싶어요.

상담자: 또 해 주고 싶은 말은?

내담자: 잘 커야 되는데. 상처 안 받고 커야 되는데... 안아 주고 싶어요.

상담자: 그렇게 해 보세요.

내담자: 어린 주원이가 안심하는 것 같아요.

상담자: 어린 주원이가 충분히 안심할 때까지 같이 있어 주세요.

내담자: 어린 주원이가 잘 자랐으면 좋겠어요.

상담자: 또 해 주고 싶은 거나 말이 있으면 해 주세요.

내담자: 네가 얼마나 소중한 사람인지 알았으면 좋겠어. 부모님의 사랑을 받게 하면 좋겠어요. 그러면 나중에 커서도 힘든 일이 있어도 상처는 안 될 것 같아요. 엄마, 아빠의 사랑을 받고, 하고 싶은 것 하고 있어요. 이제 잘 할 것 같아요.

〈심상재구성법의 제3단계〉

상담자: 자, 이제 주원 씨는 다시 어린 주원이로 돌아가는 거예요. 아까 어른이 돼서 온 주원 씨가 하는 말이나 행동을 보면서 아까 그 자리에 있어 볼게요.

내담자: 형을 보니깐 좋고 고마워요. 어린 저는 뒤로 빠져 있고, 현재 주원 형이 엄마랑 얘기하는 모습을 보고 있어요.

상담자: 어린 주원이의 기분은 어떤 거 같아요?

내담자: 나를 보호해 주는 존재랑 같이 있으니깐 좀 든든한 거 같아요.

상담자: 하고 싶은 거나 아니면 부탁할 거 있어요?

내담자: 엄마한테 '난 엄마가 시키는 거 하기 싫어요.'라고 말하고 싶어요.

상담자: 한번 이야기해 보세요.

내담자: 엄마, 난 엄마가 나한테 이렇게 시키는 게 잘못됐다고 생각해. 하고 싶지 않아.

상담자: 지금 기분은?

내담자: 시원해요.

상담자: 엄마는?

내담자: 당황한 거 같아요. 어린애가....

상담자: 그리고....

내담자: 엄마가 나한테 이렇게 한 것을 주변 사람들한테 다 말해 달라고 하고 싶어요. '형, 엄마가 나한테 이렇게 굴욕적인 거 시킨 거 주변 사람들에게 얘기해 줘.'

상담자: 지금 주원이의 느낌은?

내담자: 정리된 느낌... 집을 나가고 싶어요.

상담자: 또....

내담자: 엄마를 비난하고 싶어요. 엄마 자격이 없다고. 엄마가 상처받았으면 좋겠어요.

상담자: 한번 엄마한테 이야기해 보세요.

내담자: 엄마는 엄마 자격이 없어. 이럴 거면 왜 나 낳았어. 제대로 못 키울 거면서. 너무 화가 나. 다른 사람들한테 말할 거야.

상담자: 기분은?

내담자: 화가 나요. 흥분해 있어요.

상담자: 엄마는?

내담자: 놀라신 거 같아요.

상담자: 주원 형이 뭘 더 해 주면 기분이 나아질까요?

내담자: 엄마의 사과를 받고 싶어요.

상담자: 또 하고 싶은 거 있어요? (다음 행동으로 넘어가기 전에 엄마의 사과를 받아 보게 할 수도 있었음.)

내담자: 집을 나가든지, 자살 편지 같은 것을 써서 내가 얼마큼 죽고 싶은 마음이 들었는지, 모욕을 느끼는지 엄마가 봐서 놀래서 저한테 싹싹 빌었으면 좋겠어요.

상담자: 그래서....

내담자: 죽으려고 했고, 그걸 본 엄마가 깜짝 놀라서 잘못했다고 사과했어요.

상담자: 지금 기분은?

내담자: 좋아요. 억울함이 좀 풀려요. 제가 더 이상 가정에서 피해를 받거나 그러지 않을 거 같아요. 제가 통제받는 게 아니고 스스로 통제하고 있다고 생각돼서 편

안해요.

이 사례에서와 같이 심상재구성법은 내담자의 중요한 어린 시절 기억을 생생하게 재경험하면서 그 안에 내포되어 있는 핵심신념을 새로운 관점에서 보게 해 준다. 이 사례에서 내담자는 유치원생인 아이에게 그런 심한 일을 시킨 엄마가 잘못한 것이며, 어린아이가 느꼈을 모욕감과 분노를 표현하고 그 일이 부당하였음을 다룸으로써 자기 자신에 대해 가지고 있던 '나는 못났다.'와 같은 신념들이 새롭게 조명될 기회를 가지게 되었다.

제 9 장

행동
기법 I

　인지행동치료 중 내담자의 사고를 비중 있게 다루다가 자칫 행동개입을 통해 문제를 개선해 나갈 기회를 놓치는 경우가 종종 있다. 그러면 행동개입은 언제 필요한가? 첫째, 내담자의 전반적인 기능이 떨어져 생활상의 문제가 많다면 우선 행동개입을 시작하는 것이 효과적이다. A. Beck 박사가 우울증 치료에서 기능이 많이 떨어져 있는 환자에게는 활동계획표 등을 통하여 기분을 좋게 하는 행동을 증가시키는 행동개입부터 시작한 것도 같은 맥락에서 이해할 수 있다. 둘째, 내담자가 가져온 자동적 사고를 검토해 본 결과, 자동적 사고가 왜곡되어 있기보다는 타당한 경우를 생각해 볼 수 있다. 예컨대, 실제로 지각을 많이 하고 시험 성적이 나빠 유급이 될 것을 두려워한다든지, 회사에서 맡겨진 일을 잘 처리하지 못한다면 문제해결적 행동개입이 더 필요하다고 볼 수 있다. 이때 행동개입을 하면서 관련 있는 부적응적 사고를 다룰 수도 있다. 셋째, 내담자의 회피가 문제를 유지하거나 악화시키는 주요인일 때 회피를 직접 행동적으로 다루는 것이 훨씬 효과적이다. 사실, 회피는 우울과 불안을 유지시킬 뿐 아니라 많은 심리적 문제를 유지하는 핵심기제로 작용한다.

　앞에서 언급한 경우가 아니더라도, 내담자의 문제 이면에 작용하고 있는 부적응적인 사고를 다루기 전에 행동개입을 통하여 내담자의 행동을 변화시키는 작업을 하다 보면 그 이면에 작용하고 있는 사고를 더 명확하게 볼 수 있기도 하다. 인지행동치료자는 생각의 변화가 감정과 행동의 변화를 일으키는 것과 마찬가지로 행동의 변화가 생각과 감정의 변화를 일으키기도 한다는 것을 간과하지 말아야 한다. 만일 내담자의 생각이 변화되었는데 행동이 바뀌지 않고 그대로 있다면, 생각의 변화가 충분히 일어나지 않았을 가능성이 많다. 상담자는 내담자의 변화된 생각이 행동적 변화로 나타나는지, 만일 나타나지 않는다면 어떻게 행동적 변화가 이루어질 수 있을지를 치료에서 직접 다루어야 한다. 내담자가 회기 중에 검토하여 바꾼 생각이 실제 상황에서 변화된 행동으로 나타나고, 그것이 다른 사람으로부터 긍정적인 반응을 이끌어 낼 때 새로운 생각이 좀 더 공고해진다.

민지 씨의 경우, '남들에게 이야기해 봐야 달라지는 것이 없다.'라는 생각으로 친구들이나 직장 동료에게 속마음을 이야기하지 않았는데, 상담자와 함께 이 생각을 검토한 후 '아닐 수도 있다. 조금씩 마음을 열면서 신뢰가 쌓일 수 있다.'로 다소 유연하게 생각이 바뀌었다. 상담자는 민지 씨의 생각이 바뀐 것에 만족하지 않고 이런 생각의 변화가 행동의 변화로 이어지는지 지켜보았다. 먼저, 사소한 걱정거리가 있을 때 직장 동료에게 말해 보는 것에서부터 시작해서 조금씩 속마음을 표현하기 시작하였다. 민지 씨는 예상했던 것과는 달리 직장 동료들이 자기를 잘 이해해 주고 비슷한 경험담도 이야기해 주는 것을 보고 새로운 생각이 맞다는 것을 확인하게 되었다. 이와 같이 행동을 변화시키는 것에서 생각의 변화가 공고화되고, 이러한 생각의 변화는 또 다른 행동의 변화를 일으키기도 한다. 내담자가 지금까지 시도해 보지 않았던 행동들을 실제로 '해 봄으로써' 자신의 삶으로부터 새로운 '강화'를 받는 것이 가능해지며, 이는 변화를 지속하게 하는 힘이 된다.

인지행동치료에서 내담자의 행동을 변화시키는 데 활용할 수 있는 행동 기법은 다양하다. 이 장에서는 행동 기법을 크게 내담자의 적응적 행동을 증가시키는 기법과 부적응적 행동을 감소시키는 기법으로 나누어 살펴보고자

인지행동치료자를 위한 Tip!　행동개입이 성공하려면

행동개입을 통해 내담자의 행동을 변화시키고자 할 때, 행동에 대한 관찰과 기록을 통해 기저선 자료(baseline data)를 얻는 것이 중요한 출발점이 된다. 기저선 자료는 치료적 개입을 하기 전에 내담자가 보인 행동에 대한 관찰 자료로서, 행동의 빈도나 지속기간 등을 측정해서 얻는다. 만일 내담자의 음주행동을 변화시키고자 한다면 치료적 개입을 하기 전에 내담자가 얼마나 자주 술을 마시는지, 어떤 술을 마시는지, 한 번에 술을 얼마나 마시는지, 누구와 어디서 마시는지, 얼마나 오랫동안 마시는지 등을 측정해서 사용할 수 있다. 기저선 자료를 자세히 살펴봄으로써 행동을 변화시키기 위해 어떤 기법을 사용하는 것이 가장 효과적인지 정할 수 있게 된다. 기법을 적용하면서 행동에 대한 관찰과 기록을 계속 유지하는 것은 행동개입이 성공하기 위한 필수조건이라고 해도 과언이 아니다. 다음으로 중요한 것은 특정행동을 수정하기 위해 특정 기법을 사용하기로 했다면, 한두 번의 실패에도 결코 포기하지 않는 끈질긴 자세를 가지는 것이 필요하다. 기법을 적용했는데 성공적인 결과를 얻지 못했다면, 왜 실패했는지 분석해 보고 다시 시도해 보아야 한다.

한다. 인지행동치료에서 활용할 수 있는 다양한 행동 기법들에 관심이 있는 상담자는 『인지행동치료에서의 행동개입』(Farmer & Chapman, 2013)을 참고하기 바란다.

1. 적응적 행동을 늘리는 기법

1) 실행계획 세우기

실행계획은 내담자가 변화하고 싶은 분명한 행동이 있을 때, 이를 목표로 세우고 실제로 언제 어디서 누구와 어떻게 실행할지를 정하고 실천하도록 돕는 기법이다. 내담자가 기록한 사고를 검토하다 보면 때로는 대부분의 증거가 그 사고를 지지해 준다는 것을 발견하고 대안적 사고를 찾기가 쉽지 않은 때가 있다. 이 상황은 해결해야 할 문제가 있다는 것을 말해 준다. 사고를 변화시키는 것도 때로 도움이 되지만, 그것이 모든 해결책이 될 수는 없다. 예컨대, 우울증에 걸린 40대 중반의 내담자가 '나는 직장을 잃게 될 거야.'라는 자동적 사고를 자주 한다고 보고했다. 이런 자동적 사고를 한 상황을 검토해 본 결과, 회사에서 잦은 실수와 지각으로 '실제로' 해고될 가능성이 있다면 지각과 실수 문제를 해결하는 실행계획을 세우고 내담자의 행동을 바꾸도록 도와주어야 할 것이다.

실행계획 세우기의 효과　　실행계획 세우기는 크게 두 가지 효과를 가진다. 첫째, 내담자의 삶에서 구체적으로 해결해야 할 문제가 있을 때 목표를 세우고 이를 실행하도록 이끌어 준다. 둘째, 자동적 사고를 검토해서 수정한 후 그 새로운 사고가 행동을 어떻게 변화시킬지 살펴보고 실제로 행동이 변하도록 돕는 데 큰 도움이 된다. 예컨대, 필자의 내담자는 '내 시선이 날카로워서 사람들이 날 이상하게 생각한다.'라는 자동적 사고를 검토한 후, '사람들은 내가 걱정하는 만큼 내 시선에 대해 주의를 기울이지 않는다.'라고 생각을 바꾸었다. 자동적 사고가 이렇게 바뀌면 일상생활에서 행동이 어떻게 바뀌게 될지 물어보았을 때, 내담자는 대중교통을 이용할 때 사람들을 쳐다보는 것이 쉬워질 것 같다고 했다. 내담자는 우선 다음 주에 전철을 탔을 때 적어도 다섯 명의 승객들을 쳐다보고 상대방이 어떤 반응을 보이는지 관찰해 오기로 했다. 이와 같이 인지적 재구성 작업을 통해 왜곡된 자동적 사고를 타당한 대안적 사고로 바꾸더라도 내담자가 처음에는 이를 충분히 믿지 않고, 이에 따라 행동하지도 않는다. 새로운 생각을 강화하는 가장 좋은 방법은, 새로운 생각이 맞다면 어떤 행동을 할지 구체적으로 정하고 이를 실천해 보는 것이다.

실행계획 세우기의 절차　　첫째, 행동목표를 정한다. 행동목표를 정할 때는 내담자의 문제를 개선하는 데 도움이 되는 목표를 세우되, 내담자가 실행할 수 있는 단순하고 구체적인 목표를 세우는 것이 중요하다. 둘째, 행동목표가 정해졌다면 구체적으로 취해야 할 실행계획을 짠다. 이 실행계획 안에는 어떤 행동을 누구를 대상으로 언제 할지가 포함되어야 한다. 셋째, 계획을 수행하는 데 방해요소는 무엇인지, 그 방해요소에 대처할 전략에는 어떤 것이 있는지 미리 생각해 본다. 넷째, 구체적으로 실행에 옮기고 그 결과를 기록한다. 당연한 이야기이지만, 이 모든 과정에서 내담자와 함께 협력적으로 정해 나가는 것이 매우 중요하다.

실행계획 세우기의 예　　은수 씨는 무슨 일이든지 완벽하게 해야만 인정을 받을 수 있다는 생각으로 과제를 시작하기 어려워하는 20대 여성 내담자다. 지난 회기에서 '무슨 일이든지 완벽하게 해야만 인정받을 수 있다.'라는 자동적 사고를 검토하였는데, 내담자가 여전히 해야 할 과제를 계속 미루고 있어 실행계획 세우기를 통해 과제를 시작하도록 도왔다(연두색 글자는 필자의 코멘트임).

상담자: 그럼 아직까지 시작을 미루고 있는 과제가 어떤 게 있나요?

내담자: 매 챕터가 끝날 때마다 챕터 끝에 있는 문제를 풀어서 리포트를 제출해야 되는데, 아직 한 개도 제출하지 못했어요.

상담자: 아직까지 한 개도 못하셨다면 몇 챕터를 못 하신 거예요?

내담자: 중간고사 끝나고 3챕터 더 나가는 중인데, 아직 하나도 내지 못했어요.

상담자: 그럼 같이 계획을 짜서 실행해 보면 어떨까요. 혼자서 하는 것보다 저하고 같이 하면 좀 더 책임감이 들지 않을까요.

내담자: 좋아요.

상담자: 그동안 3주 이상 못 하신 걸 보면 좀 부담스런 과제인가 봐요.

내담자: 하면 할 수도 있는데, 시작하기가 쉽지 않아요. ('어떻게 하면 시작하는 데 도움이 될까요?'라고 내담자에게 먼저 물어보았다면 내담자로 하여금 실행계획을 생각해 보게 할 수 있었을 것임.)

상담자: 그럼 시간을 정해 놓고 매일 조금씩 하는 건 어떨까요.

내담자: 그렇게 하면 좋을 것 같아요.

상담자: 하루 중 어느 시간대에 하는 것이 좋을까요?

내담자: 오전이요. 수업이 거의 오후여서 아침에 하는 것이 좋을 것 같아요.

상담자: 그럼 오전 언제가 좋을까요? 구체적인 시간을 한번 정해 볼까요? 보통 몇 시에 일어나세요? (계획을 실행할 구체적인 시간을 정하는 좋은 질문임.)

내담자: 요즘 9시 정도에 일어나요. 학교가 집에서 가까우니까 도서관에 가서 하려구요.

상담자: 몇 시 정도면 학교에 도착하나요?

내담자: 10시면 도착할 것 같아요.

상담자: 자, 아침 10시쯤 도서관에 가서 한 시간 정도 리포트를 조금씩 매일 쓰려고 할 때 이 계획을 방해하는 것이 뭐가 있을까요?

내담자: 도서관에 가서 앉아 문제를 풀려고 하는데 잘 안되면 하기 싫을 것 같아요.

상담자: 그럴 수 있겠네요. 그럴 때 드는 생각은 어떤 게 있을까요.

내담자: '이렇게 해 봤자 소용없어.' '이렇게 잘 안될 때는 차라리 다음에 하는 것이 나을 거야.' 그런 생각이 들 것 같은데요.

상담자: 지난 시간에 저희가 같이 생각해 봤었지요. 그런 생각이 들 때 어떻게 하면 좋을까요.

내담자: 이제까지 그런 생각이 들 때마다 다음으로 미루고 아무것도 안 하면 더 무기력감에 빠졌던 것 같아요.

상담자: '이렇게 해 봤자 소용없어.'라는 생각을 조금 바꾼다면 어떤 생각으로 바꿀 수 있을까요?

내담자: 처음 시작할 때는 다 이렇게 힘들 거야. 조금 하다 보면 나아질 거야.

상담자: 맞아요. 그런 생각으로 바꿀 수 있으면 정말 좋겠지요. 그렇지만 생각을 바꾸는 게 처음에는 쉽지 않을 것 같아요.

내담자: 저도 그럴 것 같아요.

상담자: 그럼 어떻게 해야 할까요.

내담자: 안 되더라도 무조건 한 시간은 해 보는 게 좋을 것 같아요. (이 외에도 수정된 자동적 사고를 카드에 적어서 보며 하는 방법도 도움이 됨.)

상담자: 저도 그렇게 생각해요. 그러니까 문제를 잘 푸는 게 목표가 아니고 문제가 안 풀

리더라도 포기하지 않고 한 시간 동안 문제를 푸는 게 중요할 것 같아요. 은수 씨에게는 과제가 잘 안될 때 포기하지 않고 하루에 한 시간이라도 문제를 푸는 것이 목표라는 거 잊지 마세요.

내담자: 네.

상담자: 또 어떤 일이 있으면 방해가 될까요?

내담자: 친구들이 도서관에 놀러 와서 수다 떨자고 할 때요. 사실, 시험기간도 아닌데 놀자는 것을 거절할 수는 없어요.

상담자: 그런 때는 어떻게 하면 좋을까요?

내담자: 친구들에게 사정을 이야기하고 30분만이라도 하고 나가겠다고 말해 봐야지요.

상담자: 그게 여의치 않을 때는 어떻게 할 수 있을까요?

내담자: 친구들과 수다 먼저 떨고 수업 끝나고 다시 도서관에 와서 할 수 있을 것 같아요.

상담자: 그럼 다음 주까지 매일 해 보고, 그날그날 기록해 오면 좋겠어요. 언제, 얼마 동안 과제를 했는지, 그 결과는 어땠는지 적어 봅시다. 그 상황에서 드는 자동적 사고가 있다면 자동적 사고기록지에 적어보고 타당한 생각으로 바꾸는 노력도 해 보면 좋을 것 같아요.

내담자: 네, 할 수 있을 것 같아요.

2) 점진적 과제 부여하기

실행계획 세우기를 할 때 목표를 세우고 실천하려고 해 보면 목표가 너무 어려워 실행하기 힘들게 느껴지는 때가 있다. 점진적으로 과제 부여하기는 큰 과제를 좀 더 쉽게 성취할 수 있는 작은 과제로 나누어 실행하는 것이다.

점진적 과제 부여하기의 효과 점진적 과제 부여하기의 효과는, 첫째, 과제를 훨씬 다루기 쉬워 보이게 만들고, 둘째, 실행계획 세우기와 함께 사용하여 성공적으로 실행하도록 돕고, 이에 따라 성취감을 높일 수 있다. 점진적 과제 부여하기는 내담자가 어떤 과제를 너무 어렵게 느껴 실행에 착수하지 못하는 경우나, 목표가 복잡하여 오랜 시간에 걸친 노력이 필요할 때 특히 유용하다.

점진적 과제 부여하기의 절차 점진적 과제 부여하기의 절차는 다음과 같다. 첫째, 내담자가 해야 할 과제에 대해 어떻게 생각하고 있는지 먼저 알아보아야 한다. 예컨대, 필자의 내담자 중에 완벽하게 일을 처리해야 한다는 생각으로 인해 안과에 가서 검안하는 것을 계속 미루는 분이 있었다. 내담자에게 안과에 가려고 할 때 어떤 점이 가장 어려운지 물어보자 어느 안과에 갈지 정하는 것과 예약하는 것이 가장 어렵다고 하였다. 이와 같이 내담자가 특정 과제를 어떻게 지각하고 있는지를 알아야 그 과제를 어떻게 작은 부분으로 나눌지 결정할 수 있다.

둘째, 내담자에게 과제를 시작하거나 수행하는 데 방해가 되는 부정적인 자동적 사고가 있는지 검토하는 것이 필요하다. 예컨대, '늦게 일어나서 망쳤다.'와 같은 흑백논리적 사고를 가지고 있어 과제를 시작도 하지 않는 경우가 많다고 한다면, 이 자동적 사고부터 검토하는 것이 필요하다. 셋째, 내담자에게 부정적인 생각들이 떠오를 때마다 수정된 사고들을 기억할 수 있도록 해야 한다. 넷째, 과제를 여러 개의 작은 부분으로 나누고 어떤 순서로 할지 정한다. 다섯째, 실행한다.

점진적 과제 부여하기의 예 필자의 내담자 중에 50대 후반 여성으로 우울증으로 치료받으러 왔던 사례가 있었다. 주간활동기록표를 해 본 결과, 내담자가 거의 외출을 하지 않고 집에만 있어서 우울감을 가중시킨다는 것을 발견하게 되었다. 내담자와 함께 즐거움이나 보람을 줄 만한 집 밖의 활동을 찾아본 결과, 집 근처에 있는 약수터에 다녀 보고 싶다고 했다. 그렇지만 집 밖에 나갈 걸 생각하면 엄두가 나지 않는다고 해서 이 부분부터 검토하였다. 집 밖에 나가는 것의 어떤 부분이 엄두가 나지 않는지 물어보자, '나갔다가 힘들어 끝까지 못 갈까 봐 길을 나서기 싫다.' '괜히 고생만 하고 기분이 더 나빠질까 봐 나가기 싫다.' 등 걱정을 털어놓았다. 상담자는 그동안 내담자가 보였던 여러 당위적 사고('무슨 일을 시작하면 잘해야 한다.' 등)를 검토해서 수정하였다('처음부터 잘하는 것은 무리다.' '내 형편에 맞게 하는 것이 안 하는 것보다 낫다.'). 그런 다음, 내담자와 함께 약수터에 가는 과정을 몇 부분으로 나누어 한 번에 한 가지씩 해 보기로 했다.

첫 주에는 일주일에 두 번 워밍업으로 산 바로 밑에까지 갔다 오기로 했다. 다음 회기에 와서 내담자가 산 밑에까지만 갔다 왔는데도 기분이 좋았다고 보고하였다. 상담자는 내담자의 노력을 칭찬해 주고, 다음 주에는 산 중간쯤에 있는 정자까지 갔다 오도록 했다. 다음 주에 와서 내담자는 산 중간쯤에 있는 정자에 앉아서 가지고 간 귤을 까먹고 내려왔는데, 생각했던 것과 달리 내려오는 데 전혀 힘들지 않았다고 전했다. 상담자는 다시 한번 내담자의 적극적인 노력과 시도를 칭찬해 주면서, 조그만 생각의 변화가 어떻게 행동을 변화시키고 자존감을 높이며, 차후 노력에 대해 낙관적이 되도록 하였는지를 설명함으로써 인지행동모델을 강화시키는 기회로 삼았다. 이 내담자는 그 후 일주일에 두세 번씩 산 정상 부근에 있는 약수터까지 갔다 오면서 우울한 기분이 많이 개선되었다. 이와 같이 처음 몇 단계의 과제를 해 본 후 상담자의 도움 없이도 다음 과제들을 해 나가는 내담자도 있지만, 계속해서 상담자의 코칭이 필요한 내담자도 있으므로 주의 깊게 살펴보고 이 과정을 모니터하는 것이 필요하다.

내담자가 성공적으로 과제를 수행하지 못했을 때, 과제가 내담자에게 너무 어려운 경우가 많다. 이때는 어려운 과제를 좀 더 쉬운 단계들로 나누어야만 한다. 또는 내담자가 갖고 있는 에너지보다 더 많은 에너지를 필요로 하는 경우도 있는데, 내담자의 에너지 수준과 시간에 과제를 맞출 필요가 있다. 이 밖에도 행동을 취하지 못하도록 방해하는 부정적인 자동적 사고가 강한 경우, 부정적인 자동적 사고를 수정하는 데 시간과 노력을 기울이는 것이 필요하다. 처음에는 내담자나 상담자가 조심해서 작은 과제로 나누었다가 점점 더 큰 과제를 할당하기 쉬운데, 각 단계가 내담자의 능력을 벗어나지 않도록 유의해야 한다. 확실하지 않은 경우, 수행하기가 어려운 과제보다는 쉬운 과제가 낫다.

3) 역할연기를 통한 행동예행연습

행동예행연습은 치료회기 밖에서 수행할 행동을 치료회기 내에서 미리 실행해 보는 기법이다. 대부분의 상담자가 치료에서 활용하고 있지만, 중요한 절차를 생략한 채 사용하여 충분한 효과를 거두지 못할 때가 적지 않다.

행동예행연습의 효과　　역할연기는 비용은 적게 들지만 효과는 매우 좋은 행동 기법이다. 역할연기를 통해 행동예행연습을 해 보면, 실제 상황에서 시행착오를 겪을 때 생기는 손해를 막으면서 그 상황에 어떻게 대처할지를 연습해 볼 수 있게 해 준다. 행동예행연습의 효과를 살펴보면 다음과 같다. 첫째, 행동예행연습을 통해서 계획된 행동을 수행할 수 있는 내담자의 능력을 점검해 볼 수 있다. 둘째, 내담자가 두려워하는 대인관계 상황에 대한 행동예행연습을 통해 노출효과를 가질 수 있다. 셋째, 내담자에게 피드백을 줄 수 있다. 넷째, 행동을 실제로 해 보면 내담자가 어디서 막히는지, 또 방해물이 무엇인지 탐색할 수 있어 실행계획이 긍정적인 결과를 얻을 수 있다. 다섯째, 특정행동을 잘 연습함으로써 성공가능성을 높인다.

역할연기를 통한 행동예행연습의 절차　　내담자가 직면하기 어려워하거나 계속 회피하는 상황이 있어 역할연기를 통한 행동예행연습이 도움이 되겠다고 판단되면, 내담자에게 역할연기를 해 보자고 제안하고 분위기를 조성한다. 내담자 대부분이 역할연기를 어렵게 생각하므로 중도에 막히거나 필요하면 언제든지 상담자가 도와줄 것이라고 알려 준다. 행동예행연습의 절차는 다음과 같다. 첫째, 역할연기 상황을 설정한다. 둘째, 상담자와 내담자가 각각 어떤 역할을 맡을 것인지 정한다. 셋째, 자세한 대화 내용은 아니더라도 대강 어떤 내용의 대화를 해 나갈 것인지 정한다. 넷째, 역할연기를 시행한다. 다섯째, 대화 전반에 대한 언어적 측면과 비언어적 측면에 대한 피드백을 준다. 여섯째, 다시 역할연기를 반복한다.

역할연기를 통한 행동예행연습의 예　세경 씨는 매 주말 시댁에 가서 식사하는 일이 너무나 부담스럽게 느껴져, 남편과 의논한 결과 2주에 한 번 가도록 시어머니께 이야기해 보기로 했다. 상담자에게 이 이야기를 전하면서 세경 씨는 시어머니에게 어떻게 이야기할지 벌써부터 걱정이 된다고 했다. 상담자는 역할연기를 해 보자고 제안하면서, 일어날 수 있는 최선의 시나리오, 최악의 시나리오, 일어날 가능성이 가장 높은 시나리오가 어떤 것인지 물어보았다. 여러 시나리오에 대해 이야기하다 보니 내담자가 예행연습을 할 수 있을 만큼 마음이 준비되었다. 상담자는 시어머니 역할을 맡고 최선의 시나리오를 가지고 역할연기를 해 보자고 하면서, 세경 씨에게 의견을 돌려 말하거나 모호한 말을 쓰지 말고 명확한 말로 표현해 보라고 격려하였다. 첫 번째 역할연기에서 세경 씨는 시어머니를 보지 않고 작은 목소리로 말하였다. 상담자는 이 부분에 대한 피드백을 준 뒤 다시 한번 같은 시나리오로 역할연기를 해 보았다. 두세 번 역할연기를 해 본 뒤 세경 씨는 훨씬 자신감이 생겼다고 하면서 최악의 시나리오에 대해서도 역할연기를 해 보자고 했다.

4) 활동계획표 기법

앞에서 다룬 실행계획 세우기나 단계적으로 과제 부여하기, 그리고 행동예행연습은 내담자가 원하는 특정행동을 할 수 있도록 돕는 기법이라고 볼 수 있다. 활동계획표 기법은 내담자의 전반적인 활동 수준을 높이기 위해 일주일간의 활동을 미리 계획하고 실행한 정도를 모니터하는 기법이다. 이 기법은 주로 불안이나 우울 등으로 인해 활동 수준이나 범위가 낮아진 내담자의 활동 수준을 높일 때 사용한다. 다음 절에 소개할 행동활성화 기법에 비해, 활동계획표 기법은 내담자의 기능 수준이 비교적 높고 계획을 세우면 실행할 수 있는 역량을 가지고 있는 내담자에게 적합하다.

활동계획표 기법 절차　활동계획표를 짤 때 내담자와 같이 협력적으로 작업하여 내담자가 어느 정도의 활동을 할 수 있을지를 현실적으로 판단하는 것이 중요하다. 이를 위해 활동계획표를 짜기 전 일주일 동안 어느 정도의 활동을 하는지 기저선 자료를 얻는 것이 좋다. 이때 조그만 활동도 기록표에 다 기록하게 하고, 각 활동을 할 때 기분이 어떤지에 대해서도 기록해 오게 하면 풍부한 정보를 얻을 수 있다. 내담자가 적어 온 활동계획표를 보고 상담자는 첫째, 활동의 수준이 얼마나 되는가, 둘째, 활동의 레퍼토리가 얼마나 넓은가, 셋째, 활동과 기분(예: 우울감) 사이에 관련성이 있는가, 즉 우울감 정도를 높이는 활동과 낮추는 행동이 무엇인가, 넷째, 각 활동이 제대로 강화를 받고 있는가, 다섯째, 내담자의 회피나 철수 행동이 얼마나 자주 일어나는가 등을 점검해 볼 수 있다.

활동계획표 기법은 즐거움이나 보람을 주는 활동을 언제 얼마만큼 할지 계획표를 짜서, 실행 가능성을 높이고 내담자가 실행한 후 성취감과 자기효능감을 얻어 계속 활동 수준을 높일 수 있게 해 준다. 매시간 스케줄을 정할 것인지 아닌지는 내담자의 문제와 활동 수준에 따라 정할 수 있다. 필자의 견해로는 보통 내담자가 하고 싶어 하는 활동 서너 가지를 일주일 동안 언제 할지를 정하는 정도부터 시작하는 것이 무리가 없다고 본다. 내담자가 활동계획표대로 실행하도록 최대한 준비를 시켜 보내지만, 만일 계획대로 활동을 하지 못할 경우에는 무엇이 문제인지 알아볼 수 있는 기회가 될 수 있다고 미리 말해 두는 것이 좋다.

우울증이나 심한 자신감의 결여와 같은 다양한 이유로 원하는 활동을 하지 않는 경우, 생각을 바꾸는 데 치료적 노력을 기울이기보다는 먼저 환자의 행동을 바꾸는 것이 더 효과적일 때가 있다. 그렇지만 활동을 하는 데 대한 환자의 태도를 바꾸는 것은 아주 중요하다. 즉, "전 할 수 없어요. 너무 어려워요(무력감), 약간은 할 수 있겠지만 그래 봤자 무슨 소용이죠?(무망감)"의 태도에서부터, "글쎄요, 한번 해 보죠!"로 태도의 변화가 일어나는 것이 중요하다. 이런 변화는 여러 방법을 통해 일어난다. 상담자가 확신하는 태도로 권하는 것을 보고 영향을 받을 수도 있고, 아니면 치료 내에서 실험적 시도를 해 보는 것을 통해 일어날 수도 있다. 이때 내담자가 할 수 있다는 것을 상담자가 확실히 믿어 주는 신뢰감을 가지고 있으면서 이것을 표현해 주는 것이 무척 중요하다. 상담자는 내담자에게 '활력을 불어넣어 주는 능력'을 가지고 있어야 한다. 그래서 회기를 끝내고 갈 때 환자가 구체적인 실행지침을 가지고 나갈 뿐 아니라 희망을 가지고 갈 수 있게 되어야 한다.

5) 행동활성화 기법

행동활성화 기법(behavioral activation: BA)은 활동계획표보다 훨씬 정교한 전제와 기법들을 가지고 내담자의 활동 전반, 즉 내담자의 행동경향성(action tendency) 자체를 바꾸는 통합적이고도 체계적인 치료 프로그램이라고 볼 수 있다. 이런 의미에서 행동활성화 치료라고 말하는 것이 더 맞지만, 인지행동 치료의 틀 안에서 행동활성화 전략을 사용할 수 있으므로 행동활성화 기법으로 소개하고자 한다. 행동활성화 기법에는 앞에서 다룬 실행계획 세우기, 단계적으로 과제 부여하기, 행동예행연습, 활동계획표 기법뿐 아니라 수반성 관리 등 다양한 기법이 포함되어 있다. 행동활성화 기법은, 특히 우울증에서 나타나는 비활동 경향성을 변화시키는 데 강력한 효과를 가지기 때문에 우울증에 대한 근거기반치료로 인정받고 있다. 우울증에 대한 행동활성화 치료에 관심이 있는 상담자는 『우울증의 행동활성화 치료』(Martell, Dimidjian & Herman-Dunn, 2012)를 참고하기 바란다. 최근 우리나라에서는 행동활성화 기법을 조현병 환자에게 실시했을 때 무동기증을 개선시키는 데 효과가 있었다는 연구결과가 나와 있다. Barlow와 그 동료들(2004)은 내담자의 현재 행동 경향성, 특히 회피경향성을 변화시키는 것이 인지행동치료의 중요한 치료기제라고 말한 바 있다. 이런 점에서 볼 때, 행동활성화 기법은 우울증이나 조현병 외에도 다양한 문제를 해결하는 데 활용 가능성이 높다. 행동활성화 기법의 주요 원칙과 절차는 다음과 같다.

첫째, 행동활성화에 대한 오리엔테이션[사람의 기분을 변화시키는 열쇠는 그

(녀)의 행동이 달라지도록 돕는 것을 잘 시켜야 한다.

기분이 우울해지면 사람들은 우울한 기분과 상응하는 행동을 하게 되어 대개 기분이 더 우울하게 된다. 따라서 행동활성화 기법에서는 내담자의 안에서부터 밖으로 향하는 접근(내부의 기분이나 의욕에서 비롯된 행동)이 아닌 밖에서부터 안으로 향하는 접근(외부의 목표와 계획에 따라 하는 행동)을 해야 한다는 것을 강조한다. 이런 접근은 처음에는 내담자에게 부자연스럽고 서툴게 느껴질 수 있지만, 기분이 나아지면 이런 활동을 하는 것이 좀 더 자연스럽게 느껴지게 될 것이다. 내담자에게 행동활성화 기법의 효과를 검증한 연구결과를 알려 주고 설명해 줌으로써, 행동활성화를 적극적으로 시작할 수 있도록 잘 준비시키는 작업이 필요하다.

둘째, 내담자에게 맞도록 목표를 정하고, 활동을 계획하고 구조화한다.

다음 단계에서는 상담자와 내담자가 협력해서 목표가 되는 활동을 선택하게 하고, 활동을 계획하고 구조화해야 한다. 치료의 목표를 정할 때에는 내담자에게 맞추되 단순하고 구체적으로 정하는 것이 중요하다. 계획하기의 주된 목적은 내담자로 하여금 선택된 행동을 최대한 할 수 있도록 돕는 것이다. 정해진 행동을 할 특정시간을 정하고, 그때 어디에서 무엇을 할 것인지, 또 다른 사람을 관여시킬 것인지에 대해서도 미리 정한다. 또한 활동 과제의 빈도, 강도, 지속기간 등도 구체적으로 정하는데, 이와 같이 활동계획을 자세히 수립함으로써 행동활성화가 극대화될 수 있다. 마지막으로, 계획의 성공적인 수행을 어떻게 평가할 것인지에 대해서도 미리 결정해 놓는다. 이 모든 계획은 내담자가 그 시간에 느껴지는 기분 상태에 지배되지 않고 목표에 따라 행동하도록 도와주려는 데 목적이 있다.

셋째, 내담자의 행동분석에 기초해서 활동을 계획한다.

상담자의 주요 역할은 내담자의 중요한 행동 전후에 어떤 일이 일어났는지 주의 깊고 자세하게 살펴봄으로써 행동(B)의 선행요인(A)과 결과(C)를 분석하는 데 있다. 또한 기분이 좋아지게 만드는 활동이 무엇인지, 방해가 되는 것이 무엇인지에 대해 충분한 정보를 얻은 후 치료에 들어간다.

넷째, 점진적 과제 부여하기를 통해 작은 일부터 시작해서 점차 큰 일로 활동을 넓혀 나간다.

이 원칙은 행동활성화를 실행할 때 가장 중요한 부분으로서, 치료의 전 과정을 통해 내담자가 작은 일부터 시작해서 큰 일로 활동을 늘려 나가게 한다. 따라서 활동 과제를 배정할 때 단계적인 방식으로 정하고, 단순한 것에서부터 복잡한 것으로 옮겨 가는 점진적 과제 부여하기 기법을 활용해야 한다. 이를 위해 상담자는 내담자가 행동활성화를 시작하는 출발점에서 내담자의 활동자료를 충분히 검토하는 것이 필요하다. 즉, 내담자가 하고 싶어 하는 목표가 아니라 실제 수행 가능한 목표를 시작점으로 정하는 것이 중요하다.

다섯째, 자연적으로 강화되는 활동들을 우선적으로 배치한다.

사람은 외부에서 무언가를 인위적으로 제공하여 강화되는 행동보다는 환경 내에서 자연적으로 강화되는 행동을 할 때 그 행동을 다시 하게 될 가능성이 더 높다. 따라서 상담자는 특정 내담자에게 자연적으로 강화되는 활동이 무엇인지를 잘 찾아보아야 한다. 자연적으로 강화되는 활동을 찾기 위한 실마리는 내담자의 과거에 숨겨져 있는 경우가 많은데, "우울하지 않았을 땐 주로 어떤 일을 했나요?"와 같은 질문을 통해 이런 활동을 찾아볼 수 있다.

여섯째, 회피행동을 찾아 수정해야 한다.

행동활성화를 성공적으로 하기 위해서는 내담자의 회피행동을 반드시 변화시켜야 한다. 그러기 위해서는 내담자가 하는 회피행동의 기능이 무엇인지 확인해야 하는데, TV를 보는 회피행동이라도 어떤 내담자에게는 피곤함을 줄여 주는 기능을 하는가 하면, 어떤 내담자에게는 불안을 잊게 해 주는 기능을 할 수 있다. 따라서 상담자는 내담자가 하는 회피행동의 기능이 무엇인지 이해하고, 그런 기능을 하는 대안적인 적응행동을 찾도록 해야 한다. 내담자가 특정 상황에서 경험하는 불편감이 어떤 것인지, 그래서 그 불쾌한 경험을 없애기 위해 환자가 어떤 행동(action)을 취하는지 이해해야 한다. 내담자에게 회피행동은 단기적으로는 적응적일 수 있지만 장기적으로는 문제가 된다는 것을 내담자의 삶에서 예를 찾아 설득시켜야 한다.

인지행동치료자를 위한 Tip! 행동활성화에 대한 잘못된 선입견은?

1. 나이키 광고에서 말하는 것처럼 "그냥 해 보라(just do it)"의 정신으로 밀어붙이는 치료가 아니다. 행동활성화가 성공적으로 이루어지기 위해서는 내담자에 대한 행동분석에 기초해서 세밀한 계획을 짜고, 내담자의 회피행동을 수정하고, 강화물을 적절하게 배치하는 등 철저한 준비와 계획이 필요하다.
2. 같은 활동이 모든 사람에게 같은 효과를 볼 것으로 생각하면 오산이다. 행동활성화는 세심한 기능분석에 기초해서, 구체적인 목표를 정하고, 아주 구체적이고 그러면서도 감당할 수 있을 만큼의 행동계획을 짜서 행동 변화를 이루게 하는 것이다.

일곱째, 행동활성화 과정에서 직면하는 장애물을 파악하고 대처 방법을 찾는다.

내담자가 행동활성화 과제를 수행하지 못했을 때, 장애물이 무엇이었는지 확인하고 해결책을 찾는 작업은 성공적인 행동활성화를 이루는 데 없어서는 안 될 중요한 요소다. 이를 위해 과제를 수행하려고 할 때 어떤 일이 일어났는지 자세하게 평가하고, 다음 과제에 포함시킬 가능한 해결책을 고안해 내야 한다. 내담자가 과제를 수행하는 데 어려움을 경험하거나 혹은 같은 잘못을 반복하거나 문제행동에 빠져 있을 때, 상담자가 비판단적이고도 긍정적인(쉽지는 않지만, 실패를 통해서 배울 수 있기 때문에) 태도로 이를 다루는 것은 매우 중요하다.

여덟째, 행동활성화를 통해 얻은 것을 살펴보고 이것을 확고히 하는 작업을 한다.

행동활성화를 통해 내담자의 활동이 증가하고 회피행동을 수정하여 기분이 좋아졌을 때, 이런 변화를 내담자와 함께 살펴보고 확고하게 만드는 작업을 하는 것은 대단히 중요하다. 내담자가 구체적으로 어떤 행동을 증가시키거나 감소시켜야 하는지 명확히 알고, 자기 활동에 대한 모니터링을 계속하면서 이후 위험 상황에 대비하게 도와야 한다.

> **글상자 9-1 행동활성화의 표준적인 구조화**
>
> 1. 언제, 어디서, 무엇을 할 것인지 구체적인 계획을 짠다.
> 2. 어떤 행동을 하겠다고 다른 사람 앞에서 약속하게 한다.
> 3. 상담자는 내담자에게 일어난 미묘한 변화를 알아차리고 그 결과에 주목하게 한다.
> 4. 과학자의 태도를 취한다. 계획대로 어떤 활동을 수행하지 못했을 때는 어떤 선행요인이 작용했는지, 다른 방해요인은 어떤 것이 있는지 과학자의 태도를 가지고 분석해 보는 자세가 필요하다.
> 5. 활동의 정도를 적절하게 배분한다.
> 6. 생활 속에서 그 행동이 자연적으로 강화받도록 만든다. 예컨대, 외출을 하지 않는 내담자에게 집 밖에서 하는 활동을 해 보게 할 때 (꽃을 좋아하는 내담자의 경우) 시장에 있는 꽃가게에 들러 보게 하는 행동은 자연적으로 강화받을 확률이 높은 행동이라고 볼 수 있다.
> 7. 필요하다면 내담자에게 이 기법의 근거(단기목표와 장기목표가 무엇인지 밝히고, 지금 노력하는 행동이 이런 목표를 이루기 위한 목표 지향적 행동인 점)를 다시 한번 깨우쳐 준다.
> 8. 치료회기를 끝내기 전에 다음 주에 해야 하는 과제를 다시 한번 요약하고, 어떤 장애물이 있으며, 어떻게 장애물을 극복할지 검토한다.
> 9. 목표행동에 반복적으로 초점을 맞추고 문제해결적 태도를 가진다.
> 10. 환자가 과제를 못 해 왔을 때는 언제나 상담자가 책임을 진다("제가 그 활동을 하는 것이 얼마나 어려웠는지 제대로 파악하지 못한 것 같아요. 이렇게 다시 해 보면 어떨까요?").

행동활성화 기법을 적용한 예　　　내담자는 60대 초반 여성으로 우울감과 불면증으로 인한 피로감으로 상담을 받으러 오신 분이었다. 그녀는 허리 척추 디스크 및 척추협착증과 무릎 퇴행성 관절염 등의 신체적인 문제로 포기하게 된 활동이 많으며, 오래 앉아 있는 일을 하기 힘들다고 하였다. 상담자는 1회기에 우울감과 활동 간의 관련성에 대해 설명하고, 내담자의 삶의 목표가 무엇인지(건강하고 행복하게 사는 것) 확인하고 목표를 이루는 데 도움이 되는 활동이 무엇인지 알아보기로 하였다. 활동목록표에서 시도해 보고 싶은 활동을 골라 보도록 했을 때 그녀는 가벼운 산책하기, 사우나 가기, 음악 듣기, 꽃 상가에 구경하기, 영화 감상, 친구와 만나기, 노래하기, 과수원에 가서 과일 따기, 형제들과 더 자주 만나기, 겨울바다 가 보기, 건강 체조 등을 체크하였다. 각 활동의 난이도를 매긴 후 가장 실천하기 쉬운 활동부터 실천해 보기로 하고, 그다음 주에 실천할 활동으로 가벼운 산책, 음악 듣기, 꽃 상가에 구경하

	시간	10월11일(금요일) 활동	기분	10월12일(토요일) 활동	기분	10월13일(일요일) 활동	기분
오전	6~7	기상					
	7~8			기상			
	8~9						
	9~10	병원	피곤함	아침식사		기상	
	10~11	아침식사				아침식사	
	11~12			세탁	보람	유튜브 음악 듣기	여유로움
오후	12~1			점심			
	1~2						
	2~3			동대문시장		서점	
	3~4			귀가		간식	
	4~5	장보기		쉼			
	5~6					사우나	느긋함
	6~7	유튜브 음악 듣기	여유로움	칼국수 해 먹기			
	7~8	저녁식사				저녁식사	
	8~9	TV 보기				TV 보기	
	9~10	건강 체조		건강 체조		TV 보기	
	10~11			EBS 영화 봄	재미있음	TV 보기	
	11~12						
밤	12~1					잠자기	
	1~2	잠자기		잠자기			
	2~3					깸	
	3~4					다시 잠	
	4~5						
	5~6						

그림 9-1 　내담자가 적어 온 활동기록표

기, 건강 체조하기를 정하였다. 상담자가 그녀에게 각 활동을 몇 분 동안 하고 일주일에 몇 번 할 수 있을지에 대해 적어 보라고 했을 때, 산책하기를 매일 하는 것으로 정하는 등 다소 무리한 목표를 설정해 목표 횟수를 현실적으로 조정하였다. 또한 각 활동을 하는 데 장애물은 무엇일지, 그 장애물은 어떻게 극복할지에 대해 이야기하여 내담자가 스스로 활동계획을 실천할 수 있도록 도왔다. 예컨대, 건강 체조를 하다가 어색하면 금방 포기할 것 같다고 하여 건강 체조하는 것을 도와줄 사람이 누가 있는지 이야기해 본 결과, 같이 사는 아들에게 퇴근 후 일주일만 건강 체조를 같이 해 달라고 부탁하기로 했다.

이와 같이 매주 활동기록표를 작성하고 다음 주의 활동계획을 짠 후 실천해 나간 결과 그녀의 활동은 점점 늘어 갔고, 그동안 아프다고 핑계 대고 하지 않았던 활동들을 하게 됨에 따라 잠도 훨씬 잘 자게 되었다고 좋아했다. [그림 9-1]은 5주째 미영 씨가 적어 온 활동기록표이다.

2. 부적응적 행동을 수정하는 기법

앞에서 다룬 행동 기법들이 주로 내담자의 적응행동을 증가시키기 위한 기법이었다면, 이 절에서 다루는 기법들은 과도한 음주행동, 폭식행동, 폭력적 행동, 충동적 행동, 잦은 지각이나 지연 등의 부적응적 행동을 변화시키는 기법이다. 만일 내담자의 부적응적 행동이 일상생활에 뚜렷한 장애물로 작용할 때는 부적응적 행동들을 변화시키기 위한 행동 기법을 우선적으로 사용하고, 역기능적 사고는 필요할 때마다 다루어 주는 것이 더 효과적이다. 또한 이 기법들은 부적응적 행동을 수정하는 변화중심의 기법들이기 때문에, 내담자가 그 행동을 변화시킬 분명한 동기를 가지고 있는지 확인하고 협력적으로 작업하는 것이 꼭 필요하다.

1) 수반성 관리

수반성 관리(contingency management)는 행동분석에 기초를 두고 있다. 제4장에서 설명한 것과 같이 행동분석의 기본은 A(선행사건)→B(행동)→C(결과)를 이해하는 것인데, 행동을 일으키는 선행조건을 찾아내고, 행동의 결과가 무엇인지 파악한 후 행동의 선행조건과 결과를 바꾸어 행동을 변화시키는 기법이다. 수반성 관리는 일찍이 1960년대부터 사용되기 시작했으며, 물질남용, 체중 감소 문제에 그 효과가 검증되면서 활용 범위가 점점 넓어져 현재는 다양한 행동을 변화시키는 데 광범위하게 사용되고 있다.

수반성 관리의 효과　첫째, 행동의 수반성을 정확하게 파악함으로써 행동을 어떻게 변화시킬지에 대한 구체적인 방법을 찾게 해 준다. 둘째, 행동의 선행조건이나 결과를 변화시킴으로써 행동을 효과적으로 변화시킬 수 있게 해 준다.

수반성 관리의 절차　첫째, 수반성 관리 개입이 목표로 삼는 행동(표적행동)이 무엇인지 구체적이고도 관찰 가능한 행동적 용어로 정의한다. 예를 들어, 과도한 음주행동을 변화시키는 수반성 관리를 할 때 제일 먼저 할 일은 과도한 음주행동을 구체적으로 정의하는 것이다. 예컨대, 한 번에 4잔 이상 술을 마시는 것을 과도한 음주행동으로 정의하고, 일주일에 과도한 음주행동을 두 번 이하로 줄이는 것을 목표로 정할 수 있다. 둘째, 표적행동을 촉발하는 선행조건이 무엇인가를 찾아낸다. 이를 찾기 위해서는 표적행동에 대한 세밀한 관찰과 기록이 필요하다. 예컨대, 술친구와 만나는 것과 같이 쉽게 관찰 가능한 선행사건은 찾기 쉽지만, 외로움이나 분노 등 내면적인 선행사건은 놓치기 쉽다.

셋째, 행동의 결과를 파악한다. 행동의 결과를 찾기 위해서는 제4장 학습이론적 사례 개념화에서 설명한 것과 같이 강화와 처벌의 개념을 잘 파악하는 것이 필요하다. 강화물에는 정적 강화물과 부적 강화물이 있다. 정적 강화물은 유쾌한 자극(예: 칭찬)을 제공해서 그 행동이 증가하게 만드는 자극을 말하며, 부적 강화물은 불안과 같은 불쾌한 자극을 제거해 주기 때문에 그 행동이 증가하게 만드는 자극을 말한다. 처벌은 혐오적인 결과를 추가하여 그 행동을 소거하는 것을 말하는데, 정적 처벌이 특정행동(예: 음주행동) 후에 혐오적인 상태(예: 속 쓰림, 용돈을 깎음)를 부과하여 행동을 감소하는 것이라면, 부적 처벌은 긍정적인 상태(예: 좋은 평판)를 제거함으로써 행동을 감소시키는 것이다. 상담자는 강화와 처벌을 적용할 때 이것들이 각 내담자에게 고유하게 작용한다는 점을 간과해서는 안 된다. 이와 같이 표적행동의 선행조건과 결과를 찾다 보면 일련의 선행조건과 결과들이 연쇄 고리로 작용하는 것을 발견할 때가 많다. 연쇄분석 후 표적행동에 수반되는 강화가 무엇인지 파악해서 역기능적 표적행동을 유지시키는 강화물을 제거하는 것이 표적행동을 바꾸는 데 결정적인 역할을 한다.

역기능적 행동을 변화시키기 위해서는 그 행동을 유지시키는 강화물을 제거하여 행동을 소거시키는 것과 동시에 역기능적 행동이 담당하던 기능을 다른 적응적 대안행동으로 대체할 수 있도록 적응행동을 강화시키는 작업이 병행되어야 더 효과적이다. 바람직한 행동을 강화시키기 위해서는 증가시키려는 행동과 강화물이 시간적으로 가깝게 배치되어야 한다. 즉, 행동과 강화물 사이의 시간 간격이 짧을수록 강화효과가 높으며, 지연될수록 행동과 강화물 사이의 연관관계를 파악하기 어려워지고 효과성이 떨어진다.

특정행동 이후 항상 강화가 주어지는 연속강화계획(예: 아침에 정해진 시간에 일어날 때마다 드립 커피를 마시는 것)은 초기에 행동을 증가시키는 데는 도움이 되지만 강화의 빈도가 줄어들면 행동이 소거되기 쉽다. 그러므로 행동이 어느 정도 나온 후에는 행동을 할 때마다 강화를 제공하지 않고, 여러 번 행동을 할 때 강화를 제공한다. 이때 강화를 받기 위한 행동의 횟수를 달리하는 변동비율계획으로 강화를 줄여 나가는 것이 좋다. 또한 지나치게 과도한 강화물보다는 중간 정도의 현실적인 보상이 더 효과적이며, 다양한 강화물을 사용해서 하나의 강화물이 포만효과(예: 드립커피를 마시는 것이 더 이상 즐거움을 주지 않음)를 일으키는 것을 방지하는 것이 필요하다. 활동은 효과적인 강화물로 작용하는데, 일상생활에서 자주 하는 활동(예: 친구와의 전화통화, 화장을 고치는 것, 카톡에 답하기 등)을 수행하기 전에 목표행동(예: 물 마시기)을 수행함으로써 덜 자주 하는 목표행동을 강화하는 것을 프리맥 원리라고 한다.

민지 씨의 경우, 과식 문제를 다음과 같은 수반성 관리를 통해 개선할 수 있었다. 수반성 관리의 장기목표로는 건강한 식습관을 가지는 것을 잡고, 하위 목표로는 과식하지 않는 것으로 잡았다. 먼저, 다음 일주일간 아침, 점심, 저녁의 식사량을 기록해 오도록 하였다. 다음 회기에서 관찰한 내용을 살펴본 결과, 주로 저녁식사에 과식을 하는 경우가 많고, 특히 아침과 점심 식사를 걸렀을 때 과식을 한다는 것을 발견하였다. 즉, 저녁 과식의 중요한 선행사건은 아침과 점심에 식사를 제대로 챙겨 먹지 않는 것이라는 점을 확인하였다. 그다음 주에는 아침과 점심을 조금씩이라도 먹도록 시도하며 세 끼의 식사량을 기록하였는데, 피로도가 높은 날 거의 대부분 과식을 했다는 것을 발견하였다. 그 결과, 과식의 또 다른 선행사건이 피로감이라는 것을 알게 되었다. 뿐만 아니라 과식을 하기 전 '그래, 오늘은 힘들었으니까 보상으로 맛있는 걸 먹자.' '오늘은 너무 스트레스 받았으니까 마음껏 먹으면서 스트레스를 풀어야 돼.'와 같은 생각을 한다는 것도 발견하였다.

따라서 이 두 가지 선행사건을 바꾸기 위해 세 끼를 모두 먹기 위한 전략과 피로감을 낮추기 위한 전략을 짜 보았다. 민지 씨는 바쁠 때 끼니를 거르는 일이 제일 많다고 보아, 두유나 고구마 치즈 스틱과 같은 식사 대용 음식을 가지고 다니면서 밥 먹을 시간이 없을 때 이것을 먹기로 하였다. 다음으로, 피로감을 덜기 위해 내담자가 좋아하는 티백을 가지고 다니면서 피곤하다고 느낄 때마다 차를 마시도록 하였다. 이와 함께 민지 씨는 '오늘은 피곤하니까 (혹은 힘들었으니까) 마음껏 먹어도 돼.'라는 생각을 '오늘은 피곤하니까 몸을 편안하게 해 주어야 돼. 과식은 몸을 더 힘들게 만들어.'와 같은 생각으로 바꾸는 노력을 해 보기로 하였다. 민지 씨는 세 끼를 제대로 먹는 날 10점을 부여하고, 저녁때 과식이나 폭식까지 하지 않으면 보너스로 10점을 주기로 하였다. 민지 씨는 일주일 동안 모은 점수로 좋아하는 문구류를 사기로 정하고 실천하였다. 중간에 채식 위주로 식사하기, 밀가루 음식 피하기, 5시 이전에 저녁 먹기 등 음식을 조절하려는 시도를 해 보았지만, 음식을 통제하면 할수록 스트레스가 높아져 오히려 과식이나 폭식을 하게 된다는 것을 발견하고 세 끼 식사를 거르지 않는 것에 집중하였다. 세 끼 식사를 잘 해 나가게 되자 좀 더 완벽하게 식단을 조절해야 할 것 같은 생각이 들었지만, '지금도 잘 하고 있어.' '오늘도 바쁘지만 세 끼를 잘 챙겨 먹었네.'와 같은 생각을 하도록 노력하였다. 민지 씨는 수반성 관리를 하는 도중 출장을 가게 되어 과식이 좀 늘어났지만 다시 원래 계획대로 세 끼 식사와 과식을 줄이도록 노력하였다. 그 결과, 두 달 후 세 끼를 규칙적으로 먹는 습관을 가지게 되었고, 과식의 빈도가 뚜렷하게 줄어들었다. 이러한 식습관의 변화로 인해 위염이 많이 개선되었을 뿐 아니라 자신을 비난하는 일이 줄어들고 자존감이 올라가게 되었다.

2) 자극통제 기법

수반성 관리에서, 특히 행동 B를 일으키는 선행자극 A를 통제하는 기법을 자극통제 기법이라고 한다. 어떤 행동이 특정자극이 있을 때만 일어나고 그 자극이 없을 때는 일어나지 않는다면 자극통제하에 있다고 볼 수 있다. 자극통제 기법은 행동 B가 더 많이 일어나도록 혹은 적게 일어나도록 상황이나 자극 A를 회피하거나 재배열하는 것을 말한다. 예컨대, 내담자가 TV를 보거나 스마트폰을 보면서 식사를 하면 늘 과식을 한다고 하자. 과식이 TV나 스마트폰을 보는 선행자극 / 상황의 통제하에 있다고 말할 수 있다. 이때 과식을 줄이기 위해 자극통제 기법을 적용한다면, 기존 선행사건을 회피하거나(예: TV나 스마트폰 없는 곳에서 식사를 함), 새로운 선행사건을 배치하는(예: 친구 혹은 가족과 같이 식사를 함) 방법을 사용할 수 있다. 자극통제 기법을 사용하기 위해서는 문제행동에 대한 선행사건을 정확하게 파악하는 작업이 매우 중요하다. 선행사건을 밝히는 과정에서 흔히 일어나는 어려움은 다음과 같다.

첫째, 관찰이나 기록 없이 선행사건을 찾다 보면 중요한 선행사건을 놓칠 수 있다. 둘째, 문제행동에 대한 선행사건의 연쇄를 파악하지 않은 채 직전의 선행사건에만 주의를 기울이면 선행사건의 연쇄를 파악하지 못할 수 있다. 예컨대, 아침에 늦게 일어난 상황이 지각행동의 선행사건으로 작용한다고 가정했는데, 실제로는 밤늦게까지 스마트폰을 하는 행동이 아침에 늦게 일어나는 행동의 선행사건으로 작용하였고, 늦게까지 스마트폰을 하는 행동은 우울한 기분에서 비롯되었을 수 있다는 것이다.

자극통제 기법의 효과　자극통제 기법은 문제행동과 관련 있는 선행자극이나 상황을 정확하게 파악함으로써 문제행동을 변화시킬 수 있는 방법을 찾게 해 준다. 일단 문제행동이 어떤 선행자극의 통제하에 있는지 확인한 후에는 기존 선행자극을 회피하거나 재배열 혹은 대체함으로써 문제행동을 변화시킬 수 있게 해 준다.

자극통제 기법의 절차　첫째, 특정행동의 발생과 관련 있는 선행자극 혹은 사건/상황을 파악한다. 어떤 단서나 자극이 있을 때 자동적으로 바람직하지 않은 행동을 하는지 살펴본다. 이때 외적인 자극이나 단서뿐 아니라 자기지시적 언어가 선행자극으로 작용할 수도 있다는 것을 고려해야 한다. 예컨대, 야구 중계를 혼자서 보는 상황에서 '(야구 중계를 볼 때는) 치맥을 먹을 수밖에 없어.'와 같은 자기지시적 언어가 선행자극으로 작용하는지 살펴볼 필요가 있다. 둘째, 기존 선행사건(장소, 사람, 상황 등)이 발생하지 않도록 선행사건을 회피한다. 예컨대, 집에서 공부를 하면 도중에 늘 침대에 누워 낮잠을 잔다면, 공부를 집에서 하는 대신 도서관이나 카페에 가서 할 수 있다. 셋째, 새로운 선행사건(물리적이거나 사회적 상황)을 배치한다. 즉, 바람직한 행동이 나오도록 새로운 선행사건을 배치하거나 설정한 후 강화가 뒤따르도록 계획한다. 예컨대, 저녁에 늦게 퇴근한 날 식탁에 앉는 대신 샤워를 먼저 하도록 선행사건을 달리 배치하여 야식을 먹지 않은 후 아침에 얼굴이 붓지 않는 등 강화가 뒤따르는 것을 경험하게 한다.

자극통제 기법의 예　　자극통제 기법은 불면증 치료에서 자주 활용되고 있는데, 불면증을 일으키는 자극이나 상황을 통제함으로써 수면을 촉진하는 것을 말한다. 예컨대, 침실이나 침대가 수면과 잘 연합되어 있는 사람은 침실이나 침대라는 자극이 있을 때 거의 자동적으로 잠을 자게 된다. 즉, 수면은 침대나 침실이라는 자극통제하에 놓이게 된다. 반면, 침대에서 TV를 보거나 스마트폰이나 노트북을 켜고 일하는 사람은 침대에서 수면이라는 반응이 나타나는 것이 아니라 각성상태에 이르게 된다. 불면증 치료에서 침대에 누워 있는데 잠이 오지 않으면, 거실이나 다른 방에 나와 있다가 잠이 올 때 다시 침대로 들어가는 것도 자극통제법을 활용하는 것이라고 할 수 있다. 이와 같이 불면증을 개선하려고 할 때 일차적으로 수면이 침대나 침실이라는 자극통제하에 놓이도록 활동이나 자극을 재배치하는 것은 자극통제 기법을 사용하는 예라고 볼 수 있다.

3) 노출훈련

노출훈련은 내담자가 두려워하는 대상에 단계적으로 노출하면서 두려움을 감소시키기 위한 회피행동을 하지 못하게 하는 기법이다. 회피행동은 두려워하는 대상을 피함으로써 일시적으로 고통을 줄일 수 있지만, 새로운 학습이 일어나지 않게 하여 장기적으로는 공포와 불안이 유지되는 데 핵심적인 역할을 한다. 역사적으로는 체계적 둔감화와 홍수법이 더 일찍 개발되었지만, 체계적 둔감화에서와 같이 이완반응을 훈련하지 않고 노출만으로도 효과가 있다는 것이 밝혀졌다. 또한 두려워하는 대상에 대용량으로 노출하는 것보다 단계적으로 노출하는 것이 더 실시하기에 용이하고 효과적이라는 점이 부각되어 현재와 같은 노출훈련이 널리 쓰이게 되었다. 노출훈련은 공황장애, 광장공포증, 사회불안장애, 외상 후 스트레스장애, 강박장애 등 불안 및 공포와 관련된 문제를 치료하는 근거기반 인지행동치료 프로그램의 일부로 포함되며, 또 독립적인 치료로서도 효과가 검증되어 널리 사용되고 있다.

노출훈련의 내용   노출훈련에는 크게 세 가지 유형이 있다. 첫째, 실제노출(in vivo exposure)은 두려워하는 실제 상황이나 대상에 직접 노출하는 것이다. 예를 들어, 엘리베이터에 타는 것을 두려워하는 내담자를 엘리베이터에 직접 타도록 하는 것이다. 또한 친구가 물에 빠져 죽는 것을 목격한 후 물을 두려워해서 강가를 피해 다니는 내담자에게 강가에 계속 서 있도록 요청함으로써 두려워하는 상황에 계속 노출시키는 것을 말한다. 둘째, 상상노출(imaginal exposure)유형이 있다. 이는 실제로 두려워하는 상황에 접근하기가 쉽지 않을 때 내담자로 하여금 일인칭, 현재시제를 사용해서 공포 상황을 '현재-여기에' 처해 있는 것처럼 상상하게 하는 것이다. 예를 들어, 중학교 때 버스에서 옆에 앉은 성인 남자에게 성폭력을 당한 내담자에게 그 외상사건을 현재 일어나는 것처럼 상상으로 불러일으켜서 그 사건에 노출시키는 것이다. 셋째, 내적 감각노출(introceptive exposure)은 내담자가 두려워하는 신체감각(예: 심장박동이 빨라짐, 현기증, 열감, 호흡곤란 등)을 의도적으로 일으켜 그 감각에 노출시키는 것이다. 내적 감각 노출은 어지러움 등 특정감각에 대한 불안이 높은 내담자나 공황장애 환자에게 유용한데, 층계를 빨리 오르내리기, 앉아 있는 의자를 빨리 회전시키기, 빨대로 호흡하기 등의 방법을 통해 내담자가 두려워하는 신체감각을 일으켜 그 감각에 직면하게 한다. 여기에서는 널리 활용되는 실제노출의 절차에 대해서 자세하게 소개하고자 한다.

노출훈련의 절차   회피하던 대상이나 상황에 실제로 노출을 시도하는 치료계획은 내담자에게 상당한 불안을 일으킬 수 있기 때문에, 노출훈련에 들어가기에 앞서 내담자에게 노출훈련의 근거를 단순하고도 쉬운 말로 충분히 설명해 주는 것이 필요하다. 또 노출에 앞서 어떤 대상이나 상황에 어떻게 노출할 것인지 내담자와 함께 협력하여 정한다는 것을 강조하고 치료계획에 대한 동의를 얻어야 한다. 노출훈련의 근거를 설명할 때 전달해야 하는 핵심은 다음과 같다. 첫째, 어떤 상황이나 대상이 위험하다고 느낄 때 그 상황을 회피하는 반응이 자연스럽게 나타난다. 둘째, 회피하게 되면 당장은 불안이나 공포심이 줄어들기 때문에 계속 회피하게 된다("지금까지 ○○ 씨가 발표하는 상황을 계속 회피해 온 것은 발표를 안 하면 불안도 없으니까 자연히 발표할 기회가 오면 피했을 거예요."). 셋째, 이런 회피가 계속되면 장기적으로는 불안을 극복할 수 없고 일상생활에도 큰 지장을 받게 된다("그렇지만 ○○ 씨가 발표하는 상황을 계속 회피하면 잃는 것이 참 많아요. 우선 ○○ 씨가 두려워하는 발표 상황에 계속 머물러 있으면, 처음에는 불안이 엄청 높지만 불안이 점차 가라앉는다는 것을 경험할 기회가 없어져요. 그뿐 아니라 ○○ 씨가 조금 떨리는 목소리로 발표하더라도 그 결과가 ○○ 씨가 예상하는 것만큼 나쁘지 않다는 것을 절대로 경험해 볼 수가 없어요. 노출훈련을 해 보면 바로 이런 점들을 배울 수 있게 되고 결국 불안을 극복할 수 있게 돼요").

내담자에게 노출훈련을 실시할 때, 첫 번째 해야 할 작업은 공포를 일으키는 상황들의 구체적이고도 특정한 상황들이 포함되어 있는 목록을 만드는 것이다. 상담자와 내담자가 이 목록을 작성할 때 한 팀으로 협력해서 작성하는 것이 매우 중요하다. 그래야 내담자는 상담자가 시켜서 어떤 상황에 노출하는 것이 아니고 그 상황에 노출하는 것이 필요하다는 것을 이해하고 힘든 노출을 기꺼이 하게 될 수 있다. 목록을 만든 다음, 내담자는 이 목록에 있는 다양한 상황에서 어느 정도 공포감을 느끼는지 주관적 고통지수를 0점에서 10점으로 평정한다. 이 목록에는 경미한(3~4점), 보통 심한(5~7점), 매우 심한(8~10점) 상황이 골고루 포함되어야 하며, 특히 최악의 공포를 느끼는 상황이 반드시 포함되어야 한다. 내담자가 이런 상황에 노출해서 자신의 불안이 줄어들고 예상한 것보다 어렵지 않다는 것을 경험해야 한다.

　　두 번째 작업은 먼저 시행할 노출 상황을 정하는 것이다. 초기노출은 공포점수가 대략 4~5점 되는 중간 수준의 공포심을 느끼는 상황에서 시작하는 것이 좋다. 내담자마다 중간 수준의 공포심을 느끼는 상황이 다를 수 있으므로 첫 번째 노출 상황을 내담자에 맞게 잘 정해야 한다.

　　세 번째 작업은 노출에 앞서 준비 작업을 하는 것이다. 준비 작업에서는 내담자에게 노출 상황에서 예상되는 부정적인 결과를 구체적으로 예상하도록 한다. 예를 들어, 슈퍼마켓에 가 보는 노출 과제에서 어지러움을 느낄 것 같다고 하면, 주위가 빙빙 도는 느낌만 받을지, 아니면 다리가 휘청거릴지 등 구체적으로 어떤 증상을 어느 정도로 느낄지 예상해 본다. 즉 구체적으로 어떤 나쁜 일이 일어날지에 대해 예상하게 하는 것이다. 그다음으로 그런 나쁜 일이 일어난다면 그것이 본인에게 얼마나 부정적인 영향을 끼칠지(사회적 비용)에 대해 물어본다. "사람들이 날 이상하게 볼 것 같아요."라고 한다면, 구체적으로 얼마나 이상하게 볼지에 대해 확인한다. 이때 사람들이 이상하게 생각한다면 어떤 관찰 가능한 행동으로 나타날지에 대해 물어보는 것이 좋다. 또는 사람들에게 구체적으로 물어봄으로써 피드백을 받게 하는 것도 한 방법이다.

　　네 번째 작업은 내담자에게 미리 계획한 노출을 실시하는 것이다. 노출은 내담자의 불안이 상황에 처음 직면했을 때 느끼는 강도의 50~60% 수준으로 내려갈 때까지 유지하는 것이 좋다. 노출훈련을 실시할 때 주의해야 할 점은 내담자가 노출자극에서 주의를 분산하지 않도록 해야 하며, 안전행동을 하지 않도록 해야 한다. 안전행동은 자신의 불안이 다른 사람에게 드러나지 않도록 만드는 다양한 행동으로서 눈 맞춤을 피하는 것, 작은 목소리로 이야기하는 것, 말을 적게 하는 것, 지나치게 준비하는 것 등 다양하다. 내담자들은 불안한 상황에서 안전행동을 하는 데 익숙해져 있기 때문에 저절로 나타날 수 있다. 그런데 안전행동을 하면서 노출을 하면 두려워하는 대상에 직접 노출이 되지 않기 때문에 노출의 효과가 대폭 줄어들게 된다. 상담자는 내담자가 노출 상황에서 안전행동을 하는지 잘 관찰해 보고, 만일 안전행동을 하는 것처럼 보이면 내담자에게 확인해 보고 내담자가 안전행동의 부작용에 대해 잘 이해할 수 있도록 설명해 주어야 한다.

　다섯 번째 작업은 노출 훈련의 결과에 대해 검토하는 것이다. 상담자는 내담자로 하여금 '두려워하던 일이 실제로 일어났는지?' '예상했던 것과 실제로 일어난 일과 차이가 있었는지?' '일어난 일이 실제 어떤 부정적인 영향을 미쳤는지?'의 질문에 답해 보도록 한다. 이 질문들은 결국 내담자가 노출할 때 예상했던 부정적인 결과와 실제로 일어난 일의 불일치 내지는 차이를 확인하기 위함이다. 내담자가 두려워하는 상황을 회피하게 만들었던 부정적인 결과가 실제로는 내담자가 예상하는 만큼 일어나지 않으며, 실제로 일어났다고 해도 내담자가 예상하던 만큼의 사회적 손실을 미치지 않는다는 점에 초점을 맞추면서 다음 단계의 두려워하는 상황에 대한 노출을 격려하도록 한다.

인지행동치료자를 위한 Tip!　노출훈련에서 내담자에게 강조할 사항

1. 노출훈련을 할 때 불안을 느껴야 한다: 내담자들은 노출훈련에서도 불안을 어떻게 하면 덜 느낄 수 있는가에 초점을 두기 쉽다. 노출훈련을 하는 이유는 불안이 올라갈 때 이를 잘 처리하려고 하는 것이지, 불안을 느끼지 않는 것이 아니라는 점을 내담자에게 여러 번 강조해야 한다. 또한 노출훈련에서 배워야 할 것은 그 상황에 처음 들어가서 느꼈던 불안이 시간이 지남에 따라 가라앉는다는 점이다. 따라서 불안을 처음부터 느끼지 않는다면 불안이 가라앉는 것을 경험할 수 없기 때문에 성공적인 노출이 되기 힘들다.

2. 노출훈련을 하면서 불안과 싸워 이기려고 해서는 안 된다. 노출훈련을 할 때 내담자들은 불안을 안 느끼는 것이 더 성공적이라고 생각하여 불안과 싸워 이기려고 하는 경향이 있다. 불안한 기분이 들더라도 그것이 일시적이라는 것을 잊지 말고, 자기가 해야 할 일을 그냥 하면 된다.

3. 노출 상황에서 불안이 줄어들 때까지 그냥 머물러 있어야 한다: 노출의 목적은 불안이 가라앉는 것을 경험하는 것이다. 따라서 불안이 줄어들기 전에 노출을 미리 중단하지 않도록 조심해야 한다.

제 10 장

행동 기법 II:
기술훈련

제9장에서는 내담자의 부적응적인 행동을 줄이고, 이미 가지고 있는 적응적인 행동을 늘려 가는 행동 기법을 주로 다루었다. 이번 장에서 다루게 될 행동 기법들은 내담자의 행동 레퍼토리에 없던 새로운 행동을 습득하도록 돕는 데 초점을 맞추고자 한다. 새로운 행동을 습득하고 강화하는 개입을 기술훈련이라고 하는데, 여기에는 이완훈련, 사회기술훈련, 의사소통훈련, 정서조절훈련, 분노관리훈련, 문제해결기술훈련, 자기주장훈련, 수면기술훈련 등 다양한 종류의 기술훈련이 있다. 이 각각의 기술훈련을 자세히 소개하려면 상당한 지면이 필요해, 본 장에서는 기술훈련의 일반적인 가이드라인과 함께 인지행동치료에서 자주 사용되는 이완훈련, 의사소통훈련, 문제해결훈련에 대해서만 소개하고자 한다.

그렇다면 상담자는 언제 기술훈련을 고려해야 하는가? 첫째, 내담자가 원하는 목표나 결과를 얻는 데 요구되는 특정행동을 거의 하지 않을 때이다. 예컨대, 내담자가 성장하는 동안 분노조절 기술을 배울 기회가 거의 없었거나 잘못된 방식으로 배워 분노조절행동에 결함이 있을 수 있다. 이런 경우, 직장에서 부하 직원을 다루는 데나 친구관계나 부부관계에서 친밀감이 깊어지는

데 심각한 장애물로 작용할 수 있다. 둘째, 내담자가 어떤 맥락에서는 특정기술을 적절하게 사용하지만 다른 맥락에서는 그 기술을 사용하지 못하는 일반화의 문제를 가지고 있을 때이다. 예컨대, 사무실에서는 분노조절을 적절히 하지만 배우자에게는 분노조절을 하지 못해 관계가 깨질 위험이 있을 때이다. 상담자는 부부관계라는 특정맥락에서 분노조절행동을 어떻게 수행해야 할지 훈련시킬 필요가 있다.

대부분의 기술훈련 개입은 일련의 효과적인 절차와 기법으로 이루어져 있다. 기술훈련 프로그램은 독자적으로 근거기반치료로 구성되어 실시되는 경우도 많으며, 다른 근거기반 인지행동치료 프로그램의 일부로 포함되어 실시되기도 한다. 대부분의 기술훈련은 집단프로그램을 통해 이루어지지만, 내담자의 필요에 따라 상담자가 개별적으로 실시할 수도 있다.

1. 기술훈련의 일반적인 가이드라인

앞에서 다룬 다른 기법들과 같이 기술훈련도 변화를 지향하는 기법이라고 볼 수 있다. 어떤 기술훈련도 한두 회기 만에 끝나지 않으며 상당한 시간과 노력이 필요한 만큼, 상담자는 기술훈련에 들어가기에 앞서 기술훈련의 필요성이나 절차 등에 대해 내담자와 진지하게 논의를 하는 것이 필요하다. 만일 내담자의 진정성 있는 동의 없이 결정된다면 기술훈련이 공전할 수밖에 없으며, 상담자와 내담자 모두에게 부담만 안겨 주게 된다.

기술훈련의 필요성에 대해 평가하기   기술훈련을 하기에 앞서 내담자에게 기술훈련이 필요한지를 확실히 평가해야 한다. 기술훈련은 내담자가 특정행동을 거의 하지 않을 때 고려하게 되는데, 이때 내담자에게 그 행동이 실제로 결핍되어 있는지 아니면 그 행동을 할 수 있는데도 불구하고 불안이나 환경적인 요인(예: 특정행동을 보였을 때 처벌을 받았음) 때문에 그 행동이 나타나지 않는 것인지 확인해 보아야 한다. 또한 내담자가 이 기술을 습득하는 것이 주 호소문제를 개선하는 데 도움이 되는지, 그 근거는 무엇인지, 내담자도 본인의 문제해결에 도움이 된다고 생각하는지 살펴보아야 한다. 때로는 내담자가 먼저 제안하는 경우도 있는데, 이때도 상담자는 기술훈련의 필요성이나 근거에 대해 잘 검토해야 한다. 상담자는 내담자에게 기술훈련의 분명한 근거를 이해하기 쉽게 설명해 주고, 기술훈련의 대략적인 내용과 절차에 대해서도 알려 주며 내담자의 협력을 구해야 할 것이다.

훈련할 기술을 구체적으로 정하기　　상담자는 내담자에게 필요한 기술이 무엇인지를 명확하게 정해 주고, 기술을 훈련해야 하는 근거와 이유를 제시해야 한다. 근거를 제시할 때 기술을 습득하는 것이 내담자의 상담목표를 이루는 데 어떻게 도움을 주는지 설명함으로써 기술훈련에 대한 동기를 강화하는 것이 필요하다. 만일 부부간의 갈등으로 상담을 받는 내담자에게 의사소통기술을 훈련하려고 계획한다면, 적극적 경청, 부정적 기분 표현하기, 요청하기, 타협하고 협상하기 등의 세부 기술 중에서 어떤 기술을 훈련하는 것이 필요한지, 또 그 기술을 훈련함으로써 어떻게 관계가 회복될 수 있을지 설명해야 한다. 때로는 훈련해야 할 기술들을 몇 가지 세부 단계로 나누어 단계적으로 실시하는 계획을 짜는 것도 도움이 된다.

기술훈련의 구조와 형식 정하기　　기술훈련은 개인, 집단, 가족 또는 커플 형식으로 제공할 수 있다. 대개는 개인상담을 진행하면서 기술훈련까지 하기가 쉽지 않기 때문에 기술훈련은 집단으로 진행하는 경우가 더 많다. 집단 형식의 경우, 참가자 수는 모든 집단원이 기술을 연습할 수 있는 충분한 시간을 확보하기 위해 대개 6~8명으로 구성한다. 일반적으로 집단 형식의 기술훈련이 비용 대비 효율적이며 여러 역할 모델을 접할 수 있다는 이점이 있다. 또한 다른 집단원들과 역할연기를 해 보기가 더 수월하며, 나아가 집단원들의 지지와 격려로 새로운 기술을 더 적극적으로 연습해 볼 수 있다.

한편, 집단으로 기술훈련을 할 여건이 되지 않는다면 개인치료시간 동안 필요에 따라 기술을 가르칠 수도 있다. 개인기반으로 기술훈련을 할 때는 상담자가 개별 내담자의 문제나 특성에 맞춰 기술훈련을 시행할 수 있으며, 내담자와 협력적으로 기술훈련의 내용을 조정할 수 있다는 이점이 있다. 이런 경우 기술훈련은 여러 회기에 걸쳐 회기당 10~15분 정도부터 혹은 좀 더 긴 시간 동안 훈련을 해 나갈 수 있다. 집단으로 하든 개인으로 하든 상담자는 내담자에게 기술훈련을 얼마나 오래 할 것인지, 전체 프로그램의 내용은 어떻게 구성되어 있는지, 집단으로 한다면 어떤 유형의 내담자들이 참여할 것인지에 대해 정보를 알려 주어야 한다.

기술을 습득하고 강화하도록 돕기   기술훈련의 과정은 크게 기술습득 과정과 기술강화 과정으로 이루어져 있다. 새로운 기술훈련을 하는 처음 단계에서는 상담자가 기술의 핵심이 무엇인지 명확하게 알려 주고, 모델링이나 역할연기를 통해 기술을 시연해 주는 것이 좋다. 다음 단계에서는 연습과 피드백을 통해 훈련된 기술을 내담자의 것으로 만드는 과정이 뒤따라야 한다. 모든 새로운 기술은 더 많이 연습할수록 더 잘 배울 수 있다. 상담자는 흔히 새로운 기술을 가르치기 위해 시간과 노력을 들이지만, 내담자가 그 기술을 연습해서 자기 것으로 만드는 데는 충분한 관심을 기울이지 않는 경우가 많다.

기술이 실제 생활에 도움을 주기 위해서는 기술을 과잉 연습하여 위기의 순간과 같이 기술이 가장 필요한 시점에 그다지 노력하지 않고도 기술을 발휘할 수 있는 수준까지 강화되어야 한다. 이를 위해 상담자는 내담자가 기술을 연습하도록 과제를 내 주고, 새로운 기술을 정교화하도록 적절한 피드백과 코칭을 제공해야 한다. 상담자가 피드백을 줄 때는 반드시 행동적이고 구체적인 피드백을 주는 것이 중요하며, 언제나 긍정적인 피드백을 먼저 제공함으로써 내담자의 학습경험을 긍정적인 경험으로 만들도록 노력해야 한다. 또한 상담자는 내담자가 습득한 기술을 일반화할 수 있도록 치료회기 내에서 또 회기 밖에서 가능한 한 많은 상황에서 기술을 수행해 보도록 격려해야 한다.

2. 이완훈련

이완훈련은 불안, 긴장, 스트레스로 인한 고통 혹은 자율신경계 각성에서 오는 신체 증상(근육 긴장, 복통, 땀 등)을 줄이는 데 다양하게 사용되어 왔다. 이완훈련은 범불안장애나 공황장애 등 불안장애를 치료하거나, 준임상적 수준의 불안증상을 관리하는 데도 효과적이다. 이완훈련은 단독으로 혹은 치료 프로그램의 일부분으로 사용되고 있다. 이완 기법에는 자율훈련법, 점진적 근육이완법, 명상법, 응용이완법 등 다양한 방법이 사용되고 있으며, 점진적 근육이완법의 효과가 가장 많이 연구되었다. 여기에서는 내담자들이 쉽게 적용할 수 있는 벤슨이완법에 대해 먼저 소개하고, 그다음 점진적 근육이완법에 대해 설명하겠다.

벤슨이완법 벤슨이완법은 하버드 의대 심장 전문의인 벤슨에 의해 개발된 이완법(Benson & Klipper, 1975)으로서 내담자들이 비교적 쉽게 배우고 적용할 수 있다는 장점이 있다. 내담자의 믿음 체계에 부합하는 짧은 말을 이완 반응과 함께 결합한 방법으로, 다음과 같은 절차로 실시할 수 있다.

● **벤슨이완법의 절차** ●
① 자신의 믿음 체계에 들어맞는 짧은 기도문이나 단어를 선택한다(제1단계): 내담자로 하여금 자신에게 의미 있는 단어나 문장을 고르도록 한다. 숨을 내쉴 때 한숨에 말할 수 있을 정도로 짧은 단어나 문장을 선택하는 것이 좋다. '하나' '사랑' '하나님 아버지' '여호와는 나의 목자' '관세음보살' 등 말하고 기억하는 데 쉬워야 한다.
② 편안한 자세를 취한다(제2단계): 동양 문화권에서 명상을 할 때는 가부좌를 틀고 앉는다. 즉, 다리를 겹치고 앉아서 손을 무릎 위에 얹는다. 하지만 벤슨이완법에서는 반드시 특정한 자세를 취해야 하는 것은 아니

다. 다만, 생각을 방해하지 않을 정도로 편안한 자세로 앉되, 잠들지 않을 정도의 편안한 자세를 취하면 된다.

③ 눈을 감는다(제3단계): 실눈을 뜨거나 눈을 깜박거리지 말고 편안히 자연스럽게 눈을 감는다. 단, 눈을 감는 데 힘이 들어가서는 안 된다.

④ 근육을 이완시킨다(제4단계): 발, 다리 근육에서부터 시작해서 허벅지, 배로 올라오면서 몸 이곳저곳의 근육에 힘을 뺀다. 머리와 목, 어깨를 부드럽게 돌리고 어깨를 가볍게 들었다가 내린다. 팔을 뻗었다가 힘을 빼는 동작을 한 뒤 자연스럽게 무릎에 얹는다. 다리와 무릎을 포갠다든지 손을 꽉 쥐지 않도록 한다.

⑤ 호흡에 집중하면서 믿음에 기반한 문구를 반복한다(제5단계): 천천히 자연스럽게 숨을 쉰다. 억지로 규칙적인 호흡을 할 필요는 없다. 이 단계에서는 숨을 쉴 때마다 조용히 선택한 단어나 문구를 반복한다. 예를 들어 '하나'라는 단어를 택했다면, 천천히 숨을 들이쉬었다가 내쉬면서 내뱉는 호흡에 속으로 '하나'를 반복한다.

⑥ 수동적인 자세를 잃지 않는다(제6단계): 단어나 문구 등을 반복하는 데 있어 잊지 말아야 할 점은 수동적 자세를 유지하는 것이다. 조용히 앉아 단어나 문구를 반복할 때 잡념이 생기거나 마음을 빼앗는 생생한 이미지가 떠오를 수 있다. 이는 이완법을 실행하는 중에 자연스럽게 누구에게나 일어나는 현상이므로 그냥 지나가도록 내버려 둔다. 잡념이나 바깥에서 나는 소리에 마음을 빼앗겼다고 해도 수동적인 자세로 다시 단어나 문구로 돌아오도록 한다.

⑦ 일정한 시간 동안 계속한다(제7단계): 10~15분 정도 명상을 계속한다. 시계를 옆에 두고 가끔 바라보면서 시간이 될 때까지 하면 된다. 만일 시간이 덜 됐다면 다시 눈을 감고 명상을 계속한다. 정해진 시간이 되었다면 조용히 앉아서 일이 분 정도 더 눈을 감고 있다가, 마지막으로 눈을 천천히 뜨고 조용히 앉아서 다시 1~2분쯤 기다린다. 천천히 이완반응으로 들어간 것처럼 일상으로 돌아올 때도 천천히 돌아오도록 한다.

⑧ 하루 두 번씩 반복한다(제8단계): 이완법을 하루 두 번씩 반복하도록 한다. 언제 할 것인지는 각자의 일과에 맞춰 정하면 되겠지만, 배가 부르지 않은 시간에 하는 것이 더 효과적이다. 보통 아침이나 저녁식사 전에 하는 사람들이 많다.

점진적 근육이완훈련　점진적 근육이완훈련은 미국 정신과 의사인 제이콥슨에 의해 개발된 기법으로서, 신체의 주요 근육군을 긴장시킨 다음 힘을 빼거나 이완시키면서 그 감각에 집중하게 하는 방법이다. 근육을 긴장시키는 이유는, 긴장을 많이 시킬수록 더 쉽게, 더 깊은 이완을 할 수 있기 때문이며, 의도적으로 긴장을 시킴으로써 긴장에 의해 유발된 신체감각과 이완에 의해 유발된 신체감각을 잘 구분할 수 있도록 해 주기 위함이다. 훈련 초기에는 16개의 근육근이 포함되기 때문에 훈련에 30분 정도 시간이 소요된다. 그러나 근육근이 8개에서 4개로 줄어들다가 최종적으로는 한 번에 이완하기 때문에 연습시간이 점차 줄어든다. 때때로 점진적 근육이완훈련의 절차를 내담자에게 맞춰 더 간략하게 변형시켜 사용하기도 한다.

● **점진적 근육이완훈련의 연습지침** ●

① 연습을 하는 동안에는 신체의 감각에 집중하는 것이 필요하다. 이때 마음속에 딴 생각들이 떠올라 집중하기가 어렵다면, 다른 생각에 집중하지 말고 그냥 흘러가게 내버려 둔다. 집중이 안된다고 해서 좌절하거나 포기하지 말고, 다시 이완과 긴장의 신체감각을 집중하는 데로 돌아오는 것이 좋다.

② 보통 내담자들에게 근육을 이완하라고 하면 한꺼번에 힘을 빼려고 하다가 잘 되지 않기 때문에 긴장 이완이 제대로 되지 않는 경우가 적지 않다. 이럴 때는 내담자 자신이 숫자를 하나, 둘, 셋을 세면서 긴장이 스르르 풀려 나가는 감각을 느껴 보도록 하는 것이 도움이 된다.

③ 초기에는 조용한 환경에서 연습을 시작한다. 그러나 익숙해지고 나면

산만한 환경에서도 연습하여 어떤 환경에서든지 근육이완을 할 수 있도록 익히는 것이 필요하다.

④ 가능하다면 목까지 받쳐 주는 편안한 의자를 사용한다. 만일 그런 의자가 없다면 침대에 누워서 연습해도 좋다. 단, 잠들지 않도록 조심해야 한다.

⑤ 연습할 때는 꽉 끼는 옷이나 신발을 벗어 두고, 느슨한 복장으로 하는 것이 좋다.

⑥ 아무리 간단한 일이라도 해야 할 일을 앞두고 급한 마음으로 연습해서는 안 된다. 다른 일을 해야 한다는 걱정은 긴장을 낳고 이완능력을 방해한다.

● 점진적 근육이완훈련의 단계별 지시문 ●

다음은 『공황장애의 인지행동치료』(Barlow & Craske, 2000)에서 제시한 점진적 근육이완법의 지시문이다. 이 지시문을 자세히 읽고, 가능하면 자기 목소리로 지시문을 녹음한다. 가장 편안한 자세를 취하고 녹음한 지시문을 따라 하다가, 익숙해지면 녹음한 지시문이 없이도 스스로 연습을 할 수 있게 된다. 모든 근육근은 10초간 긴장시킨 다음 20초간 이완시킨다.

① 편안한 자세에서 눈을 감고 몇 초간 조용히 앉아 계십시오. 곧 연습을 시작합니다.

② 먼저, 주먹을 꼭 쥐고 손목을 굽혀 팔꿈치 아랫부분을 긴장시키십시오. 팔꿈치 아랫부분과 손목, 손가락, 관절, 손의 긴장을 느끼십시오. 긴장된 느낌에 집중하십시오. 긴장감과 불편감, 단단함을 느끼면서 10초간 자세를 유지하십시오. 이제 긴장을 푸십시오. 손바닥을 아래로 해서 손과 팔을 몸 옆에 내려놓으십시오. 손과 팔의 감각에 집중하십시오. 긴장이 풀리는 느낌에 집중하면서 20초간 이완을 유지하십시오.

③ 이제 팔을 몸 쪽으로 끌어당겨 팔꿈치 아랫부분을 긴장시키십시오. 이

때 몸은 긴장되지 않도록 하십시오. 팔 뒤쪽과 어깨, 등으로 뻗치는 긴장을 느끼십시오. 긴장의 감각에 집중한 채로 10초간 자세를 유지하십시오. 이제 팔의 긴장을 풀고 그대로 무겁게 내려놓으면서 이완시키십시오. 팔꿈치 윗부분의 느낌에 집중하고 긴장되었을 때와 이완되었을 때의 차이를 느껴 보십시오. 무거움과 따뜻함을 느끼면서 20초간 이완을 유지하십시오.

④ 발목을 굽혀 발가락이 최대한 상체 쪽으로 향하도록 당겨 다리 근육을 긴장시키십시오. 긴장감이 다시 종아리를 따라 발, 발바닥, 정강이, 종아리로 뻗치는 긴장감을 느끼십시오. 긴장감이 종아리를 따라 발, 발바닥, 발가락까지 타고 내려갑니다. 긴장감이 느껴지는 신체 부위의 감각에만 집중하십시오. 10초간 자세를 유지하십시오. 이제 다리의 긴장을 푸십시오. 여러분의 다리를 의자나 침대에 편안하게 이완된 상태로 놓아두십시오. 근육을 긴장시켰을 때와 이완시켰을 때의 차이를 느껴 보십시오. 긴장이 풀어지는 느낌과 편안하고 따뜻한 느낌, 이완의 무거움을 느끼면서 20초간 이완을 유지하십시오.

⑤ 다음은 무릎을 붙이고 다리를 침대나 의자에서 들어 허벅지를 긴장시킬 차례입니다. 허벅지의 압박감에 마음을 집중하십시오. 엉덩이에서부터 아래로 당겨지는 긴장감을 느끼십시오. 허벅지에서 느껴지는 감각에만 마음을 집중한 채 10초간 자세를 유지하십시오. 이제 긴장을 풀고 다리를 무겁게 의자나 침대에 내려놓으십시오. 긴장이 사라집니다. 이완의 느낌에 집중하십시오. 근육을 긴장시켰을 때와 이완시켰을 때의 차이를 느껴 보십시오. 편안한 느낌에 집중하면서 20초간 이완을 유지하십시오.

⑥ 다음은 배를 긴장시킬 차례입니다. 배를 등 쪽으로 아주 강하게 집어넣으면서 긴장시키십시오. 긴장을 느껴 보십시오. 압박감이 느껴집니다. 배의 느낌에만 정신을 집중하면서 10초간 자세를 유지하십시오. 이제 배를 풀어 주십시오. 배가 멀리 더 멀리 가도록 하십시오. 배에서 도는

따뜻함을 느껴 보십시오. 이완의 편안함을 느끼면서 20초간 이완을 유지하십시오.

⑦ 다음은 가슴을 긴장시킬 차례입니다. 깊게 숨을 들이쉰 다음 참으십시오. 가슴이 부풀어 오르고 가슴 근육들이 당겨집니다. 가슴과 등의 긴장을 느끼면서 10초간 숨을 참으십시오. 이제 공기가 천천히 빠져나가게 하면서 숨을 내쉬십시오. 공기가 부드럽고 편안하게 들락거릴 수 있도록 천천히 숨을 쉬십시오. 근육이 긴장되었을 때와 이완되었을 때를 비교하면서 20초간 이완을 유지하십시오.

⑧ 이번에는 어깨를 긴장시킬 차례입니다. 자신의 양어깨가 줄에 매달려 귀 쪽으로 당겨진다고 상상하십시오. 어깨에서 등을 따라 내려가는 긴장감을 느끼십시오. 어깨에서 목을 타고 머리로 올라가는 긴장감을 느껴 보십시오. 긴장감이 느껴지는 신체 부위에만 집중하십시오. 스스로에게 느껴지는 감각에 주의를 집중하며 10초간 자세를 유지하십시오. 이제 어깨를 떨어뜨리십시오. 이완의 편안함에 집중하면서 20초간 이완을 유지하십시오.

⑨ 이번에는 목을 의자나 침대 쪽으로 힘껏 누르거나 턱을 가슴 쪽으로 잡아당겨 긴장시키십시오. 목 뒤와 머리 뒤쪽으로 압박감이 느껴집니다. 긴장감에 집중하면서 10초간 자세를 유지하십시오. 목 뒤와 머리 뒤쪽으로 압박감이 느껴집니다. 긴장감에 집중하면서 10초간 자세를 유지하십시오. 자, 이제 머리를 침대나 의자에 무겁게 내려놓으면서 긴장을 풀어 주십시오. 머리를 받치고 있는 것 말고는 아무것도 없습니다. 이완의 느낌에 집중하십시오. 긴장했을 때와 이완했을 때의 차이를 느끼면서 20초간 이완을 유지하십시오.

⑩ 이번에는 이를 꽉 깨물고 입을 꼭 다문 채 입꼬리를 자신에게 세게 잡아당겨 미소 지어 보십시오. 입, 턱, 목구멍을 긴장시킵니다. 긴장감이 느껴지는 신체 부위에 집중하십시오. 계속 집중하면서 10초간 자세를 유지하십시오. 이제 입을 떨어뜨리고 목구멍과 턱 근육을 이완시켜 긴장

을 푸십시오. 긴장했을 때와 이완했을 때의 차이에 집중하면서 20초간 이완을 유지하십시오.

⑪ 다음은 눈 근육입니다. 눈을 10초간 꼭 감아 눈 근육을 긴장시키십시오. 이제 긴장을 푸십시오. 눈에서 긴장이 사라지도록 두십시오. 근육의 긴장과 이완의 차이를 느끼면서 20초간 이완을 유지하십시오.

⑫ 이번에는 눈을 찌푸리고 눈썹을 아래로 당겨 아래 이마를 긴장시키십시오. 이마와 정수리를 지나가는 긴장감을 느끼십시오. 긴장감에 집중하면서 10초간 자세를 유지하십시오. 이제 눈주름을 부드럽게 풀고 이마를 이완시키면서 긴장을 푸십시오. 감각의 차이를 느끼면서 20초간 이완하십시오.

⑬ 이제 눈썹을 위로 치켜들어 이마 위쪽을 긴장시키십시오. 주름을 느끼십시오. 이마와 정수리를 당기는 감각을 느끼면서 10초간 자세를 유지하십시오. 이제 눈썹을 내리면서 이마에서 긴장을 푸십시오. 이완의 감각에 집중하십시오. 긴장했을 때와 이완했을 때의 차이를 느끼면서 20초간 이완하십시오.

⑭ 이제 여러분은 몸 전체가 이완되고 편안함을 느끼고 있습니다. 하나에서 다섯까지 세는 동안 더 깊은 이완 상태로 들어갑니다. 하나, 여러분의 몸에서 모든 긴장이 사라지도록 하십시오. 둘, 더 깊게 이완 상태에 잠깁니다. 셋, 점점 더 깊은 이완을 느끼십시오. 넷, 깊은 이완을 느끼십시오. 다섯, 아주 깊은 이완을 느끼십시오.

⑮ 이완 상태에 몇 분간 머물면서 자신의 호흡에 집중하십시오. 숨을 들이쉴 때 찬 공기를 느끼고 내쉴 때 더운 공기를 느끼십시오. 아주 느리고 규칙적으로 호흡하고 있습니다. 숨을 내쉴 때마다 생각하십시오. 편안하다... 편안하다... 편안하다... 편안함과 이완을 느끼십시오(1~2분간 계속합니다).

⑯ 이제 다섯에서 하나까지 숫자를 세겠습니다. 여러분은 차츰 정신이 들고 깨게 될 것입니다. 다섯, 깨어납니다. 넷, 이완 상태에서 빠져나옵니

다. 셋, 정신이 맑아집니다. 둘, 눈을 뜨십시오. 하나, 일어나십시오.

상담자는 내담자가 이완훈련을 끝내는 마지막 단계에서 바로 눈을 뜨고 일어나기보다는 호흡을 하고 천천히 일어나도록 안내해야 한다. 상담실에서 점진적 근육이완훈련을 처음 실시해 본 후 내담자에게 그 경험이 어땠었는지 물어보는 것이 좋다. 이완훈련을 해 보면 이완되고 편안한 느낌을 받는 사람도 있고, 어렵게 느끼는 내담자도 있다. 누구든지 연습을 반복하면 할수록 더 깊게 이완할 수 있다는 점과 함께 이 연습을 매일 하루 2번씩 일주일 동안 꾸준히 하면 분명히 효과를 볼 수 있다고 알려 준다. 상담자는 내담자가 다음 회기에 왔을 때 어느 정도 규칙적으로 연습했는지 반드시 점검해 보아야 한다.

이완훈련의 연습이 규칙적으로 매일 되지 않는다면 이완훈련표를 작성해서 체크해 보는 것이 도움이 된다(이완훈련 종료 시의 이완도 0~8점 / 연습 시의 집중도 0~8점). 그리고 그날 못했을지라도 자책하거나 후회하기보다는 다시 다음날 하도록 권한다. 내담자가 일주일 동안 꾸준히 연습했다면 다음 단계인 8개 근육군(발과 다리, 엉덩이와 넓적다리, 배, 아래쪽 허리, 가슴과 위쪽 허리, 손과 팔, 어깨, 얼굴과 머리)을 이완하는 훈련으로 넘어가도록 한다. 만일 연습이 불충분했거나 이완을 충분히 경험하지 못했다면 16개 근육군 훈련을 일주일 더 할 수도 있다.

앞에서 소개한 벤슨이완법이나 점진적 근육이완법 모두 꾸준히 연습하여야 효과적으로 사용할 수 있으므로, 상담자는 내담자에게 맞는 이완훈련을 골라 이완하는 방법을 가르쳐 주고, 꾸준히 연습하는지 모니터하면서 일상생활에서 적용하도록 도와주어야 한다.

이완훈련이 큰 도움이 되었던 사례를 소개하고자 한다. 이 내담자는 난임 문제를 가지고 상담에 찾아온 30대 후반 여성으로서, 불안감이 전반적으로 매우 높았다. 특히 난임 시술을 받으러 갈 때, 난임 시술하고 난 이후 피검사를 받을 때, 임신이 되었는지 아닌지 결과를 기다릴 때 불안감이 엄청 높아진다고 하였다. 내담자가 이런 상황에서 느끼는 불안감을 완화시켜 주고, 신체적인 긴장을 감소시킬 수 있도록 점진적 근육이완법을 활용해 보기로 하였다. 우선 상담실에서 편안한 자세로 의자에서 연습하였고, 주먹, 팔, 다리, 복부, 가슴, 어깨, 목, 눈, 이마 순으로 차례로 10초 동안 수축하고 20초 동안 이완하는 훈련을 하였다. 내담자로 하여금 이완하려고 할 때 서서히 긴장을 풀고 손과 발을 의자 팔걸이에 걸치면서 조금씩 힘을 빼도록 하였다.

상담실에서 이완훈련을 해 본 후 내담자에게 힘들었거나 궁금한 점이 있는지 물어보았더니, 하다가 잡생각이 들기도 하고 어떤 근육은 잘 이완되지 않았다고 말했다. 처음에는 대부분의 사람이 그런 과정을 거친다고 말해 주고, 자책하거나 걱정하지 말고 계속하는 것이 중요하다고 알려 주었다. 꾸준히 일주일 동안 연습하면 점점 익숙해지고 몸에 습득이 된다고 말해 주며, 매일 내담자가 편한 시간을 정해서 하루에 두 번 아침과 저녁에 약 10~15분가량 이완훈련을 해 보도록 권하였다. 다음 회기에 와서 내담자는 처음에는 혼자 할 수 있을까 걱정이 되었지만, 남편이 출근하고 나서 바로 의자에 앉아서 해 보았는데 기대보다 훨씬 좋았다고 했다. 이완훈련을 하면서 점점 근육이 편안해지고, 무엇보다도 긴장과 이완의 차이를 느끼게 되었다고 했다. 긴장이 풀리는 편안한 느낌, 완전히 이완되면서 따뜻함을 느끼게 되었고, 감각에 집중하게 되면서 자신의 몸이 어디가 아픈지, 어디가 편안한지를 느끼게 되었다고 했다. 이렇게 자주 연습하면서 내담자는 이제 장소와 상관없이, 병원 대기실에서 기다리면서도 자신 혼자서 이완훈련을 할 수 있게 되었다. 이전에는 불안감을 느낄 때 핸드폰만 들여다보았는데, 이제 이완훈련을 하면서 신체감각에 집중하고 따뜻함을 느끼기도 하면서 불안감이 낮아지고 편안해졌다고 했다. 이와 같이 이완훈련은 내담자가 불안할 때나 긴장할 때 큰 도움을 줄 수 있다.

3. 의사소통훈련

상담자는 내담자의 대인관계를 다루면서 내담자의 사회기술이나 의사소통기술에서의 문제를 발견하는 때가 종종 있다. 사회기술이나 자기주장기술, 의사소통기술은 모두 사람들과 효과적으로 상호작용을 하는 데 필요한 기술로서, 강조하는 측면에 따라 용어를 다르게 사용하기도 하며 때로 혼용하기도 한다. 기본적으로 이들 기술은 언어적·비언어적 행동을 통해 자신의 감정·생각·욕구·선호·기대 등을 잘 표현하고 전달하며, 동시에 상대방을 정확하게 이해하고 공감함으로써 만족스러운 대인관계를 이루는 기술이라고 볼 수 있다. 대인관계 기술훈련은 오랜 역사를 가지고 있다. 사회기술훈련, 자기주장 및 거부 기술훈련, 부부간 의사소통훈련, 대인관계 증진을 위한 의사소통훈련 등은 정신장애를 가지고 있는 사람들뿐 아니라 일반인들을 위한 기술훈련으로도 널리 활용되고 있다.

상담자는 내담자에게 대인관계 기술훈련이 필요한지 여부를 판단하기에 앞서 대인관계기술 자체가 결핍되어 있는지 아니면 다른 요인들 때문에 대인관계기술이 발휘되지 못하는지 평가해 보아야 한다. 일부 내담자들은 자기 의견이나 감정을 직접적으로 표현하지 않는 가정 분위기에서 자라났거나 소심하거나 수줍어하는 성격적 특성으로 의사소통능력이 떨어진다. 그렇지만 대부분의 내담자들은 기본적인 사회기술은 갖추었지만 특정상황이나 특정 상대와의 의사소통에서 더 어려움을 가지는 경우가 많다. 예컨대, 부정적인 의견이나 감정을 표현하지 못할 수 있으며, 윗사람이나 이성 등 특정한 상대와의 의사소통에서 더 어려움을 보일 수 있다. 따라서 상담자는 내담자의 전반적이거나 특정한 사회기술이나 의사소통기술의 수준을 정확하게 평가하고, 결핍된 영역을 개선하기 위해 기술훈련을 체계적으로 제공하는 것이 필요할지 결정해야 한다.

여기에서는 대인관계 기술훈련 중 의사소통훈련에 초점을 맞추어 소개하

고자 한다. 의사소통훈련은 이론적 오리엔테이션에 관계없이 부부치료나 부
모교육 프로그램에 대부분 포함되어 있으며, 그 외에도 대인관계를 다루는
인지행동치료 프로그램의 구성요소로 널리 사용되고 있다. 많은 전문가가
훈련의 대상과 목적에 맞게 다양한 의사소통훈련을 개발했으며, 국내에서도
부부를 위한 인지행동적 부부 의사소통 프로그램 등 많은 의사소통훈련 프로
그램이 사용되고 있다. 훈련 대상이나 목적에 맞추어 훈련의 내용이 조금씩
달라지며, 상담자들이 내담자의 특성이나 필요에 따라 개별적으로 혹은 집단
으로 사용할 수 있다.

의사소통훈련의 주요 내용   의사소통훈련의 내용은 훈련의 대상과 목적
에 따라 달라지며, 흔히 경청, 긍정적 감정 표현하기, 부정적 감정 표현하기,
수긍하기, 주장적 자기표현, 요청하기, 타협과 협상하기 등이 포함된다. 경청
은 상대방의 이야기를 자기 이야기처럼 깊이 있게 듣고, 상대방의 감정 및 관
심사와 내면의 욕구를 이해하고 공감하는 기술을 말한다. 내담자는 경청하
는 태도와 방법을 훈련하고, 이와 함께 경청에 방해가 되는 요소가 무엇인지
파악해서 이를 적극적인 경청으로 바꾸는 연습을 한다.

수긍(타당화)하기는 다른 사람의 감정과 의견을 상대방의 입장에서 받아들
이고 인정하는 기술을 말한다. 상대방의 감정이나 의견에 수긍하는 것은 그
의견에 동의하는 것이 아니며, 상대방이 어떤 상황에서 그런 감정과 생각을
가진다는 것을 납득하고 이해해 주는 방법을 훈련한다.

긍정적 감정이나 부정적 감정을 표현하는 훈련은, 먼저 내담자가 자기 내
면에서 느껴지는 감정이 무엇인지를 자각하고 인식하는 것에서부터 시작해
서 자기의 감정을 '좋다' '나쁘다' '속상하다'와 같이 막연하게 표현하지 않고
정확하고 구체적으로 표현하는 법을 훈련한다. 이때 내담자마다 감정을 표
현하는 데 어떤 요인들이 방해물로 작용하는지 찾아보고 이를 다루어 주는
것이 효과적이다.

주장적 자기표현훈련은 자기주장훈련이라는 이름으로 단독으로도 많이

이루어지는 훈련이다. 주장적 자기표현훈련에서는 주로 I-message를 사용하여 현재 상황을 어떻게 이해하고 있는지 표현하거나, 상황에서 촉발된 감정을 비난이나 판단이 아닌 방식으로 표현하는 방법을 훈련한다. 또한 상대방이 요청하거나 기대하는 것을 인정해 주되, 본인이 그것을 할 수 없다는 것을 명확하게 표현하는 연습도 포함되는 경우가 많다. 요청하기 훈련은 주장적 자기표현훈련의 일부분으로 진행되기도 하는데, 본인이 원하는 것을 명확하게 표현하고 효과적으로 전달하는 방법을 훈련한다. 타협과 협상하기 훈련에서는 자극적인 말을 자제하고 심호흡 등의 방법을 통하여 긴장을 완화하는 한편, 상대방의 욕구나 염려를 인정하면서 서로의 이해관계가 맞아떨어지는 지점에서 서로 받아들일 수 있는 절충안을 마련하는 방법을 훈련한다.

● 의사소통훈련의 절차 ●

① 먼저, 훈련할 세부 기술을 말로 자세하게 설명한다. 예컨대, 적극적 경청을 위해 해야 할 것(예: 상대방이 말하는 것을 잘 듣는다)과 하지 말아야 할 것(예: 상대방이 말하는 동안 끼어들지 않는다)을 알려 준다.

② 역할연기 상황의 맥락을 설정하고 훈련하는 기술을 모델링한다.

③ 역할연기에서 특정기술이 어떻게 효과 있게 사용되었는지 내담자와 논의한다.

④ 내담자를 동일하거나 유사한 상황의 역할연기에 참여시킨다. 집단으로 훈련하는 경우, 다른 집단원에게 내담자를 관찰하도록 요청한다.

⑤ 긍정적인 피드백을 제공한다. 내담자가 역할연기에서 시도하고 노력한 것에 대해 칭찬한 후 무엇을 잘했는지 구체적이고도 긍정적인 피드백을 제공한다.

⑥ 교정적인 피드백을 제공한다. 내담자가 기술을 더 잘 수행할 수 있도록 한두 개의 구체적인 피드백을 제공한다.

⑦ 내담자를 비슷한 역할연기 상황에 1~3번 이상 참여하게 하고 피드백을 제공한다. 앞선 역할연기에서 개선해야 할 부분으로 지적된 부분이

　　제대로 되었는지, 관대하지만 구체적인 피드백을 제공한다.

　　⑧ 훈련한 기술을 일상생활에서 두 번 이상 사용해 보고 기술을 연마한다.

　　다음 축어록은 민지 씨의 의사소통기술에서 결핍된 부분을 명료화하고 이를 연습하기 위한 준비를 하는 과정을 보여 주고 있다(연두색 글자는 필자의 코멘트임).

상담자: 뭔가 얘기하고 싶은 게 있어도 그걸 바로바로 이야기하는 거를 어려워하시는 것 같아요. 동생과 이야기할 때도 그렇고 친구와의 관계에서도 그런 것 같아요.

내담자: 그런 말을 잘 못 해요.

상담자: 자기 마음속에 있는 말을 계속 못 하고 담아 놓고 있으면 상대방은 민지 씨가 어떻게 생각하는지 알 수가 없죠.

내담자: 그래서 어떤 때는 말은 못 하고 그런 생각들에 사로잡혀 몇 시간씩 일을 못 하게 되더라구요.

상담자: 자기 마음을 적당히 표현한다는 게 나를 위해서도 필요하고, 또 표현하지 않으면 상대방도 아무것도 모르고 넘어가게 되지 않나요? (상담자가 필요성을 일방적으로 이야기하는 것보다 내담자에게 한번 생각해 보도록 질문을 던지는 것이 더 나았을 것임, 예컨대, '마음을 잘 표현하면 어떤 점이 좋을까요?')

내담자: 그런데 얘기 안 해야지 하다가도 조금 불만이 쌓이면 그때 나도 모르게 한꺼번에 다 이야기하게 되는 것 같아요.

상담자: 맞아요. 그렇게 되기가 정말 쉬워요.

내담자: 뭔가 중간중간 서로 계속 이야기를 해 나가야 오해가 없을 텐데, 그걸 못 하니까.

상담자: 얘기를 안 하면 나는 나대로 감정이 쌓이고... 상대방은 전혀 그런 의도가 아니었는데 민지 씨가 갑자기 생각지 않은 반응을 보여 상대방을 되게 당황하게 할 수 있고....

내담자: 처음에는 말을 안 하고 버티는 거 같아요. 이런 문제가 발생할 때마다... 그래서 문제가 항상 더 커지고. 마음속에서 자꾸 오해를 불러일으키고 그래요.

상담자: 말을 안 하고 침묵하게 되는 이유가 뭘까요. (내담자에게 그 이유를 탐색하게 하는 좋은 질문임.)

내담자: 뭔가 제 마음을 표현했을 때 잘 전달이 안 된다는 걸 경험적으로 계속 느끼다 보니까 계속 이렇게 되는 거 같아요.

상담자: 그러니까 민지 씨가 자기 마음을 잘 표현하지 못하다 보니 말을 해 봤자 별로 도움이 안 된다고 느끼시나 봐요.

내담자: 네, 그런 것 같아요.

상담자: 지난번에 직장 언니에게 쌓인 거를 얘기하실 때는 어떤 식으로 이야기하셨어요? 그분한테 말씀하신 것처럼 저한테 한번 얘기해 볼 수 있으세요? 말투라든가 그런 걸 그대로 한번 해 보실래요?

내담자: 잘 안될 것 같아요.

상담자: 조금 어색하게 느끼실 수도 있지만, 이렇게 한번 해 보시면 어떤 부분들이 문제인지 좀 더 잘 알 수 있을 것 같아요. 그때 얘기했던 대로 한번 해 보실래요?

내담자: 어....

상담자: 어떻게 얘기하셨어요? 불만을.

내담자: 어... 지금... 어... 불만보다는... 이런 불만을 그렇게 논리적으로 설명하지는 못했던 거 같아요. 그냥 '언니, 나한테 왜 그래?' 그랬던 것 같아요.

상담자: 그냥 갑자기?

내담자: 뭔가 그냥 제 입장에서는 이해가 잘 안되니까....

상담자: 전달이 잘 안된다고 느끼는 게 그 직장 언니에게 한정된 것예요? 아니면....

내담자: 다른 사람들하고도 그런 걸 많이 느껴요. 뭔가 같은 말을 하더라도 좀 잘 돌려서 기분 안 상하게 말할 수 있는데, 뭔가 제가 말하면 다 기분 상하는 거 같고... 그런 걸 잘 못한다고 느껴서 뭔가 감정이 상하고 좀 불편한 감정들이 있을 때 바로바로 말을 잘 못 해요.

상담자: 그러니까 이 부분이 민지 씨에게는 되게 약한 부분이네요. 뭔가 감정이 상하고 불편한 감정이 있을 때 이걸 다른 사람에게 잘 전달하는 거 그게 힘든 것 같아요.

내담자: 네....

상담자: 앞으로 몇 주 동안 민지 씨가 불편한 감정을 느낄 때 이걸 다른 사람에게 잘 전달하는 방법에 대해 좀 연습해 보면 어떨까요.

내담자: 그럼 도움이 될까요?

상담자: 그럼요! 방법을 먼저 말씀드리면, 민지 씨가 말하고 싶은 걸 두 부분으로 나눠서 이야기하는 거예요. 말을 꺼내는 처음 부분에는 상황에 대해 관찰한 걸 먼저 이야기하고, 두 번째 부분에는 그래서 내 기분이 어떻다 이런 형식으로 한번 이야기해 보는 연습을 했으면 좋겠어요. 예를 한번 들어 볼까요? '언니는 내가 힘들다고 말하면, 정신 차려 그러는 때가 많잖아. 그런 말을 들으면 위로가 되기보다 더 속이 상하고 화가 나.' 이런 식으로 하면 어떨까요?

내담자: 너무 불편한 상황이라서 그냥 피하고 넘어갈 것 같아요

상담자: 피하고 간다고 끝까지 피할 수 있는 게 아니잖아요. 결국은 어느 순간에 혼자만 생각하다가 튀어나오고 말잖아요. (내담자에게 계속 피하고 표현하지 않으면 어떻게 될 것 같은지 물어보는 질문을 던져 보았더라면 내담자 스스로 깨달을 수 있었을 것임.)

내담자: 그렇긴 해요.

상담자: 그럼 민지 씨 말로 한번 이야기해 보실래요. 지금 한번 해 보실래요.

내담자: 음 그러니까.

상담자: 천천히 말씀하셔도 돼요.

내담자: 언니가 나한테 따끔한 충고를 많이 해 주는데, 어 그런 것들이 날 위하는 마음에서 나오는 건 알겠지만 어떤 때는 기분이 상해.

상담자: 잘 하시는데요. 그렇게 하시면 될 것 같아요. 방금 얘기하신 거는 내가 언니의 의도는 알겠고 그건 고맙지만, 그 말을 들을 때 내 기분은 좋지 않다 이런 것들이 잘 표현된 것 같아요.

내담자: 네, 힘드네요.

상담자: 그래도 이렇게 하다 보면 점점 나아지실 것 같아요.

내담자: 다른 사람에게 부드럽게 이야기하는 방법을 좀 배우면 좋을 것 같기는 해요. 노력을 좀 해 봐야죠.

4. 문제해결훈련

일반적으로 실직이나 사고, 만성질환 등 어려운 삶의 문제에 직면한 내담자들은 문제해결능력의 손상으로 해결책을 찾지 못하고 점점 더 고통과 절망의 늪에 빠지는 경우가 많다. 문제해결훈련은 내담자가 직면한 생활 스트레스 사건에 좀 더 잘 대처하는 기술을 가르치는 훈련으로서, 인지적 접근을 주로 사용하고 있지만 최근에는 정서의 역할에 대해서도 비중 있게 다루고 있다. 문제해결훈련은 그 자체가 독자적인 치료로 개발된 문제해결치료(problem-solving therapy: PST)에서 나왔지만, 다양한 인지행동치료 프로그램의 일부로도 사용되며, 또 내담자의 필요에 맞춰 개별적으로 실시되기도 한다. PST는 주요 스트레스 사건뿐만 아니라 사소한 일상적 스트레스 사건에 대해 효과적으로 대처할 수 있는 개인의 능력 강화에 초점을 맞추고 있으며, 문제해결에 대한 긍정적 관점과 기술훈련을 강조한다.

문제해결훈련 적용 대상   문제해결치료는 실직이나 이사 등 스트레스로 힘든 사람들이나, 우울, 불안, 자살 생각 등을 겪고 있는 사람들, 암, 심장질환, 당뇨병 등의 신체적 고통을 경험하는 사람들 등 다양한 집단에서 증상의 감소와 삶의 질 개선에 효과가 있는 것으로 나타났다(D'Zurilla & Nezu, 2006). PST의 치료과정은 포괄적이지만 개별화된 프로그램으로 구성할 수 있도록 모듈 형태로 되어 있다. 각 모듈은 문제해결을 통해 성취하고자 하는 구체적인 목표에 맞추어 고안된 활동과 연습으로 되어 있어서, 상담자들이 내담자의 특성이나 필요에 따라 개별적으로 혹은 집단으로 사용할 수 있다.

문제해결훈련 주요 내용   문제해결훈련의 초기 모델에서는 문제해결 과정을 '문제의 정의', '대안 생성', '의사결정', 그리고 '해결책의 이행 및 검증'이라는 네 가지 단계로 규정하였다. 최신 모델에서는 문제해결의 네 단계를 가르치는 것만으로는 충분하지 않다고 보아, 인지 과부하나 감정조절의 어려움 등 문제해결에 방해가 되는 다양한 내담자의 상태를 다루어 주는 기술훈련 절차와 지침이 모델에 추가되었다. 이 기술훈련들에는 인지적 재구성, 행동 조성, 모델링 등의 전통적인 인지행동치료 기법과 함께 정서인식, 수용, 마음 챙김, 호흡법, 이완법과 같은 다양한 기법이 활용되고 있다.

문제해결훈련의 주요 절차　　최신 문제해결훈련에서는 인지 과부하, 감정 조절부전, 편향된 인지처리, 낮은 동기, 비효율적인 문제해결전략과 같은 주 요 장애물이 효과적인 문제해결을 방해한다고 보고, 이를 해결하기 위한 네 개의 도구세트(toolkit)를 『문제해결치료 매뉴얼』(2016)에서 제시하고 있다. 각각의 도구세트에는 여러 가지 기법이 포함되어 있어서 내담자에게 적합한 기법을 선택하여 적용할 수 있다. 여기에서는, 이 네 가지 도구세트를 간단하 게 설명한 후 다섯 단계의 문제해결 과정을 소개하고자 한다.

① 도구세트 1(인지 과부하 극복하기): 스트레스 상황에 처했을 때 내담자는 여러 작업을 동시에 수행하는 능력이 제한된다. 이러한 장벽을 극복하는 방 법은 처리해야 할 정보를 외현화(목록 작성하기 등 외부적으로 정보를 표시하는 것), 단순화(한 개의 문제를 더 관리하기 쉬운 여러 부분으로 나누는 것), 시각화 (안전한 곳에 가 있는 것을 상상하기 등 시각 혹은 다양한 감각을 사용하는 것)를 통 해 멀티태스킹 증강기술을 사용하는 것이다.

② 도구세트 2(감정조절부전과 부적응적 문제해결 방식 극복하기): 스트레스는 각성과 부정적 감정반응을 일으켜 문제해결에 부정적인 영향을 미친다. 이 를 위해 S.S.T.A. 절차를 연습하고 적용한다. S.S.T.A. 절차는 1단계로 멈추 고 알아차리기(Stop & be aware), 2단계로 늦추기(Slow down), 3단계와 4단계 로 생각하고 행동하기(Think & Act)를 사용하여 부정적 감정을 알아차리고 감 정을 조절한 후 합리적으로 생각하고 처리하도록 돕는다.

③ 도구세트 3(부정적 사고와 낮은 동기 극복하기): 내담자가 스트레스 상황

에서 가지는 부정적 사고를 다루기 위해 인지적 재구성법, 탈융합, 수용 및 마음챙김법 등 다양한 방법을 사용한다. 또한 변호인 역할반전연기(reverse advocacy role-play)를 통해 내담자가 상담자 역할을 하면서 부정적 진술의 비합리적이고 비적응적인 측면을 부각시키는 방법도 사용한다. 문제해결을 위한 내담자의 동기를 높이기 위해 이전에 문제를 잘 해결했던 경험을 시각화해 보도록 하며, 큰 목표를 작고 관리하기 쉬운 목표로 단순화하여 문제해결에 더 많이 참여하도록 돕는다.

④ 도구세트 4(효과적인 문제해결 방법 익히기): 마지막 도구세트는 다음과 같은 다섯 단계의 문제해결기술을 가르치는 데 초점을 맞춘다.

첫째, 문제정의를 한다. 우선 내담자의 문제를 재정의하고, 목표가 무엇인지 설정한다. 이를 위해 문제와 관련된 사실들, 그것이 왜 내담자에게 문제가 되는지, 내담자의 목표는 무엇인지, 내담자의 목표를 방해하는 주요한 장애물은 무엇인지 확인하도록 돕는다. 대부분의 경우, 한 번에 문제를 정의하기는 어렵기 때문에 다양한 방법을 사용할 수 있다. 예를 들면, 취업 문제를 가지고 있는 내담자에게는 진로 및 취업과 관련해서 내담자가 겪고 있는 어려움을 생각나는 대로 나열하도록 한다. 내담자와 문제정의를 하는 과정은 생각보다 많은 시간이 소요될 수 있지만, 내담자가 최대한 많은 항목을 기술할 수 있도록 격려하고 충분한 항목이 문제목록에 포함되도록 한다. 그 후 문제들을 유사성과 관련성에 따라 분류하고 문제해결의 우선순위를 정한다. 만일 내담자가 자신이 겪고 있는 문제에 대한 충분한 인식이나 관련 지식이 부족한 경우에는 문제정의 작업을 하는 데 한 회기 이상의 시간이 필요하며, 이 과정을 거쳐 자신이 해결하고자 하는 문제가 무엇인지 명료화할 수 있다.

둘째, 문제해결을 위한 대안 생성과 탐색을 다룬다. 문제에 대한 해결책을 생성하는 과정은 대안목록을 작성하고 대안의 장단점을 비교하며 가장 많은 장점과 가장 적은 단점을 가진 대안을 선택하는 것이다. 이 과정에서 효과적인 문제해결을 방해하는 장애물이 나타날 수 있으므로, 필요하다면 인지적 과부하를 극복하기 위한 기법으로 외현화, 시각화, 단순화를 활용할 수 있다.

셋째, 의사결정을 하는 단계이다. 이전 단계에서 생성한 대안들을 정리하고, 선택한 대안을 구체화하고 정교화하는 작업을 한다. 대안을 선택할 때 고려할 사항은 그 대안이 문제를 해결해 줄 것인지, 내담자가 그 대안을 실행할 수 있을 것인지, 또한 단기적이고 장기적인 관점에서 대안이 다른 사람에게 미칠 전반적인 영향이 무엇인지를 살펴본다. 또한 의사결정 과정에서 이를 방해하는 장애물, 즉 부정적인 생각이나 낮은 동기 등을 극복하기 위해 다양한 인지행동 기법을 활용한다. 예컨대, 스트레스 상황에서 정서조절을 할 수 없을 때에는 S.S.T.A. 기법을 사용해서 부정적 정서를 회피하지 않고 일단 멈추고 천천히 자신이 해야 할 일에 집중할 수 있도록 돕는다.

넷째, 해결책을 실행하는 단계이다. 이 단계에서는 구체적인 계획을 실행하기 위한 작업을 진행한다. 내담자에 따라 행동계획을 실행하는 데 정보를 더 얻어야 한다면 정보를 얻도록 도와주는 등 내담자에게 맞춤형으로 진행하는 것이 필요하다. 대체로 실행을 위한 동기화, 준비, 실행, 실행결과의 확인, 결과평가 및 어려움이 있는 영역의 보완 순으로 진행된다.

다섯 째, 실행결과 확인 후 목표를 재설정하는 마지막 단계다. 내담자가 지난 한 주간 해결책을 실행한 결과를 함께 확인하고, 필요하다면 목표를 재점검하거나 다른 대안적 해결책을 찾는다. 또한 내담자가 이전에 작성한 '문제목록'을 다시 살펴보고, 그동안 실행했거나 해결한 부분을 확인한다. 그리고 아직 남아 있는 해결 과제들을 다시 한번 정리하고 앞으로의 계획을 확인한다. 또한 내담자가 결과에 대해서 얼마나 만족하는지, 그 결과가 내담자가 예상했던 결과와 얼마나 일치하는지, 전반적으로 행동계획의 성과에 대해 얼마나 만족하는지 등을 평가한다.

다음 축어록에는 취업 스트레스로 어려움을 겪고 있는 내담자와 함께 문제를 정의하는 과정이 나와 있다. 상담자는 문제정의를 위해서 문제와 관련된 사람은 누구인지, 어떤 일이 생겨 힘들어하는지, 어디에서 그 일이 일어났는지, 그 상황에 대한 내담자의 반응은 어떤 것이었는지 등을 알아보는 질문을 던지고 있다(연두색 글자는 필자의 코멘트임).

상담자: 요즘 취업 때문에 스트레스가 심하다고 하셨는데, 이번 시간에는 우리가 해결해야 할 문제가 무엇인지 분명하게 정의하는 작업부터 시작하려고 해요. 취업 스트레스를 어떻게 받고 계신지 자세하게 이야기해 주시겠어요?

내담자: 취업을 하려면 준비할 게 많잖아요. 나름대로 준비하고 있는데 요즘 너무 힘들어요.

상담자: 최근에 무슨 일이 있으셨어요?

내담자: 오늘 아침에도 엄마 때문에 스트레스 받았어요. 엄마는 내가 아무것도 안 하는 줄 알아요.

상담자: 아침에 엄마와 무슨 일이 있었는데요? (내담자의 상황을 좀 더 구체적으로 알아보는 좋은 질문임.)

내담자: 아침에 밥 먹는데, 엄마가 요즘 뭐하느라 그렇게 늦게 다니냐고 하는 거예요. 제가 놀러 다니는 줄 아시는 거죠. 짜증이 좀 났어요.

상담자: 나름 열심히 준비하고 있는데 아무것도 모르시고 그렇게 말하시니까 기분이 상하셨겠어요. 그래서 자영 씨는 어떻게 하셨어요? (내담자의 상한 감정이 어떤 구체적인 행동으로 이어졌는지 탐색해 봄.)

내담자: 화가 좀 나서 내가 매일 놀러 다니는 줄 아냐고 엄마한테 소리를 질렀어요. 지금 말하다 보니까 엄마는 그냥 물어본 거 일 수 있는데 그때는 정말 마음이 안 좋았거든요.

상담자: 그러니까 자영 씨가 노력하는 걸 어머니가 몰라주는 게 속상하셨나 봐요.

내담자: 그런 것도 있고, 그냥 요즈음은 기분이 안 좋을 때가 많아요.

상담자: 최근에 다른 상황에서도 마음이 안 좋았던 적이 있으셨어요? (내담자가 어떤 상황에서 기분이 안 좋았는지 구체적으로 물어보는 좋은 질문임.)

내담자: 얼마 전에 같은 과 친구가 취직이 됐다는 소식을 들었을 때도 마음이 심란했어요. 좀 불안하기도 하고 초초하기도 하고 그랬어요.

상담자: 왜 그렇게 불안하고 초조했던 것 같으세요?

내담자: 제가 다른 친구들에 비해 해 놓은 게 너무 없는 것 같아서요. 저도 취업 준비가 부족한 거 같아서 걱정되고 불안한데 주변에서 건드리면 너무 힘들어지는 것 같아요. 엄마한테도 그래서 폭발한 거 같기도 하고요.

상담자: 처음에 이야기를 시작했을 때는 어머니 때문에 스트레스를 받는다고 하셨는데…. 지금 자영 씨 이야기를 들어 보니까 다른 사람에 비해 취업 준비가 부족하다고 생각하시는 게 중요한 부분이네요.

내담자: 맞아요. 요즘 나름대로 자격증 시험 준비도 하고 있고 공모전 준비도 하는데, 계속 남들보다 부족한 게 많은 것 같아서 초조하고 불안해져요. 그러다 보니까 집중도 안 되고 짜증만 나요.

상담자: 그럼 취업 스트레스에서 어떤 문제를 제일 먼저 다루는 게 좋을까요?

내담자: 불안한 마음이 제일 문제인 것 같아요.

상담자: 맞아요. 남들보다 취업 준비가 부족한 것 같다는 걱정과 불안한 마음이 차분하게 취업 준비를 하는 데 방해가 되는 것 같네요. 그럼 이 불안한 마음을 다루려면 어떻게 해야 할지 살펴봅시다.

상담자는 내담자의 불안에 대해 이야기하면서 내담자가 과도하게 높은 기준을 세우고 잘해야 한다는 부담감을 많이 가지고 있다는 점을 발견하고, 내담자의 높은 기준을 현실적으로 조정하는 작업을 하였다. 또한 다른 사람들과 비교하는 습관을 수정하고, 자책하는 생각이 들 때마다 대안적 생각('지금부터 잘해도 늦지 않아.' 등)으로 바꾸도록 하였다. 이와 함께 내담자가 걱정만 많이 하고 취업에 대한 정보를 실제로 찾아보는 일을 너무 어렵게 생각해서 계속 회피하고 있었다는 것을 알게 되었다. 상담자는 도구세트 1(인지 과부하 극복하기)을 사용하여 취업에 필요한 정보를 내담자와 함께 목록으로 만들고, 정보를 얻기 위해 해야 할 일을 몇 개의 작은 과제로 나누어 단계적으로 실행해 보도록 도왔다. 이런 과정을 거쳐 내담자는 취업에 필요한 정보를 찾을 때 느꼈던 어려움이 많이 줄어들었다고 말했다. 내담자는 12회기 상담 후 자기보고검사에서도 취업 스트레스가 상당히 줄어든 것으로 나타났다. 그녀는 취업 준비를 하면서 어떤 문제에 부딪힐 때마다 이전처럼 불안해하면서 회피하지 않고 문제해결을 위한 대안들을 찾아보고 실행할 수 있었던 점이 도움이 되었다고 했다.

제 11 장

수용
기법

인지행동치료에서 내담자로 하여금 자기 자신이나 다른 사람들을 있는 그대로 수용[6]하도록 촉진하는 것은 변화중심 인지행동치료를 보완하는 매우 중요한 개입이라고 볼 수 있다. 변증법적 행동치료(dialectical behavior therapy: DBT)를 개발한 Linehan(1993)은 성급하게 변화를 촉구하게 되면 내담자를 충분히 이해하지 못할 뿐 아니라 부지중에 내담자를 깎아내리고 그들의 경험을 충분히 타당화해 주지 않게 된다고 지적하며, 변화와 수용의 균형을 강조하였다. 비슷한 시기에 Jacobson과 Christensen, 그리고 Babcock(1995)도 행동부부치료의 한계를 보완하기 위해 통합적 행동부부치료(integrative behavioral couple therapy: IBCT)를 개발하고, 부부간에 해결할 수 없는 차이가 있을 때 변화하기 힘든 차이를 수용하는 것이 오히려 부부간의 친밀감을 촉진할 수 있다고 주장하였다. 최근에는 인지행동치료의 틀 안에서 수용기반 개입을 강조한 DBT나 IBCT를 넘어서서 수용기반 개입을 치

---

6) 수용은 내담자의 경험을 바라보는 관점 자체를 다룬다는 점에서 기법으로 보기보다는 거시적인 접근이라고 보는 것이 더 적절하다. 그렇지만 이전 장들의 제목과 일관성을 가지기 위해 수용 기법이라고 부르기로 한다.

료의 주 접근법으로 사용하는 마음챙김 기반 인지치료나 수용전념치료가 널리 받아들여지고 있다.

이를 반영하듯 최근 10년간 수용전념치료의 효과를 검증한 연구들이 쏟아져 나오고 있으며, 전통적 인지행동치료와 수용전념치료의 효과를 비교하는 연구들도 활발하게 이루어지고 있다. 보다 최근에는 어떤 내담자들이 인지행동치료에 더 잘 반응하고, 어떤 내담자들이 수용전념치료에 더 잘 반응하는지 알아내고자 하는 조절변인에 대한 연구들도 계속 나오고 있다(Niles, Wolitzky-Taylor, Arch, & Craske, 2017; Wolitzky-Taylor, Arch, Rosenfield, & Craske, 2012). 아직까지는 변화중심 기법과 수용중심 기법을 혼합해서 사용한 치료의 효과를 검증한 연구들이 소수에 불과하지만, 앞으로는 변화중심의 인지 기법이나 행동 기법을 사용하면서 필요한 경우 수용중심 기법을 효과적으로 사용하는 방법에 대한 더 많은 논의와 경험적 연구가 이루어질 것으로 보인다.

이 장에서는 내담자의 사고나 감정 혹은 반응에 대해 수용적 접근을 하는 몇 가지 기법을 소개하고자 한다. 수용적 접근의 기본적인 가정이나 치료적 절차에 관심이 있는 상담자는 마음챙김 기반 인지치료나 수용전념치료를 소개한 다양한 책을 참고하기 바란다(문현미, 민병배 공역, 2010; 손영미, 안정광, 최기홍 공역, 2019; 이우경, 이미옥 공역, 2018).

1. 자동적 사고에 대한 마음챙김

내담자에게 부적응적이고 왜곡된 사고가 있다는 것을 발견할 때 전통적 인지행동치료에서는 사고의 내용을 검토하고 바꾸는 데 주력하지만, 마음챙김 기반 인지치료나 수용전념치료에서는 생각을 마음속에서 일어났다가 사라지는 하나의 지나가는 사건으로 바라보도록 한다. 예를 들어, 방금 사무실에서 일어난 일에 대해 내담자 마음속에 하나의 생각(예: '올해도 승진이 힘들겠네.')과 부정적인 감정(예: 우울감, 분노)이 일어났을 때, 이에 대해 반추하거나 혹은 회피하면서 기대(예: '올해는 꼭 승진하고 싶다.')와 일치하는 방향으로 상황을 바꾸려고 어떤 행동을 취할 수 있다. 이것은 보통 사람들이 자신의 생각과 감정을 바라보는 전형적이고 일상적인 방식이라고 볼 수 있다. 마음챙김은 "의도적으로 지금 이 순간에 어떤 판단도 하지 않고 순간순간 일어나는 경험에 주의를 기울이며 알아차리는 것"으로서, 자기의 경험을 있는 그대로 '수용하고' '허용하는' 것이다. 이러한 마음 상태로 내담자가 자신의 생각을 바라보게 되면 모든 생각을 단지 일어났다가 사라져 가는 하나의 생각으로 경험하게 되어, 자신의 의식의 흐름을 판단이나 평가 없이 단순하게 관찰하게 되고, 자연히 그 생각에서 받는 영향도 줄어들게 된다. 마음챙김은 지금 여기의 현실을 있는 그대로 기꺼이 받아들이면서 자신에게 일어나는 것을 온전히 경험하게 하는 것이다('생각은 단지 생각일 뿐이다.' '생각은 사실이 아니다.'). 따라서 마음챙김은 사고를 반박하거나 수정하기보다는 사고를 부드럽고 수용적인 태도로 바라보면서 사고의 내용에 매이지 않게 만들어 준다. 이러한 접근은 내담자로 하여금 자동적 사고로부터 거리를 두고 그 사고에 말려들어 가지 않도록 하여 사고의 부정적인 영향을 줄이게 만든다고 볼 수 있다.

　그렇다면 내담자로 하여금 마음챙김하며 자동적 사고를 바라보게 하려면 어떻게 해야 하는가? 뒤에서 소개되는 마음챙김 명상훈련을 통해 내담자들에게 마음챙김을 배우게 할 수 있다. 마음챙김 명상훈련은 내담자들이 자신의 순간순간의 사고, 감정 그리고 신체감각을 판단하지 않고 충분히 경험하도록 주의를 기울이는 연습을 하게 해 주어 일상생활에서도 마음챙김 상태를 가지게 하는 데 큰 도움이 된다. 또한 수용전념치료에서는 내담자들이 생각을 단순히 마음속에 떠오른 하나의 정신적 사건으로 관찰하고 지각하도록 다양한 메타포를 사용하기도 한다. 한 가지 예를 들어 보면, "지금 마음속에 일어나는 생각을 알아차리기 위해 몇 분 동안 혼자 영화관에 앉아 있다고 상상해 보세요. 당신은 빈 스크린을 보고 있고 단지 어떤 생각이 떠오르기만을 기다리고 있어요. 생각이 떠오르면 그것을 알아차리고 자연스럽게 관심을 가져 보세요."와 같은 메타포를 활용한다. 이런 메타포는 내담자들이 생각에 대해 한발 물러나서 생각이 나타났을 때 알아차리고 또 지나가는 것을 바라보도록 도와준다.

물론 내담자들의 마음속에 떠오르는 생각들('나는 아무짝에도 쓸모가 없어.' '나는 이 일을 절대로 끝내지 못할 거야.')이 너무 부정적이어서 단지 생각으로만 바라보는 것이 힘들게 느껴지는 경우가 있다. 이때 내담자에게 '생각의 폭포수'라는 메타포를 사용하여 폭포수에 끌려들어 가지 않도록 폭포수 뒤에 서 있으면서 다음과 같은 방법을 사용하라고 안내해 주기도 한다. 첫째, 내담자로 하여금 주의를 호흡에 다시 돌려 보게 한다("그 생각이 당신과 아주 가까이 있어서 그 힘을 느낄 수 있지만 그래도 그것은 당신이 아닙니다. 호흡에 집중하게 되면 지금 이 순간 무슨 일이 일어나고 있는지 더 잘 자각하고 깨어 있는 데 도움이 됩니다."). 둘째, 강렬한 생각이나 감정에 수반되는 신체감각에 초점을 맞추게 한다("몸 전체로 주의를 확장해 보도록 하세요. 부드럽게 자각의 초점을 감각이 가장 강렬한 신체 부위로 옮겨 보세요. 그러고 나서 자각하고 있는 신체감각과 함께 호흡해 보세요. 반복해서 '좋아. 그것이 무엇이든 간에 괜찮아. 있는 그대로 이것을 느껴 보자.'라고 하는 것이 도움이 될 수 있습니다."). 호흡과 신체감각에 주의를 기울이면서 '지금-여기'를 좀 더 잘 자각하게 되면, 내담자가 강렬한 생각이나 감정에 사로잡히는 대신 보다 넓은 관점을 취할 수 있게 된다.

이 외에도 다양한 메타포와 절차를 활용해서 내담자로 하여금 자신의 사고에 대해 마음챙김하며 바라볼 수 있게 해 준다. 그렇다면 상담자가 내담자의 자동적 사고에 개입할 때 언제 변화시키는 개입을 할 것이며, 언제 자동적 사고를 단지 하나의 정신사건으로 바라보게 할 것인가? 이 질문에 대한 간단한 답을 찾기란 쉽지 않으며, 상담자가 선호하는 개입에 따라 답이 달라질 가능성이 있다. 필자는 내담자의 역기능적 사고를 살펴봤을 때, 변화 가능성이 높다면 변화중심의 개입을 시도하라고 권하는 편이다. 변화중심의 접근은 치료 효과에 대한 근거를 가지고 있으며, 내담자 삶의 전반적인 방식을 변화시키기보다 부적응적인 일부 측면에 초점을 맞추기 때문에 더 시간-효율적이라고 볼 수 있다. 또한 내담자의 사고를 관찰하고 검토하는 과정에서 내담자로 하여금 자기의 사고에서 일정한 정도의 거리감을 유지하고(탈중심화) 사고의 유연성을 가지도록 도와줌으로써 건강하고 적응적인 삶을 살도록 이끌 수 있다.

그렇지만 내담자의 사고에서 일부 측면만 다루는 것으로 충분하지 않은 내담자들에게는 삶의 전반적인 방식을 재조정하는 수용적 접근이 더 나은 결과를 가져올 수도 있다. 예컨대, 내담자의 우울증이 만성적이고 재발이 잦다면 자동적 사고가 더 부정적이며 자기영속적일 가능성이 높다. 또 공병장애가 있을 때 부정적인 자동적 사고의 범위가 더 넓을 수 있다. 비슷한 부정적인 자동적 사고를 보이더라도 내담자의 핵심신념이 매우 경직되어 있고 어린 시절의 부정적인 경험에 깊이 뿌리박혀 있다면 사고를 변화시키기가 쉽지 않을 것이다. 이런 경우에는 자동적 사고를 변화시키는 작업보다 자동적 사고를 바라보는 관점 자체를 변화시키는 수용적 개입이 더 효과적일 수 있다.

2. 타당화 기법

변증법적 행동치료에서는 수용과 변화의 균형을 추구하는데, 타당화[7] 기법이 중요한 수용적 개입으로 작용한다. 타당화란 상담자가 내담자의 현재 삶의 맥락이나 상황에서 그/그녀의 반응이 타당하고 이해할 만하다고 보고 적극적으로 내담자를 수용하고, 이를 내담자에게 소통하는 것이다. 공감이 내담자가 경험한 것을 그 사람의 관점에서 이해하고 느끼는 것이라면, 타당화란 한 걸음 더 나아가서 내담자가 어떤 맥락에서 그렇게 생각하고 느끼는 것인지를 이해함으로써 그럴 만한 이유가 있어서라고 인정해 주고 수용해 주는 것이다. 타당화를 하기 위해서는 상담자가 내담자의 반응에 내재되어 있

---

7) 타당화는 영어의 validation을 번역한 용어다. 내담자에게 '타당화해 준다.'라는 용어를 사용하면 생소하고 어렵게 느끼는 경우가 많아 '수긍해 준다.' '인정해 준다.' 등 내담자가 쉽게 이해할 수 있는 용어를 사용하는 것이 좋다.

는 타당한 측면을 발견하기 위해 적극적으로 노력해서 그것을 찾아 내담자에게 반영해 주어야 한다(Linehan, 1993, pp. 222-223). 타당화란 반드시 긍정적일 필요가 없으며, 긍정성 혹은 부정성에 상관없이 특정 상황에서 내담자의 반응이 충분히 납득할 수 있는 반응이라는 메시지를 전달하는 것이다. 그렇지만 상담자가 타당한 어떤 것을 임의로 만들어 내서는 안 되며, 더욱이 타당하지 않은 것을 타당화해서는 안 된다.

Linehan(1997)은 타당화를 여섯 수준으로 구분했는데, 마지막 두 수준의 타당화를 변증법적 행동치료의 독특한 특징이라고 보았다. 첫 번째 수준에서는 진지하게 경청하는 것으로서, 내담자가 말하고 느끼고 행동하는 것을 잘 경청하고 관찰해서 이해하는 것이다. 두 번째 수준에서는 정확하게 반영하는 것이다. 상담자가 비판단적인 태도로 내담자가 말하고 느끼고 행동하고 경험한 것을 정확하게 반영해 줌으로써 타당화해 준다. 세 번째 수준에서는 마음을 읽어 주는 것으로서, 상담자가 내담자의 경험과 반응이 어떠했을지 내담자가 말하지 않는 것까지 헤아려서 말해 줌으로써 타당화해 준다. 이때 상담자는 내담자가 미처 표현하지 못한 생각과 감정을 정확하게 공감해 줄 수 있어야 한다.

네 번째 수준의 타당화에서는 내담자의 감정과 생각과 행동들이 원인이 있기 때문에 일어나는 것으로 이해한다. 이때 부적응적인 행동이 내담자가 얻기를 원하는 결과나 목표를 생각하면 타당하지 않은 행동이지만, 잘못된 선행사건들의 연쇄에 비추어 보면 납득할 수 있는 타당한 행동이라는 것이다. 다섯 번째 수준의 타당화에서는 내담자의 행동을 현재 사건의 맥락뿐 아니라 생물학적 요인과 궁극적인 인생목표까지 고려해서 이해하는 것이다. 상담자는 흔히 어떤 행동의 역기능적인 측면에 초점을 맞추느라 그 행동의 이해할 만하고도 타당한 측면을 간과하기 쉽다. 예컨대, 진정제를 과다투여해서 자살을 시도한 내담자의 행동은 의미 있는 삶을 꾸려 나가겠다는 장기적인 인생목표에 비추어 봤을 때는 타당하지 않은 행동이라고 할 수 있다. 그러나 생물학적으로 정서조절에 매우 취약한 내담자가 현재 정서조절을 할 수 있는 능력을 갖추지 못하고 있는 상태에서 엄청난 정서적 고통을 즉시 멈추는 데는 타당한 방법이었다고 수긍해 주는 것이다. 여섯 번째 수준의 타당화에서는 내담자의 실제적인 어려움이나 무능력을 정확하게 파악하고 공감적으로 이해하지만, 동시에 내담자를 있는 그대로 한 사람의 인간으로서 그 존재를 인정해 주는 것이다. 비록 내담자의 삶이 내담자가 원하던 대로 흘러오지 않았지만, 내담자에게는 살 만한 가치가 있는 인생으로 전환시켜 갈 내적인 힘과 역량을 가지고 있다는 것을 인정해 주는 것이다. 이때 상담자는 내담자가 변화할 수 있으며, 자기의 목표를 향해 나아갈 수 있는 내재적인 힘을 가지고 있다는 것을 믿어 줌으로써 내담자를 타당화해 준다.

많은 내담자가 자신의 반응을 적절하지 않은 것으로 치부하고 타당화해 주지 않는 환경에서 성장했을 가능성이 높으며, 현재 환경도 그럴 가능성이 높기 때문에 치료에서 타당화를 제대로 해 주는 것은 매우 중요하다. 상담자가 타당화를 해 주면("○○ 씨가 그날 친구들 앞에서 술을 많이 마시고 울어서 친구들이 당황했겠지요. 그렇지만 그동안 친구들에게 소외되고 이해받지 못해 섭섭했던 마음이 쌓였고 그런 마음을 나눌 기회가 없었던 걸 생각해 보면 너무나 이해가 돼요.") 내담자의 입장에서 볼 때 자신의 감정이 상황에 맞지 않게 격앙되었거나 돌출적인 반응이었더라도 그럴 만한 배경이 있었기 때문에 납득할 만하다고 인정받게 된다. 즉, 자신이 예측할 수 없는 이상한 사람이 아니며 내면적으로 그런 행동을 한 것이 예측 가능하고 나아가 통제할 수 있을 것이라고 생각하게 되어 안정감을 가질 수 있다.

만일 치료에서 역기능적이고 지나친 감정을 조절하고 변화시키는 데 너무 중점을 두다 보면 내담자의 반응을 타당화하는 데 소홀하게 되고, 그 결과 내담자가 이해받지 못한다고 느끼고 압도되기 쉽다. 변증법적 행동치료뿐 아니라 전통적 인지행동치료에서도 상담자가 내담자에게 타당화를 통한 수용과 변화를 적절하게 추구하는 것은 매우 중요하다. 필자가 보기에 인지행동치료를 하는 상담자들이 내담자에게 변화를 이루겠다는 마음이 너무 앞서게 되면, 내담자의 경험을 충분히 타당화해 주지 않은 채 변화중심의 기법을 적용하기 쉬운 것 같다. 이때 내담자는 상담자로부터 이해받지 못한다고 느끼고, 그 결과 변화를 이루는 데도 수동적으로 따라가게 되어 협력적인 작업을 할 수 없게 된다. 특히 치료 초기에 치료적 관계가 단단하게 형성되기 전에는 타당화를 충분히 해 주는 것이 필요하다.

3. 자기경험에 대한 수용

수용전념치료에서 수용이란 "순간순간의 경험에 대해 의도적으로 개방하고 받아들이며 유연해지고 판단하지 않는 자세를 자발적으로 도입하는 것"이라고 정의하고 있다(Hayes, Strosahl, & Wilson, 2012, p. 272). 진정한 의미의 수용이란 본인이 선택해서 자신의 힘든 심리적 경험에 다가가 마음을 열고 현재에 머물러 있는 것이지만, 내담자들에게 수용이라고 하면 포기하거나 억제하거나 참는 것으로 생각하기 쉽다. 따라서 내담자가 진정한 수용의 개념을 파악하기 전에 수용이라는 용어를 사용하기보다는 '공간 허용하기' '공간 만들기' '개방하기' '투쟁 내려놓기' '끌어안고 있기' '느슨하게 쥐고 있기' 등의 표현을 사용하는 것이 더 낫다. 또한 수용에 대한 개념을 내담자가 이해하기 쉽게 종이 밀어 내기 활동과 같은 신체적 비유를 통해 설명해 주는 것도 좋은 방법이다. 다음 축어록은 『ACT 상담의 난관 극복하기』(Harris, 2017)에 나온 수용에 대한 설명이다.

상담자: 여기서 간단한 활동 하나를 해 봐도 될까요? (내담자에게 종이 한 장을 건네며) 이 종이가 당신이 없애고 싶은 모든 고통스러운 생각과 감정이라고 합시다. 이 종이를 두 손으로 꽉 쥐고 당신으로부터 가장 멀리 떨어질 수 있도록 밀어내어 보세요.

내담자: (두 손으로 종이를 붙든 채 팔을 한껏 뻗어서 종이를 밀어 낸다.)

상담자: 좋습니다. 조금 더 멀리 밀어 낼 수 있는지 보세요. 팔꿈치를 펴고, 어깨가 빠질

정도를 팔을 쭉 뻗어 보세요. 종이가 당신으로부터 최대한 멀리 떨어질 수 있도록… 네, 좋아요! 당신이 지금 하고 있는 것은 우리 문화가 우리에게 가르쳐 준 방법이에요. 불쾌한 감정들은 우리로부터 가장 멀리 떨어뜨려 놓고 계속해서 거리를 두는 것이죠. 하지만 이걸 해 보면서 세 가지를 느껴 보셨으면 합니다. 첫째는 이런 노력이 얼마나 피곤한지 느껴 보세요. 피곤하지 않으신가요?

내담자: (고개를 끄덕인다.)

상담자: 걱정 마세요. 너무 오랫동안 하시도록 두진 않을게요. 둘째로는 이 노력이 얼마나 주의 집중을 방해하는지 보세요. 이걸 하면서 영화를 보거나, 책을 읽거나, 다른 누군가와 대화를 나눈다고 생각해 보세요. 그 일들에 온전히 참여하고 즐기는 것이 얼마나 힘들겠어요? 세 번째로, 제대로 생활하는 데 필요한 것들을 할 수 없게 만드는 것을 보세요. 이걸 하면서 요리를 하거나, 운전을 하거나, 컴퓨터로 문서 작업을 하거나, 사랑하는 누군가를 안아 주는 것을 상상해 보세요. 얼마나 어렵겠어요? 자, 이제는 그 종이를 무릎에 내려놓으세요.

내담자: (종이를 무릎에 내려놓는다.)

상담자: 차이점을 보세요. 구체적으로는 이 세 가지를 주목해 보셨으면 해요. 첫째, 얼마나 힘이 덜 들어가는지, 또 덜 피곤한지, 둘째, 얼마나 덜 산만한지 또 영화를 보면서 대화에 참여하는 것이 더 쉬워지는지, 셋째, 당신의 삶을 위해 필요한 일들을 하는 게 얼마나 더 쉬워질지 팔을 자유롭게 움직여 느껴 보세요. 이제는 요리를 하고, 컴퓨터로 문서 작업을 하고, 누군가를 안아 주는 게 훨씬 쉽겠지요? 또 (내담자의 무릎 위에 놓인 종이를 가리키며) 그 감정들이 사라지지 않은 것을 보세요. 그것들은 아직 당신과 함께 있지만, 당신은 예전과 달리 반응하고 있어요. 결과적으로 그것들은 당신에게 영향을 덜 미치고 있네요. 이제 당신은 생활을 위해 필요한 일들을 자유롭게 해내고, 하는 일에 온전히 참여하여 최대한 많은 것을 얻을 수 있게 됩니다. 어떻게 이렇게 할 수 있는지 배워 보시겠어요?

내담자: 그런데 이렇게 해 버리면 되지 않나요? (종이를 집어 올리더니 바닥에 던진다.)

상담자: 글쎄요. 당신은 이미 그런 시도를 수도 없이 해 봤을 거예요. 그냥 없애 버리려고 하는 노력은 술, TV, 컴퓨터, 휴가, 쇼핑, 독서, 음악 감상, 운동 등을 통해 해 보셨

을 거예요. 그런데 그렇게 하고 나면 사실 그 감정이 일시적으로 없어지기는 하지만 곧 다시 돌아오지 않던가요? 그러니까 이렇게 하는 것은 (종이를 던져 버리는 행동을 하기) 사실 이렇게 하는 것이랑 똑같아요. (새 종이 하나를 꺼낸 후 두 팔을 뻗어 종이를 밀어 낸다.) 자, 이렇게 하는 건 (종이를 무릎 위에 내려놓는다.) 어떻게 하는 건지 알고 싶으세요?

　수용기반 개입은 대부분 생각이나 감정을 직접적으로 바꾸지 않고, 다만 그것들이 행동에 도움이 되지 않는 영향을 줄 때 그 영향을 줄여 주는 접근을 한다. Forsyth와 Ritzert(2018)는 심리적 수용을 촉진하기 위한 실제적 지침을 다음과 같이 제시하고 있다.

　첫째, 조절하려고 해도 잘 되지 않는다는 사실을 직면시킨다.

　수용기반 개입을 하기 전에 선행되어야 할 중요한 작업은 내담자의 경험을 공감해 주고 고통을 인정하고 수긍해 주는 것이다. 그 고통을 없애 버리고 싶은 마음이 지극히 자연스럽고 정상적이라는 사실을 말해 주어야 한다. 만일 이런 준비 작업 없이 수용으로 곧바로 넘어가면, 내담자는 상담자가 자신을 이해하는 마음이 없고 자신의 고통을 진지하게 받아들여 주지 않는다고 생각할 가능성이 높다. 그런 다음, 내담자가 자기경험을 조절할 수 없다는 것을 알도록 다음과 같은 질문을 한다. 보통 첫 회기나 두 번째 회기에서 "그 문제를 풀기 위해 이제까지 어떤 것을 시도해 보셨나요?" "그걸 해 보셨을 때 결과가 어떠셨어요?"와 같은 질문을 통해, 내담자가 시도해 본 것이 단기적으로 심리적 위안은 주지만 장기적으로는 도움이 되지 못한다는 것을 직면하도록 돕는다. 이때 내담자가 조절하려고 애를 쓰면서 계속 씨름을 하는 동안 좀 더 유용한 어떤 것을 할 수 있는 기회를 놓치게 된다는 점에도 주의를 환기시킨다.

　둘째, 좀 더 넓은 관점으로 바라보는 기술을 가르친다.

　내담자가 수용하기 위해서는 자신의 심리적 경험을 그대로 관찰하면서 좀 더 넓은 시각으로 바라볼 수 있어야 한다. 그러기 위해서는 자신의 생각과 느낌에 함몰되지 않고 좀 더 넓은 관점으로 바라보는 기술을 익혀야 한다. 이를 위해 내담자에게 자신의 경험을 관찰자로서 말해 보게 하거나, 마음챙김훈련을 통해서 자기 생각과 느낌을 열린 마음으로 관찰하고 알아차리도록 한다.

셋째, 자애와 자비의 마음을 가지도록 한다.

내담자들이 상담에 올 때에는 자신에 대해 매우 가혹하고도 비판적인 자세를 취하는 경우가 많다. 물론 힘든 감정과 여러 문제로 씨름하고 있는 동안 자기 자신을 따뜻한 마음으로 대하기는 쉽지 않다. 수용전념치료에서는 자애와 자비를 느낌이 아니라 회기 안과 밖에서 실천해야 할 새로운 자세라고 강조한다. 힘든 아이를 대하는 부모의 은유는 이 점에서 매우 도움이 된다("아이가 화가 나 있거나 잘못된 일을 할 때 부모가 소리치면서 야단을 치면 오히려 상황을 악화시키는 때가 더 많지요. 오히려 부모가 좀 더 부드럽게 대하고 다정하게 다가감으로써 부정적 에너지를 바꿀 가능성이 더 높아져요. 저는 ○○ 씨가 자신에 대해서도 이렇게 좀 새로운 방식으로 접근해 보셨으면 좋겠어요."). 내담자가 자신의 고통스러운 상태에 대해 마치 어린아이를 대하는 듯 자애롭고 따뜻한 마음으로 보듬어 주도록 권한다.

넷째, 기꺼이 하려는 마음과 마음챙김 수용을 조성한다.

기꺼이 하려는 마음은 내담자가 앞으로 어떤 일이 일어날지 모르면서도 개방된 자세로 미래를 향해 뛰어드는 것이다. 수용을 할 때 고통스런 감정들이 줄어들거나 없어지기도 하지만, 그것은 어디까지나 수용의 부수적인 결과이지 주된 목적은 아니라는 것을 따뜻한 태도로 짚고 넘어가야 한다("수용을 하는 이유는 ○○ 씨가 느끼는 감정을 없애기 위한 것이 아니에요. 그럴 수도 있지만 꼭 그런 결과가 따라오지는 않아요. 수용을 하는 진정한 이유는 ○○ 씨가 그 감정들과 투쟁하는 것을 멈춰 자유롭게 하기 위한 것이지요. 그렇지만 이런 시도를 해 보는 것은 전적으로 ○○ 씨의 선택이에요."). 상담자는 내담자에게 무엇이 일어나는지 기꺼이 경험해 볼 것인지 물어봄으로써, 내담자가 모르는 곳으로 발을 들여놓으면서 자신의 선택과 행동을 스스로 제어하는 연습을 하게 된다. 이 연습을 통해, 내담자가 어떤 경험을 하게 되든지 이를 향해 마음챙김과 자애로운 입장을 기꺼이 취하게 하는 것이 목표다. 이런 자세를 익히게 되면 수용이 훨씬 용이해진다.

다섯째, 내담자의 가치 맥락에서 수용을 다룬다.

수용을 내담자의 가치 맥락에서 다룸으로써 내담자가 진정으로 소중히 여기는 것을 추구하려는 목적에서 이를 한다는 것이 더 뚜렷해진다. 즉, 수용이 단지 고통을 위한 고통이 아니고 새로운 형태의 회피나 자기위안이 되지 않게 막을 수 있다. 그러므로 수용기반 개입에서 수용을 내담자의 가치나 다른 긍정적 동기와 적극적으로 연결시키는 작업이 매우 중요하다. 예를 들어, 사회불안이 높은 내담자가 사람들과의 대화에서 원하지 않는 불안반응이 나타나는 것을 판단하지 않고 관찰하며 있는 그대로 수용하도록 격려할 때, 그가 가치 있게 생각하는 일과 관련지어 다룬다. 즉, 그가 현재 하고 있는 일인 도서관 사서의 일에 집중하고 충실하게 하기 위한 것임을 강조함으로써 가치의 맥락에서 수용을 촉진한다.

4. 마음챙김훈련

마음챙김(mindfulness)은 내담자가 현재 순간의 경험에 대해 판단하지 않고, 수용적이고 자애적 태도를 가지고 주의를 기울이며 알아차림(awareness)하도록 돕는 개입이다. 마음챙김 개입은 변증법적 행동치료에서 중요한 치료모듈로 포함되어 있으며, 수용전념치료나 마음챙김에 근거한 스트레스 감소 프로그램(MBSR), 마음챙김에 근거한 인지치료(MBCT)의 핵심요소라고 볼 수 있다. 마음챙김훈련은 이들 치료 외에도 다양한 인지행동치료 프로그램에 포함되어 내담자의 정서조절이나 고통감소에 활용되고 있다. 마음챙김훈련에서 명상적 요소를 얼마나 심도 있게 다루는가에 따라 개입의 내용이나 기간이 달라지지만, 모든 마음챙김 개입의 공통점은 내담자들의 사고나 행동을 변화시키는 대신 그들의 감정이나 사고 혹은 내적 경험을 수용하는 데 초점을 두고 있다.

예를 들어, 기분이 슬픈 사람이 슬픈 기분에 주의를 기울이면서 슬픈 기분에 빠지는 것은 자신이 어리석고 약하기 때문이라고 비난할 수 있다. 또 어떻게 이 슬픈 기분이 생겼는지, 어떻게 하면 이것을 없앨 수 있는지 반추하거나 이를 억제하고 회피할 수 있는데, 이 모든 것은 마음챙김에서 멀어지는 것이라고 볼 수 있다. 슬픈 기분에 대해 마음챙김을 한다면 슬픔이 몸 어디에서 느껴지는지, 시간이 지나면서 어떻게 바뀌는지를 열린 마음으로 관찰하면서, 슬픔이라는 경험에 자신을 개방하고 우호적인 관심과 자애로운 마음으로 대하는 태도를 가지는 것이다. 마음챙김에서 중요한 것은 회피하지 않고 저항하지 않으며 있는 그대로 바라보고 받아들이는 태도를 가지는 것이다.

마음챙김훈련의 적용 대상　마음챙김훈련은 우울증, 범불안장애, 폭식장애, 외상 후 스트레스장애, 물질남용장애, 경계선 성격장애 등 다양한 정신장애치료에 포함되어 왔다. 또한 의학적 질병을 가지고 있는 사람들이나 비임상집단의 고통이나 통증을 감소시키는 데 활발하게 사용되고 있다.

마음챙김훈련의 내용　마음챙김훈련은 그 이론적 기반에 따라 다양한 방식으로 진행된다. 이러한 다양성에도 불구하고 마음챙김훈련에는 공통적으로 현재 경험에 온전한 주의를 기울이는 주의훈련의 요소와 경험에 대한 수용과 개방성, 자애롭고 비판단적 태도를 함양하는 요소가 포함되어 있다. 구체적으로 명상 실습, 바디스캔, 마음챙김훈련 등이 활용되고 있다.

마음챙김훈련의 절차　현재 마음챙김을 위한 다양한 훈련이 개발되어 활용되고 있다. 여기에서는 가장 널리 활용되는 정좌 명상, 건포도 명상, 바디스캔을 간단히 소개하고자 한다. 마음챙김훈련의 자세한 내용과 절차는 마음챙김 기반 스트레스 감소 프로그램이나 마음챙김 기반 인지치료를 소개한 책들에 자세히 나와 있다. 상담자는 내담자와 함께 적합한 실습 방법을 선택해서 매일 마음챙김 실습을 하고 일지로 적어 기록하도록 한다. 상담자는 하루 중 언제가 명상 실습을 하기에 좋은 시간인지, 그리고 실습을 할 수 있는 조용한 장소가 어디인지, 주말에는 어떻게 시간을 낼지, 어떤 방해요인이 예상되는지 등에 대해 이야기해 보고, 규칙적인 실습시간을 갖도록 격려한다.

● 정좌 명상 실습 ●

이는 불교의 명상 전통에 깊은 뿌리를 가지고 있는 대표적인 마음챙김 실습법으로, 편안하고 이완된 자세로 깨어 각성된 상태에서 자신의 주의를 현재 경험에 두는 훈련이다. 정좌 명상을 시작할 때 내담자가 편안하고 안정된 방식으로 앉아 경직되지 않은 채, 등을 똑바로 펴고 어깨는 이완시키고 턱은 약간 안으로 당기면 된다. 그런 다음, 호흡의 감각과 움직임에 주의를 기울이는 것에서부터 시작하는데, 호흡을 조절하려 하지 말고 그것이 몸에서 들어오고 나가는 것을 관찰하도록 한다. 즉, 호흡이 자각의 첫 번째 초점이 되는 것이다. 호흡을 자각한다고 느껴지면 의도적으로 호흡뿐 아니라 신체 전체로 감각을 확장한다. 호흡할 때 호흡이 들어왔다 나갔다 하는 것을 자각함과 동시에, 아랫배의 움직임을 자각하면서 초점 대상을 옮겨 신체 각 부분에 주의를 집중하도록 한다. 매 순간 신체를 통해 느껴지는 감각의 실제에 주의를 기울인다. 이때 마음이 반복적으로 호흡과 신체감각을 떠나 방황하는 것을 발견하게 된다. 이것은 자연스럽고 당연한 일이며, 결코 실패나 실수가 아니다. 자신의 주의가 호흡에서부터 다른 것으로 옮겨 갈 때, 방황하는 마음에 대한 판단과 비난을 내려놓고 자신의 마음이 어디로 갔는지 바라본 후 다시 호흡으로 주의를 돌아오게 하면 된다. 실습을 계속 하다 보면 주의 초점이 다시 신체감각이나 소리, 생각, 감정과 같은 다른 경험으로 연속적으로 이동하게 된다. 주의가 표류하는 것을 발견하는 경우, 호흡과 신체감각에 다시 초점을 돌리고 지금, 그리고 여기로 되돌아오면 된다. 이런 경험을 하게 될 때, 그것이 어떤 것이든 수용과 자애로운 마음으로 관찰한다.

●건포도 명상 실습●

Kabat-Zinn 박사가 개발한 마음챙김 스트레스 감소 프로그램(MBSR)의 한 부분으로, 건포도 먹기 과정을 통해 순간순간 무엇이 일어나고 있는지 주의를 집중함으로써 지금 현재의 경험을 알아차리고 이 순간과 연결되도록 훈련하는 명상 실습법이다. 초보자도 쉽게 따라 할 수 있어 마음챙김훈련에 널리 사용되고 있다. 다음의 절차대로 시행하고, 각 단계마다 잠시 멈추고 주의를 집중함으로 알아차림하도록 한다.

- 첫 번째 단계(잡기): 건포도 한 알을 잡아서 손바닥 혹은 손가락과 엄지 사이에 잡아 보라. 그것에 주의를 집중하라. 이것을 전에는 절대로 본 적이 없는 것처럼 주의 깊게 바라보라. 손가락 사이에 질감을 느껴 보라.
- 두 번째 단계(보기): 앞에서와 마찬가지로, 건포도를 전에 한 번도 본 적이 없는 것처럼 관찰한다. 빛에 비추어 보면서 밝은 부분과 어둡게 움푹 들어간 주름을 살펴보라. 건포도의 모든 부분을 지금까지 한 번도 본 적이 없는 것처럼 탐색해 보라.
- 세 번째 단계(냄새 맡기): 이제 건포도를 코 가까이에 대고 냄새를 맡아 본다. 그리고 숨을 들이쉴 때마다 주의 깊게 건포도 냄새를 맡아 보라. 향이 어떤지 살펴본다.
- 네 번째 단계(입안에 넣기): 이제 입에서 침이 고이는지 주목하면서 천천히 건포도를 입으로 가져가라. 건포도를 부드럽게 입으로 가져가서 입안에서 얼마나 건포도를 잘 받아들였는지 주목하면서 입에 생기는 감각을 느껴 보라. 아직 씹지 말고 입안에서 왼쪽, 오른쪽으로 굴리면서 혀 사이에 느껴지는 느낌을 느껴 보라.
- 다섯 번째 단계(씹기): 준비가 되었을 때 의식적으로 건포도를 씹어 보고 풍겨 나오는 맛에 주목해 본다. 입안에 생기는 침에 주목하고, 건포도의 밀도가 어떻게 변화되는지 주목하면서 천천히 씹어 보라. 천천히 느린 동작으로 씹어 보면서 어떤 맛이 느껴지는지 알아본다. 향긋하고 달콤

한 과즙이 입 전체에 퍼지는 것을 느껴 보고, 삼키고 싶은 충동을 온전히 알아차린다. 혀의 움직임에 집중한다.

- 여섯 번째 단계(삼키기): 건포도를 삼킬 준비가 되었다고 느끼면, 실제로 건포도를 삼키기 전에 의식적으로 경험할 수 있도록 건포도를 삼키려는 의도를 먼저 감지했는지 살펴보라. 건포도를 삼키기 위해 혀가 어떻게 하고 있는지 주의 깊게 관찰한다. 건포도가 목으로 넘어가는 느낌에 주목하라.

- 일곱 번째 단계(남은 느낌 느끼기): 이제 건포도를 삼킬 때 느껴지는 감각을 따라가는지 살펴보라. 가능하다면 건포도가 위로 내려가는 느낌을 의식적으로 감지해 본다. 건포도를 다 먹은 다음의 느낌을 있는 그대로 느껴 보는 시간을 가져 본다.

● 바디스캔 명상 ●

정좌 명상 실습과 함께 널리 사용되는 또 다른 명상 실습이다. 앉거나 누운 자세로 발끝이나 머리끝 등 몸의 한 부분에서 출발하여 몸의 각 부분의 감각에 주의를 집중하며 차례로 몸의 느낌을 관찰하고 알아차리는 방식의 명상 방법이다. 한 대상에 주의를 고정하고 장기간 관찰하는 일반 명상 방법에 비해 주의를 차례로 옮겨 가는 방식이 주의력을 집중하기가 쉬워 처음 배우는 사람에게 쉽고 편하다. 처음에는 편안한 자세로 누워서 훈련하지만, 익숙해지면 앉거나 서 있는 자세에서도 할 수 있다. 정좌 명상 실습에서와 마찬가지로, 주의가 다른 대상으로 방황할 때 이를 알아차리고 판단과 자기비난을 내려놓고 자애로운 마음으로 주의를 다시 신체로 돌리도록 한다. 바디스캔의 절차는 다음과 같다.

- 첫 번째 단계: 바닥에 있는 매트나 요 혹은 침대와 같이 따뜻하고 방해받지 않을 만한 곳에 등을 대고 부드럽게 눈을 감고 편안하게 눕는다.
- 두 번째 단계: 잠깐 동안 호흡의 움직임과 신체감각을 느끼는 시간을 가

진다. 준비가 되었으면 몸에 느껴지는 신체감각을 자각하도록 하고, 숨을 내쉴 때마다 매트나 침대에 좀 더 깊숙이 가라앉도록 한다.

- 세 번째 단계: 이 훈련의 목적이 신체의 각 부분에 번갈아 가며 주의를 집중하면서 최대한도로 감각을 자각하기 위함이라는 것을 떠올려 보면서 하복부의 신체감각으로 주의를 기울여 보라. 몇 분 동안 숨을 들이쉬고 내쉬면서 하복부에 느껴지는 감각의 변화를 느껴 보라.

- 네 번째 단계: 다음 의식의 초점을 왼쪽 다리에서 왼발로, 그리고 왼쪽 발가락으로 옮겨 가도록 하라. 부드러운 호기심을 가지고 왼쪽 발가락에 차례로 집중하고 발가락 사이가 맞닿는 느낌, 따뜻함 혹은 감각 없음을 알아차리면서 감각을 느껴 보라. 준비가 되면 숨을 들이쉴 때 호흡이 폐로 들어가서 복부를 지나 왼쪽 다리, 왼발, 왼쪽 발가락으로 지나가는 것을 느끼거나 상상해 보도록 하라. 그리고 숨을 내쉴 때 발에서 다리로, 복부로, 가슴으로, 그리고 코로 호흡이 나가는 것을 느끼거나 상상해 보라.

- 다섯 번째 단계: 준비가 되면 숨을 내쉴 때 발가락에 대한 의식을 내려놓고 왼쪽 발바닥에 의식의 초점을 두고 부드럽게 발바닥, 발등, 발뒤꿈치 등으로 주의를 옮겨 가면서 감각을 느껴 보라.

- 여섯 번째 단계: 이제 의식의 초점을 발의 나머지 부분, 즉 발목, 발등 그리고 뼈와 관절로 확대하도록 하라. 그리고 나서 더 깊은 숨을 쉬면서 왼발 전체로 내려가서 숨을 내쉬면서 왼발을 완전히 내려놓고, 의식의 초점을 왼쪽 다리 아랫부분, 즉 종아리, 정강이, 무릎 등으로 차례로 옮기도록 하라.

- 일곱 번째 단계: 이제 부드러운 호기심을 가지고 의식의 초점을 몸의 나머지 부분, 왼쪽 다리 윗부분, 오른쪽 발가락, 오른발, 오른쪽 다리, 골반 부위, 등, 복부, 가슴, 손가락, 손, 팔, 어깨, 목, 머리 그리고 얼굴로 옮기도록 하라. 각 부위에 느껴지는 신체감각에 가능한 한 똑같이 세세한 주의를 기울여 보도록 하라. 주요 신체 부위의 감각을 호흡을 들이쉬면서 살펴본 후, 숨을 내쉬면서 조용히 내려놓고 다른 부위로 주의의 초점을

옮긴다. 이런 방법으로 몸 전체를 훑어본 후, 잠시 신체를 하나로 느껴
본 다음, 호흡이 신체의 안과 밖을 자유롭게 흐르는 것을 느껴 보면서 마
무리한다.

제 12 장

종결
다루기

    종결은 치료를 끝내는 과정으로서, 내담자가 그동안 치료에서 배우고 얻은 것을 기초로 앞으로 상담자의 도움 없이도 효과적으로 기능할 수 있도록 마무리 작업을 하고 유종의 미를 거두는 마지막 단계다. 이 마무리 작업의 핵심은 내담자가 치료에서 얻은 것을 자기 것으로 만들고, 치료가 끝난 후에도 이를 유지하고 일반화하도록 돕는 것이다. 가장 바람직한 종결의 시나리오는 내담자가 가지고 온 문제를 잘 해결하고 치료목표를 이루게 됨에 따라 상담자와 내담자가 합의해서 치료를 끝내는 것이다. 그렇지만 치료목표가 이루어지지 않았는데도 다른 여러 이유로 내담자가 치료를 종결하길 원하는 때도 있으며, 나아가 내담자가 일방적으로 치료를 끝낼 때도 있다. 또한 상담자 역시 질병이나 사고 혹은 그 밖의 개인 사정이나 근무지 변경 등으로 치료를 끝내야 할 때도 있다. 어떤 경우든 상담자는 주어진 여건하에서 내담자에게 유익이 되도록 종결의 과정을 다루어야 할 임상적·윤리적 책임을 가지고 있다.

    단기치료를 지향하는 인지행동치료에서는 다른 어떤 심리치료보다도 종결에 대한 준비를 치료 초반부터 시작한다고 볼 수 있다. 치료마다 다르겠지만, 짧으면 12~15회기, 길어도 20~30회기의 짧은 치료기간 중에 내담자가 가져온 문제를 완전하게 해결하거나 치료하기란 매우 어렵다. 인지행동치료의 목표 자체가 문제의 완전 치유에 있지 않다. 오히려 내담자에게 어떻게 자기 문제를 다룰 수 있는지 그 방법을 배우게 하고 그 방법을 적용해서 실제로 변화를 경험하게 함으로써 내담자를 스스로의 치료자로 만드는 것이다. 따라서 상담자는 치료의 전 과정을 통해 내담자의 상태를 지속적으로 모니터하면서 치료의 종결을 준비하는 것이 필요하다. 특히 치료 중반을 넘어서서 내담자의 문제가 조금씩 개선되기 시작하면, 어떤 치료적 절차나 치료요인이 효과를 내는지 살펴보면서 내담자에게 더 적극적으로 고기 잡는 법을 가르쳐 스스로의 치료자로 훈련시킨다. 내담자가 이런 과정을 거친 후 종결에 이르게 되면, 스스로의 치료자가 되는 것에 훨씬 더 효능감을 가질 수 있을 것이다. 종결 과정을 통해 내담자는 치료목표를 다시 한번 돌아보고 그동안 치료를 통해 얻은 것을 확고히 하게 된다. 또한 이후 재발이나 후퇴에 대한 준비를 다지고 상담을 끝내는 것에 대한 감정도 나누며 정리 작업을 하게 된다. 이를 통해 그동안의 상담에서 얻은 것 못지않게 종결의 과정을 통해서 많은 것을 얻고 스스로 문제를 다룰 수 있는 역량이 강화된다.

1. 종결 타이밍 정하기

집단치료에서는 종결 시점이 미리 정해져 있고, 또 개인치료에서도 치료회기가 미리 정해져 있는 상담기관들이 있지만, 대부분의 개인치료에서는 상담자와 내담자가 종결의 시점을 같이 정하게 된다. 인지행동치료를 시작할 때 상담자는 내담자와 함께 구체적인 치료목표를 정하고 대략 어느 정도의 치료기간이 걸릴지에 대한 논의를 하고 치료를 전개하지만, 치료를 해 나가다 보면 예상된 치료기간보다 시간이 오래 걸릴 때도 적지 않다. 그렇지만 제2장에서 언급한 것처럼, 치료목표가 성취될 때 구체적으로 어떤 변화가 일어나길 기대하는지 내담자의 의견을 물어보고 정해 놓는다면 종결의 시점을 정하기가 훨씬 쉬울 것이다. 대개는 내담자의 문제가 완전히 좋아지거나 완치되기를 기다리기보다 현시점에서 문제가 어느 정도 개선되면 종결을 고려하게 된다. 문제가 직장이나 가정생활 또는 대인관계에서 큰 장애물로 작용하지 않게 되고, 어려운 상황을 어떻게 다루는지를 알게 되어 스스로 헤쳐 나갈 수 있으면 치료종결을 준비하게 될 것이다.

개인치료든 집단치료든 치료가 효과적으로 진행되어 내담자의 문제가 상당 부분 해결되고 삶의 질도 높아진다면, 상담자와 내담자 모두 그동안 치료에서 이룬 것에 만족하면서 치료를 종결하는 데 의견이 일치할 것이다. 특정 장애를 가진 내담자들을 대상으로 하는 집단인지행동치료에서는 종결의 시점이 미리 정해져 있고, 대략 15회기에서 20회 정도 하는 경우가 많다. 물론 심리적 기능이 낮거나 성격장애를 가지고 있는 내담자들을 대상으로 할 때는 집단치료도 이보다 훨씬 길게 한다. 한 예로, 경계선 성격장애를 가지고 있는 내담자들을 대상으로 변증법적 행동치료를 할 때 개인치료와 기술훈련 집단 치료를 병행하는데, 대부분 1년 이상 걸린다.

개인치료에서는 치료종결 시점을 정하기가 훨씬 어렵다고 볼 수 있다. 개인병원이나 개업 상담소에 오는 내담자들 중에는 만성적인 문제를 가지고 오는 경우도 많고 재발의 가능성도 높아 내담자들의 치료종결 시점을 정하는 것이 더 어려울 수 있다. 종종 상담자와 내담자는 어느 정도 문제가 개선되었을 때 종결할지에 대해 의견이 다를 수도 있다. 따라서 치료 초기에 치료목표를 구체적으로 설정하고, 나중에 바꾸게 되더라도 대략 어느 정도 기간 동안 치료를 할지에 대해 이야기하고 시작하는 것이 좋다. 만일 내담자의 증상이 좋아지고 계획했던 목표에 다가가면 내담자나 상담자는 종결에 대한 논의를 미리 시작하는 것이 바람직하다. 상담자는 치료에서 나타난 긍정적인 변화가 어느 정도 안정적인 변화인지, 종결 후에도 지속 가능한지 살펴보면서 종결을 준비해야 한다. 이 과정에서 회기의 간격을 늘려서 정기적으로 내담자를 볼 수도 있고, 아니면 회기의 간격을 점차 늘려 가면서 서서히 치료를 종결할 수 있다.

상담자가 제안하는 치료종결 시점을 잘 받아들이는 내담자들도 많지만, 종결에 대한 부담감과 불안으로, 또는 상담자나 상담에 대한 의존감으로 치료종결을 꺼리고 치료를 계속 이어 나가기를 원하는 내담자들도 있다. 이런 내담자들에게는 종결 작업을 훨씬 세심하게 하면서 종결의 과정을 잘 마무리하는 것이 필요하다. 그렇지만 대부분의 내담자들은 치료에 따르는 경제적·정서적 부담으로 인해 증상이 좋아지기 시작하면 종결할 것을 고려하기 시작하면서 그 시기를 마음속으로 저울질한다. 그렇기 때문에 상담자는 내담자의 문제가 좋아지기 시작하면 종결의 시점에 대해 내담자와 일찍이 의논을 시작하는 것이 좋다.

필자는 치료를 시작할 때 내담자와 함께 매 10회기마다 지난 10회기의 치료를 정리하고, 구체적으로 어떤 목표를 향해 그다음 10회기의 치료를 할지 이야기하기로 정하고 들어간다. 따라서 내담자의 증상이 좋아지면 10회를 정리하는 시점에서 종결에 대해서도 이야기할 수 있는 기회가 생긴다. 이 방법은 치료의 경과에 대해 내담자와 긴밀하게 이야기하는 자리를 정기적으로 가진다는 이점과 함께, 종결 시점에 대해 자연스럽게 의견을 나누고 미리 작업할 기회를 준다는 점에서 아주 유익하다.

때때로 상담자는 내담자의 취약성에 비중을 두고 이를 좀 더 다루어야 한다고 판단하여, 내담자의 증상이 좋아져도 치료를 계속해야 한다고 생각하는 때가 있다. 이런 경우, 상담자가 내담자와 의견을 나누지 않은 채 치료를 계속해 나가면 내담자가 치료를 종결하고 싶은 마음을 표현해도 놓치기 쉬우며, 내담자가 혼자 결정하고 더 이상 치료에 오지 않을 수도 있다. 상담자는 이런 가능성에 귀를 열어 두고, 내담자가 종결하고 싶은 의사를 지나가는 말로나 간접적으로라도 시사하면 이를 충분히 다뤄 줘야 한다.

간혹 상담을 정기적으로 하고 있는데도 내담자가 좋아지지 않고 변화가 더디게 나타나는 때가 있다. 이때 상담자는 먼저 사례 개념화가 제대로 되었는지 검토해 보고, 그동안 했던 치료적 개입이 왜 효과를 가져오지 못했는지 잘 살펴보아야 한다. 필요하다면 동료의 자문이나 슈퍼비전을 받는 것도 도움이 된다. 만일 그런 노력에도 불구하고 계속해서 변화가 없다면 치료를 중단하는 것이 윤리적인 결정이라고 볼 수 있다. 「한국임상심리학회 윤리규정」 제63조에 의하면, "심리학자는 내담자 / 환자가 더 이상 심리학적 서비스를 필요로 하지 않거나, 계속적인 서비스가 도움이 되지 않거나 오히려 건강을 해칠 경우에는 치료를 중단한다."라고 되어 있다. 이때 내담자가 원한다면 다른 상담자를 소개해 주거나 치료를 받을 수 있는 다른 기관을 알려 주는 것도 하나의 옵션이 될 수 있다. 어쨌든 상담자는 본인의 한계를 인정하고, 끝까지 최선을 다해 도움을 주고 마무리해야 할 것이다.

1) 합의되지 않은 종결

상담자와 내담자가 합의하여 종결의 시점을 정하는 것이 가장 바람직하지만, 치료를 하다 보면 내담자가 일방적으로 치료를 끝내는 경우도 있으며, 때로는 상담자의 사정으로 치료가 종결될 때도 있다. 이런 상황에 직면하게 될 때, 상담자는 최선을 다해 내담자의 정신건강과 복지를 증진시키는 방향으로 적절한 조치를 취해 주어야 할 것이다.

(1) 내담자가 갑작스럽게 정한 종결

내담자가 아직 충분히 좋아지지 않은 상태에서 아무 말도 없이 더 이상 상담에 오지 않고 치료를 중단하는 경우가 있다. 심리치료에서 30~57%의 내담자가 도중하차한다는 연구결과가 있으며(Garfield, 1994), 2012년에 이루어진 메타분석연구에 의하면 치료 오리엔테이션에 관계없이 약 20%의 내담자들이 심리치료를 하다가 중간에 그만두는 것(drop-out)으로 나와 있다(Swift & Greenberg, 2012). 심리치료가 덜 정착되어 있고 보험으로 상담비 지불이 안 되는 우리나라에서는 이보다 더 높은 비율로 조기종결이 일어날 수 있다. 내담자들이 상담에 오지 않는 이유는 직장에서의 갑작스런 근무 시간 변화 등 현실적인 여건이 작용할 때도 있지만, 대부분은 상담에 오는 데 드는 심리적 · 재정적 비용 대비 효과에 만족하지 못했기 때문일 것이다. 내담자가 상담에 더 이상 오지 않는 이상 상담자가 해 줄 것이 많지는 않지만, 내담자에게 연락을 하거나 문자를 남길 때 따뜻한 말이나 진정한 관심을 표현하여 이후에라도 다시 찾아올 수 있도록 문을 열어 놓는 것이 필요하다.

보통은 내담자가 약속된 상담 날짜에 나타나지 않으면 상담소의 접수면접자가 먼저 연락을 하게 되는데, 몇 번의 연락에도 아무런 회신이 없다면 상담자가 직접 전화를 하고 메시지를 남기는 것이 좋다. 이 메시지에는 내담자의 결정을 존중하고, 가능하다면 그동안의 치료를 정리하는 짧은 만남을 가지면 좋겠다는 의사를 전하고, 마지막으로 치료에 대한 마음이 바뀌거나 상황이 바뀌면 언제든지 다시 연락하라는 내용을 담으면 될 것 같다. 때로는 내담자가 이 메시지를 듣고 전화를 걸어 올 때도 있다. 비록 전화 통화일지라도 내담자가 하는 말을 공감하며 들어 주고 존중하는 마음으로 진심으로 대한다면, 내담자 마음에 있는 말을 들을 수 있는 기회와 함께 치료에 대한 마무리 작업을 할 수 있게 된다.

인지행동치료자를 위한 Tip! **조기종결을 막으려면?**

상담자는 조기종결을 막기 위해 내담자가 치료에서 상담자나 치료 자체에 대한 부정적인 말을 하는 것을 들을 귀가 있어야 한다. 치료나 상담자에 대해서 부정적인 마음이 생기는 것 자체는 문제가 아니며 얼마든지 일어날 수 있는 일이다. 그러나 내담자가 그것을 입 바깥으로 내서 이야기를 할 기회가 없으면 조기종결로 갈 가능성이 높다. 상담자는 치료 중에 내담자가 치료에 대한 부정적인 멘트(예: "오늘은 치료에 오기가 내키지 않아...")를 살짝 흘리고 가더라도 결코 이것을 놓치지 말고 다른 어떤 내용보다 우선적으로 다뤄야 한다. 어떻게 다뤄야 하는가? 먼저, 내담자가 마음에 있는 말을 할 수 있도록, 특별히 부정적인 감정도 표현할 수 있도록 편안하고 안전한 분위기를 만들어야 한다. 상담자는 내담자의 말에 방어적으로 반응하지 말고 내담자의 말을 경청하고 공감하려고 노력해야 한다. 내담자가 치료에서 어떤 점이 힘들었는지 들어 보는 것은 앞으로의 치료에 중요할 뿐 아니라, 설사 이 내담자가 치료를 그만둔다고 해도 상담자에게 매우 중요한 정보를 제공한다. 만일 상담자가 잘 다루지 못한 부분이 있었거나 미진한 부분이 있었다면 이를 인정하고 사과하면 된다. 이와 같이 내담자가 상담자와 이야기를 할 수 있다면, 치료종결을 하지 않아도 될 뿐 아니라 이것이 상담자에게나 내담자에게 중요한 대인관계 경험이 되기도 한다. 물론 이런 노력에도 불구하고 치료가 종결된다면, 인연이 아니어서 그랬거니 하고 받아들이는 수밖에 없을 것이다.

(2) 상담자 사정에 의한 종결

내담자 사정뿐 아니라 상담자 사정에 의해서도 상담이 원래 계획과 달리 빨리 종결될 수 있다. 상담자가 직장을 바꾸거나 이사를 가거나 질병이나 건강상의 이유로, 혹은 다른 개인적인 사정으로 상담을 종결해야 되는 경우도 생긴다. 이럴 경우, 상담자는 가능한 한 빨리 내담자에게 사정을 이야기하고 상담을 언제 종결할지 의논해야 한다. 상담이 부득이한 사정으로 미리 종결되지만, 상담자는 내담자가 그동안 치료에서 얻은 것이 무엇인지, 이후 예상할 수 있는 어려움은 무엇인지, 그런 일이 생길 때 어떻게 대처할지에 대해 내담자와 함께 정리 작업을 하는 것이 필요하다. 또한 상담자의 사정으로 인해 갑작스럽게 상담이 중단됨으로써 내담자가 느낄 수 있는 배신감, 실망감, 버림받음, 분노 등도 잘 다루어 주어야 한다. 만일 내담자가 상담을 더 받는 것이 필요하고 내담자도 이를 원한다면, 다른 상담자를 소개시켜 주거나 연결해 주는 것이 좋다.

2. 치료종결 작업

상담자는 치료의 중반부를 넘어가면서부터 문제 상황에서 내담자가 스스로 문제를 해결해 나가는 힘을 키우도록 주력해야 한다. 그동안 치료에서 상담자가 적극적인 역할을 맡았지만, 이제는 내담자가 좀 더 적극적인 역할을 맡도록 역할의 비중이 달라져야 한다. 예컨대, 폭식 문제로 치료에 온 20대 여성 내담자가 치료 중반 이후 "왜 제가 그렇게 예뻐지고 싶다는 것에 목을 매고 건강을 해치면서 살았을까요?"와 같은 질문을 했을 때, 상담자가 답을 해 주기보다는 이제까지 치료에서 다룬 내용을 살펴보면서 내담자 스스로 이 질문에 대한 답을 찾아보도록 도와줘야 할 것이다. 또 내담자의 어떤 생각이 폭식행동으로 이끌었는지, 그 생각을 어떻게 바꾸었고, 바뀐 생각이 행동을 어떻게 변화시켰는지를 이해할 수 있게 해 줘야 할 것이다. 즉, 상담자는 치료중반 이후 중요한 치료선택을 해야 하는 지점에서 종결을 준비하기 위한 치료적 결정을 내려야 한다고 해도 과언이 아니다.

그렇다면 종결을 위해 어떤 작업을 해야 하는가? 치료종결에서 다뤄야 할 주요한 과제는 그동안의 치료에서 배운 것을 잘 정리해서 스스로 적용할 수 있게 해 주는 것과 이후에 문제가 재발하거나 악화되었을 때 어떻게 대처할지를 준비시켜 주는 것이라고 볼 수 있다. 이와 함께 치료를 종결하는 것에 대한 내담자의 감정을 다뤄 주는 것도 필요하다.

1) 치료에서 배운 것 정리하기

상담자가 치료를 통해 내담자가 배운 것이라고 생각하는 것과 내담자 스스로 배웠다고 생각하는 것에는 차이가 있다. 치료를 통해 내담자의 문제가 개선되었다면 어떤 점이 달라져서 좋아졌는지를 내담자가 잘 정리하게 하는 것이 좋다. 내담자에 따라서는 문제가 좋아지긴 했지만 어떻게 좋아지게 되었는지 구체적으로 제대로 이야기하지 못하는 분도 있다. 이런 경우에도 상담자가 할 말을 알려 주기보다는 시간을 좀 더 주면서 내담자 본인이 말한 것을 상담자가 정리해 주는 것이 도움이 된다. 어쨌든 핵심포인트는 내담자가 좋아지는 비결을 내담자가 스스로 말로 알고 있어야 써먹을 수 있다는 점이다.

다음은 인터넷 중독으로 상담을 받은 정훈 씨의 마지막 회기의 축어록이다. 축어록에서 나타나듯이, 상담자는 여러 번 질문하고 내담자의 대답을 요약하고 명료화하면서, 내담자로 하여금 상담을 통해 배운 것을 좀 더 명확하게 정리하여 상담이 끝난 다음에도 계속 활용하도록 돕고 있다(연두색 글자는 필자의 코멘트임).

상담자: 상담을 하시면서 좋았던 점이나, 좀 이거는 배웠다 그런 거로는 어떤 게 있으세요?

내담자: 배웠던 점은 불쾌한 감정들을 다스릴 수 있는 방법들을 배웠고요. 자동적 사고를 찾아보면서 불쾌한 기억이나 감정이 들었을 때 그런 걸 한 번 더 짚어 보니까 그런 일이 있을 때 좀 더 마음 편하게 받아들일 수 있게 되더라고요. 그런 것들이 많은 도움이 되었고요. 그리고 제 문제에 있어서 좀 더 제가 주체적인 입장을 취할 수 있게 되었던 것 같아요. 솔직히 수면 문제랑 게임 문제도 맨날 고민만 하고 친구한테 맨날 장난식으로 말하고 그랬는데, 진짜 이거를 해결해 나가려면 내가 어느 정도 노력을 해야 되는지에 대해서, 또 얼마나 더 처절하게 노력해야 되는지 알게 되었던 것 같아요.

상담자: 결국에는 어떤 기분이 들었을 때 기분에 대한 자기 생각을 바꾸는 것도 나고, 어떤 행동을 할지 결정하는 것도 나고, 내가 선택한 행동이 따라 기분이 또 변한다는 것... 그런 관계를 조금 이해하신 거 같아요. (내담자가 하는 말을 짧게 요약해 준 후 상담자의 말로 넘어갔다면, 내담자에게 한 번 더 정리해 주는 효과를 가졌을 것임.)

내담자: 맞아요. 만약에 내가 아침에 일어나서 '망했다.'라는 생각을 하게 되면 그게 하루 종일 이어지니까... 근데 그거를 조금만 바꿔도 기분이 더 나아지고 하루를 더 재밌게 시작할 수 있게 되니까. 부정적인 생각이 있을 때 그 부정적인 생각이 맞는지 아닌지 판단하게 되고 좀 더 긍정적인 생각을 하려고 하게 되고, 부정적인 생각들을 많이 피하려고 노력을 많이 했던 것 같아요.

상담자: 저희가 계속 이야기하던 인지랑 행동이랑 기분의 관계가 결국 맞물려 있다는 것을 자동적 사고기록지를 하면서 더 잘 알게 되신 것 같아요.

내담자: 제가 들고 온 문제들이 12회기 동안 다 해결은 안 되었지만, 이거를 계속 컨트롤

해 가면서 사는 게 맞는 거 같아요. 조금 못할 때도 있고 컨트롤을 잘할 때도 있다는 걸 받아들이게 되었어요. 완전히 바른 생활을 하겠다는 건 저의 강박관념에서 나온 거라고 보고 싶어요. 그렇게 생각하니까 좀 더 마음 편하긴 하더라고요.

상담자: 처음부터 끝까지 다 잘해야겠다라고 생각하는 건 오히려 나한테 부담을 줄 수 있는 거 같아요. 잘 안 되는 상황에서 내일은 또 어떻게 바꿔야 하는지 고민해 보고, 또 오늘보다 조금이라도 나아지게 하는 뭔가를 내가 스스로 찾아내고 실천을 해야 되는 것, 그게 제일 중요한 거 같아요.

내담자: 결론은 뭐, 저를 유혹하는 전자기기가 통제가 되어야지 생활이 잡히고, 생활이 잡혀야지 기분도 평정심을 유지하고, 그게 그동안의 결론인 것 같아요.

상담자: 이제 그 사이클이 좀 이해가 되세요?

내담자: 네, 이해가 되고 또 이해가 돼요! 원천적으로 게임을 차단하고 그럴 수는 없는 것 같아요. 저는 인간 자체가. 그거를 받아들이고 어떻게든 그런 본능이랑 조화롭게 살아가야지 싶은 거 같아요.

상담자: 맞아요. 사실 성인이라면 대부분 게임을 하잖아요. 그러니까 그거 하는 것 자체가 문제라기보다는 내 생활에 지장이 가지 않는 선에서 하면 사실 문제 될 게 없는데 그게 잘 안 되다 보니까... 정훈 씨 경우에도 한번 하면 잠깐 하고 끝나는 게 아니라 끝까지 가셨잖아요. 그동안 상담에서 어떻게 달라지셨던 것 같아요? (내담자가 상담에서 배운 것을 정리하게 하는 좋은 질문임.)

내담자: 어떻게 쓰는 패턴을 잡을지를 되게 많이 시도했던 것 같아요. 휴대폰을 가져왔을 때 어떻게 해야 할지랑 두고 온다면 또 어디 어떻게 두고 올지, 이런 것들을 구체적으로 설정했던 것들이 크게 도움이 되었던 것 같아요. 그동안은 그렇게 심각하게 고민을 안 해 봤던 것 같아요. 심각하게 느끼면서도... 그런 방법들에 대해서 심각하게 고민을 안 했었는데, 사소한 거지만 되게 심각하게 생각함으로써 좀 더 제가 저의 문제를 더 자율적으로 해결해 나갈 수 있는 방법을 알았다는 것, 그게 제일 중요했던 거 같아요. 이런저런 방법들을 써 보다가 나중에 휴대폰이나 전자기기 자체를 집에 놓고 오는 게 가장 도움이 된다는 것을 확실하게 알게 된 게 큰 수확이었던 것 같아요.

상담자: 되게 잘하신 주 있었잖아요 중간에. 그러니까 일주일 내내 잘했다기보다는 중간에 다시 페이스를 잘 찾았던 회기 기억나세요?

내담자: 네, 오전에 좀 망했어도 오후에 나가려고 어떻게든 하려고 했던 그런 경험이 좋았던 것 같아요.

상담자: 어쨌든 그 하루를 만드는 거는 나잖아요. 시작이 좀 늦어져도 나머지 반나절이라도 잘 보내게 만들 수 있는 것도 나고, 내가 어떻게 생각하고 중간부터 어떻게 행동하느냐에 따라서 그 하루를 어떻게 보내는지 달라지고, 그 하루에 대한 생각도 달라지는 거잖아요.

내담자: 맞아요. 오전에 잘 안 된다고 완전히 포기하면, 그러고 나서 기분이 안 좋고 하루종일 쉬고 나서도 결국 건진 게 없었어요. 근데 좀 처음에 어그러졌을지라도 중간부터 내가 그래도 뭔가를 좀 했으면 그래도 뭔가 했네. 조금 더 나은 기분을 느낄 수 있고 덜 후회하게 되는 것 같아요.

상담자: 그런 거를 잘 기억해 줬으면 좋겠어요. 꼭 공부 문제가 아니더라도 정훈 씨가 모든 걸 좀 완벽하게 통제하려는 마음이 강하잖아요. 그러다 보면 뭔가 내 뜻대로 잘 풀리지 않으면 완전히 자포자기하게 되는 것 같아요. 그런 것들을 이제 인식을 하시는 것만으로도 좀 더 유연하게 생각을 하는 데 도움이 될 수 있지 않을까요?

내담자: 네, 그런 것 같아요. 제가 유연하게 생각을 못했죠.

축어록에서 나오는 것처럼, 상담자는 내담자로 하여금 인터넷 사용 패턴을 바꾸는 데 어떤 방법이 가장 도움이 되었는지를 질문하고 또 요약도 하면서 본인이 정리하도록 돕고 있다. 내담자에게 가장 도움이 되었던 기법도 다시 한번 내담자의 말로 정리하고 넘어갈 필요가 있다. 언제 그것이 도움이 되는지, 어떻게 활용하는지 내담자 자신의 말로 정리해서 가지고 있으면 좀 더 잘 사용할 수 있을 것이다. 이때 내담자가 할 수 있다면 그동안 배운 것을 글로 짧게 정리해서 가지고 있거나 핸드폰에 저장해 놓는 것도 좋은 방법이다.

한편, 치료에도 불구하고 내담자에게 여전히 개선되지 않은 문제도 있을 것이다. 상담자는 내담자와 함께 앞으로 이 문제를 어떻게 개선해 나갈지 구체적인 방법을 찾아보고 현실적인 목표와 계획을 세워 보는 노력을 해 볼 수 있을 것이다. 우울증과 부부갈등으로 필자에게 상담을 받은 50대 중반 여성 내담자는 종결 시 좀 더 개선해야 할 문제로 오피스텔을 얻어 따로 나가 사는 딸과의 관계가 멀어진 것에 대해 언급하였다. 내담자는 이 맥락에서 남편과의 관계를 회복하려고 했을 때 일단 남편과 같이 있는 시간을 늘리면서 남편의 말을 잘 들어 주려고 노력했었다는 것을 떠올렸다. 그중에서 어떤 방법이 가장 도움이 되었었는지 물어보자, 남편의 말을 중간에 끊지 않고 끝까지 들어 주기가 가장 도움이 되었다고 하였다. 이 말을 하면서 내담자는 "딸에게도 같은 방법을 해 보는 것이 필요하겠군요."라고 스스로 덧붙였다.

2) 재발 방지 작업

인지행동치료가 단기치료이다 보니까 치료의 종결이 문제가 다 치유되었다는 것을 의미하지 않으며, 치료종결 후에도 상태가 다시 나빠지거나 재발하는 경우가 종종 있다. 이때는 내담자가 이런 일시적 후퇴나 재발을 어떻게 인식하는가가 매우 중요하다. 치료가 상당히 잘되어 내담자가 자기효능감을 느끼고 자기 문제를 잘 다룰 수 있다고 생각하는 경우에도, 막상 문제가 예전처럼 다시 돌아온다면 굉장히 당황하고 또 치료가 실패했다고 단정하며 좌절할 수 있다. 따라서 내담자가 치료 후에 일시적 후퇴나 재발이 일어날 수 있다는 것을 미리 예상하는 것이 중요하다. 만일 그동안 문제나 증상을 계속 모니터하고 그래프로 그려 왔다면, 이 자료를 보여 주며 내담자의 문제가 꾸준하게 좋아진 게 아니라 좋아졌다가 다시 조금 후퇴하고 또다시 좋아지고를 반복하는 과정을 통해 점차적으로 나아졌다는 점을 상기시켜 주는 것도 도움이 된다.

필자는 내담자에게 치료의 종결이 문제가 다 해결되었다는 것을 의미하는 것은 아니라고 언제나 강조한다. 내담자가 이제 스스로의 치료자가 되어 그동안 상담에서 배운 것을 꾸준히 적용하다 보면 치료 후에 문제가 계속 좋아지고 점점 더 자신감이 생긴다고 말해 준다. 이런 말이 통하기 위해서는 내담자가 치료에서 좋아진 것에 대해 외부적인 요인이 아니고 본인의 노력, 생각이나 행동의 변화 때문에 좋아졌다고 생각하는 것이 필요하다. 상담자는 종결 후에 증상이 다시 나타날 때 내담자가 패닉 상태에 빠지지 않도록, 종결 후에도 꾸준하게 계속 좋아지는 것이 아니라 후퇴하거나 악화될 수 있다는 점을 알려 주어야 한다.

재발 방지 작업은 마지막 회기 훨씬 이전부터 다루기 시작해야 한다. 재발 방지 작업에서 다루어야 할 내용은 다음과 같다.

(1) 재발을 촉발할 수 있는 상황 예상하기

우선, 종결 후 발생할 수 있는 스트레스 상황이나 문제 상황에 대해 구체화하는 것이 중요하다. 내담자로 하여금 종결 후 생길 수 있는 가장 힘든 사건이나 상황을 세 가지 정도 생각해 보게 한다. 이때 상담자는 내담자가 주도적으로 이끌어 가도록 지켜봐 주는 것이 좋다. 종결을 준비하는 전 과정에서, 특히 재발 방지 작업을 할 때 상담자는 내담자 뒤에서 내담자를 조금씩 도와주는 역할을 한다고 보면 된다.

(2) 재발의 초기 징후 확인하기

그다음에 해야 할 일은 문제의 초기 징후가 어떤 양상으로 나타날지 예상해 보고, 재발의 조짐을 일찍 발견하도록 내담자를 훈련시키는 것이다. 내담자마다 초기 징후는 다 다르지만, 어쩌면 내담자 스스로가 가장 잘 알 수 있다. 필자의 내담자 중에는 우울증이 시작되려고 할 때 제일 먼저 사소한 일에도 짜증이 나는 사람도 있었다. 이 외에 잠이 잘 오지 않는다든지, 밥맛이 없다든지 혹은 지각이 잦아진다든지 하는 다양한 징후를 내담자 본인이 먼저 알고 있어야 한다.

(3) 초기 징후에 대처하기

그런 다음, 내담자로 하여금 문제가 일어날 때 어떻게 해야 할지 구체적인 대처 방안을 세 가지 정도 찾아보게 한다. 상담자는 초기 징후가 나타날 때, 지금까지 상담에서 배우고 적용했던 방법 중에서 어떤 것을 사용할지 물어보고, 이 기법들을 잘 익히고 있는지 확인해 본다. 만일 필요하다면 상담회기 중에 역할연기를 통해 실제로 시연해 보는 것도 도움이 된다. 내담자에게 일시적 후퇴가 얼마든지 있을 수 있으며, 그것이 치료실패가 아니라는 점을 강조하고, 어떻게 대처할지 미리 준비시키는 것이 핵심이다. 또한 혼자 힘으로 이 시기를 헤쳐 나가기 힘들면 언제든지 연락해서 다시 추후 회기를 할 수 있음을 알려 주고, 치료가 종결한 후에도 추후 회기에 정기적으로 오도록 하는 것이 도움이 된다. 필자는 6개월 정도의 치료를 한 내담자에게는 대략 1개월 후와 6개월 후에 다시 연락을 해서 만나자고 미리 정한다. 대부분의 내담자는 이런 부스터 회기가 있다는 것을 환영하며, 직접 오기가 힘들 때는 전화로라도 연락에 응한다.

(4) 치료에서 얻은 이득을 계속 유지하기

마지막으로, 치료를 통해 문제가 개선되었거나 좋아진 점을 계속 유지하기 위해 어떤 노력을 할지 구체화해 보는 것이 좋다. 이것도 내담자 스스로 서너 가지 방법을 생각하게 하고, 이것을 계획대로 실행하도록 도와야 한다. 내담자가 치료에서 얻은 성과를 유지하는 데는 가족이나 친구의 지원이 매우 중요하다.

다음은 19회기 만에 치료를 종결한 민지 씨의 치료종결보고서에 나온 내용의 일부분이다. 상담자는 종결보고서를 준비해 와서 민지 씨가 치료를 통해 이룬 것을 구체적으로 열거하고, 어떤 과정을 통해 이런 변화가 일어났는지를 민지 씨가 먼저 이야기해 보게 한 후 그것을 보충하면서 치료에서 얻은 이득을 계속 유지하도록 격려했다.

상담목표	현재 달성 정도(상담자)
초기에 20점대 중반이었던 우울척도 점수를 점차 낮추고, 최종 10점 이하까지 낮춤.	변동은 있었으나, 우울척도 점수가 꾸준히 감소하여 10점 이하로 내려감.
자기비판적 사고들을 파악하고 그러한 생각에 대처할 수 있는 방법(자동적 사고 찾기, 대안적 사고 찾기 등)을 연습함.	자신이 잘 해내지 못한 일에 대해 과잉일반화를 하며 파국적으로 생각하는 반면, 잘 해내고 있는 것에 대해서는 과소평가하고 자기비판적으로 보는 경향성을 파악함. 현재는 자신의 수행에 대해 지나치게 엄격하고 비판적으로 평가하기보다 상황에 맞춰 유연하게 인식하고 대처하고자 함. '뭘 해도 소용없다. 무슨 일이든지 실수하면 안 된다.'라는 생각을 바꿈. 상담 중에 직장을 옮기기 위한 시도를 해 보면서, 취직은 못했지만 자신을 좀 더 긍정적으로 평가하게 되었음.
우울에 이르게 하는 행동(지각, 힘들게 보이는 일을 중간에 포기하는 것, 회피행동 등)을 파악하고 줄임.	실수하지 않으려고 과다하게 노력하다가 일이 조금이라도 잘못되면 포기하는 경향이 있었는데, 상담을 통해 지각 등 실수한 행동에 대해서도 잘 대처할 수 있게 됨. 어떤 일을 시작했을 때 부족하더라도 과제를 완수하고자 하며 포기하지 않게 됨.
대인관계에서 감정을 좀 더 표현하고, 소극적인 대인관계와 관련된 생각과 믿음들을 파악하고 수정함. 자기주장을 잘 하지 못해 남들이 하자는 대로 따라가는 행동을 바꿈.	대인관계에서 힘들고 취약한 감정을 표현하고 공감받고 싶은 마음을 인식함. 친구와의 관계에서 '이야기해 봐야 달라지는 것이 없다.'라는 믿음을 가졌었는데, '아닐 수도 있다. 조금씩 마음을 열면서 신뢰가 쌓일 수 있다.'로 다소 유연한 믿음으로 변화함. 거절하기, 불만 표현하기를 스스로 실행해 봄.
과식이나 폭식의 빈도를 줄임	야식이나 폭식과 관련된 주요한 선행사건(끼니를 거르는 것, 피로감)과 결과(힘든 날에 대한 보상)를 파악하여 수반성 관리를 통해 개선할 수 있었음. 현재는 세 끼 식사를 규칙적으로 하고 있으며, 과식이나 폭식의 빈도가 뚜렷하게 줄어들었음.

그림 12-1 종결기록지

글상자
12-1 종결에 대한 준비

1. 첫 회기부터 종결에 대한 계획과 준비를 시작함.
2. 처음부터 기술훈련이라는 점을 부각함.
3. 치료가 끝나도 계속 훈련을 이어 나가야 한다는 점을 강조함.
4. 회기의 빈도를 줄여서 종결을 준비함.
5. 종결을 자신의 자원을 개발할 수 있는 하나의 기회로 지각하도록 함.
6. 상담을 계속하는 것의 좋은 점, 나쁜 점을 논의함.
7. 종결하는 것의 감정적 반응을 충분히 다룸.
8. 만일 필요하면 계속하되, 치료의 초점을 맞추기 위해 다시 계약을 함.
9. 필요하면 추후 회기 약속을 잡음.

(5) 치료종결에 대한 감정 다루기

치료를 종결하면서 상담자나 내담자는 모두 그동안 유대감을 가지고 같이 긴밀하게 작업해 왔던 상대와 작별을 하게 됨으로써 아쉬움과 작별의 슬픔을 경험하게 된다. 인지행동치료는 단기 지향의 치료이기 때문에 치료종결 시에 느끼는 감정이 장기치료에 비해 강하지 않지만, 상담자는 내담자로 하여금 치료를 끝내는 데서 오는 감정을 표현하고 나누도록 도와주는 것이 좋다. 내담자가 종결 시에 느끼는 감정은 상담기간이나 상담자와의 관계, 상담성과에 따라 달라지겠지만, 감사함과 보람됨, 혼자 헤쳐 나가야 하는 데서 오는 불안감, 이별에서 오는 슬픔과 애도의 감정, 서운한 감정, 때로는 버림받는 느낌과 함께 분노의 감정까지 다양하게 나타날 수 있다. 상담자는 내담자의 감정을 이해해 주고 공감해 주면서 이를 수용해 주고, 또한 상담자 역시 그동안 같이 작업해 왔던 내담자와 헤어지면서 느끼는 감정을 어느 정도 솔직하게 표현하고 나누는 것이 도움이 된다.

에필로그

/

 드디어 이 책을 마무리할 시점이 되었다. 처음 책을 쓰기 시작할 때는 우리 나라 내담자들에게 인지행동치료를 하는 데 도움이 되는 안내서를 쓰겠다는 마음으로 의욕적으로 시작했지만 책을 써 갈수록 필자의 부족함을 느끼지 않을 수 없었다. 그럼에도 불구하고 그동안 제1장에서 제12장까지 인지행동치료의 원리와 기법들을 자세히 읽어 준 독자들에게 감사한 마음을 먼저 전하고 싶다. 이 마지막 장에서는 인지행동치료자가 치료에서 부딪히게 되는 여러 도전을 어떻게 다룰지 살펴보고, 유능한 인지행동치료자가 갖추어야 할 역량이 무엇인지, 또 어떻게 그런 역량을 갖춘 치료자로 발전해 나갈 수 있는지에 대해 살펴보고자 한다.

1. 치료의 장애물과 도전 다루기

 인지행동치료를 하다 보면 때로는 예고된 어려움에 봉착하기도 하고 뜻하지 않은 장애물과 도전을 만나게 되는데, 이 장에서는 그중 몇 가지만 간단히 살펴보고자 한다. 좀 더 자세한 내용에 관심 있는 독자는 Leahy(2001), J. Beck(2005)을 참고하기 바란다. 치료에서 어떤 장애물을 만나든지 문제가 어떤 치료자-내담자 관계의 맥락에서 일어나는지, 사례 개념화가 어떻게 되어 있는지 살펴보고, 내담자와 협력적으로 해결 방안을 찾아나가야 한다.

1) 치료에 대한 낮은 순응도

인지행동치료를 하다 보면 상담에 자주 지각하거나 빠지면서 상담 과정에도 적극적으로 참여하지 않는 등 전반적으로 치료에 대한 순응도가 낮은 내담자를 만나게 된다. 치료에 대한 낮은 순응도는 다양한 특성을 가진 내담자에게 치료의 여러 시점에서 다양한 이유로 일어날 수 있다. 예를 들어, 치료 초기에 내담자가 상담자와 치료적 동맹이 약한 상황에서 직장에서의 피로와 스트레스가 쌓여 일시적으로 일어날 때도 있으며, 치료 중반에 상담자와 치료적 동맹이 흔들릴 때 내담자의 만성적 문제인 회피적 대처가 비순응행동으로 나타날 수도 있다. 상담자는 비순응행동이 나타날 때 어떤 행동으로 나타났는지 자세하게 기록해 놓고, 이런 행동이 일어난 배경을 내담자의 사례 개념화에 기초해서 이해하고 해결해 나가야 한다.

우선, 치료 초기에 비순응행동이 나타날 때는 내담자의 변화에 대한 준비와 동기를 점검할 필요가 있다. 만일 내담자의 치료목표가 뚜렷하지 않고 변화에 대한 양가감정이 많아 치료에 대한 동기가 낮을 때는, 이 부분에 대해 내담자와 진솔하게 이야기해 보아야 한다. 때로 상담자는 내담자가 변화하는 것에 대한 부담을 혼자 지면서 내담자가 변하도록 압박하는 입장에 서는 경우가 있다. 이런 상담자-내담자 관계는 결코 도움이 되지 않으며 내담자가 변화에 소극적인 역할을 하게 만든다. 상담자는 내담자가 현재 문제로 인해 어떤 고통이나 지장을 받고 있는지 파악해 보고, 내담자가 변화하는 것이 그(녀)의 장기적인 목표나 가치 있게 생각하는 일을 이루는 데 어떤 의미가 있는지 내담자와 직접 이야기해 보아야 한다. 그런 다음, 내담자가 변화에 대한 선택을 스스로 하도록 도와주어야 한다. 간혹, 치료 초기에 나타나는 비순응행동이 과거에 다른 오리엔테이션의 치료를 받아 치료에 대한 다른 개념을 가지고 있거나 인지행동치료에 대한 오리엔테이션이 제대로 이루어져 있지 않아 생길 수도 있다. 이런 경우는 내담자에게 다시 한번 치료에 대한 오리엔테이션을 하고, 치료에 대해 가지고 있는 선입견이나 잘못된 기대를 다루어 주는 것이 필요하다.

다음으로, 내담자의 증상이나 기능 저하로 인해 비순응행동이 나타날 수 있다. 상담자는 내담자의 상태를 정확하게 평가해 보고, 내담자의 역량이 예상한 것보다 낮을 때는 내담자가 치료에 잘 따라올 수 있도록 부가적인 도움을 주고, 과제도 더 작은 부분으로 나누어 부과할 필요가 있다. 마지막으로, 비순응행동이 치료 중반에 나타난다면 치료동맹에 문제가 생겼을 가능성을 살펴보고, 비슷한 문제가 치료 밖에서도 일어나는지 확인해 보며, 내담자의 사례 개념화에 기초해 이를 해결해 나가야 한다. 예컨대, 완벽주의 성향과 함께 자신의 능력에 대해 부정적인 신념과 감정을 가지고 있는 내담자가 상담자로부터 부정적인 피드백을 받았을 때, 상담자로부터 비난받는 것으로 받아들여 치료동맹이 흔들리고 치료에 대한 저항이 나타날 수 있다. 이런 경우는 내담자의 비순응행동을 핵심 문제 자체를 다루는 자료로 활용하면서 이를 해결해 나가야 할 것이다.

2) 잘 변화하지 않는 자동적 사고

인지행동치료에서 중점적으로 다루는 문제가 내담자의 자동적 사고인데, 이 부분이 잘 변화하지 않을 때 내담자와 상담자 모두가 좌절감을 느끼고 실망하게 된다. 상담에서 자신의 자동적 사고를 검토하고 수정한 후에, 내담자들이 가끔 "머리로는 이해가 되지만 마음으로는 잘 받아들여지지 않는다."라고 하는 때가 있다. 첫 번째로 생각해 볼 수 있는 이유는 자동적 사고의 검토가 피상적으로만 이루어지고 내담자가 적극적으로 참여하지 않았을 가능성을 들 수 있다. 특히 자동적 사고를 검토하는 과정이 상담자 주도로 이루어지게 되면, 내담자가 자신의 자동적 사고를 뒷받침하는 증거들을 가지고 있는데도 이야기하지 않고 겉으로만 동의하며 따라가게 되어, 그 결과 자동적 사고가 실제로 변하기 어려울 수 있다. 때로는 상담자가 매뉴얼에 따라 자동적 사고를 검토하지만, 대충 그 과정만 밟는 경우가 있다. 즉, 내담자의 자동적 사고가 바뀌도록 꼼꼼하게 검토하지 않아 자동적 사고의 변화가 일어나지 않을 수도 있다. 상담자가 판단하기에 내담자의 중요한 인지를 다루고 있다는 것이 확실하면, 내담자의 피드백을 얻어 가며 끈질기게 자동적 사고를 바꾸는 데 주력해야 한다.

　두 번째로 생각해 볼 수 있는 경우는 자동적 사고를 바꾸는 작업을 충분히 했고 내담자가 새로운 대안적 사고를 믿는다고 했는데도 이런 반응이 나오는 때이다. 이것은 새로운 사고를 믿는 정도가 아직 확실하게 강하지 않기 때문에 생기는 현상이다. 이때에는 내담자에게 이런 현상이 오래된 자동적 사고를 바꾸는 과정에서 자주 일어나는 문제이며, 새로운 자동적 사고를 좀 더 강화하는 것이 필요하다고 말해 주어야 한다.

　이런 경우, 필자가 자주 사용하는 방법은 제6장에서 소개한 악마의 대변자 역할연기를 해 보는 것이다. 내담자가 머릿속으로만 검토한 것을 역할연기에서 변호하는 역할을 맡아 새로운 사고를 자기 말로 변호해 보면, 새로운 자동적 사고에 대한 믿음의 정도가 훨씬 높아진다. 제6장에서도 강조했듯이, 이 역할연기를 할 때 내담자가 확실하게 변호할 수 있을 때까지 진행해야 한다. 악마의 대변자 역할연기 외에 자동적 사고를 강화하는 또 다른 방법은 새로운 자동적 사고가 맞는다고 가정한다면, 내담자가 일상생활에서 어떻게 행동해야 하는지 검토해 보고 실제로 그 행동을 해 보게 하는 것이다. 실제 일상생활에서 새로운 생각에 따라 행동해 보고(제7장 행동실험 참조), 그 생각이 타당하다는 생생한 체험을 반복적으로 하게 되면 그 생각에 대해 믿는 정도가 훨씬 높아진다. 마지막으로, 자동적 사고 자체가 핵심신념일 때는 잘 변화하지 않는다. 이때는 핵심신념을 변화시키는 여러 기법을 사용하는 것이 좋다(제7장 참조).

3) 사고의 변화가 행동 변화로 연결되지 않는 문제

내담자의 자동적 사고가 변화함에 따라 기분과 행동이 변화해야 하는데, 변화가 잘 일어나지 않는 경우가 있다. 상담자는 내담자가 가지고 있는 여러 자동적 사고에서 몇 가지 중심적인 자동적 사고를 선택해 이를 집중적으로 공략해야 한다. 중심적인 자동적 사고를 찾기 위해서는 사례 개념화에 비추어 내담자의 감정이나 행동에 영향을 미치는 중요한 자동적 사고인지 살펴보고, 나아가 이것이 감정이 내포되어 있는 따끈따끈한 인지인지, 내담자가 이 사고를 믿고 있는 정도가 강한지를 살펴보아야 한다. 때때로 상담에서 다룬 사고가 기분과 관련되어 있는 중심적 사고가 아니거나 또는 드러나지 않은 더 중요한 다른 사고가 있다면, 자동적 사고를 바꾼 후에도 기분의 변화가 별로 일어나지 않게 된다.

그런데 인지행동치료를 하다 보면, 내담자가 회기 중에는 오래된 자동적 사고를 새로운 자동적 사고로 바꾸었는데 실제 상황에 부딪히면 오래된 자동적 사고가 잘 바뀌지 않는다고 하는 경우가 더 많다. 자동적 사고를 바꾸는 초반에는 실제 상황에 부딪힐 때 너무 불안하거나 우울해서 회기 중에서 한 것처럼 새로운 자동적 사고로 금방 바꾸기가 쉽지 않다. 이때는 내담자가 자주 하는 자동적 사고를 검토해서 대안적 사고로 바꾸고 난 다음, 이것을 메모지에 써서 가지고 다니다가 그런 상황에서 꺼내 보는 것이 더 효과적이다. 이에 더해 상담자는 내담자의 기분이나 행동의 변화가 미세하게라도 일어났는지 잘 살펴보는 일이 필요하다. 대개 내담자는 기분이나 행동이 극적으로 바뀌기를 기대하고 있어서 미세한 기분의 변화를 놓치기가 쉽다. 상담자는 내담자에게 이런 작은 변화가 쌓여서 큰 변화를 이룬다는 것을 강조할 필요가 있다.

마지막으로 생각해 볼 수 있는 문제는 자동적 사고의 변화가 행동의 변화로 이어지는지 상담자가 중요하게 관심을 기울이지 않고 지나가는 경우다. 상담자는 회기 중에 내담자의 자동적 사고를 새로운 사고로 수정한 다음, 이런 생각의 변화가 실제 생활에서 기분이나 행동상의 변화로 나타나는지를 충분히 다루어야 한다. 자동적 사고를 수정한 것에만 만족하고 내담자를 그냥 보낸다면, 자동적 사고의 변화가 행동의 변화로 이어지지 않을 뿐 아니라 사고의 변화도 약화될 가능성이 매우 높다. 자동적 사고의 변화가 행동의 변화로 이어질 때 새로운 사고가 더 강화되며, 또 강화된 새로운 사고는 행동의 변화를 가져오기 때문에, 행동의 변화를 다루는 것은 아무리 강조해도 지나치지 않다.

4) 환경적 요인으로 인한 치료의 부진

치료를 하다 보면 내담자의 주 호소문제 외에 직장 문제, 사업상의 문제, 경제적 어려움, 이사, 자동차 사고, 건강의 악화 등 환경적인 문제가 끊임없이 생겨 치료의 초점을 주요 호소문제에만 맞추기 어려울 때가 있다. 내담자는 물론이고 상담자도 내담자의 복합적인 문제에 압도당해 어떤 문제를 다뤄야 할지 결정하지 못하고 우왕좌왕할 수 있다. 만일 내담자를 고통스럽게 만드는 모든 문제를 다 다루어 주어야 한다고 생각하면, 정작 내담자의 주 호소문제를 다루는 데 충분한 시간을 할애하지 못해 치료도 지지부진하기 쉽다. 이때 상담자는 내담자가 겪는 어려움과 고통을 공감해 주되, 내담자와 함께 어떤 문제를 좀 더 집중해서 다루는 것이 좋을지를 의논해 보아야 한다. 이를 위해서는 내담자의 사례 개념화를 살펴보는 것도 큰 도움이 되는데, 여러 생활상의 문제들(예: 자동차 사고, 실직 당함, 경제적 어려움, 건강의 악화 등)이 실제로는 내담자가 가지고 있는 핵심적인 문제(예: 정서조절의 어려움)와도 관련이 있을 수 있기 때문이다. 따라서 내담자와 함께 문제의 우선순위를 정하고, 상담시간을 잘 배분해서 중심적인 문제에 초점을 맞추면서 부가적인 문제를 해결해 나가는 방법을 찾아보아야 한다.

5) 치료자의 피로 혹은 소진

인지행동치료뿐 아니라 모든 심리치료를 하는 과정은 상담자에게 상당한 정도의 에너지와 집중력을 요구한다. 따라서 상담자의 피로가 누적되고 소진하게 되면, 내담자에게 민감하게 반응하지 못하게 되고 치료과정에도 집중하기 어렵게 된다. 우리나라와 같이 바쁜 일과가 보편적이고 일에 대한 헌신을 요구하는 사회에서는, 상담자가 때로 자신의 기본적인 필요를 돌보지 않은 채 일하다가 소진되기 쉽다. 아침식사를 거른다든지, 회기와 회기 사이에 쉴 시간을 갖지 못하고 스케줄을 빡빡하게 잡는다든지, 점심시간에도 내담자를 보느라 식사시간이 늦어지는 경우가 적지 않다. 상담자는 자신을 위해서 또 내담자를 위해서 자신의 한계를 넘어서지 않는 범위 내에서 일하도록 일정을 짜야 한다. 상담자가 자기의 한계를 넘게 되면 얼마 지나지 않아 너무 지쳐서 효과적으로 개입할 수 없게 되거나, 치료를 하고 난 다음에도 긴장을 풀 여유가 없게 되고, 가족이나 친구들과의 개인적인 삶에도 긴장과 갈등이 생기게 된다. 이런 양상이 누적되면 개인적인 삶에서도 문제가 생겨 스트레스로 작용하고, 자신의 일을 더 이상 즐기지 못하게 된다. 상담자가 치료에 대한 부담이 커지거나 특정 내담자를 돌보는 일이 버겁게 느껴진다면, 동료에게 자문을 구한다든지 일시적으로 슈퍼비전을 받는 것도 필요하다. 또한 상담 외의 자신에게 의미 있는 시간과 활동을 가지고 있어야 하며, 일과 개인의 삶 사이에 적절한 균형을 유지하기 위한 노력을 계속해야 한다.

2. 인지행동치료자가 갖추어야 할 역량

인지행동치료가가 갖추어야 할 역량이 무엇인지 다루기 전에, 먼저 "어떤 사람이 좋은 치료자가 되는가?"라는 질문부터 생각해 보려고 한다. 대학이나 대학원에서 강의를 하다 보면, 좋은 치료자가 되기 위한 덕목이 무엇인지 물어보는 학생이 적지 않다. 이 질문은 학생들뿐 아니라 치료자라면 누구든지 한 번쯤 생각해 봤음직한 질문이지만, 이 질문에 대한 답을 얻기란 쉽지 않다. 의외로 이에 대한 연구가 많이 이루어지지 않았는데, 아마도 내담자의 특성이나 치료유형에 따라서 연구결과가 일관적으로 나오지 않아 연구가 활발하게 이루어지지 않은 듯하다.

Swenson(1971)은 성공적인 치료자와 성공적이지 못한 치료자를 구분 짓는 중요한 요인은 인간에 대한 관심과 내담자에 대한 헌신이라고 이야기했다. 같은 맥락에서 유능한 치료자들은 오리엔테이션에 관계없이 공감적 커뮤니케이션을 한다는 결과도 있다(Brunink & Schroeder, 1979). 공감 또는 이와 관련된 따뜻함이나 진솔성은 칼 로저스가 강조한 좋은 치료자의 특성인데, 최근 연구에서 이러한 세 가지 치료자 특성은 훈련하면 배우고 익힐 수 있는 일종의 기법으로 간주되고 있다. 이와 함께 생각해 볼 수 있는 좋은 치료자 특성으로는 정서적 성숙을 들 수 있을 것이다. 치료자가 적응적인 측면에서 귀감이 될 필요는 없지만, 적어도 자기의 취약한 영역을 자각하고 이해하는 자기인식 능력을 갖추고, 이를 기꺼이 다루고자 하는 태도를 가지는 것은 치료자에게 중요한 자질이라고 볼 수 있다(I. B. Weiner, 1975). 이런 연구결과들을 고려해 볼 때, 한 개인이 좋은 치료자가 되는 것을 절대적으로 보장해 주거나 막는 개인적 특성이 있다기보다는, 인간에 대한 따뜻한 관심을 가지고 내담자와 좋은 치료적 관계를 맺을 수 있으며, 자신의 취약점을 인식하면서 꾸준히 노력하고 헌신한다면 누구라도 좋은 치료자가 될 수 있다고 볼 수 있다.

그렇다면 유능한 인지행동치료자가 되기 위해서는 어떤 역량을 갖추고 있어야 할까? 인지행동치료자에게 필요한 역량은 크게 지식과 기술과 태도의 측면에서 살펴볼 수 있다. 미국정신과전문의훈련감독협회(American Association of Directors of Psychiatric Residency Training: AADPRT)는 정신과 전문의에게 요구되는 인지행동치료역량에 대해 다음과 같은 기준을 제시하고 있다(http://www.aadprt.org). 이 기준은 정신과 전문의뿐 아니라 다양한 분야의 인지행동치료 전문가와 수련생들에게 적용할 수 있을 것이다.

글상자
13-1　**인지행동치료자에게 요구되는 역량(AADPRT 기준)**

〈인지행동치료자가 이해하고 있어야 하는 지식〉

1. 인지행동치료모델
2. 자동적 사고, 인지적 오류, 스키마, 행동적 원리의 개념
3. 흔히 일어나는 장애들에 대한 인지행동적 이해
4. 인지행동치료가 효과 있는 정신장애들에 대한 이해
5. 회기의 구조화, 협력, 문제해결의 이론적 근거
6. 심리교육의 기본 원리
7. 행동 기법의 기본 원리
8. 자동적 사고와 스키마 수정하기와 같은 인지 기법의 기본 원리
9. 지속적인 인지행동치료 교육의 중요성

〈인지행동치료자가 수행할 수 있어야 하는 기술〉

1. 인지행동치료모델을 사용하여 내담자를 평가하고 개념화한다.
2. 협력적인 치료관계를 맺고 유지한다.
3. 내담자에게 인지행동치료모델에 대해 교육한다.
4. 내담자에게 스키마에 대해 교육하고 이러한 신념들이 어떻게 만들어졌는지 이해하도록 돕는다.
5. 의제 정하기, 과제 검토하기 및 과제 부여하기, 핵심 문제들 다루기, 피드백 사용하기 등 회기를 구조화한다.
6. 활동계획하기와 단계적으로 과제 부여하기를 사용한다.
7. 이완훈련과 단계적인 노출 기법을 사용한다.
8. 사고기록하기 기법을 사용한다.
9. 재발 방지 기법을 사용한다.
10. 치료에 대한 자신의 생각과 감정을 인정한다.
11. 인지행동치료 사례 개념화를 작성한다.
12. 필요할 때 적절한 자문을 구한다.

〈인지행동치료자가 가지고 있어야 하는 태도〉

1. 공감적이고, 정중하며, 판단하지 않고, 협력적이다.
2. 사회문화적 · 사회경제적 · 교육적 문제에 대해 민감하다.
3. 치료회기를 녹음한 테이프나 녹화한 비디오테이프를 검토하거나 치료회기를
   직접 관찰하는 일에 개방적이다.

이 기준에 따르면, 유능한 인지행동치료자가 되기 위해 상담자는 먼저 인지행동치료의 기본적인 개념과 이론적 원리를 이해하고, 다양한 기법과 절차를 내담자의 문제를 해결하는 데 효과적으로 적용할 수 있는 기술을 익히는 것이 필요하다. 또한 공감적이고 협력적인 자세를 가지고 내담자의 사회문화적 · 사회경제적 상태에 맞추어 민감하게 이를 적용할 수 있어야 된다. 이에 더해 인지행동치료자로서 계속 성장할 수 있도록 본인의 치료회기를 검토하고 분석하고 성찰하는 데 개방적인 자세를 가질 것을 요구하고 있다.

한편, 인지행동치료자의 역량을 측정하기 위해 개발된 인지치료 평가척도에 포함된 문항들을 살펴보면 AADPRT에서 치료자가 갖추어야 하는 기술에 대한 기준과 상당히 유사하다. 〈글상자 13-2〉에 나와 있는 인지치료 평가척도를 살펴보면, AADPRT 기준과 공통적으로 인지행동적 사례 개념화, 협력적인 치료관계, 의제를 정하고 회기를 효율적으로 운영하기, 다양한 인지 기법과 행동 기법을 효과적으로 사용할 수 있는 역량 등을 모두 포함하고 있다. 흥미롭게도 인지치료 평가척도의 최신판에서는 공감기술 등의 대인관계 유능성과 치료동맹 역량과 함께 정서적 표현을 촉진하는 역량도 중요한 역량으로 포함시켰다. 성격장애나 다양한 대인관계 문제를 가지고 오는 내담자들이 늘어나고 있는 실정을 고려해 볼 때, 인지행동치료자들이 이러한 역량을 갖추어야 한다는 데 필자도 전적으로 동의한다.

이 책의 제1부에서는 인지행동치료자들이 반드시 이해하고 있어야 하는 기본적인 원리와 개념들을 자세하게 설명하려고 노력했다. 제2부에서는 인

지행동치료에서 널리 사용되고 있는 다양한 인지 기법과 행동 기법을 소개하고, 이에 더해 인지행동치료의 지평선을 확장할 수 있는 체험 기법과 수용 기법들도 포함하였다. 아무쪼록 이 책이 인지행동치료를 배우는 상담자들의 인지행동치료자로서의 역량을 발전시키는 데 조금이라도 보탬이 되길 기대해 본다.

글상자 13-2 인지치료 평가척도

인지치료 평가척도 원판(Cognitive Therapy Scale: CTS, Young & Beck, 1988)은 인지행동치료자의 역량을 측정하는 척도로 널리 사용되어 왔다. 원판은 7점 척도의 11문항으로 구성되어 있으며, 신뢰도와 타당도가 검증되었다. 그 후에 사용되기 시작한 CTS 13문항 척도에서는 다음과 같은 세 영역에서의 인지행동치료역량을 평가하고 있다. 첫째, 일반적인 면접 절차의 사용(① 의제 설정, ② 피드백 이끌어 내기, ③ 협력, ④ 진행 속도의 조절과 효율적인 시간 사용), 둘째, 대인관계의 효과성(⑤ 공감기술, ⑥ 대인관계 유능성, ⑦ 전문성), 셋째, 인지행동치료의 특정 기법(⑧ 길잡이식 안내법의 사용, ⑨ 사례 개념화, ⑩ 주요 인지에 대한 초점, ⑪ 인지 기법의 적용, ⑫ 행동 기법의 사용, ⑬ 과제).

Blackburn과 동료들은 CTS의 한계점을 보완하는 CTS 개정판을 내고 신뢰도와 타당도를 검증하였다(Blackburn, James, Milne, Baker, Standart, Garland, & Reichelt, 2001). 특히 CTS 평정에 많은 추론이 요구된다는 비판을 고려하여, 원판의 7점 척도를 그대로 유지하되 각각의 점수를 받기 위한 기준행동을 제시하였다. 이에 더해 인지행동치료에서 요구되는 중요한 역량 중에 CTS에 포함되지 않았던 치료동맹의 측면인 치료자의 카리스마와 솜씨, 정서적 표현을 촉진하는 능력, 비언어적 행동의 3문항을 새로 포함시켰다. 다음 표에 CTS 원판과 CTS 개정판의 문항을 영역별로 비교하여 제시하였다.

영역	CTS 원판	CTS 개정판
일반적인 면접 절차	① 의제 설정 ② 피드백 이끌어 내기 ③ 협력 ④ 진행 속도의 조절과 효율적인 시간 사용	① 의제 설정 ② 피드백 이끌어 내기 ③ 협력 ④ 진행 속도의 조절과 효율적인 시간 사용
대인관계 효과성	⑤ 공감기술 ⑥ 대인관계 유능성 ⑦ 전문성	⑤ 공감기술, 대인관계 유능성, 전문성 ⑥ 카리스마 / 솜씨(치료동맹적 측면)
인지행동치료의 특정 기법	⑧ 길잡이식 안내법 ⑨ 사례 개념화 ⑩ 주요 인지에 대한 초점 ⑪ 인지 기법의 적용 ⑫ 행동 기법의 사용 ⑬ 과제	⑦ 정서적 표현의 촉진 ⑧ 길잡이식 안내법 ⑨ 사례 개념화 ⑩ 주요 인지에 대한 초점 ⑪ 인지 기법의 적용 ⑫ 행동 기법의 사용 ⑬ 과제 ⑭ 비언어적 행동(비디오테이프인 경우만 평정함.)

3. 유능한 인지행동치료자 되기

인지행동치료자가 되는 과정은 다른 심리치료에서와 같이 많은 노력과 훈련이 요구된다. 인지행동치료자가 되고자 하는 상담자는 기본적으로 인지행동치료에 대한 지식과 기술에 대한 교육을 받고, 이를 내담자에게 적용해 보는 실습 과정을 거쳐야 한다. 이를 위해 보통 대학원 과정에서 심리치료에 대한 기본적인 교육과 훈련을 받고, 그 후 인지행동치료의 원리와 기법에 대한 교육을 40시간 이상 받아서 인지행동치료에 대한 지식적 기초를 쌓아야 한다. 그 후 슈퍼비전을 받으며 인지행동치료를 실습하는 과정을 거쳐야 하는

데, 최소한 1년 동안 10사례를 치료하면서 사례 개념화, 회기 운영, 치료적 관계를 다루는 기술을 익히고, 다양한 인지 기법 및 행동 기법을 내담자의 특성과 문제에 맞게 적용하는 훈련을 받아야 한다.

이런 기본 과정을 끝낸 후 인지행동치료자로서의 역량을 강화하기 위해서는 다양한 치료 경험을 해 보는 것과 함께 상담자 본인의 열정과 헌신, 꾸준한 노력이 필요하다. 필자가 인지행동치료를 배우던 30~40년 전과는 비교도 안 될 만큼 지금은 많은 책과 자료가 국내에 나와 있다. 이들 책과 자료들을 통해 새로운 정보와 최신 지식을 얻을 수 있을 뿐 아니라, 우리보다 앞서 인지행동치료자의 길을 걸어간 선배들의 풍부한 경험을 간접적으로 접할 수 있다. 정기적으로 학회에 참석하고, 국내외 대가들이 하는 워크숍과 훈련 프로그램에 참석하는 것도 인지행동치료의 기법과 기술을 배우는 데 큰 도움이 된다.

우리나라에는 2001년에 창립된 한국인지행동치료학회(www.kacbt.org)가 있어 매년 봄과 가을에 정기적으로 학회를 하고, 토요세미나를 통해 인지행동치료 교육을 제공하고 있다. 또한 인지행동치료 전문가와 인지행동치료사 인증 제도를 시행하고 있어 인지행동치료에 특화된 전문 인력을 양성하고 있다. 2023년에는 제10회 세계인지행동치료학회가 국내에서 개최될 예정이어서, 세계적으로 저명한 인지행동치료자들을 직접 만나 보고, 그들의 강연과 워크숍을 들을 수 있는 좋은 기회를 가질 수 있다. 뿐만 아니라 이제는 온라인으로 전 세계가 연결되는 시대가 열려 마음만 먹으면 세계 각국에서 열리는 온라인 학회나 웨비나(인터넷 세미나)에 얼마든지 참석할 수 있게 되었다. 필자가 보기에는 이런 기회들을 충분히 활용하면서 인지행동치료를 하는 동료상담자들과 사례모임을 정기적으로 가지는 일이 인지행동치료자로서의 역량을 키워 가는 데 가장 큰 도움이 되는 것 같다. 독자들이 앞으로 인지행동치료자로서 계속 발전해 나가기를 바라면서 이 책을 맺는다.

참
고
문
헌

고려대학교부설행동과학연구소(1999). **심리척도 핸드북 Ⅰ**. 서울: 학지사.

고려대학교부설행동과학연구소(2000). **심리척도 핸드북 Ⅱ**. 서울: 학지사.

권정혜, 성기혜, 손영미, 조영은(2016). 인지행동치료에서의 심상의 활용. **인지행동치료**, 16(4), 423-444.

유승훈, 하혜경, 이해정(2014). 한글판 치료협력 설문지 개발 및 신뢰도 분석. *Journal of Korean Society of Physical Therapy, 26*(2), 90-96.

윤진웅, 정정엽, 이동우, 신재현, 조장원, 김총기, 최슬기, 김재옥 (2019). 단축형 스키마척도의 신뢰도와 타당도. **신경정신의학**, 58(2), 138-145.

윤혜영, 권정혜(2010). 사회불안장애의 이미지 재구성 훈련: 이론적 배경과 증례 보고. **인지행동치료**, 10(2), 1-25.

이혜선(2018). 취업 스트레스를 경험하는 대학생을 위한 문제해결치료: 사례연구. **인지행동치료**, 18(3), 285-312.

APA Presidential Task Force on Evidence-Based Practice (2006). Evidence-based practice in psychology. *American Psychologist, 61*(4), 271-285.

Arkowitz, H., & Hannah, M. T. (1989). *Cognitive, behavioral, and psychodynamic therapies: Converging or diverging pathways to change?* In A. Freeman, K.

M. Simon, L. E. Beutler, &H. Arkowitz (Eds.), *Comprehensive handbook of cognitive therapy* (p. 143-167). Plenum Press.

Arntz, A., & Weertman, A. (1999). Treatment of childhood memories: Theory and practice. *Behaviour Research and Therapy, 37*(8), 715-740. https://doi.org/10.1016/S0005-7967(98)00173-9

Barlow, D. H., & Craske, M. G. (2006). 공황장애의 인지행동치료. (최병휘, 최영희 공역). 서울: 시그마프레스. (원서 3판 출판, 2000).

Barlow, D. H., Allen, L. B., & Choate, M. L. (2004). Toward a Unified Treatment for Emotional Disorders. *Behavior Therapy, 35*(2), 205-230. https://doi.org/10.1016/S0005-7894(04)80036-4

Barnard, P. J. & Teasdale. J. D. (1991). Interacting cognitive subsystems: a systemic approach to cognitive-affective interaction and change. *Cognition and Emotion*, 5, I-39.

Barrett, M. S., Thompson, D., Chua, W. J. Crits-Christoph, P., & Gibbons, M. B. (2008). Early withdrawal from mental health treatment: Implications for psychotherapy practice. *Psychotherapy: Theory, research, practice, training, 45*, 247-267.

Beck, A. T. (1976). *Cognitive therapy and the emotional disorders*. New York: Penguin.

Beck, A. T., Freeman, A., and associates (1990). *Cognitive therapy of personality disorders*. Guilford: New York.

Beck, A. T., Rush, A. J., Shaw, B. F., & Emery, G. (1979). *Cognitive therapy of depression*. Guilford: New York.

Beck, A. T., & Weishaar, M. (1989). Cognitive therapy. In A. Freeman, K. M. Simon, L. E. Beutler, & H. Arkowitz (Eds.), *Comprehensive handbook of cognitive therapy*. (pp. 21-36), New York: Plenum Press.

Beck, J. S. (2005). *Cognitive therapy for challenging problems*. New York: Guilford.

Beck, J. S. (2017). 인지행동치료: 이론과 실제. (최영희, 최상유, 이정흠, 김지원 공역). 서울: 하나의학사. (원서 출판, 2011).

Bennett-Levy, J., Butler, G., Fennell, M., Hackman, A., Mueller, M., &Westbrook, D. (Eds.). (2004). *Cognitive behaviour therapy: Science and practice series.Oxford guide to behavioural experiments in cognitive therapy. Oxford University Press. https://doi.org/10.1093/med:psy ch/9780198529163.001.0001*

Benson, H. & Klipper, M. (1975, 2000) *The relaxation response.* New York: HarperTorch.

Blackburn, I-M., James, I. A., Milne, D. L., Baker, C., Standart, S., Garland, A., & Reichelt, F. K. (2001). The revised cognitive therapy scale (CTS-R): Psychometric properties. *Behavioral and Cognitive Psychotherapy*, 29, 431-446.

Bordin, E. S.(1979). The generalizability of the psychoanalytic concept of the working alliance. *Psychotherapy: Theory, Research, & Practice*, 16, 252-26.

Borkovec, T. D., Alcaine, O. M., & Behar, E. (2004). Avoidance theory of worry and generalized anxiety disorder. In R. G. Heimberg, C. L. Turk, & D. S. Mennin (Eds.), *Generalized anxiety disorder: Advances in research and practice* (pp. 77-108). New York: Guilford Press.

Brewin, C. R. (2006). Understanding cognitive behavior therapy: A retrieval competition account. *Behavior Research and Therapy*, 44(6), 765-784.

Brunink, S. A., & Schroeder, H. E. (1979). Verbal therapeutic behavior of expert psychoanalytically oriented, gestalt, and behavior therapists. *Journal of Consulting and Clinical Psychology*, 47(3), 567-574.

Burns (2017, November). Building a better CBT-An introduction to the TEAM-CBT model. *Presented at the 51st Anuual convention of Associations for Behavioral and coguitive Therapies.* San Diego.

Burns, D. D., & Spangler, D. L. (2000). Does psychotherapy homework lead to improvements in depression in cognitive-behavioral therapy or does improvement lead to increased homework compliance? *Journal of Consulting and Clinical Psychology*, 68, 46-56.

Butler, G., Fennell, M., & Hackmann, A. (2008). *Cognitive behavioral therapy for* anxiety disorders: Mastering clinical challenges. New York: Guilford.

Clark, D. M. (1989). Anxiety states: panic and general anxiety. In K. Hawton, P. M., Salkovskis, J. Kirk, and D. M. Clark (Eds.). Cognitive behavior therapy for psychiatric problems. Oxford Medical Publications. Oxford, pp. 52-96.

Clark, D. M., & Wells, A. (1995). A cognitive model of social phobia. In R. G. Heimberg, M. R. Liebowitz, D. A. Hope & F. R. Schneier (Eds), *Social Phobia: Diagnosis, Assessment, and Treatment* (pp. 69-93). New York, USA: Guilford Press.

Davis, D. D., & Youngren, J. N. (2009). Ethical Competence in psychotherapy termination. *Professional Psychology: Research and Practice, 40*(6), 572-578.

DeRubeis, R. J., Brotman, M. A., & Gibbons, C. J. (2005). A conceptual and methodological analysis of the nonspecifics argument. *Clinical Psychology: Science and Practice, 12*, 174-193.

Dobson, D. & Dobson, K. S. (2017). *Evidence-based practice of cognitive-behavioral therapy*. New York: Guilford.

D'Zurilla, T. J., & Nezu, A. M. (2008). 문제해결요법: 임상적 개입에의 적극적 접근. (박권생, 최이순 공역). 서울: 학지사. (원서 3판 출판, 2006).

Farmer, R. F., & Chapman, A. L. (2013). 인지행동치료에서의 행동개입. (하은혜, 박중규, 송현주 공역). 서울: 학지사. (원서 출판, 2008).

Fennel, M. J. V., & Teasdale, J. D. (1987). Cognitive therapy for depression: Individual differences and the process of change. *Cognitive Therapy & Research, 11*(2), 253-271.

Flückiger, C., Del Re, A. C., Wampold, B. E., & Horvath, A. O. (2018). The alliance in adult psychotherapy: A meta-analytic synthesis. *Psychotherapy, 55*(4), 316-340. http://dx.doi.org/10.1037/pst0000172

Foa, E. R., & Kozak, M. J. (1986). Emotional processing of fear: Exposure to corrective information. *Psychological Bulletin, 99*, 20-35.

Forsyth, J. P., & Ritzert, T. R. (2018). Cultivating psychological acceptance. In S. C. Hayes & S. G. Hofmann (Eds.). *Process-based CBT: The science and core clinical competences of cognitive behavioral therapy*. New York: New

Harbinger.

Garfield, S.L. (1994). Research on client variables in psychotherapy: In A. E. Bergen & S. L. Garfield (Eds.). *Handbook of psychotherapy and behavior change* (4th ed., pp. 190-228). New York: Wiley.

Gelso, C. A tripartite model of the therapeutic relationship: Theory, Research, & Practice. *Psychotherapy Research, 2014, 24,* 117-131.

Gelso, C. J., & Carter, J. A. (1985). The relationship in counseling and psychotherapy: Components, consequences, and theoretical antecedents. *The Counseling Psychologist, 13*(2), 155-243. https://doi.org/10.1177/0011000085132001

Greenberg, D. & Padesky, C. A. (2018). 기분 다스리기 2판. (권정혜 역). 서울: 학지사. (원서 출판, 2015).

Hackmann, A., Bennett-Levy, J., & Holmes, E. (2017). 심상을 활용한 인지치료. (권정혜. 이종선 역). 서울: 학지사. (원서 출판, 2011).

Harris, R. (2017). ACT 상담의 난관 극복하기. (김창대, 최한나, 남지은 공역). 서울: 학지사. (원서 출판, 2009).

Hayes, S. C., & Hofmann, S. G. (2019). 과정기반 인지행동치료. (곽욱환, 이강욱, 조철래 공역). 서울: 삶의 지식. (원서 출판, 2018).

Hayes, S. C., Strosahl, K. D., & Wilson, K. G. (2012). *Acceptance and commitment therapy: The process and practice of mindful change* (2nd Ed.). New York: Guilford Press.

Hayes, S. C. & Smith, S. (2010). 마음에서 빠져나와 삶 속으로 들어가라. (문현미, 민병배 공역). 서울: 학지사. (원서 출판, 2005).

Hollon, S. (2006, October). Cognitive therapy for depression with complex patients. Workshop presented at the Nashville psychotherapy institute.

Horvath, A. O., & Greenberg, L. S. (1989). Development and validation of the Working Alliance Inventory. *Journal of Consulting & Clinical Psychology, 36,* 223-233.

Horvath, Del Re, Flukiger, & Symonds (2011). Alliance in individual psychotherapy. *Psychotherapy, 48,* 9-16. In S. C. Hayes & S. G. Hofmann (Eds.). *Process-based CBT: The science and core clinical competences of cognitive behavioral therapy*. New York: New Harbinger.

Ionita, G., & Fitzpatrick, M. (2014). Bringing science to clinical practice: A Canadian survey of psychological practice and usage of progress monitoring measures. *Canadian Psychology, 55*(3), 187-196.

Jacobson, N. S., Christensen, A., & Babcock, J. C. (1995). Integrative behavioral couple therapy. In N.S. Jacobson, & A. S. Gurman (Eds.). *Clinical handbook of couples therapy* (pp. 31-64). New York: Guilford Press.

Kazantzis, N., Cronin, T., Dattilio, F., & Dobson, K. S. (2013). Using techniques via the therapeutic relationship. *Cognitive and Behavioral Practice, 20*(4), 385-389.

Kazantzis, N., Whittington, C., & Dattilio, F. (2010). Meta-analysis of homework effects in cognitive and behavior therapy: A replication and extension. *Clinical Psychology: Science and Practice, 17*, 144-156.

Keijsers, G. P. J., Schaap, C. P. D. R., & Hoggduin, C. A. L. (2000). The impact of interpersonal patient and therapist behavior on outcome in cognitive-behavior therapy. *Behavior Modification, 24*, 264-297.

Kuyken, W., Padesky, C., & Dudley, R. (2009). *Collaborative case conceptualization: Working effectively with clients in cognitive-behavioral therapy*. New York: Guilford.

Lambert, M. J., Harmon, C., Slade, K., Whipple, J. L., & Hawkins, E. J. (2005). Providing feedback to psychotherapists on their patients' progress: Clinical results and practice suggestions. *Journal of Clinical Psychology, 61*, 165-174.

Leahy, R. L. (2001). *Overcoming resistance in cognitive therapy*. New York: Guilford.

Leahy, R. L., Tirch, D., & Napolitano, L. A. (2019). 정서도식치료 매뉴얼: 심리치료에서의 정서조절. (손영미, 안정광, 최기홍 공역). 서울: 박영사. (원서 출판, 2011).

Lee, S. J., Choi, Y. H., Rim, H. D., Won, S. H., & Lee, D. W. (2015). Reliability and validity of the Korean Young Schema Questionnaire-Short Form-3 in medical students. *Psychiatry investigation, 12*(3), 295.

Linehan, M. M. (1993). *Diagnosis and treatment of mental disorders: Cognitive-*

behavioral treatment of borderline personality disorder. New York: Guilford Press.

Linehan, M. M. (1997). *Validation and psychotherapy.* In A. C. Bohart &L. S. Greenberg (Eds.), *Empathy reconsidered: New directions in psychotherapy* (p. 353-392). American Psychological Association. https://doi.org/10.1037/10226-016

Martell, C. R. Dimidjian, S., & Herman-Dunn, R. (2012). 우울증의 행동활성화 치료. (김병수, 서호준 공역). 서울: 학지사. (원서 출판, 2010).

Marmar, C. R., Weiss, D. S., & Gaston, L. (1989). Toward the validation of the California Therapeutic Alliance Rating System. *Psychological Assessment: A Journal of Consulting and Clinical Psychology, 1*(1), 46-52. https://doi.org/10.1037/1040-3590.1.1.46

Mathews, A., Ridgeway, V., & Holmes, E. A. (2013). Feels like the real thing: Imagery is both more realistic and emotional than verbal thought. *Cognition & Emotion, 27(2), 217-229.*

McCullough, M. E., Pargament, K. I., & Thoresen, C.T. (Eds.).(2000). *Forgiveness: Theory, research, and practice.* New York: Guilford.

Messer, S. B. (1986). Behavioral and psychoanalytic perspectives at therapeutic choice points. *American Psychologist,* 41(11), 1261-1272.

Miller, W. R., & Rollnick, S. (2015). 동기강화상담: 변화 함께하기. (신성만, 권정옥, 이상훈 공역). 서울: 시그마프레스. (원서 출판, 2012).

Muran, J. C., Safran, J. D., Gorman, B. S., Samstag, L. W., Eubanks-Carter, C., & Winston, A. (2009). The relationship of early alliance ruptures and their resolution to process and outcome in three time-limited psychotherapies for personality disorders. *Psychotherapy: Theory, Research, Practice, Training,* 46, 233-248.

Newman, C. F. (2013). *Core competencies in cognitive-behavioral therapy.* New York: Routledge.

Nezu, A. M., Nezu, C. M., & D'Zurilla, T. J. (2016). 문제해결치료 매뉴얼. (이혜선 역). 서울: 학지사. (원서 출판, 2013).

Niles, A. N., Wolitzky-Taylor, K. B., Arch, J. J., & Craske, M. G. (2017). Applying a novel statistical method to advance the personalized treatment of anxiety disorders: A composite moderator of comparative drop-out from CBT and ACT. *Behavior Research & Therapy*, 91, 13-23.

Padesky, C. A. (1993, September). Socratic questioning: Changing minds or guiding discorvery? Invited keynote address presented at the 1993 European Congress of Behavior and Cognitive Therapies. London. Retrieved from http://www.padesky.com/clinicalcorner/on (date).

Padesky, C. A. (2019, July). Action, dialogue, and discovery. Invited keynote address presented at the 9th World Congress of Behavior and Cognitive Therapies. Berlin.

Persons, J. (2015). 인지행동치료의 사례공식화 접근. (이유니, 김지연 공역). 서울: 학지사. (원서 출판, 2012).

Prochaska, J. O., DiClemente, C. C., & Norcross, J. C. (1992). In search of how people change: Applications to addictive behaviors. *American Psychologist*, 47(9), 1102-1114. https://doi.org/10.1037/0003-066X.47.9.1102

Safran, J. D. (1990). Towards a refinement of cognitive therapy in light of interpersonal theory: I. Theory. *Clinical Psychological Review*, 10(1), 87-105.

Safran, J. D., & Muran, J. C. (2006). Has the concept of the alliance outlived its usefulness? *Psychotherapy, 43*, 286-291.

Safran, J. D., & Segal, Z. (2016). 인지치료의 대인관계 과정. (서수균 역). 서울: 학지사. (원서 출판, 1990).

Safran, J. D., Muran, J. C., Samstag, L. W., & Stevens, C. (2001). Repairing alliance ruptures. *Psychotherapy: Theory, Research, Practice, Training, 38*(4), 406-412. https://doi.org/10.1037/0033-3204.38.4.406

Segal, Z., Williams, M., & Teasdale, J. (2018, 2nd Ed.). 우울증 재발 방지를 위한 마음챙김 기반 인지치료. (이우경, 이미옥 공역). 서울: 학지사. (원서 출판, 2013).

Sifneos, P. E. (1972). *Short-term psychotherapy and emotional crisis*. Cambridge, MA.: Harvard University Press.

Tibbits, D., & Halliday, S. (2008). 용서의 기술. (한미영 역) 서울: 알마. (원서 출판,

2006).

Swenson, C. H. (1971). Commitment and the personality of the successful therapist. *Psychotherapy: Theory, Research and Practice*, 8, 31-36.

Swift, J. K., & Greenberg, R. P. (2012). Premature discontinuation in adult psychotherapy: A meta-analysis. *Journal of Consulting and Clinical Psychology*, 80, 547-559.

Teasdale, J. D., & Bernard, P. J. (1993). Affect cognition and change: Re-modelling depressive thought. Hove: Lawrence Earlbaum Associates.

Waltman, S., Hall, B. C., McFarr, M. M., Beck, A. T., & Creed, T. A. (2017). In-session stuck points and pitfalls of community clinicians learning CBT: Qualitative Investigation. *Cognitive & Behavioral Practice*, 24(2), 256-267.

Wampold, B. E., & Budge, S. L. (2012). Leona Tyler Award Address: The relationship-And its relationship to the common and specific factors of psychotherapy. *The Counseling Psychologist*, 40(4), 601-623.

Watkins, P. C. (2004). Gratitude and subjective well-being. in R.A. Emmons & M. E. McCullough. *The Psychology of gratitude*. New York: Oxford University Press.

Webb, C. A., DeRubeis, R. J., Amsterdam, J. D., Shelton R. C., Hollon, S. D., & Dimidjian, S. (2011). Two aspects of the therapeutic alliance: Differential relations with depressive symptom change. *Journal of Consulting & Clinical Psychology*, 79, 279-283.

Weiner, I. B. (1975). *Principles of psychotherapy*. New York: John Wiley & Sons.

Wolitzky-Taylor, K. B., Arch, J. J., Rosenfield, D., & Craske, M. G. (2012). Moderators and non-specific predictors of treatment outcome for anxiety disorders: A comparison of cognitive behavioral therapy to acceptance and commitment therapy. *Journal of Consulting and Clinical Psychology*, 80(5), 786-799.

Young, J. E., & Beck, A. T. (1988). Cognitive Therapy Scale. Unpublished Manuscript. University of Pennsylvania. Philadelphia, PA.

저자 소개

권정혜(Kwon, Jung-Hye)

서울대학교 심리학과 졸업
미국 UCLA대학 임상심리학 박사

전　한국임상심리학회 회장
　　한국인지행동치료학회 회장
　　아시아인지행동치료학회 회장
　　세계인지행동치료학회 이사
현　고려대학교 심리학과 교수

한국심리학회 공인 임상심리전문가
정신보건임상심리사(1급)
미국행동인지치료학회(ABCT) 정회원
미국 Acadmy of Cognitive Therapy 공인 슈퍼바이저

인지행동치료: 원리와 기법
Cognitive Behavioral Therapy:
Principles and Techniques

2020년 8월 30일 1판 1쇄 발행
2023년 1월 20일 1판 4쇄 발행

지은이 • 권 정 혜
펴낸이 • 김 진 환
펴낸곳 • (주) 학지사
　　　　04031 서울특별시 마포구 양화로 15길 20 마인드월드빌딩 5층
대표전화 • 02) 330-5114　　팩스 • 02) 324-2345
등록번호 • 제313-2006-000265호
홈페이지 • http://www.hakjisa.co.kr
페이스북 • https://www.facebook.com/hakjisabook
ISBN 978-89-997-2167-0   93180

정가 20,000원

출판미디어기업 학지사
간호보건의학출판 학지사메디컬 www.hakjisamd.co.kr
심리검사연구소 인싸이트 www.inpsyt.co.kr
학술논문서비스 뉴논문 www.newnonmun.com
원격교육연수원 카운피아 www.counpia.com